ZHIHUI FAXUE

智慧法学

第 1 卷

周长玲◎主　编

赵雨晨◎副主编

中国政法大学出版社

2024·北京

图书在版编目（ＣＩＰ）数据

智慧法学：第 1 卷/周长玲主编. —北京：中国政法大学出版社,2024.1
ISBN 978-7-5764-1319-9

Ⅰ.①智… Ⅱ.①周… Ⅲ.①法学－文集 Ⅳ.①D90-53

中国国家版本馆 CIP 数据核字(2024)第 008800 号

出　版　者	中国政法大学出版社
地　　　址	北京市海淀区西土城路 25 号
邮寄地址	北京 100088 信箱 8034 分箱　邮编 100088
网　　　址	http://www.cuplpress.com (网络实名：中国政法大学出版社)
电　　　话	010-58908586(编辑部) 58908334(邮购部)
编辑邮箱	zhengfadch@126.com
承　　印	固安华明印业有限公司
开　　本	720mm×960mm　　1/16
印　　张	27.5
字　　数	450 千字
版　　次	2024 年 1 月第 1 版
印　　次	2024 年 1 月第 1 次印刷
定　　价	119.00 元

前　言

　　历经数月的精心策划与准备，《智慧法学》（第 1 卷）终于顺利完成定稿并付诸出版，作为本书的主编，此时此刻的心情无疑是欣慰和充满成就感的，一方面是因为本书由我亲自命名，命名过程中颇费了一番心思，经过反复斟酌，最后确定了本名称，寓意为集中法学领域学者、法律工作者、研究人员等学术智慧的论丛；另一方面，本书的每一篇论文都是经过严格把关，由我亲自审阅并提出修改意见，作者进行修改符合要求后才被选用，因此，当本书定稿即将出版的此刻我的心情可想而知。

　　《智慧法学》创办的初衷是以"弘扬法治、服务社会"为宗旨，为法学及相关领域的学者、科研人员、法律工作者、同等学力等各类研究生以及本科生等提供公开发表学术研究成果的正规渠道，同时也为他们提供一个比较好的学术交流平台。

　　《智慧法学》将涵盖法治论坛、经济与法、法学研究、法律实务、法治建设、司法实践、社会与法、法治政府、法治动态、学术前沿等多领域，每一卷将根据研究成果所涉领域、研究方向、研究内容以及研究方法进行相应的编辑。

　　《智慧法学》（第 1 卷）主要集合了全国法学领域及相关领域的人员，包括法律工作者、同等学力研究生等的学术研究成果。根据学术研究成果的研究领域、研究方向、研究方法和研究内容，本书分为三个板块，分别为理论探讨、实务探究和前沿探索。

　　《智慧法学》（第 1 卷）的顺利定稿离不开中国政法大学出版社的领导，特别是丁春晖主任的指导、帮助和大力支持，在此深表感谢！

也特别感谢我的助手，没有助手大量的辅助工作本书也不会如此顺利完成！

作为主编我将与中国政法大学出版社共同努力，将《智慧法学》打造成知名品牌，为新时代法学研究、学术交流以及高素质法律人才培养贡献微薄之力。

周长玲

2023 年 11 月 9 日于北京

目 录

◀ **理论探讨** ▶

◀ 前沿探索 ▶

◀ **实务探究** ▶

理论探讨

《民法典》 公平责任原则的理解与适用

邓玉琪*

摘　要：《民法典》[1]侵权责任编第 1186 条公平责任的规定，明确将原《侵权责任法》第 24 条 "可以根据实际情况" 修改为 "依照法律的规定"，对该原则采取了穷尽式列举和目的性限缩，从而将该原则演变为指引性条文来填补法律空白。本文进一步探讨对公平责任原则的法律理解、法律为何仍保留对没有过错的行为人的法定分担义务，以及在司法实践中公平责任究竟应如何适用的系列问题。

关键词：《民法典》　公平责任原则　理解　适用

引　言

司法实践中，有诸多因错误适用公平责任造成实质不公的案件，如 "南京彭宇案""电梯劝烟致死案"，公平责任原则常被当作兜底条款滥用，因此备受理论界和实务界诟病。《民法典》第 1186 条修改了《侵权责任法》第 24 条的规定，这既是为了满足社会现实需要，更是能正确发挥公平责任原则的功能。

一、《民法典》公平责任原则的立法背景

公平责任原则指在行为人与受害人对损害的发生均无过错，又不能适用

　＊ 邓玉琪（1995 年—）女，满族，河北秦皇岛人，河北韩柏律师事务所专职律师，研究方向民商法学。

　〔1〕《民法典》，即《中华人民共和国民法典》。为表述方便，本书中涉及我国法律文件直接使用简称，省去 "中华人民共和国" 字样，全书统一，后不赘述。

无过错责任要求行为人承担赔偿责任的情形下，法院依据公平原则的观念，在考量受害人的损害、双方当事人的经济财产状况及其他相关情况的基础上，裁判由行为人对受害人损失予以补偿的一种损失分担机制。

有学者经过实证分析后发现，法院适用《侵权责任法》第 24 条判决行为人分担损失的比例，从 5% 到 90% 的情况都有存在，并不对受害人所遭受的损失总额进行仔细核算。[1] 显然，该条的模糊规定赋予了法官过大的自由裁量权，使得较多案件在审判中出现了不同的裁判结果，对人们的行为自由和行为预期造成了较为严重的伤害。在整个民法典起草过程中，立法者对公平责任原则的修改态度是十分坚定的：一审稿就已经将"可以根据实际情况"改为了"可以依照法律规定"，二审稿和三审稿均没有对此处进行过修改；此后在草案的征求意见稿中，立法者删除了"可以"及"依照法律的规定"和"由双方分担损失"之间的逗号，与现行的《民法典》第 1186 条的规定一致。[2] 笔者认为，造成立法者如此坚定态度的原因，是《侵权责任法》第 24 条在司法实践中经常出现严重的混乱适用，严重影响了案件审理的公平公正。[3]

二、《民法典》公平责任原则的理解

（一）公平责任原则的基本含义与适用范围

相较于《侵权责任法》，《民法典》对公平责任原则既有保留之处又有更改完善之处，《民法典》第 1186 条将《侵权责任法》第 24 条"受害人和行为人对损害的发生都没有过错的，可以根据实际情况，由双方分担损失"，修改为"受害人和行为人对损害的发生都没有过错的，依照法律的规定由双方分担损失"。必须"依照法律的规定"分担损失，这一修改意味着，公平责任的适用法定化，在实践中法官适用公平责任必须依据法律的规定，而不能任意适用或根据案情自行决定。

《民法典》实施后，公平责任原则有其适用的独立领域，其着眼点在于以归责原则为基础的侵权责任无法救济受害人的情况下，就遭受严重损害的受害人所给予的社会法意义上的救济。纵观《民法典》中法定的适用公平责任

---

〔1〕 参见张善斌：《公平责任原则适用存在的问题及对策》，载《河北法学》2016 年第 12 期。

〔2〕 参见石冠彬主编：《中华人民共和国民法典立法演进与新旧法对照》，法律出版社 2020 年版，第 464 页。

〔3〕 参见周友军：《〈民法典〉侵权责任编的守成与创新》，载《当代法学》2021 年第 1 期。

原则的情形只有五种，分别是第 182 条紧急避险、第 183 条见义勇为、第 1190 条完全行为能力人陷入无意识状态或失去控制致人损害但不包括原因自由行为、第 1192 条第三人原因导致提供劳务的一方损害和第 1254 条高空抛物。《民法典》实施之后，在司法实践中其他任何情形不得适用公平责任原则。

（二）公平责任原则的立法目的与立法价值

笔者认为，《民法典》第 1186 条的立法目的和立法价值主要体现在以下四方面：第一，对公平责任原则进行了明确的限缩性法律规范，明确表达了公平责任原则应慎用的立法立场。第二，明确表达公平责任原则只有法律可以规定，而行政法规、部门规章及司法解释等都不能对此作出规定，属于法律保留事项。第三，避免司法实践中法官滥用自由裁量权，最终达到法律效果和社会效果相统一，实现法律稳定与法律发展之间的妥善协调。[1]第四，体现了民法促进社会公平正义的基本价值，对规范民事主体的行为发挥着重要作用。

三、《民法典》公平责任原则的正确适用

（一）公平责任原则的适用条件

《民法典》生效之前关于公平责任原则的混乱适用主要存在以下两个方面：第一，文义解释本身的理解错误即明显的法律适用错误。公平责任原则必须在受害人和行为人对损害的发生都没有过错的情况下，方可适用，但是裁判者随意扩大该原则适用范围的现象仍时有发生。第二，虽然已经确定受害人和行为人对损害的发生都没有过错，但是对于"实际情况的"理解存在诸多差异，导致案件在审理过程中赋予了裁判者过多的自由裁量权，法律后果极不确定化。

以上两种情形均不符合公平责任的立法初衷，也使其丧失了原本的调整社会利益、分担社会风险的功能，甚至产生了新的不公平。《民法典》公平责任原则的适用条件主要包括以下四方面：第一，行为人和受害人都不存在过错，如果行为人对损害结果的发生存在过错，这是承担经济赔偿或补偿责任

---

〔1〕 参见程啸：《民法典侵权责任编的体系结构及总则部分的完善》，载《财经法学》2018 年第 6 期。

的基础；第二，受害人需因行为人的过错行为受到直接财产损失，同时该财产损失亟需填补；第三，加害行为与损害结果之间具有法律上的因果关系。第四，该原则的适用依据只能是法律规定的具体情形，司法实践中不可随意扩大理解和适用。

本文以笔者代理的财产损害赔偿纠纷案件为例，简要剖析《民法典》修改之后的公平责任原则在司法实践中的运用情况。本案属于上述第二种滥用情况，最终二审法院对公平责任原则的错误适用进行了改判。案件情况为：被上诉人因我公司对河道进行疏浚加宽等行为，导致在雨季到来时淹没了其河道沿岸的房屋，造成了财产损失。在本案审理过程中，被上诉人负有举证责任，但是没有及时进行因果关系的司法鉴定，根据现有证据只能证明被上诉人具有财产损失的损害事实，对于加害行为、因果关系和主观过错均无法证明，即公司的施工行为是否在主客观上实施了加害于被侵权人民事权益的不法行为，以及加害行为与损害事实之间是否存在引起与被引起的关系，在以上都无法证明的情况下，本案是不符合侵权责任的构成要件的，亦不是法律规定的适用情形。

因此，该案属于普通的财产损害赔偿纠纷，无法确定公司在该案中有无过错和因果关系的情况下，一审法院仅根据公平责任原则进行判决，是对该原则的滥用，属于适用法律错误。在侵权纠纷中，应当先判断案件属于一般侵权还是特殊侵权，如果属于特殊侵权那么应适用无过错责任或过错推定责任。如果不属于特殊侵权，则考查行为人是否存在过错，在行为人没有过错的情况下，则考虑是否属于民事法律明确规定的可以适用公平责任的几种情形，如果仍不属于，则应当由原告自行承担损失。

（二）公平责任原则的正确适用及意义

侵权法律规范并非社会救济法或者社会保障法，而是一套规定将损害转由行为人承担之条件以实现行为风险之具体分配的专门程序。[1]如何正确适用民法典公平责任原则成为值得探讨的理论和实践问题：首先需要探讨的是损害的严重程度，即要求受害人的损害严重。当然，在实践中需要结合损失本身及当地生活水平等因素进行综合判断。其次是关于因果关系的认定，在司法实践中，要根据实际情况及时进行因果关系认定等。最后关于损失分担

---

〔1〕　Vgl. Gert Brüggemeier, Deliktsrecht, 1. Aufl., Verlag Nomos Verlagsgeschaft , 1986, S. 39.

的尺度，在审判实践中，应当在可以适用公平责任的前提下对损失的分担根据行为的手段、情节、损失大小、影响程度、双方的经济状况等实际情况进行判断。

结合我国当前的司法现状，我们更应该明确：解决纠纷的目的，最终是要通过明辨是非来贯彻和实现正义，以实现长久而稳定的和谐，而不在于短视的息事宁人。[1]《民法典》对公平责任原则的规定，减少了背离法律进行规则创设的可能，避免陷入"有损害就有赔偿或补偿"的泥淖，是立法进步的体现。

结　语

《民法典》第1186条虽然明确了公平责任原则的适用情形，但并未细化其在司法实践中有关因果关系认定标准、分担损失的具体认定及未来拓展问题。未来，我国应加快完善相关配套法律法规及社会保障制度，以实现《民法典》的准确理解与科学适用，厘清各方权利义务、准确认定法律事实、正确适用法律，最大程度实现司法公正，努力让人民群众在每一个司法案件中都感受到公平正义。

---

〔1〕　参见王利明：《定分止争与定纷止争》，载《当代贵州》2015年第31期。

论医养类项目取得及运营法律风险防范

胡敏楠*

摘　要： 随着人民生活水平逐渐提高，人口老龄化趋势逐渐加剧，集养老、康复等多种业态于一体的医养类项目成了各大公司新的业务。在医养类项目投资及运营的过程中，存在着诸多法律风险，因而，如何防范有关风险以确保康养产业健康有序发展就成为值得探讨的问题。本文旨在结合自身执业经验对该问题进行分析和研究。

关键词： 医养类项目　取得　运营　法律风险　防范

引　言

康养产业是为社会提供康养产品和服务的各相关产业部门组成的业态总和。根据消费群体、市场需求、关联产业、资源差异等不同因素，又可以将康养产业划分为综合性养老社区以及医养结合的康复医院两个常见类型。[1]而医养模式是指将养老产业与康复医疗产业结合，实现医养一体化。"医"是指医疗服务、健康咨询服务、健康检查服务、疾病诊治和护理服务、大病康复服务以及临终关怀服务等。"养"包括生活照护服务、精神心理服务。[2]

项目取得和项目运营是医养类项目的两个重要阶段，且均存在一定的法

---

　* 胡敏楠（1993 年—）女，汉族，浙江杭州人，国浩律师（杭州）事务所专职律师，研究方向为诉讼法学。

　〔1〕 引自《康养产业类型划分及康养小镇规划思路》，载 http://wenku.baidu.com/view/c46c1058112de2bd960590c69e3d5bbfc0ada5f.html?_wkts_=1698028390624 & needwelcomeRecommand=1，最后访问日期：2023 年 10 月 23 日。

　〔2〕 引自第二届中国康养产业发展论坛上，齐续春发言稿。

律风险，如何规避和防范法律风险值得我们进行研究和探讨。

一、项目取得相关法律风险及其防范

（一）项目取得相关法律风险

1. 新设取得主要法律风险

（1）项目选址相关法律风险

医养项目在选址上有着较为严格的要求。首先，根据《土地管理法》等相关规定，医养类项目原则上需要在公共管理与公共服务设施用地上开展。所以当用地性质不属于公共管理与公共服务设施用地，且无法获得相关政府部门的许可，通过补缴出让金的形式临时改变土地用途的，则可能存在医疗机构执业许可证无法取得，项目实际经营无法开展的风险。其次，根据《医疗机构管理条例》等相关法律法规的规定，[1]设置医疗机构应当提交可行性研究报告、选址报告等相关文件，相关文件中均需要明确拟设医疗机构的选址、建筑结构、交通边界，距离其他建筑物距离，附近有无托幼教育、学校、餐饮类机构等内容。由上述情况可知，医养类项目的选址除用地性质外，交通边界、与周边建筑物距离、是否存在教育机构、周边地区医疗需求是否旺盛等只要有任意一个因素不符合要求均会存在无法开展的风险。

（2）证照取得及经营限制相关法律风险

医养类项目因大多为营利性医疗机构，属特殊企业，除按照一般公司流程向市场监督管理局申请设立外，在开展实际业务之前，需要取得设置医疗机构批准书，根据批准书载明的内容申请医疗机构执业许可证。而设置医疗机构批准书以及医疗机构执业许可证的取得存在着较大的难度。

结合前文关于证照申领问题的阐述，若拟开展医养类项目的主体无法取得医疗机构执业许可证的，则即使项目公司已设立且营业范围包含医养相关内容，也无法实际开展相关业务。并且，所开展的项目也需要和证照批准范围完全一致。另外，如与居委会等特殊主体签署相关协议限缩营业范围的，亦不得超出约定范围开展业务，否则存在违约风险。

---

[1]《医疗机构管理条例》第15条、第16条。

（3）环评报告等相关文件取得法律风险

基于《环境影响评价法》[1]等相关法律法规对环境保护的要求，医养类项目在开展之前除需要通过两次环境影响评价公示，取得《环境影响评价报告》外，在后期，如开展放射性业务如医学影像中心、肿瘤诊疗中心等业务可能涉及《危险废物经营许可证管理办法》《医疗废物管理条例》规定的相关内容的，还需要签订《医疗废物处置协议》并取得相关主管部门对辐射防护、职业病防护等要素进行评价的针对放射性业务区域所出具的《放射诊疗建设项目职业病危害放射防护预评价报告表》《建设项目职业病危害放射防护预评价报告专家技术审查意见》等文件，相关文件的取得除自身建设、规划设计方案等因素需要符合相关法律法规的要求外，还需要符合相关人员配备标准以及周边民众无投诉等众多要求，取得的难度亦较大。

2. 收购取得主要法律风险

除了与前文所述的新设取得相同的四点法律风险之外，收购取得还存在以下几项法律风险：

（1）交易模式相关法律风险

医养项目的收购，一般采用项目收购或股权收购的方式进行。如采用项目收购的方式，因卫健委对变相买卖医疗机构许可证的行为监管较为严格，被认定为变相买卖医疗机构执业许可证的可能性较大，而在该等情形下则存在导致执业许可证被吊销的行政风险以及合同无效的民事风险。

（2）其他法律风险

以股权收购模式获取项目的，可能存在股权权属不清、重大债务未披露、劳动人事未妥善安置、涉及未决诉讼仲裁建设方案不符合开展相关项目的要求等风险。

（二）项目取得相关法律风险防范措施

前文所述风险对于项目的合法合规性、项目价值以及项目可行性都存在重大影响，因此，尽职调查以及合作开展前的协议文本设计就成了必不可少的环节。

1. 尽职调查

首先，需要关注选址以及建设要求。包括拟选址的用地性质，如非公共

---

［1］《环境影响评价法》第16条。

管理与公共服务设施用地的，是否存在政府等相关部门为盘活存量土地允许通过一定程序临时变更土地用途的可能性。

其次，关注建设方案、规划方案符合医疗类建筑的相关要求，例如，和周边住宅区、学校等建筑的距离和对其产生的影响大小是否符合卫生部门对于申请医疗机构执业许可证的医疗机构选址要求；内部建筑结构的设计以及相关的防护措施是否符合建设规划的相关要求；特殊科室的建设与防护是否符合"小环评"相关要求等等。

再次，医养项目尽职调查需要关注申领医疗机构执业许可证相关要求。包括但不限于相关文件有效期、负责人、医院规模等。

最后，需要关注的是政策法规或者行政职能部门（包括其派出机构），对于在当地（该区域）设立医养结合型康养医院是否存在影响业务开展的经营范围限制。

对于收购取得项目而言，除了关注上述新设项目需要重点注意的选址以及建设情况经营范围限制情况之外，还需要关注：拟收购项目是否存在权利负担；股权权属是否清晰；是否存在重大债务风险；是否涉及未决纠纷；是否存在行政处罚的情况。

2. 协议文本设计

在通过尽职调查明确上述重点后，需要通过协议文本的设计进行风险隔离。而协议文本的设计主要体现在付款安排以及退出机制触发和违约责任承担上。

二、项目运营相关法律风险及其防范

（一）法律风险

项目运营阶段存在医保取得、劳动人事、拖欠医疗费、侵权等四类主要法律风险。

1. 医保取得法律风险

在医养项目运营阶段，能否进入医保体系是有康养需求的人群是否选择该项目的一个关键性因素。

根据我国相关法律法规的规定，[1]民营医疗机构进入医保需要满足以下

---

[1] 人力资源和社会保障部《关于完善基本医疗保险定点医药机构协议管理的指导意见》第1条。

条件：有健全和完善的医疗服务管理制度、财务制度、会计制度和信息系统管理制度等 8 项条件，限制较为苛刻。如果无法纳入医保体系，将会影响康养需求人群的最终选择，造成客户流失并影响项目盈利。

2. 劳动人事法律风险

因医养型康养项目开展过程中对于专业人员的人数资质等均有较为明确的要求。所以医养项目为吸纳人才，往往会利用自身资源，花费较大的代价将某些内部员工送至有培训资格的大型公立医院进行培训，以便其取得相关资质后为项目进行服务。

但在实践中，参加培训的员工在取得相关资质后，单方面与用人医院解除劳动合同的情况不在少数。在这样的情况下，用人医院所面临的不仅仅是经济损失，更存在影响部分业务开展和吊销医疗机构执业许可证的可能。

3. 医疗费拖欠风险

相较于大型公立医院与高端私立医疗机构，医养结合型康养项目所接触的客户群体一般属于中端客户。在这样的定位下，客户拖欠医疗等相关费用的情况在项目运营过程中也较为常见。

（二）运营法律风险防范

作为运营方，要有效地解决或防范上述风险，最重要的就是合规经营以及建立完善的内部治理结构。

1. 合规经营

所谓的合规取得使用医保就是在经营过程中，合规配备人员、合规开展业务、合规收费、合规使用医疗机构信息管理系统。

2. 建立完善的内部治理结构

所谓的建立完善的内部治理结构是指对于劳动人事制度、病例留存制度以及费用催缴制度等进行完善，从制度层面预防相关风险的产生。

结　语

医养类项目由于其自身"医"与"养"结合的特性，在其投资与运营过程中存在较多的法律风险，这其中既有一般企业的共性风险，也有基于行业特殊性所产生的风险。如何正确认识和防范相关法律风险，对确保医养类项目的合法取得和有效运营从而促进康养产业的发展具有重要意义。

论公证监督对基金持有人权益的保障

王 雪[*]

摘 要： 证券投资基金在我国已经进入到飞速发展的阶段，为广大投资者提供了更多的选择。基金份额持有人大会是一项法定的重要机制，有效保护了基金持有人的权益，制约了基金管理人的权力，而现场监督公证介入基金份额持有人大会，增强了大会的合法性和公正性、提升了公信力，并且敦促基金份额持有人合法行使其权力，保障了其合法权益。

关键词： 公证监督 基金持有人 权益 保障

引 言

自 18 世纪末在英国产生了世界上第一支基金后，投资基金现已成为全球一种重要的投资手段。在我国，1997 年国务院证券委员会发布了《证券投资基金管理暂行办法》，[1] 2003 年 10 月全国人大常委会通过了《证券投资基金法》、2014 年中国证券监督管理委员会发布了《公开募集证券投资基金运作管理办法》，上述法律法规的实施对加强证券投资基金的管理，保护基金当事人的合法权益，促进证券市场的健康、稳定发展起到了重要作用。作为基金份额持有人行使权利的途径，持有人大会有效制约了基金管理人在基金投资活动中的权力，保护了持有人的权益，而持有人大会的现场监督公证可以保障持有人参与重大事项表决等合法权益。

---

[*] 王雪（1991 年—）女，汉族，北京人，中国政法大学同等学力研修班 2019 级学员，研究方向为证据法学。

[1] 该办法现已失效，被 2004 年《证券投资基金管理公司管理办法》取代。

一、基金份额持有人大会现场监督公证概述

（一）现场监督公证

从公证受理的事项分类来看，对基金份额持有人大会可以以"现场监督"公证的形式受理。现场监督公证是指根据当事人的申请，公证机构依法对公证对象的活动进行监督与审查，以确认公证对象符合法律规定及预先约定的程序规则。现如今，现场监督类公证大量应用于彩票开奖、股东大会、基金持有人大会、招标投标、升学摇号、商品房摇号等活动中，为上述法律行为或法律事实提供法律监督，保证上述活动的依法顺利进行。通过公证人员在现场严谨、中立地对上述活动的程序进行监督、录音录像、记录等工作，有效证明了上述活动程序的规范性及结果的真实性。虽然法律法规没有强制规定基金持有人大会的召开必须进行公证，但是实践中各基金公司的基金合同中，基本上都明确约定，此类情况需进行公证。[1]

（二）基金份额持有人大会

基金是一种利益共享、风险共担的投资方式。基金管理人、基金托管人和基金份额持有人的权利、义务，依照《证券投资基金法》在基金合同中约定。基金财产独立于基金管理人、基金托管人的固有财产。基金管理人、基金托管人不得将基金财产归入其固有财产。[2]基金份额持有人大会是针对有关基金持有人利益的重大事项进行决策的机制，持有人通过表决有效制约管理人的行为。

（三）公证监督与基金持有人大会的关系

鉴于公证机构在办理现场监督时，对其公证对象的合法性及程序正当性均需审查的原则，公证的介入保证了持有人大会的合法性及公正性。自管理人在媒体上发布大会公告，至持有人表决完毕、大会结束，每一个环节都在公证人员的监督下完成。基于公证的严谨性与公证流程的规范化，公证机构的参与充分保证了基金份额持有人大会的有效性，以及大会投票的公正性，从而消除了广大基金投资者的疑虑，增强了持有人大会的公信力。公证的介

---

[1] 薛文成：《公证业务与基金业的对接与拓展》，载《中国公证》2016 年第 10 期。
[2] 《证券投资基金法》，最近一次修正为，2015 年 4 月 24 日第十二届全国人民代表大会常务委员会第十四次会议《全国人民代表大会常务委员会关于修改〈中华人民共和国港口法〉等七部法律的决定》修正。

入为持有人大会在实质的公平与程序的公正上，都提供了公信力的保障。

二、公证介入基金份额持有人大会的形式

公证制度是重要的预防性司法制度，[1]现场监督公证的优势在于事先介入到召开持有人大会的过程中，对可能出现的风险进行预先防范。

根据规定，基金管理人应当在召集大会前向公证机构申请，并在公证员的监督下在有关媒体上发布正式公告，就大会审议的议案进行信息披露并确认权益登记日。在表决票征集截止日期前，管理人向基金份额持有人征集表决票，公证机构会对基金管理人收集、统计有关授权意见、表决票的数据及结果进行检查，并确认无异常情况。在截止日期后，进行计票会议，在管理人、托管人及公证员的现场监督下，对本次大会的表决票计票并公布计票结果。

三、公证监督对基金份额持有人权益的保障

公证的介入不仅保证了基金持有人大会的公平、公正，也有利于基金份额持有人权益的保障，主要表现为以下方面：

（一）增强基金持有人大会的合法性及公正性

对于广大投资者来说，基金持有人大会是其行使决策权力、保护其正当利益的关键机制，对于管理人而言，如何向持有人证明召集的持有人大会的合法性与真实性，如何证明计票结果的公平性则是关键问题。公证办理的审查原则就是真实性与合法性的审查，公证作为第三方介入能够有效解决上述问题，提升基金持有人大会的公信力，使基金管理人免受投资人的质疑与舆论的风险，使基金持有人免遭其正当权益及财产的损失。

（二）能够敦促基金份额持有人合法行使其权利

近年来，随着大众理财需求的提升，证券投资基金以其低门槛、高流动性的特点受到广大中小投资者的青睐。但持有少量份额的个人投资者难以监督基金管理人及托管人的行为，所以持有人大会对于保护广大中小投资者的利益显得尤为重要。

---

〔1〕 参见司法部《关于深化公证体制机制改革 促进公证事业健康发展的意见》（司发〔2021〕3号）。

在受理公证申请后，公证员会监督管理人及时向社会发布公告，并通过短信、网络平台等多种方式联系持有人，告知其持有人大会的议案、权益登记日、投票截止时间等详细内容，以便持有人行使自己的投票权力。当投票时间截止后，公证员会对投票的结果进行查验及复核。有的基金涉及大量的个人基金持有人，公证机构也会抽取一定比例的基金持有人进行回访，向其核对投票结果是否为其真实意思表示。在计票结果大会中，公证员全程参与计票，并与管理人、托管人的代表共同监督计票结果以及大会审议的议案是否通过。

我国《证券投资基金法》把召开持有人大会的权利赋予了基金管理人，但是成功召集持有人大会并非易事，多数持有人由于搭便车心理，对参与大会并非持积极的态度，因为大会的议案均涉及运作基金的重大事项，而了解这些事项费神费力，最明智的决定是表现出冷漠。[1]而公证的参与，不仅可以监督管理人，也能敦促持有人行使表决权，管理人需要积极地通过各种渠道通知持有人投票，公证机构的回访也能激起持有人行使表决权的热情，打破其"搭便车"的消极心里，从而保障持有人的合法权益。

（三）有效提升基金持有人大会的公信力

对于基金持有人来说，若缺乏科学有效的保护机制，势必会影响其参与证券市场的积极性，不仅会对我国建立多层次资本市场体系产生不利影响，也会妨碍我国国民经济的可持续发展。基金持有人大会作为持有人参与基金运作的重要手段，是调节持有人与托管人的重要纽带，而公证的参与保证了持有人大会依法有序按既定的程序规则召开，保证大会结果的公正性。

结　语

作为我国公共法律服务的重要组成部分，公证在促进我国金融市场稳定繁荣发展及保护基金份额持有人的合法权益等方面发挥着重要的作用。公证机构的介入与公证法定的审查原则能够有效保障基金持有人大会的合法性及公正性，督促基金份额持有人及时行使其法定权利，保证基金份额持有人的合法权益免遭侵害，从而促进我国金融市场的健康发展。

---

[1] 刘亚彬：《论基金持有人利益保障机制的完善——以基金内部制约机制为视角》，华东政法大学2009年硕士学位论文，第14~15页。

论刑罚的犯罪预防功能

王 洋*

摘 要: 刑罚既具有积极功能也具有消极功能。刑罚的犯罪预防功能是刑罚的积极功能,这一问题一直是理论界和实务界探讨的问题。有关刑罚是否具有犯罪预防功能以及如何发挥预防犯罪的功能等问题存在不同的观点,而对上述问题的正确理解与合理适用对充分发挥刑罚的预防犯罪功能具有重要意义。本文旨在从犯罪学角度对刑罚的犯罪预防功能进行分析和探讨。

关键词: 犯罪 刑罚 预防 功能

引 言

刑罚既具有积极功能,也具有消极功能。本文认为,刑罚功能是国家运用刑罚惩罚犯罪所产生的积极社会作用。刑罚功能主要是刑罚目的外化,表现为两个方面的功能:个别预防功能和一般预防功能。[1]

刑罚的功能素有报应刑与目的刑之争,但随着学派之争的落幕,两种学说逐渐走向并合,形成了"因为有犯罪,并为了没有犯罪而科处刑罚"的格言,强调刑罚兼具报应与预防功能,只是在不同时代背景下存在偏重报应型或预防型的并合主义。

可见,关于刑罚的功能存在不同观点,特别是关于刑罚的犯罪预防功能以及如何实现预防功能等问题一直存在争议。本文认为,预防犯罪必须由犯罪的生成规律入手,在刑事一体化的背景下,犯罪学的相关知识可以用来解释刑法的问题,更好地了解犯罪人和社会的关系,从犯罪学角度重新思考刑

---

* 王洋(1985年—)女,汉族,河北人,河北佳篷律师事务所律师,研究方向为民商法学。
〔1〕 参见邹瑜、顾明总主编:《法学大辞典》,中国政法大学出版社1991年版。

罚的预防功能及功能的实现等问题，也许可以得出不同于传统刑法教义学模式下的科学答案。

一、有关刑罚预防功能的争议

关于刑罚是否具有预防犯罪的功能，刑事古典学派（旧派）和近代学派（新派）在这个问题上存在不同观点。

早期旧派推崇报应刑，认为刑罚是以恶制恶，是针对犯罪这种恶害的恶报，主张刑罚的正当性依据是朴素的正义观，认为国家作为刑罚权的发动者应该承担起惩恶扬善的责任，注重刑罚的威慑功能；刑罚的程度还应该与恶行相均衡，早期旧派都主张绝对报应，以康德为代表的道义责任论主张道义报应，即人是目的不是手段，除了报应之外不能为了其他任何目的而惩罚犯罪人，主张等量报应，即"以牙还牙"式的绝对报应。以黑格尔为代表的法律责任论主张法律报应，即对犯罪进行否定之否定的法律扬弃，主张等价报应。[1]

随着资本主义进入垄断阶段，社会动荡、犯罪率飙升，出现大规模的惯犯、累犯和青少年犯罪，旧派的犯罪治理机制逐渐失去效果，刑事近代学派应运而生，他们借用科学实证的方法对犯罪原因进行重新解释，将目光放在行为人身上。新派更重视行为人的人身危险性格，大力推行行为人主义。在刑罚的功能上，认为刑罚针对已然之罪毫无意义，未来共同生活秩序的保全才重要，应从防卫社会的角度出发针对未然之罪，关注具有人身危险性的犯罪人。从社会本位的角度主张目的刑，认为刑罚本身没有意义只有在预防犯罪的目的上才有意义，主张刑罚的正当性依据是目的正当性和有效性。在预防犯罪上侧重特殊预防，用多种手段教育矫正犯罪人，采用刑罚个别化，根据犯罪人的不同人格和实施犯罪的不同原因，分类处理。

经过长期的争论与融合，现今的刑罚论对报应刑和目的刑进行了系统的综合。刑罚的预防功能只有在报应的基础上才能达到实质的正义。回到最先的问题，刑罚究竟有没有预防犯罪的功能？本文认为诸如学派之争的观点学说只在应然的部分论述了刑罚的功能，即刑罚应该具有什么样的作用，但事实上刑罚的预防功能并不显著。再犯、累犯率高低是衡量刑罚功效的重要指

---

〔1〕 ［德］黑格尔：《法哲学原理》，范扬、张企泰译，商务印书馆 1961 年版，第 92、97 页。。

标，据 1982～1986 年刑满释放的成年人三年内再犯率的统计：美国占比 46.8%；英国占比 60%；法国占比 50%；日本占比 57.2%；联邦德国占比 62%；瑞典占比 80%。可见绝大多数国家的再犯率都很高，这充分反映了现行刑罚制度预防功能的失效。据北京市监狱管理局 2003 年底统计，全市在押 1.5 万犯人中，重新犯罪的有 3000 多人，占比 20.1%，有些省市的再犯率比北京要高。[1]以上的再犯、累犯数量表明，刑罚的预防功能从实然上讲确实存在，但程度有限。

本文认为，刑罚的预防功能的充分发挥有赖于刑罚的实施，有赖于预防功能机制的完善，实践中刑罚的预防功能之所以有限，与缺乏有效的机制有关。

二、刑罚犯罪预防功能的发挥机制

如前文所述，刑罚预防功能的实现，有赖于刑罚的实施。而刑罚通过何种机制才能达到预防犯罪的目的和效果，是值得研究和探讨的问题。本文结合有关犯罪原因对该问题进行分析和论证。

（一）刑法学意义上的犯罪原因

刑法学的相关研究在这个问题上形成了显著的两派。刑事古典学派认为犯罪人都是理性人，拥有完全的自由意志，根据费尔巴哈的心理强制说，人是趋利避害的动物，只有当犯罪带来的收益大于守法带来的收益时才会产生犯罪行为。旧派提出的行为主义和报应刑论都是建立在理性人的基础之上。刑事近代学派认为犯罪是被决定的，不承认旧派理性人的论调，否定人有完全的自由意志，主张犯罪原因的二元论，即犯罪是由社会因素和个人因素决定的，当犯罪的因素饱和时，犯罪人没有选择的余地必然会犯罪。新派提出的行为人主义和目的刑都是在决定论的基础上产生的。

（二）犯罪学意义上的犯罪原因

犯罪学意义上的犯罪原因的内涵和外延均大于刑法学上的犯罪原因，犯罪学上的犯罪原因包括内部个人的主体因素和外部环境的社会因素。主体因素，包括生理因素和心理因素。

---

[1] 张文：《行为刑法危机与人格刑法构想》，载《井冈山大学学报（社会科学版）》2014 年第 5 期。

1. 生理因素

生理因素以刑事人类学派创始人龙勃罗梭通过实证研究得出的结论有关，即天生的遗传基因内包含某些易致罪因素，其中著名的"天生犯罪人说"表明某些反社会型犯罪人的大脑构造明显不同于常人，虽然该学说被证明存在谬误但该实证研究的方法不失为一种科学方法。除了遗传因素外，生理因素还包括年龄、性别、神经生理和生物化学因素。

2. 心理因素

心理因素与弗洛伊德的心理学研究结论有关，即不同犯罪人心理特征的差异会体现在应付挫折的方式和克服焦虑、恐惧、胆怯的能力上，在行为的攻击性、主动性和忍耐力上存在差异。从社会因素来讲，包括受政治、经济、文化影响的宏观因素和受家庭、学校、社区影响的微观因素，其中常见的犯因性家庭因素包括不良的父母养育、破裂家庭、家庭成员的犯罪行为的影响；学校教育因素包括师生关系不融洽、同学关系紧张等；社区环境因素包括不良的社区文化、低素质邻里成员的业务等；经济因素包括收入不平等，这样的经济不平等容易使人产生嫉妒、挫折和相对剥夺感，容易诱发犯罪，但需要注意的是贫穷本身并不必然导致犯罪，贫穷往往与其他相关因素结合起来才导致犯罪。[1]

（三）结合犯罪学获得的启示

根据上述分析可以得出，人的行为是由需求决定的，需求的实现受各种外部环境因素刺激、影响、强化，刑罚在行为人的需求转化为犯罪的过程中发挥着惩罚、威慑的作用，这种惩罚会对犯罪人的需求加以抑制，对一般人的不法需求加以威慑，从而实现刑罚的犯罪预防功能。

但是，这种犯罪预防的效果是有限的，因为人的需求不是全然依赖于理性的自由意志，而是同时受到内部主体因素和外部社会因素的种种诱惑，并不能凭借心理强制趋利避害不再犯罪而是一定程度上取决于周围的社会环境。所以刑罚的预防功能并不能完全消除犯罪，只能压制犯罪的需求。不难发现，刑罚的犯罪预防功能之所以效果有限就在于没有认识到犯罪原因的复杂性，过于依赖犯罪人具有充分的自由意志可以在重刑之下畏惧司法，以至于不敢再实施犯罪行为，从而达到特殊预防的目的。重刑不能消除犯罪，只能短暂

---

[1] 吴宗宪：《犯罪心理学总论》，商务印书馆 2018 年版。

的抑制犯罪，内在因素不消除单纯用严厉的外部措施惩罚，是堵不住的。

因此，在惩治犯罪时，一要惩罚他的自由意志，二要矫治他由自身和环境因素决定的犯罪人格，唯有这样才能实现刑罚的犯罪预防功能，使犯罪人复归社会。

结　语

刑罚具有犯罪预防的功能，但是该功能的有效实现有赖于刑罚的实施，而刑罚的实施又有赖于犯罪预防功能发挥机制的完善。完善的刑法预防功能发挥机制及其有效运用才可以使刑罚的犯罪预防功能发挥其应有的效果，使犯罪预防功能最大化。

论预存式消费法律规制的完善

陈　欢*

摘　要：预存式消费法律规制问题已经引起理论和实务界以及消费者的关注，本文从预存式消费法律规制现状出发，以国内外现行法律法规为对比，提出目前可行的几种措施。

关键词：预存式消费　法律规制　完善

引　言

预存式消费在为消费者提供优惠和便利的同时，也存在诸多潜在的风险。近年来预存式消费引发的风险频发，不仅严重损害消费者的权益，而且也破坏了市场经营管理秩序。本文旨在对该问题进行研究和探讨，为预存式消费法律规制的完善提供一定的参考。

一、预存式消费的界定

（一）预存式消费的定义

"预存消费"也叫提前消费，是指顾客预先向商家交付一定额度消费金额就可以类似整存零取的方式享受到服务，有时还可以获得商家承诺的额外优惠。这是随着人们生活水平的提高、收入的增长、对服务项目需求的增加而出现的一种目前广泛存在的消费方式和经营方式。[1]

＊　陈欢（1986 年—）女，汉族，北京人，中国政法大学同等学力研修班 2019 级学员，研究方向为经济法学。

〔1〕　张严方：《消费者保护法研究》，法律出版社 2003 年版。

（二）预存式消费的特征

与传统交易方式相比，预存式消费主要有以下特征：

（1）预存性。在该种消费形式中，消费者需先办理消费卡或是会员卡，向经营者先行付费后再按照约定方式分次，即先付款后消费。

（2）以会员卡为载体。预存式消费一般要以该店的会员卡为载体，即消费者将钱存入经营者为其开办的会员卡中，然后分阶段消费、扣钱。

（3）消费风险大。预存式消费会员卡不具有一般银行卡的转账提现功能，在享受权利之前已经履行了义务。预存式消费的经营者易出现卷款出逃的现象，这种情况下预存卡中的钱很难追讨回来。

二、预存式消费存在的风险

基于预存式消费的特点，预存式消费存在如下风险：

（一）资金风险

（1）办卡容易退钱难。经营者为了增加办卡数量、锁定顾客、回笼资金，往往会夸大使用效果和优惠程度来诱使消费者自觉自愿办卡，但当消费者由于各种原因要求退卡、返还余额时，经营者总能找到各种理由进行拒绝。

（2）经营者卷款出逃，资金无法追回。预存性消费的主动权掌握在经营者手中，一旦企业经营状况不佳，经营者卷款出逃，在现行法律下，消费者的主动权和选择权就无法保障。

（二）履约风险

（1）减少可供消费的商品种类。消费者办卡后，经营者往往单方面提高服务或产品的消费门槛，或直接减少可供选择的商品种类，缩减了消费者通过办理预存式消费卡可以享受的优惠项目。

（2）降低为消费者提供的商品质量或者服务标准。经营者会获得更高利润，往往会"偷换概念"提供"同种"商品或者服务，但即使一点小小的差异也可能影响商品质量或服务水平，如不同的人提供服务感觉肯定不同。

（三）救济风险

消费者完成预存后，一旦发现"货不对版"或感到后悔，想要维护自己的权益，往往只有三种途径：第一以商家欺诈的名义向法院提请民事诉讼；第二以商家诈骗的名义向公安机关报案；第三由行政主管部门对商家进行查处。

第一种办法流程繁琐，且往往消费者很难进行取证，时间成本也较高，第二种办法涉及诈骗数额需达到立案条件，第三种办法不能及时解决问题，并且查处后追回款项也并不容易。

维权成本高昂，加之有的消费者法律观念淡薄，导致消费者在遇到消费纠纷时，多数选择"自认倒霉"，放弃对自身权利的维护。

三、预存式消费法律规制现状

（一）我国对预存式消费的法律规制现状

我国目前对预存式消费进行规制的法律法规主要有《民法典》《消费者权益保护法》及一些行政法规，但是这些法律法规只是简单规范了合同格式或提出了一些监督管理的建议，例如"纳入存管管理的经营者应当在存管银行开立预付卡预收资金专用存管账户，将符合规定要求的预收资金存入专用存管账户并按照规定方式支取"。[1]并没有约定什么类型的行业需要缴纳多少资金用于存管账户，或者用户什么情况下可以对该笔款项进行提取等等，这就造成了管理混乱，对于目前预存式消费者没有起到法律保障的作用。

（二）我国对预存式消费法律规制存在的问题

如前所述，预存式消费存在诸多风险，而我国现行的法律法规对预存式消费的规制又缺乏明确的规定，特别是缺少对该领域商家的资质核准和行为监管的规定，这是导致预存式消费法律风险的主要原因。

四、完善对预存式消费法律规制的建议

如前所述，造成现阶段预存式消费风险的主要原因是缺少对该领域商家的资质核准和行为监管。本文认为，对预存式消费的法律规制主要从以下方面进行完善：

（一）对商家资质进行事先审核

对此，我国可以借鉴日本的经验和做法。日本实行预存卡申报登记制度，可以从预存卡发行主体资质申请阶段开始，来初步降低发行预存卡的社会风险。此外，日本还规定了保证金制度为预存卡的消费者提供保障。

---

〔1〕 2021 年，北京市第十五届人民代表大会常务委员会第三十五次会议通过《北京市单用途预付卡管理条例》第 22 条第 3 款。

（二）统一指定预存式合同文本

在确保商家资质得到事先审核以外，最重要和最有效的解决方式就是政府或者消保组织介入到预存费格式合同制定中来。统一制定一系列不同行业预存费合同标准，明确合同中必须记载和不得记载的相关事项。

1. 明确履约保证金

预存费定型化契约中应特别设立条款为履约保证条款。这种履约保证并不是商家场所、设备和资质的保障，而更重要的注重于资金上的保障。如果我国施行预存费保证金制度，并在格式条款中加以明确，那么，这对于商家来说是一个极大的约束。对于消费者而言，一旦出现问题后并不需要去法院走漫长的诉讼程序，而只需要按照合同取得尾款，全部过程简单明确，将不会出现因维权导致的大规模群体事件或者大规模诉讼。

2. 关于解约的消费者保障

除了《民法典》相关解除合同的规定外，在预存费领域内对于消费者还应该充分额外保障。最重要的保障就是明确消费者拥有的"后悔权"。明确预存费消费后悔权在预存费领域主要体现在两点：第一是规定契约生效后一定期限内消费者未使用之时，可以无条件解约并取回全额预存费；第二是所签合约期限尚未到来，在此之前，消费者可以随时无条件解除合同。对于一些商家以"赠与"或者"优惠"为代价吸引消费者做预存费合同，合同解除后，商家不得要求消费者返还赠与，也不得在返还金额内进行扣除。

3. 明确消费者的转让权和继承权

除了具有明确人身性质的消费合同外，一般不允许商家在合同中规定不得转让。对于转让手续费用必须在合同中事先明确，如果没有明确的，视为不得收取额外费用。

4. 侵害消费者权益的不得记载事项

预存费格式合同应不得记载以下事项：（1）除主管机关批准外，不得记载逾期或未使用余额不得退还的事项。（2）不得记载"不办理挂失"的事项。如果商家以未妥善保管预存费历史记录为由不予挂失的，消费者可以保留的发票或其他证明方式做出证明。（3）不得记载商家片面解除约定的条款。虽然民事合同中需要尊重双方合意，约定解除确实是合同解除的一种，但是在消费领域中更侧重的是对消费者的保护，预存费合同中尤其如此，所以一般不允许商家设立片面解除合同的条款。（4）不得记载免除商家故意或重大过失责任。故意或过失责任的承担是民事法律明文规定，法律不允许利用格式条款事先免除自己责任的行为。

5. 事先广告承诺的履行

预存费纠纷高发类型之一就是消费者无法享受到事先商家的广告承诺，或者在商家利用高质量服务等引诱消费者签订契约后，单方面降低标准。所以，在预存费消费模式中必须以条款的形式确认商家事先的广告。一般规定，商家应确保所负义务不得低于事先承诺的标准，双方承诺（包括口头承诺）均属事先承诺的一部分，但是口头约定需要以书面方式加以确认，以方便事后举证。

统一的格式合同可以起到事前防患于未然的作用，而且可以用固定合同条款的方式明确消费者的各项权利和保障，此外，经过统一制定的格式合同在纠纷发生后，可以简化消费者举证责任，明确消费者与商家的权利与义务。

（三）加强对商家行为的监管

只有加强对商家行为的监管，才能进一步规范商家的行为，促使其合法经营，遵守消费市场的经营秩序，从而最终保护消费者利益，促进预存式消费市场的健康有序发展。

结　语

预存式消费的问题是影响消费经济市场稳定的重要因素，是构建现代和谐消费环境的重要组成部分，是衡量消费市场法治化的重要标准。预存式消费存在诸多的风险，如何防范风险及规制预存式消费不仅关系广大消费者自身合法权益的保护，也关系商家合法经营和消费市场健康有序发展等问题，因此，随着消费市场的进一步发展，有关预存式消费风险及法律规制问题还有待进行更为深入的研究和探讨，本文旨在起到抛砖引玉的作用。

公示时间的溯源与法律适用浅析

翟晶晶*

摘　要： 从社会管理的角度出发，除了考虑个人利益，还有更大的社会利益比如社会秩序、交易的安全和低成本，两者经常会产生冲突，如何平衡就会涉及时效问题。"法律不保护躺在权利上睡觉的人"这一来自古希腊的法律谚语，本指《民法典》诉讼时效制度，该法律谚语同样适用于公示时间：通过规定权利人在法定期间内不行使请求法律保护的权利即丧失请求依法保护其该权利，就可以督促权利人及时行使权利，维护确定的社会关系，利于社会的有效运转。其中，公示时间如何规范：溯源法律，明确其法律适用的规范，对于解决当事人之间的纠纷，维护市场经济秩序、促进社会经济发展具有重要意义。本文在对公示时间进行法律溯源的基础上，对如何规范公示时间的适用进行了分析和研究。

关键词： 公示时间　法律溯源　期间　法律适用

引　言

时间是一个抽象概念，是人类用以描述事件发生过程的一个参数，分为时刻和时段两个不同的概念。在法律上，时间能够直接导致权利的发生或者消灭，在实践中的公示时间，依据的不是当事人以法律行为的约定，而应遵循我国法律关于时间问题的规定。因为人们语言习惯的不同，加之时间的循环流动性，往往会存在认知的分歧。因此，需要对公示时间进行法律溯源，根据法律的解释规则，统一法律适用，以规范类似问题，避免出现计算中的分歧。

---

* 翟晶晶（1987 年—）女，汉族，河南人，东方绿色能源（河北）有限公司华中分公司员工，研究方向为民商法学。

一、公示时间的含义及情形

（一）公示时间的含义

公示时间是党政机关、企事业单位、社会团体等单位以各种方式向社会公众或相关人员公布相关情况的期限，用以征询不同意见、事先预告群众周知等。[1]在此期间，若有人对公示内容有异议，可以向公示单位提出。公示期结束后，公示单位将作出关于公示内容的最终决定。

（二）涉及公示时间的情形

公示时间的应用场景较为广泛，根据有关法律的规定，涉及公示时间的情形主要有：

1. 《公司法》第 150 条

记名股票被盗、遗失或者灭失，股东可以依照《民事诉讼法》规定的公示催告程序，请求人民法院宣告该股票失效。人民法院宣告该股票失效后，股东可以向公司申请补发股票。

2. 《公务员法》第 32 条

招录机关根据考试成绩、考察情况和体检结果，提出拟录用人员名单，并予以公示。公示期不少于 5 个工作日。

公示期满，中央一级招录机关应当将拟录用人员名单报中央公务员主管部门备案；地方各级招录机关应当将拟录用人员名单报省级或者设区的市级公务员主管部门审批。

3. 《劳动合同法》第 4 条第 4 款

用人单位应当将直接涉及劳动者切身利益的规章制度和重大事项决定公示，或者告知劳动者。

二、公示时间的法律溯源

公示时间的法律溯源与法律渊源即法律的来源相似，法律渊源即法律的来源是指国家机关、公民和社会组织为寻求行为的根据而获得具体法律的来源。公示时间从法律上溯源可以查找到以下法源：

---

〔1〕 百度百科——"公示"，载 https://baike.baidu.com/item/%E5%85%AC%E7%A4%BA/1263061，最后访问日期：2023 年 8 月 8 日。

（一）原《民法通则》

第 154 条规定："民法所称的期间按照公历年、月、日、小时计算。规定按照小时计算期间的，从规定时开始计算。规定按照日、月、年计算期间的，开始的当天不算入，从下一天开始计算。期间的最后一天是星期日或者其他法定休假日的，以休假日的次日为期间的最后一天。期间最后一天的截止时间为二十四点。有业务时间的，到停止业务活动的时间截止。"

第 155 条规定："民法所称的'以上'、'以下'、'以内'、'届满'，包括本数；所称的'不满'、'以外'，不包括本数。"

（二）《民法典》

第 200 条规定："民法所称的期间按照公历年、月、日、小时计算。"

第 201 条规定："按照年、月、日计算期间的，开始的当日不计入，自下一日开始计算。按照小时计算期间的，自法律规定或者当事人约定的时间开始计算。"

第 202 条规定："按照年、月计算期间的，到期月的对应日为期间的最后一日；没有对应日的，月末日为期间的最后一日。"

第 203 条规定："期间的最后一日是法定休假日的，以法定休假日结束的次日为期间的最后一日。期间的最后一日的截止时间为二十四时；有业务时间的，停止业务活动的时间为截止时间。"

第 204 条规定："期间的计算方法依照本法的规定，但是法律另有规定或者当事人另有约定的除外。"

三、公示时间的法律适用分析

本文认为，公示时间的法律适用应从期间的概念、期间的开始的终结及期间的逆算几个方面进行分析。

（一）期间的概念

期间，是指期日与期日之间的时间长度，如某年某月某日至某年某月某日。[1]最高人民法院《关于贯彻执行〈中华人民共和国民法通则〉若干问题的意见》（已失效）第 198 条第 1 款规定："当事人约定的期间不是以月、年第一天起算的，一个月为三十日，一年为三百六十五日。"当事人约定的期间

---

〔1〕 李永军主编：《中国民法学》，中国民主法制出版社 2022 年版，第 454 页。

以月、年第一天起算的，所称一日，是指午前 0 时到午后 12 时；所称一月，是指 1 月 1 日到末日；所称一年，是指 1 月 1 日至 12 月末日。

（二）期间的开始

（1）根据《民法典》第 201 条第 1 款，按日、月、年计算期间的，开始的当日不计算在内，从次日开始。

（2）根据《民法典》第 201 条第 2 款，按小时计算期间的，从法律规定或者当事人约定的时间开始。

（3）即如果期间开始于某一事实的发生，那么在计算期间时该事实发生的当天不计算在内。[1]

例如，公示一般指的是周一到周五，遇法定节假日要推后。如果公示期第一天是节假日，则公示期顺延，以节假日后的第一个工作日起开始计算。例如公示期第一天是 10 月 1 日，那么公示就从 10 月 8 日起开始计算。若是公示期间含节假日的，应予以扣除。如按照规定公示期应该从 9 月 29 日开始算起，但是，公示期间正好隔着一个国庆节，那么，公示期就变成了：9 月 29 日至 9 月 30 日和 10 月 8 日至 10 月 10 日。

（三）期间的终结

（1）根据《民法典》第 202 条，按照年、月计算期间的，到期月的对应日为期间的最后一日；没有对应日的，月末日为期间的最后一日。

《劳动合同法》第 10 条规定："建立劳动关系，应当订立书面劳动合同。已建立劳动关系，未同时订立书面劳动合同的，应当自用工之日起一个月内订立书面劳动合同。用人单位与劳动者在用工前订立劳动合同的，劳动关系自用工之日起建立。"第 82 条第 1 款规定："用人单位自用工之日起超过一个月不满一年未与劳动者订立书面劳动合同的，应当向劳动者每月支付二倍的工资。"第 19 条第 1 款规定："劳动合同期限三个月以上不满一年的，试用期不得超过一个月；劳动合同期限一年以上不满三年的，试用期不得超过二个月；三年以上固定期限和无固定期限的劳动合同，试用期不得超过六个月。"

例如，A 企业于 2022 年 6 月 30 日招聘员工甲并建立事实劳动关系，则双方自用工之日起一个月内订立书面劳动合同，截止时间应是在 2022 年 7 月 31

---

〔1〕［德］卡尔·拉伦茨：《德国民法通论》（下册），王晓晔等译，法律出版社 2003 年版，第912 页。

日午夜 12 点之前。若 A 企业于 2023 年 1 月 31 日招聘员工乙并建立事实劳动关系，因 2 月无 29 日、30 日、31 日，则 2 月的最后一天终了时，期间届满。则双方自用工之日起一个月内订立书面劳动合同的截止时间应为 2023 年 2 月 28 日午夜 12 点之前。

（2）根据《民法典》第 203 条第 1 款，期间的最后一日是法定休假日的，以法定休假日结束的次日为期间的最后一日。

例如，涉及工作日的，需要注意工作日的问题。工作日也叫做劳动日，工作日以日作为计算单位，是指扣除周六、周日法定节假日后的五个自然日。国家的法定节日不算工作日，但是法定节假日补班的时间是计算在劳动者工作日以内的。如果期间的最后截止日期为节假日的，同样以节假日后的第一个工作日为最后截止日。

（四）期间的逆算

期间的逆算，是指期间于自一定起算日溯及往前所为的计算，其期间的计算准用期间的顺算。[1] 例如，我国《劳动合同法》第 37 条规定，劳动者提前 30 日以书面形式通知用人单位，可以解除劳动合同。劳动者在试用期内提前 3 日通知用人单位，可以解除劳动合同。假如非试用期的劳动者计划与原单位解除合同日期为 10 月 9 日上午 9 点，则应以其前一日（10 月 8 日）为起算日，逆算至 30 天期间的末日（9 月 9 日）午前 0 时为期间的终止，则劳动者单方解除劳动合同通知书最迟需要在 9 月 8 日寄送至用人单位，才符合"提前三十日以书面形式通知"的意旨。

结　语

综上所述，明确公示时间的法律溯源及其法律适用，从具体操作的细节着手，为处理当事人之间的纠纷提供法律依据，对维护社会和经济秩序的稳定，更好地保障民事主体合法权益具有重要意义。

---

〔1〕 李永军主编：《中国民法学》，中国民主法制出版社 2022 年版，第 456 页。

论民事诉讼法中专家辅助人制度的完善

张晓娜*

摘 要：《民事诉讼法》（2017 年）第 79 条规定"当事人可以申请人民法院通知有专门知识的人出庭，就鉴定人作出的鉴定意见或者专业问题提出意见"。标志着专家辅助人制度在我国的正式确立。专家辅助人制度虽然在我国已经确立，但有关内容还需要进行进一步研究。本文旨在对我国专家辅助人制度存在的问题进行分析和研究，并提出解决问题的建议。

关键词：民事诉讼 专家辅助人 制度 完善

引 言

我国《民事诉讼法》及最高人民法院《关于民事诉讼证据的若干规定》对专家辅助人制度进行了规定。实践中，专家辅助人制度在取得较好效果的同时，也存在一定的问题，例如专家辅助人资格问题、专家辅助人的权利义务以及质证程序等问题。这些问题的解决对我国专家辅助人制度的正确适用具有重要意义。

一、专家辅助人制度概述

（一）专家辅助人的含义

专家辅助人是指诉讼主体聘请具有专门知识的人帮助解释和理解案件中的专门性问题，或者经法官允许出庭辅助当事人对诉争案件事实所涉及的专

---

* 张晓娜（1992 年—）女，汉族，河北人，北京普胜达律师事务所律师，研究方向为宪法和行政法学。

门性问题进行说明或发表专业意见和评论的人。[1]

（二）专家辅助人的特征

从专家辅助人的概念来看，其具有两方面的特征：

（1）专业性。专家辅助人在某些领域或方面具有特殊的专门知识或经验。

（2）辅助性。受当事人委托帮助当事人与法官解释专门性问题。

（三）专家辅助人制度设立的意义

（1）有助于对鉴定结论进行有效质证。质证是指在法官的主持下双方当事人通过听取、核对、辨认、询问等方法对证据材料的真实性、关联性和合法性发表意见，进行确认或提出异议的诉讼活动。[2]专家辅助人的参与有助于当事人对鉴定结论的质证。

（2）有助于法官准确解读证据。专家辅助人参与到诉讼中在客观上帮助了法官们对专门性问题的认识，通过对鉴定人的询问，使法官兼听则明，作出更为公正的判决。

（3）有助于诉讼主体接受判决结果。专家辅助人既可以在诉讼中帮助当事人理解相关问题，为当事人答疑解惑，争取权利，使得当事人对一些问题得到充分的理解，对诉讼也有一个较为客观全面的认识。在此情况下，原被告双方更为信服判决结果，即使一方败诉亦会接受。

二、专家辅助人制度在我国的适用现状

专家辅助人对诉讼程序的进行具有重要意义，部分地方高院为弥补一方当事人对专门知识的缺乏，已陆续出台关于专门知识的人参与诉讼的指导性意见，以指导审判实践。

（一）地方法院对专家辅助人的相关规定

安徽省高级人民法院2011年发布《关于审理医疗纠纷案件若干问题的指导意见》，该意见明确了医学专家辅助人参与诉讼进行辅助质证。北京高级人民法院发布《关于在民事审判工作中贯彻执行〈民事诉讼法〉的参考意见》，该参考意见第29条规定了有专门知识的人出庭。按照该条规定，法院在适用《民事诉讼法》（2017年）第79条关于有专门知识的人出庭时应注意以下问

---

〔1〕 常林：《司法鉴定专家辅助人制度研究》，中国政法大学出版社2012年版，第69页。

〔2〕 刘敏：《当代中国的民事司法改革》，中国法制出版社2001年版，第273页。

题：一是当事人可以申请有专门知识的人出庭，是否准许由人民法院审查后决定；二是有专门知识的人出庭，具有相关权利义务；三是有专门知识的人出庭就鉴定意见提出意见。

（二）专家辅助人参与诉讼案件的司法实践

法院在审理案件中开始引入专家辅助人参与案件审理，利用其专门知识发挥其作为诉讼参与人的作用。

2013 年 5 月，浙江省嘉兴市海盐县人民法院审结一起医疗损害责任纠纷案，批准当事人提出的专家辅助人参与质证的申请。这是专家辅助人制度确立以来，法院首次引入专家辅助人参与诉讼。[1]北京市海淀区人民法院在一起医疗纠纷案件中举行了听证会，并在听证会上首次聘请了医学专家辅助人。3 名临床主任医师以专家辅助人的身份首次出庭针对案件中的鉴定意见提供医学专业说明和意见。[2]

（三）专家辅助人制度适用中存在的问题

如前所述，《民事诉讼法》（2017 年）第 79 条正式确立我国民事诉讼的专家辅助人制度，并且《民事诉讼证据规定》对专家辅助人进行了细化规定，同时该制度已在各地法院审判实务中实际运用。但是，经过了多年的探索实践，专家辅助人制度仍存有一些问题，亟需完善。

（1）专家辅助人的资格确定尚未明确。当事人向人民法院提出申请该具有专门知识的人员后，法院决定其是否可作为专家辅助人出庭诉讼，但是在立法层面并未对相关标准进行规定。

（2）专家辅助人的权利义务尚未明确。与其他的诉讼参与人的权利义务有详细规定不同，在规则层面缺少对专家辅助人的权利义务的相关规定。

（3）专家辅助人对鉴定结论的质证程序不明确。规则层面规定了专家辅助人可以对鉴定人进行询问，而未规定相关的询问规则。专家辅助人在哪个诉讼环节对鉴定人进行询问、询问内容可以包括哪些方面、是否可以对争议焦点展开辩论等事项均未见细化规定。

---

〔1〕 王安富：《论过度医疗侵权责任及其法律救济》，载《河北法学》2012 年第 10 期。

〔2〕 李罡：《医患纠纷案法官首请专家辅助人》，载 http：//health. people. cn/n/2013/1126/c14739-23654338. html，最后访问日期：2023 年 8 月 8 日。

三、域外的专家辅助人制度

我国的专家辅助人制度相类似，域外也有类似的规定，其中较为典型的是英国的专家辅助人制度和意大利的技术顾问制度，对我国专家辅助人资格的规定具有一定借鉴意义。

（一）英国的专家证人制度

英国的专家证人是指具有专家资格，并被允许帮助陪审团或法庭理解某些普通人难以理解的复杂的专业性问题的证人。[1]专家证人借助其专业知识就特定事项表达意见，要求具备相关的知识或经验，可以向法庭陈述自己的见解或者看法，并作出有结论性的意见。

一般认为，在专家证人的资格问题上英国采用的是鉴定人主义。法律虽然明文规定专家必须具备提供意见的一定资格，但这种资格来源是多样的。它既可能来源于正规的教育并获取相关的资格证书，也可能来源于一定年限的实践所积累的大量经验和相应技能。专家适格与否是由法庭决定的事项，在许可任何一位证人提供专家证据之前，资格调查都是必不可少的。[2]

（二）意大利的技术顾问制度

意大利吸收了英美法系专家证人制度的优点，创立了技术顾问制度。该制度是指司法机关或诉讼当事人，依法聘请技术鉴定专家，为自己就案件中的专门性问题进行科学技术服务的一种法定制度。[3]有关资格认定，意大利技术顾问制度中取消了四类人员的从业资格：未成年人、精神病人；被禁止或暂时禁止担任公职的人；被处以人身保安处分或防范处分的人；不能担任证人或有权回避作证的人。[4]

四、完善我国专家辅助人制度的建议

针对我国专家辅助人制度存在的问题，本文提出如下完善建议：

---

〔1〕 齐树洁、洪秀娟：《英国专家证人制度改革的启示与借鉴》，载《中国司法》2006 年第 5 期。

〔2〕 齐树洁、洪秀娟：《英国专家证人制度改革的启示与借鉴》，载《中国司法》2006 年第 5 期。

〔3〕 邹明理：《论我国证据制度改革的一大创举——技术顾问制度》，载何家弘主编：《证据学论坛》（第 5 卷），中国检察出版社 2002 年版，第 218 页。

〔4〕 陈志兴、黄友锋：《简析意大利国家的"技术顾问"制度》，载《长春理工大学学报（社会科学版）》2010 年第 1 期。

（一）明确专家辅助人的资格要求

建议可从学历、职称和经验三方面对专家辅助人的资格进行限制，针对具体的问题专家辅助人只需具备其中一项条件即可。但同时基于诚信原则，可考虑将专家辅助人品行情况纳入被考察的范围。

（二）明确专家辅助人的权利和义务

目前法律层面对专家辅助人的权利义务规定过于笼统，应对其作细化规定。如知情权，专家辅助人有权对专门性问题提出专业性意见，因此专家辅助人还应具有相应的案件知情权。再如保密义务，专家辅助人需要保守在案件诉讼过程中获知的当事人的商业秘密，个人隐私以及国家秘密。基于利益冲突的原则，专家辅助人不应同时接受双方当事人的委托。

（三）明确专家辅助人对鉴定结论的质证程序

在庭审中，法庭应当告知专家辅助人出庭发表意见必须尊重事实，阐释的意见需体现专业性、科学性、独立性和中立性，同时向双方当事人说明专家辅助人出庭的意义和作用，明确专家辅助人参与审理的地位不同于证人。

结 语

专家辅助人制度是对我国证据制度进行完善的一项重要制度。该制度的设立，对于维护当事人的合法权益，对于法官作出公正的审判具有重要的意义。专家辅助人参与诉讼更有利于人民法院正确采信鉴定意见，合理的评定双方当事人的责任。本文提出了一些建议和思考，希望对我国专家辅助人制度的完善有所助益。

论我国破产管理人履职保障制度的完善

俞红霞*

摘　要：自《企业破产法》首次引入破产管理人制度以来，其为我国企业破产程序的规范化起到了较为重要的作用。随着越来越多的中小企业面临退市危机，对破产管理人的需求也随之增大，而破产管理人履职保障制度的完善对于破产程序的规范化尤为重要，本文旨在研究这一问题。

关键词：破产管理人　履职　保障制度　完善

引　言

为确保债务人财产的安全并维护债权人的资产价值，管理人制度应运而生，并在破产程序中扮演着关键和不可或缺的角色。[1]自《企业破产法》首次引入破产管理人制度以来，虽然为我国企业破产程序的规范化起到了较为重要的作用，但同时，破产管理人制度在实务中存在的问题也引起了学界的关注，因此，有关破产管理人制度的完善成为学界研究的问题。作为破产管理人制度中的重要内容，破产管理人履职保障制度也亟需完善。

一、破产管理人履职保障制度的概述

（一）破产管理人履职保障制度的含义

破产管理人是指破产案件受理时由法院指定的，在法院及相关主体的监督之下接管债务人企业并负责调查、管理、处分债务人财产，决定债务人内

---

*　俞红霞（1987年—）女，汉族，浙江人，浙江雷欧律师事务所律师。

[1]　知识产权观察者：《破产案件中管理人制度概述》，载 https://baijiahao.baidu.com/s? id = 1767154157148948448，最后访问日期：2023年10月26日。

部管理、日常开支，代表债务人参加诉讼、仲裁，提议召开债权人会议等法定职责的专门机构和个人。[1]实践中，管理人多为律师事务所、会计师事务所、破产清算事务所等社会中介机构及个人管理人。管理人的责任形式包括民事责任、刑事责任和司法行政责任。

（二）破产管理人履职保障制度的特殊性

管理人在工作中不仅需要处理法律事务，还需要兼顾债务人的日常经营管理工作。对于仍在经营中的债务人，若其前期存在不规范的经营行为，也会对管理人履职产生风险隐患。在管理人履职过程中，所面对的工作对象不仅有人民法院、债务人，还有债权人、债务人职工、市场监督管理部门、税务机关、银行等其他主体。其他主体对管理人的身份认同程度低，在履职过程中管理人面对的不仅仅是履职风险，更有履职效率难以保障的问题。

破产案件事务可细化为破产清算、重整、和解三大分项，因此管理人不仅需要具备法律专业知识，还要具备一定的财税会计、审计评估等其他专业知识，例如涉及上市公司重整案件中，因为涉及事务的复杂程度较高且综合性更高，因此管理人不仅要具备对应的专业知识技能，还要通悉债务人所属行业领域的政策、实务操作，以及上市公司应当遵守的证券交易、信息披露等规则，这些都对管理人的职业素养提出了较高标准的要求。[2]

二、破产管理人履职保障制度的规定

（一）破产管理人履职权利的规定

根据《企业破产法》规定，管理人的权利包括：①接管资料和财产的权利。②决定权。③管理及处分财产的权利。④参加诉讼等其他权利。

（二）破产管理人履职身份的规定

根据《企业破产法》规定，管理人由人民法院指定。

（三）破产管理人报酬的规定

根据《企业破产法》的规定，管理人的报酬由人民法院确定。

（四）破产管理人执业安全的规定

现有相关法律规定中暂无对管理人执业安全予以保障的相关规定。

---

〔1〕 王欣新主编：《破产法原理与案例教程》（第 2 版），中国人民大学出版社 2015 年版，第 67 页。

〔2〕 阙强、宋炜：《破产管理人资格准入探讨》，载《中国商论》2017 年第 12 期。

三、破产管理人履职保障制度的困境

（一）破产管理人履职身份定位较为笼统

管理人履职身份定位笼统除了影响管理人履职效率，还会在无形中提高管理人的履职成本，包括沟通成本、经济成本、时间成本等。债务人、债权人由于对管理人身份定位缺乏准确认知，可能会出现怠于行使权利、消极应对管理人工作等行为；而金融机构、行政机关等主体由于与管理人平时业务接触机会偏少等原因，在遇到破产案件时往往会出现因需要反复请示、汇报等"被迫"延长破产案件进程的情况。

（二）破产管理人"勤勉忠实"义务的界定模糊

"勤勉尽责、忠实执行职务"是法律对于管理人履职的总体要求，亦是债权人、债务人等利益相关主体衡量管理人工作的度量标准。《企业破产法》虽规定了管理人的"勤勉忠实"义务，但未明确具体内容及评价标准，在司法实务中也没有统一的评价"勤勉忠实"义务的操作方法，即对于管理人的履职评价标准缺少确定性指标，造成管理人履职评价体系出现空白。

（三）"无产可破"的风险应对不足

对于"无产可破"的案件，其主要体现为管理人可能会面临无法取得报酬或是无法取得合理报酬的窘境。从各国破产案件的实际状况看，管理人能够获取报酬的案件占案件总量的比重非常低，以随机方式指定管理人的案件往往是无合理报酬甚至是零报酬可支付的。[1]出现这种窘境的原因在于，法律规定与实践操作存在一定的隔阂。例如，《企业破产法》第 43 条第 4 款虽有规定，但提请终结程序的前提是管理人查明债务人财产状况、是否不足以清偿债务等。在此过程中，管理人必然已经付出了一定的精力和财力，对于这一部分的费用应当如何结算法律并未明示。另有《管理人报酬规定》规定，可由利害关系人垫付并继续推进程序进行。但期待利害关系人垫付费用使得"无产可破"案件中的相关费用得以偿付具有很大的不确定性。

（四）破产管理人职业风险突出

管理人所面临的职业风险远不止与职责相关的内容，还有其他配套机制不健全带来的隐患。由于我国的管理人队伍建设尚处于起步阶段，并未完全

---

〔1〕 王欣新：《破产管理人制度立法完善问题研究》，载《法治论坛》2010 年第 4 期。

实现职业化、专业化，就算是已入册的管理人，也存在专业素质良莠不齐的情况。现有的随机化选任方式，使得管理人能够处理的具体案件具有极大的不确定性，因而也会加剧管理人职业素质参差不齐的状况。

四、破产管理人履职保障制度的完善

(一) 强化破产管理人社会认可度的制度支持

提高管理人的身份认可度不仅要通过法律予以明确，更要从管理人履职的实践出发作出调整，构建相应制度。对于管理人履职过程中经常接触的债务人、债权人和银行、市场监督管理部门、税务机关等相关主体的工作人员而言，其应当对管理人身份具备基本的正确认知，对破产事务有基本的了解，以便配合管理人履职。除了从观念上改变社会公众对于破产事务及管理人的刻板印象外，还需要从制度上直接为管理人履职效率提供保障。

(二) 明确界定破产管理人履职标准

由于《企业破产法》对于管理人履职标准的不明确界定，各地已陆续出台《管理人考核评价办法》等相关文件。以浙江为例，浙江省高级人民法院出台了关于印发《浙江省破产管理人动态管理办法（试行）》的通知。根据该通知，浙江地区的管理人在年度考核的时候，必须填报《管理人个案履职评价表》《管理人年度履职评价表》，个案评价不合格和年度考核不合格会有降级、除名等后果。建立管理人履职考核的退出机制能激励管理人规范履职，但是如何避免由法院主导的评价机制导致的权力寻租隐患，是构建管理人履职评价制度时值得重点平衡的关键点之一。勤勉义务是指管理人必须尽最大能力，以与其自身地位、知识、技能于专业相匹配的谨慎、细心地处理破产事务。[1]违反勤勉义务即存在过失，此项义务的确不适合通过列举的方式进行规定，谨慎管理义务是一个一般性的条款；在实践中，它可以包括无数的且并没有完全包括的行为准则。[2]故应当对现有管理人的履职评价标准进行一定程度的细化，使其履职具有更为明确行动目标，降低履职风险，提高履职效率。

---

〔1〕 尹正友、张兴祥：《中美破产法律制度比较研究》，法律出版社 2009 年版，第 83 页。

〔2〕 [德] 托马斯·莱塞尔、[德] 吕迪格·法伊尔：《德国资合公司法》（第 3 版），高旭军等译，法律出版社 2005 年版，第 161 页。

（三）完善破产管理人薪酬制度

从完善管理人履职保障制度的角度出发，管理人薪酬保障制度的合理完善是其核心内容之一，其中最主要的基本保障问题便是如何妥善解决"无产可破"案件的报酬。参考美国、英国等国的相关规定，他们的做法是将"无产可破"案件交由官方管理人承办。我国目前尚未建立公职管理人的制度，在探讨个人破产问题的时候，有人就提出应当建立公职管理人。但是，目前办理着大量执转破案件的是作为中介机构的律师事务所和会计师事务所，他们往往投入了大量的人力、物力，但是收到的效益却极少。因此，需要对现有的管理人薪酬基金制度进行改进，也可以因地制宜考虑尝试其他解决路径，以求根据各地实际情况尽快使当地管理人薪酬保障制度得到完善。

（四）降低破产管理人职业风险

降低管理人的履职风险，一方面要对管理人的履职提供充分的物质保障，一方面则是要解决职业风险问题，对于管理人的职业风险。对管理人资格的规范不仅应当包括管理人准入等相关问题，还应当包括对于联合管理人履职模式下的管理人资格审核和责任划分等问题，随着联合管理人模式的日益普及，如何对联合管理人的责任进行划分，对发挥联合管理人模式的积极作用有着不可忽视的影响。制定愈严格的资格标准，愈有利于管理人队伍的建设，同时也能够通过提高管理人执业能力降低管理人的履职风险隐患，尤其是对于联合管理人模式下的履职风险能够起到较为有效的防范作用。

结　语

完善破产管理人履职保障制度，对畅通破产程序、提高破产效率，充分发挥破产制度的作用；维护全体债权人、债务人的合法权益，维护社会利益，保障正常的经济制度具有重要意义。

公共试题著作权的保护与平衡

刘明婧*

摘　要： 公共试题属于文学、艺术和科学领域内具有独创性并能以一定形式表现的智力成果，具有可版权性，且不属于不适用《著作权法》的法定情形，保护公共试题著作权具有正当性。但在对公共试题著作权进行保护的同时，应当兼顾与公共试题相关各主体的合法权益及公共利益，以实现著作权保护与促进教育发展的平衡。

关键词： 公共试题　著作权　保护　平衡

引　言

公共试题作为教育教学过程中的重要组成部分，是知识传递和学习评估的重要媒介。随着教育信息化的快速发展，公共试题的创作、发布和使用日益频繁，公共试题著作权的保护及利益平衡等相关问题逐渐引起人们的关注。本文旨在探讨公共试题的可版权性、公共试题著作权保护的正当性以及公共试题著作权保护中的利益平衡等问题。

一、公共试题的可版权性

根据《著作权法》第3条的规定，文学、艺术和科学领域内具有独创性并能以一定形式表现的智力成果均为我国著作权法所保护的作品。[1]因此，判断公共试题是否属于我国著作权法保护的对象，应当从①是否为文学、艺

---

* 刘明婧（1987—），女，汉族，河北保定人，北京市金杜律师事务所执业律师。

〔1〕《著作权法》第3条规定："本法所称的作品，是指文学、艺术和科学领域内具有独创性并能以一定形式表现的智力成果，包括：……"

术和科学领域，②是否具有独创性，③是否能够以一定的形式进行表现，④是否属于智力成果等四方面进行讨论。

首先，公共试题指的是公共考试中使用的试题，而公共考试是指依照相关法律法规设立，且考试结果将对受试者产生某种法律后果的考试，一般分为教育资格类考试和职业（执业）资格类考试。[1]因此，公共试题通常情况下满足上述我国著作权法所保护作品的要件①，其领域属于文学、艺术和科学领域。其次，对于独创性的判断，业界有不同的观点，一种认为应当从有无独创性来判断，另一种则认为应当从独创性的高低来判断是否受著作权法保护。由于独创性的高低属于主观性较强的认定，且著作权法明文规定的是"具有独创性"，而并非"具有较高独创性"，因此，笔者赞同第一种观点，也即独创性有无标准说。而公共试题的创作需要作者对相关领域的知识进行归纳、整理和创新，公共试题的选材、题型设计、题目顺序安排、考察知识点设计、分值分配等也需要作者独立思考和判断，因此公共试题是通常具有独创性的智力劳动成果，满足上述要件②和要件④。再次，公共试题一般会通过题目的文字表述、选项的排列组合等进行表现，借此确保试题的可读性和专业性，使不同的受试者能够准确理解题意。因此，满足上述要件③。

综上所述，公共试题蕴含了命题人的创造性智力投入，通过一定的有形表现形式，表达了作者独特的思想，因此公共试题具有可版权性。

二、公共试题著作权保护的正当性

《著作权法》第5条[2]通过完全列举的方式明确了不适用《著作权法》的情况，其中与公共试题最为相关、争议最大的问题即公共试题是否属于该条明确的第1项中的具有行政性质的文件。

对此，需要从《著作权法》中该条的立法本意与官方公文的客观目的来分析。《著作权法》第5条第1项规定的官方公文不适用《著作权法》的原因在于二者需要实现的价值不同。官方公文最主要的目的是规范和指引相关主

---

〔1〕 刘志芳："公共试题能享有著作权吗？"，载 http://www.xinhuanet.com/zgjx/2017-05/04/c_136256076.htm，最后访问日期：2023 年 8 月 10 日。

〔2〕《著作权法》第5条规定："本法不适用于：（一）法律、法规，国家机关的决议、决定、命令和其他具有立法、行政、司法性质的文件，及其官方正式译文；（二）单纯事实消息；（三）历法、通用数表、通用表格和公式。"

体的行为，而实现规范及指引效果的途径必然需要通过广泛传播进行宣传；而知识产权的立法目的在于通过赋予权利人垄断权利，以阻止未经授权的传播及使用。因此，赋予官方公文以著作权，有悖于官方公文发布需要实现的客观目的，而著作权法通过作出特别规定排除对官方公文的适用，借此最大限度地消除了官方公文在传播中的阻碍，使得规范和指引的目的得以实现。

对公共试题而言，其设定的目的在于考察受试者知识掌握程度等，与官方公文目的不同，不具有通过特别规定消除传播阻碍的客观需求。因此，公共试题不属于《著作权法》第5条第1项中规定的不适用著作权法的官方公文，亦不属于具有行政性质的文件，受著作权法保护具有正当性。

三、公共试题著作权保护中的利益平衡

公共试题著作权的保护不仅涉及公共试题著作权人的权益，还与公共试题引用作品的著作权人、学生和教育培训机构等的合法权益密切相关。因此，为确保著作权保护既能够激励创新，又能够满足教育需求，需要合理保证各方利益的平衡。

为平衡社会各主体之间的利益，著作权法为鼓励作者创作作品而赋予作者著作权以垄断作品的同时，为促进学习、教育、信息交流等公共利益，对著作权的行使也进行了部分限制。因此，公共试题在受著作权法保护时，也受著作权法中的一些限制性规定的制约。其中，合理使用原则是重要原则之一。首先，在教育领域，在课堂教学过程中少量使用公共试题根据《著作权法》第24条第6项规定[1]是被法律所允许的，无需著作权人的许可或向其支付报酬，仅需注明作者及作品名称等。但并不是所有教育领域内对公共试题的使用都能被认定为"合理使用"，在保证教育目的的同时为平衡著作权人的合法权益，该条同时要求了"合理使用"必须满足"少量"的程度，且不得进行出版发行。其次，公共试题的编写中还可能使用了其他作品（下称"引用作品"），对此囿于我国现行《著作权法》并未像日本著作权法明确赋

---

[1] 《著作权法》第24条规定："在下列情况下使用作品，可以不经著作权人许可，不向其支付报酬，但应当指明作者姓名或者名称、作品名称，并且不得影响该作品的正常使用，也不得不合理地损害著作权人的合法权益：……（六）为学校课堂教学或者科学研究，翻译、改编、汇编、播放或者少量复制已经发表的作品，供教学或者科研人员使用，但不得出版发行；（七）国家机关为执行公务在合理范围内使用已经发表的作品；……"

予试题编写方以法定使用的权利，[1]在司法实践中，为达到保护引用作品著作权人合法权益与试题编写中所涉公共利益的平衡，法院确定了公共试题编写方可以参照《著作权法》第 24 条第 7 项规定主张适用"执行公务合理使用"的原则，可不经引用作品著作权人的许可，也不需向其支付报酬。尽管如此，按照该规定，公共试题中仍应当注明引用作品的作者及作品名称。然而，在司法实践中法院进一步作出了特殊认定：基于条件限制、现实需要或者行业惯例，同时考虑到公共考试的特性、目的、考生利益，公共试题中使用语用性文章不注明作者姓名的做法具有合理性，但考试结束后，应对作者进行告知和感谢。[2]暂不讨论法院将试题编写方视为"国家机关"适用"执行公务合理使用"相关规定是否具有合法性及正当性，在我国缺乏相关立法的情况下，从判决结果看，法院判决不失为充分考虑了各方利益平衡后的智慧做法。

综上所述，公共试题著作权作为知识产权领域中的一个重要问题，涉及多个法律领域的交叉。在保护公共试题著作权时，需要兼顾教育领域的特殊性和合理使用原则，以实现著作权保护与促进教育发展的平衡。未来，随着教育信息化的发展，公共试题著作权的法律问题还将面临更多挑战。

结　语

我国现行《著作权法》等相关法律未对公共试题保护问题进行特别规定，而赋予公共试题著作权保护又是推动我国教育领域发展所必需，公共试题具有可版权性，且保护公共试题著作权具有正当性，但需要综合考虑、平衡各方主体利益，以期促进我国教育的进一步蓬勃发展。

---

〔1〕《日本国著作権法》第 36 条第 1 項　公表された著作物については、入学試験その他人の学識技能に関する試験又は検定の目的上必要と認められる限度において、当該試験又は検定の問題として複製し、又は公衆送信（放送又は有線放送を除き、自動公衆送信の場合にあっては送信可能化を含む。次項において同じ。）を行うことができる。

〔2〕《北京市第一中级人民法院〔2008〕一中民终字第 4505 号民事判决书》，载 https：//law. wkinfo. com. cn/judgment-documents/detail/MjAyMTQxODY2ODQ%3D，最后访问日期：2023 年 8 月 10 日。

论行政诉讼中行政瑕疵裁判的优化

胡　奎* 　胡婉琦**

摘　要：依法行政是我国各级政府活动的基本准则，是实行依法治国的关键。但由于行政机关在处理行政事务时难以面面俱到，行政瑕疵的出现难以避免。法院对行政瑕疵的审查和裁判，可以为行政机关的工作提供更加规范性的执行标准。本文通过对大量裁判文书中涉及的行政瑕疵进行分析，借鉴德国、日本对行政瑕疵的研究，界定行政瑕疵的概念，剖析我国行政瑕疵裁判过程中存在的认定标准不一、判决方式不当、利益衡量困难等问题，并提出具有针对性的优化方式。

关键词：行政诉讼　行政瑕疵　裁判　优化

引　言

自 2021 年 8 月 2 日《法治政府建设实施纲要（2021-2025 年）》印发实施以来，各地区各部门多措并举、改革创新，法治政府建设取得重大进展，职责明确、依法行政的政府治理体系日益健全，行政执法体制基本完善。但在执法实践过程中，行政执法的规范性问题仍存在较大争议。一般而言，部分行政相对人会采取行政诉讼的途径来解决违法的行政行为所引发的争议。这也导致了行政行为规范性、合法性问题在诉讼过程中被不断提及，尤其是行政瑕疵概念界定模糊、理论空缺，造成行政瑕疵相关问题愈发凸显。因此，本文以行政瑕疵的检视问题为主要对象，系统分析行政瑕疵的认定标准和内容，通过司法逻辑对行政瑕疵的合法性、合理性进行审查，为行政部门在执

---

　* 胡奎（1974 年—）男，汉族，浙江人，浙江品和律师事务所律师。
　** 胡婉琦（2003 年—）女，汉族，浙江人，西南政法大学 2021 级法学、金融学专业学生。

法领域提供更为准确、清晰、严格、规范的判断依据。同时，推动各部门行政与司法协同共进、相辅相成，以完善的法治推动法治政府建设。

一、行政瑕疵的概念界定

我国在行政法领域的理论研究起步较晚，行政行为理论和制度缺乏系统性、完整性，尤其是关于行政瑕疵问题的研究甚少。在查阅我国相关行政法律法规过程中，笔者发现我国缺乏行政瑕疵的概念表述及理论制度，更多是将行政瑕疵当作法学理论中的一个概念在学术著作中进行说明。但随着经济社会的高速发展，人民群众对行政机关的行政能力提出了更高的要求，行政行为呈现复杂化趋势。在法院近年来的裁判文书中，"行政行为有瑕疵""瑕疵的行政行为"等词句的出现频率明显增加。因此，我国有关行政瑕疵的理论研究迫在眉睫。

现阶段，行政法学界对于"行政瑕疵"主要存在以下观点：

第一，德国作为典型的大陆法系国家，在行政法理论研究方面较为完备，对行政瑕疵有较早的研究。德国行政法理论学界对于行政瑕疵的概念界定存在两种主流观点。一种观点认为，行政瑕疵是指不合法、不正确或者不适当的行政行为。[1]另一种观点认为，行政瑕疵是指以瑕疵的程度为判断标准，包含违法、其他比较轻微缺陷和不合乎目的的行政行为。[2]

第二，日本行政法学界在借鉴英美法系的优秀成果之余，广泛吸收德国有关行政瑕疵学说的卓越理论，认为行政瑕疵是指行政行为中各种违法的或不当的部分，[3]以程度为标杆，可以将其进一步划分，表现为重大且明显的瑕疵、一般瑕疵和明显轻微的瑕疵。前两种行政瑕疵的处理办法分别是无效、撤销，而对于第三种行政瑕疵则通过补救的方式处理。

我国行政法学界对于行政瑕疵概念的界定，具有以下两种有代表性的观点。第一种观点认为，行政瑕疵可以从广义上理解，即不当、违法均可构成瑕疵，并在此基础上按照瑕疵的程度进行划分。这种观点承袭了德国、日本

---

〔1〕 ［印］M.P.赛夫：《德国行政法——普通法的分析》，周伟译，人民出版社 2006 年版，第 80 页。

〔2〕 ［德］汉斯·J.沃尔夫等：《行政法》（第 2 卷），高家伟译，商务印书馆 2002 年版，第 80～81 页。

〔3〕 ［日］室井力主编：《日本现代行政法》，吴微译，中国政法大学出版社 1995 年版，第 63 页。

的主流观点，在我国有较广泛的认同度。第二种观点认为，行政瑕疵应从狭义理解，即瑕疵特指轻微或微小的违法之处。本文站在对行政瑕疵进行司法认定的角度对其定义为：具体行政行为在构成要件上有一小部分合法性要件缺失，违反法律规定，在程序或者实体上无法完全体现法律要求与法律精神；但是这种瑕疵不会实质性地影响整体的行政行为，不足以导致该具体行政行为无效或被撤销，可通过补救措施使行政行为效力达到圆满状态。

二、行政瑕疵案件的裁判现存问题

（一）行政瑕疵案件特点

以生态环境领域的行政案件为例，通过中国裁判文书网，以"环境污染""瑕疵"为关键字，以"行政案件"为案由进行全文搜索，一共检索到 497 篇文书。通过对裁判文书的进一步归纳整理，笔者发现生态环境领域中行政瑕疵的案件呈现如下特点：

（1）行政瑕疵类型多样化、轻微化。行政瑕疵更多地体现在行政程序遵守方面，较少地体现在法律适用、实体事实认定等方面。但是，无论行政瑕疵表现为何种类型，都只是行政行为的细小缺陷。法院在判决案件时，不会单纯地只衡量行政瑕疵的合法性，而是从整体出发，综合考量行政行为的合法性。

（2）行政瑕疵案件的息诉服判率较低。多数认定瑕疵的环境行政案件为二审结案，案件的上诉率较高。同时，大部分二审案件是由于原告使用了上诉权，这说明了原告对于行政瑕疵认定的认同度普遍较低。但是，二审法院的改判率也比较低。例如，在一正公司诉佛山市生态环境局一案中，二审法院以程序瑕疵但对原告的合法权益不产生实际影响为由，驳回原告诉讼请求，维持原判。

（3）行政瑕疵的司法认定说理较为单薄。在裁判文书中主要有以下几种认定方式：第一，行政瑕疵尚不足以导致行政行为被撤销；第二，行政瑕疵对原告的重要权利没有产生实质损害；第三，行政瑕疵并不影响案件的实体处理；第四，行政瑕疵尚不足以否定具体行政行为的合法性。各认定方式说理多是一笔带过，没有具体说明为何不足以撤销，为何不影响行政相对人的实质权利，为何不足以否定具体行政行为的合法性，相关说理较为单薄。

（二）行政瑕疵案件裁判问题

根据依法审判的司法原则，法官应当在法律明文规定的框架中判决案件，并适当发挥自己的能动作用。但我国的《行政诉讼法》仅仅对行政违法进行了相应制度规定，而对行政瑕疵的认定标准和救济措施未作规定，这就导致司法实务中仍存在诸多问题。

（1）行政瑕疵的认定标准不一。我国的行政法制度中，没有"行政瑕疵"这样直接的表述，司法实践中对于行政瑕疵也无统一的认定标准，法官解释的空间较大。审判实践中，行政法官面对程序违法行为大多都将"不影响行政行为实体结论"作为瑕疵认定的判断标准，比如行政处罚案中只要原告对其违法事实无异议，那么程序违法行为基本可以认定为瑕疵，而忽略当事人的程序性权利。此外，行政瑕疵不仅存在于具体行政行为的程序方面，也存在于实体和适用法律方面，行政瑕疵认定的范围十分广泛，行政法官需对审查到的每一个违法行为都要进行裁量是否能认定为行政瑕疵，其中的随意性显而易见。

（2）行政瑕疵的判决方式不当。我国的行政诉讼制度只规定了六种判决方式，分别为撤销、变更、维持、履行、确认和驳回。这六种判决方式虽然可以解决行政诉讼中大部分的案件，但是难以全面适应行政瑕疵相关问题。例如，君英化工有限责任公司诉环境保护局一案中，环保局作出行政行为时，适用法律依据表述为《固体废物污染环境防治法》第68条第7款，但实际上应当表述为第68条第1款第7项。由于这条法律规定不存在第7款和其他款里第7项，不会引起行政相对人和相关人的误解，当事人可以正确理解环境保护局所适用的法律条文的真正含义。因此，本案的行政瑕疵属于笔误范畴，而不是适用法律错误，应当予以补正。但是，我国行政法制度并没有引入补正判决或者更正判决。法院在裁判文书中仅指出该处行政瑕疵，并予以确认。判决方式的欠缺容易引起法官裁判的混乱，而为行政瑕疵案件寻找最合适的判决方法，又是司法实践中的一大难题。

（3）行政瑕疵识别中利益衡量困难。法官在司法实践中对于法律规范的适用和案件的判决，是基于法律价值、效率、社会影响、自身的专业能力和审判经验等多种因素的共同作用。其中，在裁判识别中实现利益权衡是司法审判的高要求，也是法官实践操作的难题。利益衡量的核心要素包含：首先，法官审判要保证法律价值的实现，包括程序价值和实体价值；其次，要推动建立不至于过分减弱行政效率的纠正体系,[1]保证司法权对行政权的有效控制和合理监督，减少行政资源的浪费；最后，充分保障公民合法权利的实现与救济，划定"最低限度的公正"[2]这一标准。裁判识别的利益衡量是行政法学界比较青睐的价值思考模式。但是，利益衡量在司法规制中的确定和实际操作十分困难。在实务中，由于法官队伍的法律理念、专业修养、审判能力以及社会阅历、价值观念等存在一定差异，即使法官根据利益衡量进行司法规制，但法官所作出的判决结果无法检验，缺少相关的监督和控制机制，这有可能导致法官自由裁量权的滥用，行政相对人的合法权益得不到有力保障。

三、行政瑕疵案件的裁判优化建议

本文认为，解决行政瑕疵案件裁判中存在的问题需要从以下几方面进行裁判的优化：

（一）统一行政瑕疵的认定标准

笔者认为，行政瑕疵认定的三个必要标准分别是：第一，在程序或者实体上缺乏相应的合法性组成部分，一般表现为法律适用、程序遵循、形式表现以及实体认定四个方面的瑕疵。第二，这些程序或者实体上的瑕疵不会侵害行政相对人的正当权利。行政相对人仍然能够合法、充分地行使自己的法定权利。如果行政相对人的重要权利受到实质性的影响，那么必然不能认定为行政瑕疵，而应当认定为行政违法或者行政不当。第三，出于对行政效率的考量，行政瑕疵在判决结果中不会导致行政行为的违法确认，即行政瑕疵不会对行政行为整体的合法性认定造成影响。倘若行政行为一旦存在行政瑕疵就要被认定违法并予以撤销，那么行政机关便要针对行政相对人的违法行径重新作出相同且合法的行政行为，这会大大降低行政效率，造成行政资源的浪费，同时也不利于行政行为的公信力。

（二）增加补正判决方式消除行政瑕疵

当法律适用、程序遵循或形式表现等情形出现程度轻微的行政瑕疵，并

---

〔1〕 余军：《对"违反法定行政程序"若干问题的思考》，载《浙江省政法管理干部学院学报》1994 年第 4 期。

〔2〕 王锡锌：《正当法律程序与"最低限度的公正"——基于行政程序角度之考察》，载《法学评论》2002 年第 2 期。

且不会对实体内容造成影响时，可以适用补正判决。例如，环境行政机关在内部审核过程中日期的签署笔误、登记未再次公告、在行政回复意见中未附作出该具体行政行为的法律政策依据、文书送达不规范等。这些行政瑕疵，法律应当准许环境行政机关自行通过补正的方式使存在行政瑕疵的行政行为得以补救。德国的弗里德赫尔穆·胡芬提出通过有效的补正措施可以使行政瑕疵消失，从而使原先的行政行为在补正成功时获得合法性。[1]我国最高人民法院可以在司法解释中对行政瑕疵的补正进行相关规定，明确补正这一救济方式所适用的条件、效力、时间和范围等，并在法院的判决方式中引入补正判决。符合补正条件的行政行为在有效时间内被补正之后，应当被视为自始合法有效。此外，今后在制定具体行政规范时，可以将能够被补正的行政瑕疵的情形进行列举说明，督促法官在裁判识别中审慎使用自由裁量权。

（三）恰当运用结果导向思维

结果导向型思维方式是法官根据判决可能会造成的结果，先行确定结论，再根据结论寻找正当的依据。美国大法官卡多佐曾提出，在不同的裁决结果中作出选择，并不是由逻辑决定的，而是依据社会利益。[2]例如，在宏春铸造厂诉化工园区管理办公室一案中指出，生态环境专项整治行动中，宏春铸造厂多次接到行政通知仍拒绝采取相关整治措施，故化工园区管理办公室对原告方进行生产用电的限制。该限制用电行为属于行政瑕疵，但是，这是出于对公共利益的特殊保护，切合生态环境治理行动的政策旨意。所以，法院在裁判文书中对化工园区管理办的环保治理行为的效力表示赞同，但责令其对由于采用限电而造成的原告方的直接损失进行合理补偿。毋庸置疑，法官在审理案件中运用结果导向型思维会使得判决结果偏向主观化，具有不确定性，但在行政瑕疵案件中法官采用结果导向型思维能够在案件审理中充分发挥经验并考虑多方要素，合理作出决断，从而提高司法效率。同时法院在进行利益权衡时应当符合基本的法律理念，例如，社会公共利益可以给予特殊

---

〔1〕〔德〕弗里德赫尔穆·胡芬：《行政诉讼法》（第5版），莫光华译，法律出版社2003年版，第114页。

〔2〕张文臻：《结果导向的司法裁决思维之研究》，载陈金钊、谢晖主编：《法律方法》（第10卷），山东人民出版社2010年版。

保护，但这种特殊保护不能侵害个人价值的最低要求，[1]努力促成各方合意，要在最大程度上保证个人利益和社会公共利益的平衡。

结　语

目前，行政瑕疵的司法认定在审判实践中已大量运用，但我国现行法律对于行政瑕疵并无相关明文规定，法官在案件审查过程中容易产生认识和判断上的差异。这种差异一方面有违以法律为准绳的司法原则，另一方面也会使行政相对人产生法院偏袒行政机关的合理化怀疑。为了优化行政瑕疵的相关裁判，我国应当加快行政瑕疵的理论研究和实践归纳，统一行政瑕疵的认定标准，增加补正判决方式消除行政瑕疵，同时恰当运用结果导向思维，实现案件判决的合理性和正当性，进而促使行政机关依法提高行政水平，奋力开辟法治政府发展新局面。

---

[1] 李瑞钦：《利益衡量方法在行政审判中之运用——以行政确认违法判决为例》，全国法院系统学术讨论会，2011 年。

浅析非法律行为取得物权的若干问题

申　晴*

摘　要：非法律行为取得的物权（以下称为"其他物权人"），是基于物权变动的特殊情形取得，而且，此类物权无需公示即可发生物权效力。由于此类物权的特殊性，实务中会出现诸多问题，其中最突出的是，因不动产物权人未经履行登记即转让其依非法律行为取得的不动产所引起的问题，本文旨在探讨此类问题。

关键词：浅析　非法律行为　取得物权　若干问题

引　言

为了保障交易秩序和安全，不动产物权变动时，为了让社会公众及时了解，《民法典》第 232 条规定，在权利人处分该不动产物权时，依照法律规定需要办理登记的，未经登记，不发生物权效力。其他物权是一类特殊物权，实务中，当不动产特殊物权人在未经登记的情况下转让了该不动产，此情形下，转让不动产的合同效力如何判定以及买受人的权益保护等就成为司法实践中需要解决的问题。

一、取得其他物权的法律依据

如前所述，其他物权是一种特殊的物权，其取得是基于物权变动的三种特殊情形，包括依公权力而取得、因继承而取得和因事实行为而取得。[1]

---

* 申晴（1983 年—）男，汉族，江苏人，中国政法大学同等学力研修班 2020 级学员，研究方向为民商法学。

[1]《民法典》第 229~231 条。

根据《民法典》第二章第三节的规定，其他物权人取得物权的时间为"自法律文书或者人民政府的征收决定等生效时发生效力""自继承或者受遗赠开始时发生效力""自事实行为成就时发生效力"。

《民法典》第 232 条规定：其他物权人有权处分该物权，但必须办理登记，未办理登记的，不发生物权效力。也就意味着其他物权人有权处分该物权，其签订的合同也合法有效；未办理变更登记手续的，不发生物权效力。

二、其他物权人转让不动产的情形

实践中，其他物权人取得物权后的转让行为有两种情形：

（1）其他物权人办理了物权变更登记后转让。此种情形，其他物权人即为物权所有人，如拒不履行过户义务，买受人可依据双方合同约定直接主张其他物权人履行合同义务，判决生效后，买受人有权申请法院向房产登记机关办理协助履行手续，由此实现物权从其他物权人向买受人名下的变更。

（2）其他物权人未办理物权变更登记后转让。此种情形比较复杂，涉及转让合同效力问题、买受人利益如何保障等问题。

三、未经登记转让不动产的效力

针对以上情形，首先应当明确其他物权人所签订的转让合同效力如何。尽管有学者认为，其他物权人没有办理变更登记或更正登记，不得处分，[1]但《民法典》第 215 条规定，当事人之间订立转让不动产物权的合同……自合同成立时生效；未办理物权登记的，不影响合同效力。以继承为例，继承物权人的物权取得时间为"自继承开始时发生效力"，很显然，继承物权人"自继承开始时"有权处分其继承的不动产物权，而不论该不动产是否登记在其名下。因此，其签订的转让合同当然有效。该转让合同的风险在于未办理物权登记的，无法抗拒第三人对被继承人或继承物权人主张相应的权利，但并不影响转让合同的效力。

并非所有的不动产转让合同均是自合同成立时生效。对具备福利性质的经济适用房是否能够转让，应根据房屋的福利性质判定。如经济适用房在限购限售条件未解除情况下签订的转让合同，即因侵犯了国家对特殊群体的保

---

[1] 王利明：《民法疑难案例研究》（增订版），中国法制出版社 2013 年版，第 458 页。

护政策而无效，该种转让合同使得其他符合条件的特殊群体无法享受到国家相应的福利政策，[1]符合《民法典》第153条"违反法律、行政法规的强制性规定"的情形。

四、未经登记转让中买受人权益的保障

在转让行为有效的前提下，办理产权变更登记手续也便成为其他物权人也就是出卖人应尽的义务。既然是合同义务，出卖人便存在履行和不履行的可能。实践中，出卖人并非均能秉承诚实信用原则，因各种原因有意无意违约的现象普遍存在。对因出卖人违约导致买受人权利无法及时得到保障的，便应由第三方救济途径予以解决，当前最有效的救济途径无非两种：一是行政行为，二是司法途径。

本文讨论的内容是其他物权人已经通过《民法典》第二章第三节的方式取得了物权，再次变更、转让的情形，故该种纠纷不存在行政行为可以解决的可能，通过司法途径解决更为妥当。下面就针对其他物权人取得物权后，未经登记即再次处分的几种情形逐一分析。

（一）其他物权人取得全部物权，但未将物权登记在本人名下后处分

对该种情形，司法机关可根据查明的事实判决其他物权人办理变更手续，并将物权变更至买受人，买受人待判决生效后凭判决书办理变更登记。此种情形存在两个变更，即将物权从原物权人变更至其他物权人名下，再从其他物权人变更至买受人名下，方符合物权法、民法典对不动产物权权属保护的原则，也避免相关人员借此规避缴纳相关税款的义务。

（二）其他物权人取得部分物权，并将该部分物权登记在本人名下后处分

该种情形一般适用于公有住房、征迁房（棚改房）、经济适用房、自建房等的继承、分配，土地使用权一般归属于相关集体，其他物权人仅享有房屋所有权，权属凭证为与集体签订的买卖合同或集体颁发的房屋权属证书。该类型房屋的转让受诸多条件限制，如公有住房受买卖主体身份限制，即必须属于本集体成员方可以转让；[2]经济适用房、征迁房（棚改房）等受限售期约束等。对符合限制条件或者限制条件已经解除的买卖合同应当认定有效。

---

〔1〕 刘俊：《住房改革利益非公平分享及其对策研究》，载《西南政法大学学报》2010年第3期。

〔2〕 高云、王健青：《房改房在离婚案件中的定性与处理》，载《山东审判》2001年第4期。

应当注意的是，该物权的变更单位并非不动产权属登记中心，而是不动产所属的集体。对于该变更是否能够实现，还应当符合集体的相关规定。故该种情形应将不动产所属的集体列为案件第三人，由其对是否同意变更或是否符合变更条件进行确认；否则仅仅依据买卖双方的证据，不能必然证明具备产权变更的条件。故在不动产所属集体认可变更的情况下，司法机关可根据查明的事实判决不动产物权自其他物权人变更至买受人，买受人凭生效判决书办理变更登记。负责变更登记的机关为不动产所属的集体。

对不符合转让条件的买卖合同，应当认定无效，买卖双方根据各自的过错和约定承担恢复原状、赔偿损失等责任。

（三）其他物权人取得部分物权，但未将该部分物权登记在本人名下后处分

该种情形一般适用于公有住房、征迁房（棚改房）、经济适用房、自建房等原产权人死亡后的继承，或者夫妻因离婚导致的财产分割；继承人或者受让房产的夫妻一方取得了该房产的权利，但未办理变更登记即处分该房产的情况。

该种情形较上一种更为复杂。以房改后的公有住房为例，"房改房"属特定历史时期的政策福利分房，其具备对特定对象的补偿性、非市场性、社会统筹性、享受政策的一次性等特点，在认定权属性质时，既不能简单依据出资来源，也不能仅以购房合同签订及房产证取得时间来判断房屋产权归属，而应该从特定历史时期的特定国情出发，充分考虑国家政策制定的初衷和现实国情，作出公平合理的判断。[1]对于出卖人不具备处分权利或者完全处分权利的，应认定转让合同无效或效力待定，待条件成就后再另行主张。出卖人具备处分权利的，应认定转让合同有效，并根据集体关于权属变更的规定予以办理变更手续；集体没有内部权属变更规定的，由法院判决直接变更。

结 语

其他物权人未经登记转让不动产从而引发的合同效力及买受人权益的保护问题，是目前司法实践中的难点。本文认为，根据物权的权属性质区分转

---

〔1〕 李先锋：《继承权公证书被不动产登记部门拒绝采用后——兼谈享受离异配偶工龄优惠所购房改房遗产继承的办理》，载《中国公证》2020 年第 7 期。

让合同的效力，实现不动产物权的有效流转，不论是从保护买受人的利益考虑，还是解决社会矛盾角度，均是最为恰当和经济的，具有非常重要的现实意义。

论民营企业发展中的合同合规

赵伟锋*

摘 要： 各种法律风险的存在，影响着民营企业的生存和发展。为了有效管控法律风险，民营企业家必须具备合规思维。合同合规是民营企业合规的重点领域。合同合规的风险管控必须是全程的。合同合规能为民营企业创造价值，助力其长远发展。

关键词： 民营企业　发展　合同合规

引　言

民营经济是推进中国式现代化的生力军，是高质量发展的重要基础，是推动我国全面建成社会主义现代化强国、实现第二个百年奋斗目标的重要力量。[1]据统计，中国民营企业数量占企业总数的90%以上，而中国民营企业的平均生命周期只有2.9年，能够生存3年以上的企业只有10%。

在外部环境日益复杂的大背景下，从创业到企业传承，民营企业始终面临着各种法律风险，包括刑事风险、行政风险和民事风险。其中，以民事风险中的合同风险最为常见。

合同风险不时爆发不仅侵蚀企业利润，而且影响企业的生存与发展。极端情况下，合同风险与其他风险交叉复合爆发，导致民营企业批量夭折。

行稳方能致远，民营企业发展中的合同合规问题亟待解决。

---

* 赵伟锋（1977年—）男，汉族，浙江人，北京盈科（宁波）律师事务所律师。

〔1〕 中共中央、国务院《关于促进民营经济发展壮大的意见》（2023年7月14日）。

一、民营企业发展中的合同合规概述

(一) 合同合规的含义

合同合规是指企业为达到锁定利润的目的，建立合同合规管理体系，对合同风险进行全程管控的过程。

(二) 合同合规对民营企业发展的意义

在法治化营商环境里，民营企业产权和企业家权益受到法律保护，只要民营企业合规经营，合同风险是可以管控的。为了企业的长远发展，民营企业家必须具备合规思维，尤其是合同合规思维。

企业合规是一个庞大的体系，包括股权、合同、刑事、反垄断、劳动用工、安全生产、生态环保、税务管理、知识产权、财务混同、数据保护、反商业贿赂等领域。合同合规是企业合规的重点领域。市场经济是契约经济。合同制度是市场经济的基本法律制度。[1]《民法典》一共1260条，其中第三编合同就有526条。合同是法律风险爆发的重灾区，假如民营企业的合同风险管控能力低下，轻则蒙受经济损失，重则面临灭顶之灾。

合同合规的本质就是合同风险管控。管控风险的结果就是预防打官司，即使要打官司也有证据能打赢，打赢了还能执行到位。因此，合同合规对防范合同风险，避免引发法律责任，锁定企业利润，进而对民营企业的长远发展具有重要意义。

二、民营企业发展中的合同合规现状

常见的民营企业合同风险主要表现为：只看个人，不查主体；口头签订，不签书面；合同版本，对方提供；印章混乱，没有效力；合同条款，未经审核；传真复印，没有原件；履行义务，未留凭证；对方违约，缺乏证据；赢了官司，无法执行。

很多民营企业只重视合同签订前对合同条款的审查，却忽视了对主体的尽职调查；审查合同条款时，只注意商务性条款，却忽视法律条款。合同签订时，还应当注意合同是否成立并生效。在合同签订后，不能仅仅将合同锁在保险柜里，却忽视合同的动态履行。实践中，合同履行中的证据收集，才

---

〔1〕《中华人民共和国民法典》，中国法制出版社2020年版，第7页。

是合同合规的重点和难点。

三、民营企业发展中的合同合规的建议

（一）全程管控合同合规的风险

对于合同合规的风险管控理应做到全程管控，包括合同签订前、签订时和履行中，且重点在合同履行中。

1. 合同签订前

合同签订前，应对合同主体进行尽职调查并且审查合同条款，包括真实合法性、履约能力以及赔偿能力。

（1）对合同主体进行尽职调查。

第一，审查合同主体的真实合法性。

如果对方主体是公司，应通过权威机构审查名称、性质、注册资本、法定代表人、股东信息、社保人数、主要人员、司法涉诉等信息；如果对方主体是个人，应留存身份证复印件。

第二，审查合同主体的履约能力以及赔偿能力。

假如发现对方主体没有履约能力，那么签订合同的根本目的是无法实现的，也就没有签订合同的必要。

如果对方违约却没有赔偿能力，对方违约后我方即使赢了官司，申请法院强制执行也得不到赔偿款。比如对方注册资金一个亿，而实际上是资不抵债的空壳公司。那么即使对方违约证据确凿，我方经过努力终于赢了官司，胜诉判决书也难以得到执行。

（2）审查合同条款。

在进行合同业务审查时，首先需要考虑的是合同的目的和商业价值，尽力去促成交易；其次，还需要考虑各方的商业和法律风险；最后，合同利益的公平和平衡无疑是当然之义务。[1]

合同条款包括商务性条款和法律条款。商务性条款由业务人员拟定，文字描述应当准确，要避免因约定不明产生歧义。法律条款重点审查代表及送达、违约金和管辖等条款。

第一，代表及送达条款是破解合同履行中证据收集难的法宝，是最重要

---

[1] 雷霆：《合同审查精要与实务指南》，法律出版社2018年版，序言第1页。

的法律条款。在诉讼中，经常会因为对方的合同经办人没有获得授权或者对方根本不承认企业里有这个人，导致之前我方收集的关键证据变得没有证明力。因此，在代表及送达条款中，约定对方的履约代表人、权限、联系方式是非常重要的。

第二，违约金条款是保障合同执行的生命力条款，是必须坚持的核心条款。没有违约金条款意味着对方即使违约，也没有违约成本，这会导致合同没有法律约束力。应当根据具体情况，预测对方可能的违约行为，具体细化违约金条款，明确违约金的计算方法。

第三，管辖条款是最容易被忽视的。当对方主体在异地时，出于诉讼成本等考虑，要尽量将管辖约定在我方所在地法院。

2. 合同签订时

在签订合同时，在签字盖章过程中，要注意合同是否成立并生效。往往细节决定成败！

（1）能签订合同的印章只有公章和合同章，因为这两种印章是经过备案的。私下刻制的财务章、发票专用章、方章、三角章等印章不一定具有法律效力。

（2）如果合同是多页的，必须加盖骑缝章。

（3）如果合同只有签字没有盖章，签字人必须是法定代表人或者经过授权的签字人。

3. 合同履行中

合同履行中的证据收集，分为正常履约和对方违约两种情况。

（1）合同正常履约。

在合同正常履约过程中，我方履行合同义务应保留履约凭证。合同中规定了双方具体的权利义务，我方履行每一项合同义务，都应当"留痕"，即保留有效履约凭证。比如在交接验收环节，我方向对方送货，应该让对方在送货单上签收，签收的人应当有合法授权，签收的印章应当具有法律效力。

争议发生前，双方是合作关系，是比较容易得到履约凭证的。如前文所述，在合同的代表及送达条款中，已经约定了履约代表人和联系方式，那么获得合法有效的履约凭证就便捷多了。

应急管理重在日常管理而不在火线应急。[1]假如法律意识淡薄,等争议发生之后才想起收集履约凭证,往往为时已晚。防患于未然,才能真正做到立于不败之地。

(2) 合同履行中发现异常。

合同履行中发现异常,即对方已经违约时,我方应及时固定证据。当对方已经违约,即将造成我方经济损失,但我方却没有足够有效证据,这个时候,双方还在协商中,我方应当及时固定对方违约的证据,等到双方彻底决裂,就会错失最后固定证据的机会。

比较有效的做法,是用手机录音的方式固定证据:通话前拟定提纲,尽量让对方陈述事实,达到对方自认的效果。为了提高录音的法律效力,必要时通过公证处来进行录音取证。

假如遇到对方没钱但是认账的情况,可要求对方在对账单、询证函或者还款协议上盖公章或者财务专用章,把纷繁复杂的合同关系转化为简单的债权债务关系。

(二) 落实好合同合规的具体措施

将合同合规的具体措施落到实处,民营企业需要配备法务人员,并作好全员培训。

(1) 法务人员必须具备证据思维,平时懂得如何收集有效证据,特别是正确理解证据的三性。民事诉讼证据的三性主要是指真实性、合法性、关联性。

(2) 如果发现合同风险预兆,法务人员应该做到正确的风险识别,及时进行风险处置,为可能发生的"打官司"做好准备。当合同风险爆发后,事后救济打官司时,证据就变得异常关键。法律事实不同于客观事实,法律事实需要证据支撑,打官司就是打证据,没有证据一切归零。

(3) 法务人员还应加强企业其他人员的法律培训,全员增强法律意识。

(三) 建立合同合规管理体系来保障风险管控的体系

合同合规管理体系包括职能部门及职责、合同负责人和绩效考核、签订前尽职调查、条款审查、审批制度、合同模板及使用说明、印章管理、履约监控、风险点、保密、档案管理、数字备份等。

---

〔1〕 张民元:《民营企业法律顾问指南》,人民日报出版社 2019 年版,第 188 页。

结　语

合同风险不容忽视，重在全程管控。民营企业家应具备合同合规思维，配备法务人员，提供体系保障。合同合规是锁定企业利润的保障。做好合同合规，能为民营企业做大做优做强，保驾护航！做好合同合规，能助力民营企业行稳致远，健康发展！

共同富裕视域下农民权益的法治保障

摘　要：在中国式现代化进程中，实现农民共同富裕是全面建设社会主义现代化国家的重要目标。作为共同富裕本身所蕴含的制度资源，法治是共同富裕的重要保障。本文旨在探讨共同富裕视域下农民权益的法治保障问题。

关键词：共同富裕　农民权益　法治保障

引　言

习近平总书记指出，共同富裕是社会主义的本质要求，是中国式现代化的重要特征。当前，农民共同富裕是最艰巨、繁重的中心任务，也是全面建设社会主义现代化国家的重要目标。只有让农民权益得到根本性保障，才能实现农民的物质生活和精神生活都富裕。而要达成这一目标，就要先构建和完善各类基本制度。法治在巩固和发展社会主义基本经济制度中发挥着重要作用。[1] 为此，如何在实现共同富裕的进程中完善农民权益的法治保障就显得尤为必要。

一、共同富裕与农民权益法治保障的关系

（一）共同富裕与农民权益的定义

共同富裕是指全体人民共享社会公正和制度文明；依法参与民主选举、民主协商、民主决策、民主管理、民主监督等全过程人民民主；享有人身权、人格权、财产权、环境权、信息权、数字人权等基本人权，享有充分的政治

---

* 李菁（1986年—）女，汉族，浙江人，浙江君问律师事务所律师。
〔1〕 张文显：《法治是共同富裕的制度资源》，载《法治社会》2022年第3期。

权利和自由、经济社会文化权利，特别是生存权和发展权得到切实尊重和保障。[1]

农民权益的概念是在农村经济发展过程中出现的，主要是指法律赋予农民应当享有的基本权利和应当得到的基本利益。而这些权利的行使和利益的维护，都需要强而有力的法治保障。

（二）共同富裕与法治

良法善治能够有效地保障共同富裕。[2]虽然共同富裕与法治是两个独立的概念，但从外在关系来看，共同富裕是目标，法治是手段。[3]共同富裕不仅是一种社会理想，也是一项基本政策，更是一种实践议程，而法治则是将社会理想合法化的现实手段，是政策规范化、法律化的制度路径，是实践议程的现实机制。因此，发挥法治作用就能转化和固定共同富裕政策的落地生根，开花结果。

（三）共同富裕与农民权益法治保障的联结

共同富裕是物质和精神的全面富裕。法治保障不仅能够实现农民的物质富有，也能够促成农民的精神富有，更能够为农民的共同富裕提供前提基础和兜底保障。因此，要实现农民的共同富裕就要为农民权益提供法治保障，才能稳而持续地向前发展。

二、共同富裕视域下农民权益法治保障现状

（一）农村产权法律制度存在缺位

在农民共同富裕奋进中，农民的权益问题主要集中在产权方面。产权包括个人产权和集体产权，其中个人产权主要是土地承包经营权和宅基地使用权。当前的法律制度仅是规定了农民享有权利，但如何让权利赋活也仅是在相关法律里提及"有偿退出""鼓励盘活"，并没有具体的法律制度予以保障，比如房产退出的补偿制度就存在内容不全面、标准不适当、方式不恰当等问题。而有关产权盘活的租赁或者入股，同样存在行为不规范、机制不完善、管理不到位等问题。

---

〔1〕 张文显：《法治是共同富裕的制度资源》，载《法治社会》2022 年第 3 期。

〔2〕 朱晨：《更好发挥法治对共同富裕的保障作用》，载《学习时报》2022 年第 131 期。

〔3〕 郭晔：《共同富裕视域下的共享型法治及其构建》，载《法商研究》2023 年第 1 期。

至于集体产权方面，特别是当前所面临的集体土地入市以及集体经济合作社股权等问题，也没有具体法律规定。

由于缺乏法律依据，基层组织只能依靠民俗或者经验来处理农民产权问题，而这类操作总是缺乏一定的公正性、科学性，故而往往造成农民的不信任，宁可各自"单干"，最终形成的局面就是"公地"导致悲剧，"私地"亦可能导致潜在租值的耗散。[1]

(二) 农村法治化营商环境未完全建立

农村经济需要市场主体发挥活力。营商环境的好坏在一定程度上反映市场主体的活力。[2]而农村市场主体的存活需要各类基本制度予以支撑，其中最主要的就是金融服务制度和基本保障制度。

关于金融服务制度，尽管我国出台了系列政策鼓励和支持农村金融服务，但是由于缺乏对于农村产权入市的法律保障，金融机构无法通过农村贷款获取更多的利益，以致于金融机构在乡村所投放的金融产品十分有限，致使农民在贷款服务当中根本无法获得充分的金融服务。

另外，在农村共富市场活动中，有时农民需要将产权进行让渡。然而农民在失去产权之后，面对各类不完善的基本保障制度，不少农民会反悔让出产权，甚至进行无理的干涉、阻挠，致使市场主体无法在农村安心经营。

(三) 新型农村集体经济没有足够的法律支撑

新型农村集体经济在性质上是公有制经济，决定了其能促进农民共同富裕，它主要表现为产权归集体所有，以份额或股份等形式对集体成员所拥有的权益进行量化，实现了集体产权和农民个人产权的结合。[3]由于它更加符合市场化运营，而且更有利于形成集体经济发展合力，因此，农民共同富裕迫切需要这类新型农村集体经济。虽然《民法典》明确了其为特别法人，然而还未有专门、系统、完整的法律法规予以支撑，具体表现为：产权及股权的行使未明确；经营范围以及经营不善时的退出机制没有规定等。总而言之，新型农村集体经济亟需相关法律来保驾护航。

---

〔1〕 钟文晶、罗必良：《农民走向共同富裕的资产逻辑》，载《学术月刊》2022 年第 11 期。

〔2〕 朱天义、苏秦宇：《叠加性压力：共同富裕背景下县级政府营造营商环境的机理分析》，载《西南民族大学学报（人文社会科学版）》2022 年第 10 期。

〔3〕 陈健：《新发展阶段新型农村集体经济促进农民共同富裕研究》，载《马克思主义研究》2022 年第 12 期。

三、共同富裕视域下农民权益法治保障的完善

(一) 优化和完善农村产权法律体系

产权明晰与稳定被认为是经济增长的内生机制。[1]对此，可以做好两方面的工作：

首先，地方政府可以根据当地农民权益的实际情况制定地方法规或规章。结合现代产权要求，对相关产权制度进行更为精细化的制度设计，如完善各类产权补偿制度，明确产权盘活制度以及产权发生公私交融时，通过权利分置来维护个人产权的财产价值。

其次，出台有关农村宅基地权益的维护措施，避免出现房屋强制退出，资产强行盘活的情况发生。同时完善农村土地、农民房屋等财产征收征用法律制度，合理界定公共利益范围，细化相关法定权限和程序，确保农民有充分的选择权和更多的途径去维护自身权益。

(二) 全面创造农村法治化营商环境

良好的农村法治化环境能够维护农村区域的长治久安，为农村经济发展营造和谐安定的生存环境。通过合理有效地运用法律，促进农村营商环境的法治化，符合当前农村共同富裕的本质要求。

一方面，制定和完善农村金融服务的法律制度。建立农民产权价值清单，鼓励金融服务机构认可和接纳农民产权的经济价值，放宽准贷条件，减少农民在进行贷款中所获得贷款数额的限制，提升农村金融系统流动资金数量，通过出台保障农民贷款的法律措施，实现农村金融体系的合法性、开放性和有效性。

另一方面，健全农民基本保障制度。首先，依法明确农民基本保障的主体地位，充分发挥基层政府的行政作用；其次，通过制定地方条例或者规章，完善本区域的农民基本保障制度，将农民基本保障的相关责任下放到村集体，促使村集体推进农民基本保障工作；最后，强化民营组织在农村共富当中的合法地位，激励民营组织为农民的基本生活保障提供再创业、再就业的机会。

(三) 建立关于新型农村集体经济的法律制度

要把好乡村振兴战略的政治方向，坚持农村土地集体所有制性质，发展

---

〔1〕 钟文晶、罗必良：《农民走向共同富裕的资产逻辑》，载《学术月刊》2022 年第 11 期。

新型集体经济，走共同富裕道路。新型农村集体经济是指在中国共产党领导下，为了实践好实现全体人民共同富裕的中国式现代化，促进农民实现共同富裕，在农村由一定范围的劳动者共同占有生产资料进行联合生产和分配的一种公有制经济。[1]

这种经济模式是实现农村共同富裕的重要途径。为此，加快相关法律法规建设，为新型农村集体经济治理提供法律依据就显得迫在眉睫。

首先，通过立法确定新型农村集体经济的产权结构，在明晰集体产权的同时，依法保障农民的个人产权。其次，依法保障新型农村集体经济产权和股权的有效行使，切实保障农民的财产权益。最后，在鼓励农村集体经济扩大市场经营的同时，也要依法赋予农村集体经济组织退出市场的资格和程序。为此，有人建议出台《农村集体经济组织法》，认为它是乡村振兴法律制度体系中的支架性法律，是经济组织专门法、市场主体法。[2]笔者亦赞同如此。

结　语

"治国之道，富民为始。"农民是农村经济社会发展的主体，是实现农村共同富裕的主角，唯有切实依法保障农民的权益，引领农民向新型农村集体经济转型，促进农民持续增收，才能激发农民群众的积极性、主动性、创造性，才能振兴乡村，实现农村的共同富裕。

---

〔1〕陈健：《新发展阶段新型农村集体经济促进农民共同富裕研究》，载《马克思主义研究》2022 年第 12 期。

〔2〕刘振伟：《关于农村集体经济组织立法的几个问题》，载 http://journal. crnews. net/ncgztxcs/2023/dswq/snlt/956680_ 20230801024255.html，最后访问日期：2023 年 8 月 23 日。

浅析道路交通事故责任认定

宗 程[*]

摘 要： 伴随社会经济的发展，以机动车为主要出行方式的变化导致道路交通事故量增加，在厘清交通事故各方责任的过程中，交通管理部门出具的道路交通事故责任认定发挥着重要的作用。本文旨在探讨为明确道路交通事故责任认定的相关问题，从涵义、原则、性质等方面对其进行探究。道路交通事故责任认定是公安机关交通管理部门的重要职能，合理认定道路交通责任事故必须准确把握其归责原则，准确适用道路交通事故责任认定原则。执法过程中必须明确道路交通事故责任认定的性质，确保当事人对交通事故责任认定有明确的救济途径。在司法实践过程中，司法机关应对道路交通事故责任认定进行实质性审查，避免司法机关对道路交通事故责任认定的盲从盲信，确保司法认定客观真实，维护司法权威。

关键词： 道路交通 事故 责任 认定

引 言

道路交通事故责任认定是公安机关交通管理部门的重要职能，公安机关交通管理部门应当根据当事人的行为对发生道路交通事故所起的作用及过错的严重程度，确定当事人的责任。道路交通事故责任认定书应载明当事人导致道路交通事故的过错及责任或者意外原因，厘清交通事故各方责任。由此可见，道路交通事故认定对明确道路交通事故各方当事人的责任，在解决道路交通事故引发的纠纷中发挥着重要的作用。

---

* 宗程（1985 年—），男，汉族，河南人，中国政法大学同等学力研修班 2019 级学员，研究方向为刑法学。

一、道路交通事故认定的涵义

根据法律法规的相关规定，[1]道路交通事故责任认定是县级公安机关交通管理部门根据当事人行为对发生道路交通事故所起的作用以及过错的严重程度，确定当事人的责任的认定。公安机关交通管理部门根据现场调查之日起 10 日内制作道路交通事故责任认定书。在行政执法领域，公安机关交警部门的职责之一便是根据当事人的申请对道路交通事故损害赔偿责任进行调解，调解依据的是道路交通事故认定的事实以及道交法律确定的损害赔偿责任。在民事审判领域，法院由于缺乏交通事故责任认定方面的专业知识和技能，极少对道路交通事故责任认定进行实质性审查，基本是以责任事故认定的责任为依据进行判决。据统计，某地法院审判的涉及道路交通事故的判决中，90%以上都将道路交通责任事故认定书作为主要依据。在刑事审判领域，道路交通事故认定是认定当事人是否构成犯罪的重要依据，但是在道路交通事故责任认定过程中，存在发生道路交通事故后逃逸或者故意破坏、伪造现场、毁灭证据的当事人承担全部责任等推定式责任认定方式，因此不可避免地跟事故实际发生原因存在出入。

二、道路交通事故认定适用的原则[2]

（一）行为责任原则

道路交通事故责任认定是对当事人的行为是否违法，违法程度，过错程度等方面的认定。当事人必须有行为，才能认定行为所产生的后果，因此交通事故责任认定必须遵循行为责任原则，即无行为则无责任。

（二）因果关系原则

确定当事人的责任，必须以存在因果关系为前提，因果关系理论是一个复杂的认定过程，但是在交通事故责任认定过程中，必须明确当事人的行为在事故中所起的作用及作用大小，故对交通事故结果无影响的行为不应认定为与交通事故结果存在因果关系。

---

〔1〕《道路交通安全法》《道路交通事故处理程序规定》。

〔2〕周海赟：《道路交通事故归责原则问题分析》，载《重庆科技学院学报（社会科学版）》2014 年第 11 期。

（三）路权原则

路权原则是确保道路交通顺畅和安全的重要保障，是道路交通参与者应当遵守的原则，在强调交通参与者遵守路权原则的同时，也要规范交通参与者使用非其法定优先使用道路的行为，即"借道通行"等灵活性的行为。原则性和灵活性相结合这样才能确保道路交通的安全。

（四）安全原则

道路交通应遵循安全原则，确保道路交通参与者安全，该原则分为合理避让原则和合理操作原则。合理避让原则，交通参与者在享受通行权利的同时，如遇他人侵犯己方的合法通行权，必须做到合理避让，主动承担维护安全的义务。合理操作原则指交通参与者在参与交通运行时，为了保证交通安全，应主动杜绝一些法律法规未禁止，但有可能存在危险隐患的行为。

（五）结果责任原则

行为人的行为导致了危害结果的发生。分为两种，交通参与者的行为直接导致了结果的发生，即存在直接作用力。行为人的行为虽未造成交通事故的发生，但加重了事故后果，即加重结果责任。

三、交通事故认定中的归责原则划分

（一）过错责任

《道路交通事故处理程序规定》规定，公安机关交通管理部门应当根据当事人的行为对发生道路交通事故所起的作用以及过错的严重程度，确定当事人的责任。当事人发生道路交通事故后逃逸的，故意破坏、伪造现场、毁灭证据的应承担全部责任。为逃避法律责任追究，当事人弃车逃逸以及潜逃藏匿的，如有证据证明其他当事人也有错过的，可以适当减轻责任，但是有证据证明逃逸当事人有破坏、毁灭证据等情形的，不予减轻。就法律规定而言，已经明确了道路交通责任认定主要适用过错责任。

（二）过错推定责任

《道路交通安全法》规定机动车与非机动车驾驶人、行人之间发生交通事故，非机动车驾驶人、行人没有过错的，由机动车一方承担赔偿责任；有证据证明非机动车驾驶人、行人有过错的适当减轻机动车一方的赔偿责任；机动车一方没有过错的，承担不超过10%的赔偿责任。本文认为，在机动车驾驶人和非机动车驾驶人、行人之间适用的是过错推定责任，即在机动车驾驶人发生道路交通安全事故进行责任认定时，先推定机动车驾驶人有过错，有证据证明非机动车驾驶人、行人有过错的才减轻赔偿责任。该项规定是基于道路交通进行中的安全原则，机动车和非机动车地位的不对等性，出于安全的需要和对弱者的保护作出的特殊规定。

四、道路交通事故责任认定的性质

《道路交通安全法》规定，公安机关道路交通安全管理部门应当根据交通事故现场勘验、检查、调查情况和有关的检验、鉴定结论、及时制作交通事故认定书，作为处理交通事故的证据。交通事故认定书应当载明交通事故的基本事实、成因和当事人的责任，送达当事人。由此可见，交通事故责任认定书是作为处理交通事故的证据材料，但是对交通事故责任认定的性质一直存在不同的观点见解。

（一）属于证据类型资料

该观点认为，交通事故责任认定属于公安机关依据职权作出的调查结论，交通事故责任认定书属于证据类型资料。交通事故认定书经常在刑事和民事诉讼中出现，《道路交通安全法》第 73 条规定，公安机关交通事故管理部门制作的交通事故认定书，作为处理交通事故案件的证据予以适用，但是刑事诉讼和民事诉讼法定证据类型中并不包含交通事故责任认定书，因此交通事故责任认定书属于何种证据类型仍存在一定争议。本文认为，可以在相关法律或司法解释中将其规定或解释为法定证据类型中的一种。

（二）属于行政确认行为[1]

该观点认为，道路交通事故责任认定是具体行政行为，属于行政确认行为。行政关系确认行为属于行政行为的一种，是行政主体依法对行政相对人的法律地位、法律关系或者有关事实进行甄别，给予确定、认可、证明并予以宣告的行政行为。交通事故责任认定属于行政确认中的认定，权利义务以及确认事项是否符合法律要求的承认和肯定。

（三）属于过程性行政行为

该观点认为，道路交通事故责任认定属于过程性行政行为。根据《最高

---

[1] 姜明安主编：《行政法与行政诉讼法》（第 7 版），北京大学出版社、高等教育出版社 2019 年版，第 14 章。

人民法院关于适用〈中华人民共和国行政诉讼法〉的解释》的规定，过程性行为行为是行政机关为作出行政行为而实施的准备、论证、研究、层报、咨询等。并明确该类行为对公民、法人或者其他组织权利义务不产生实际影响。根据全国人民代表大会常务委员会法制工作委员会《关于交通事故责任认定行为是否属于具体行政行为，可否纳入行政诉讼受案范围的意见》的规定，交通事故责任认定行为不是具体行政行为，亦不是行政复议的受理范围。因此，道路交通责任事故认定行为不属于具体行政行为，不能向人民法院提起行政诉讼，道路交通事故责任认定亦不属于行政复议的受理范围。道路交通事故责任认定对双方当事人的权利义务产生了实际的影响，因此认为道路交通事故责任认定属于过程性行政行为，仍缺少相应的理论支撑。

结　语

道路交通责任事故认定在处理交通类纠纷，明确道路交通事故各方当事人责任发挥着重要作用。执法司法部门必须准确把握道路交通责任事故认定的归责原则，准确适用道路交通事故责任认定的原则，明确道路交通事故责任认定的性质，促进道路交通事故纠纷案件的解决。

论房屋租赁中装饰装修物的归属和补偿

曾宪林*

摘 要：随着城市房屋价格的不断攀升，租房成了很多人的首要选择。承租人为了提高居住的品质和舒适度，往往会对承租的房屋进行装饰装修，当发生租赁合同纠纷后，装饰装修物的处理就成为合同双方争议的焦点。本文旨在探讨装饰装修物处理中的核心问题，即装饰装修物的归属和补偿问题。

关键词：房屋租赁纠纷　装饰装修物　归属　补偿

引 言

随着房价的不断攀升，房屋租赁需求极大提高，由此带动了房屋租赁市场的蓬勃发展，与此同时，房屋租赁纠纷也越来越多。在房屋租赁纠纷中，关于装饰装修物的权利归属以及补偿问题一直是司法实践中的热点和难点问题。为正确审理城镇房屋租赁合同纠纷案件，依法保护当事人的合法权益，最高人民法院根据《民法典》等法律规定，结合民事审判实践，最高人民法院制定了《关于审理城镇房屋租赁合同纠纷案件具体应用法律若干问题的解释》（以下简称《司法解释》）并于 2021 年 1 月 1 日起实施，《司法解释》对装饰装修物的归属和补偿问题进行了规定，但还有待于进一步细化。本文将结合《司法解释》的相关规定进行分析和探讨。

一、房屋装饰装修物的界定

在房屋租赁合同纠纷案件中所说的装饰装修物，主要是指动产和不动产

---

* 曾宪林（1990 年—）男，汉族，广东人，中国政法大学同等学力研修班 2021 级学员，研究方向为民商法学。

的附合。按照装饰装修与租赁房屋的结合程度有可分离（未形成附合）和不可分离（形成附合）两种形态。[1]

本文赞同上述对装饰装修物的界定，即房屋租赁合同中的装饰装修物是指动产和不动产的附合，即动产和不动产两者不能分离，形成事实上附合，如果两者可以分离，房屋租赁合同可以约定由承租人自行取回，也就不会因装饰装修物发生纠纷，因此不属于本文探讨的房屋租赁合同中的装饰装修物。

附合，指不同所有权人的物密切结合在一起而成为一种新物。在附合的情况下，各原所有权人的物虽可识别，但非经拆毁不能恢复原来的状态。如砖、木的附合构建成房屋。附合物的所有权归属应区分以下两种情况：当动产附合于不动产之上时，由不动产所有权人取得附合物的所有权，原动产所有权人则可取得与其原财产价值相当的补偿。当动产与动产附合时，附合的动产有主从之别的，由主物的所有权人取得附合物的所有权，同时给对方以价值上的补偿。如无主从之别，则由各动产所有权人按其动产附合时的价值共有附和物。[2]

二、装饰装修物的归属问题

关于装饰装修物的权利归属问题，只有在形成附合的情况下才有探讨的必要，因此本文对该问题是在装饰装修物形成附合的前提下进行分析和探讨的。

装饰装修物作为附合，其所有权的归属应遵循民法关于附合的基本理论进行判定。

《民法典》第 322 条规定，因加工、附合、混合而产生的物的归属，有约定的，按照约定；没有约定或者约定不明确的，依照法律规定；法律没有规定的，按照充分发挥物的效用以及保护无过错当事人的原则确定。因一方当事人的过错或者确定物的归属造成另一方当事人损害的，应当给予赔偿或者补偿。

《司法解释》第 7 条第 2 款规定，已形成附合的装饰装修物，出租人同意

---

〔1〕 张学增：《对租赁房屋装修物的认定及处理》，载 https://lawyers.66law.cn/s2709507899f48_i417807.aspx，最后访问日期：2023 年 1 月 23 日。

〔2〕 参见律临，百度旗下专业法律服务平台，2011 年 1 月 25 日。

利用的，可折价归出租人所有；不同意利用的，由双方各自按照导致合同无效的过错分担现值损失。

根据《民法典》和《司法解释》的规定，装饰装修物的所有权归属应区分装饰装修是否经过出租人许可分别进行判定。

（一）经出租人同意的装饰装修

1. 有约定的从约定

房屋租赁合同中如果对装饰装修物的归属有约定的依照合同的约定进行处理。本文建议，实践中，在房屋租赁合同中事先约定或者通过事后的补充合同约定装饰装修物的权利归属可以有效避免此类纠纷的发生。

2. 无约定的归出租人所有

对无约定的应该依据附合理论判定权利的归属。附合，是指不同所有权人的物密切结合在一起而成为一种新物。在附合的情况下，各原所有权人的物虽可识别，但非经拆毁不能恢复原来的状态。如砖、木的附合构建成房屋。附合物的所有权归属应区分以下两种情况：当动产附合于不动产之上时，由不动产所有权人取得附合物的所有权，原动产所有权人则可取得与其原财产价值相当的补偿。

（二）未经出租人同意的装饰装修

根据《司法解释》第7条第2款的规定，未经出租人同意的装饰装修物的权利归属进行如下处理：

1. 出租人同意利用的归出租人所有

实践中也会出现未经出租人同意进行装饰装修，但事后出租人同意利用的情形，此时，可以认为出租人以追认的形式同意承租人进行装饰装修，其仍然可依据附合规则取得装饰装修物的所有权。

2. 出租人不同意利用的进行拆除

若出租人不同意利用，实践中，通常做法是与出租物已形成附合的地砖、墙砖、门面墙砖、吊顶等拆除会造成房屋毁损故不得拆除，其余消防管道、空调管道、冻库等设施与出租物未形成附合的装饰装修物可由承租人自行拆除。

三、装饰装修物的补偿问题

实践中，无论是出租方同意还是未经出租方同意，在装饰装修物已经存在的情况下，都涉及装饰装修物的补偿问题。

《司法解释》第9条规定，承租人经出租人同意装饰装修，合同解除时，双方对已形成附合的装饰装修物的处理没有约定的，人民法院按照下列情形分别处理：

（1）因出租人违约导致合同解除，承租人请求出租人赔偿剩余租赁期内装饰装修残值损失的，应予支持。

（2）因承租人违约导致合同解除，承租人请求出租人赔偿剩余租赁期内装饰装修残值损失的，不予支持。但出租人同意利用的，应在利用价值范围内予以适当补偿。

（3）因双方违约导致合同解除，剩余租赁期内的装饰装修残值损失，由双方根据各自的过错承担相应的责任。

（4）因不可归责于双方的事由导致合同解除的，剩余租赁期内的装饰装修残值损失，由双方按照公平原则分担。法律另有规定的，适用其规定。

根据《司法解释》的规定，有关装饰装修物的补偿问题需要区分不同情形分别予以处理。

（一）对装饰装修物的权利归属有约定的

在房屋租赁合同中事先约定了装饰装修物的权利归属，或者在房屋租赁合同签订后通过补充合同对装饰装修物的权利归属进行约定的，按照合同的约定确定装饰装修物的权利归属。

（二）对装饰装修物的权利归属没有约定

这种情况又分为两种情形：

（1）出租人同意的装饰装修的补偿根据《司法解释》第9条的规定，分几种情形：①因为出租人违约导致合同解除的装饰装修物残值由出租人补偿给承租人。②因为承租人违约导致合同解除的。其一，承租人无权请求出租人赔偿剩余租赁期内装饰装修残值的损失；其二，如果出租人同意利用装饰装修物的，出租人应在利用价值范围内对承租人予以适当补偿。③因为双方违约导致合同解除的剩余租赁期内的装饰装修残值损失，由双方根据各自的过错承担相应的责任。即按照过错的大小承担相应的残值损失，具体情况需要根据个案进行处理。④因不可归责于双方的事由导致合同解除的。其一，剩余租赁期内的装饰装修残值损失，由双方按照公平原则分担。其二，法律另有规定的，适用其规定。

（2）出租人不同意的装饰装修补偿。《司法解释》第 11 条规定："承租人未经出租人同意装饰装修或者扩建发生的费用，由承租人负担。出租人请求承租人恢复原状或者赔偿损失的，人民法院应予支持。"根据上述规定，出租人不同意的装饰装修物：①出租人不同意装饰装修的，费用由承租人承担；②出租人不同意装饰装修的，出租人如果要求恢复原状或者赔偿损失的，由承租人承担。

结　语

随着我国城镇房地产租赁市场的进一步发展，房屋租赁合同纠纷也会越来越多，因为装饰装修物的权利归属和补偿问题引发的房屋租赁纠纷也一直会成为房屋租赁合同纠纷中的难点和热点问题，因此，该问题还有待理论和实务的深入研究和探索，从而定分止争，促进房地产租赁市场健康、稳定发展。

充分发挥行政复议制度优势的对策

罗红霞*

摘　要："发挥行政复议化解行政争议的主渠道作用"已写入《行政复议法（修订）（征求意见稿）》立法目的条款。在该前提下，本文回顾了行政复议制度发展的三个阶段，阐述了行政复议制度在化解行政争议上的优势体现，分析了充分发挥行政复议化解行政争议优势目前存在的问题，并提出了相应的对策。

关键词：充分发挥　行政复议制度　优势　对策

引　言

自我国 1991 年建立行政复议制度以来，该制度对化解行政争议发挥了重要的作用，但是，该制度具有的化解行政争议的优势还没有充分发挥出来。目前，我国行政复议制度已经进入第三个发展阶段，如何充分发挥行政复议制度的优势值得进行探讨。

一、行政复议制度的发展历程

我国行政复议制度自 1991 年建立以来，可以分为三个发展阶段。

（一）第一个阶段是制度建立及初步完善阶段

《行政复议条例》于 1990 年 10 月 9 日国务院第 71 次常务会议通过，1990 年 12 月 24 日发布，自 1991 年 1 月 1 日起施行；后又经 1994 年 10 月 9 日根据国务院《关于修改〈行政复议条例〉的决定》修订发布。该条例的立

---

* 罗红霞（1982 年—），女，汉族，湖南人，中国政法大学同等学力研修班 2018 级学员，研究方向为宪法学与行政法学。

法目的是维护和监督行政机关依法行使职权，防止和纠正违法或者不当的具体行政行为，保护公民、法人和其他组织的合法权益；于 1999 年 10 月 1 日废止。1999 年 4 月 29 日，第九届全国人民代表大会常务委员会第九次会议通过《行政复议法》，同日公布，自 1999 年 10 月 1 日起施行。《行政复议法》的立法目的是防止和纠正违法的或者不当的具体行政行为，保护公民、法人和其他组织的合法权益，保障和监督行政机关依法行使职权。2007 年 5 月 23 日，国务院第 177 次常务会议通过了《行政复议法实施条例》，2007 年 5 月 29 日公布，自 2007 年 8 月 1 日起施行，从行政复议机构职责、主体、程序、审理方式、责任等方面对行政复议制度进行了细化与完善。

（二）第二个阶段是制度试点改革阶段

随着行政复议制度的深入落实，行政复议法也日益凸显出它的缺陷和不足。2008 年 9 月，国务院法制办公室下发《关于在部分省、直辖市开展行政复议委员会试点工作的通知》，确定广东等 8 个省、直辖市开展行政复议委员会试点工作，开启了引入社会力量探索行政复议新模式——一般由各行政单位负责人担任常任委员，专家、学者、律师等非行政机关人员担任非常任委员，目的是让该行政复议委员会制度能使委员之间互相制约，裁决时民主集中议决，以保证案件审理的公平、公正。

（三）第三个阶段是制度改革全面推进阶段

2020 年 2 月 5 日，习近平总书记主持召开中央全面依法治国委员会第三次会议，审议通过《行政复议体制改革方案》，会议指出要落实行政复议体制改革方案，优化行政复议资源配置，推进相关法律法规修订工作，发挥行政复议公正高效、便民为民的制度优势和化解行政争议的主渠道作用。《行政复议体制改革方案》首次在国家层面为改革工作的全方位落实提供了明确的指导思想和具体措施。同年 11 月 24 日，司法部发布《行政复议法（修订）（征求意见稿）》，该征求意见稿进一步总结了十多年的改革经验。与修订草案相比，该征求意见稿在立法目的上，把"监督"放到"保障"之前、新增"推进法治政府建设"，并在行政复议机关履职的原则中完整体现"公正高效、便民为民"的要求，体现了中国特色社会主义的发展要求和社会主义核心价值观。

二、行政复议制度化解行政争议的优势

当前行政复议与行政诉讼、信访等共同构成了我国多元化解决行政争议的"三驾马车"，并形成了行政领域"大信访、中诉讼、小复议"之困局。[1]如何破局，早在 2011 年，应松年教授就提出"要充分发挥行政复议机制、制度上的优势，完善我国的行政复议制度，使行政复议成为解决我国行政争议的主渠道"。[2]经过十几年的改革探索、经验总结，现在我们迎来了行政复议法的修改征求意见稿，该意见稿应前述《行政复议体制改革方案》之要求做了全面的修订，全面助力行政复议成为行政争议解决的主渠道。相比行政诉讼，行政复议制度在化解行政争议上主要优势体现如下：

（一）受理案件范围广

现行《行政诉讼法》第 12 条对属于行政诉讼受案范围的案件类型进行了列举，主要包括 12 个方面；第 13 条对应当排除在行政诉讼受案范围的案件类型进行了列举，主要包括 4 个方面。《行政复议法修正案（草案）（二次审议稿）》第 11 条列举了 14 个方面的受案范围（增加了"认为行政机关在政府信息公开工作中侵犯其合法权益""对行政机关作出的赔偿决定不服"两个方面）。

（二）成本低廉

从解决行政争议的成本上看，行政复议的优势明显。行政复议不需要交纳诉讼费用，行政复议机构一般就在当地，当事人熟门熟路，产生的交通费用也相对较少。如果到法院提起行政诉讼，由于是"民告官"，当事人要么不告，要么告的情况下一般会聘请律师，自行处理的情况很少，相对而言，行政诉讼所花费用会较高。

（三）审理期限短

从审理期限效率上看，行政诉讼制度对于立案、管辖、审理、判决、执行等方面有严格的程序规定，且审理期限也较长（一审 6 个月、二审 3 个月）。行政复议制度同样有确定的程序规定，但行政复议机关应当自受理申请

---

〔1〕 周佑勇：《行政复议的主渠道作用及其制度选择》，载《法学》2021 年第 6 期。
〔2〕 应松年：《把行政复议制度建设成为我国解决行政争议的主渠道》，载《法学论坛》2011 年第 5 期。

之日起 60 日内作出行政复议决定，结案效率高。

（四）专业性强

从行政专业角度上看，行政复议是在行政机关内部解决行政争议，一方面，行政复议工作人员相对于司法机关的工作人员，更加熟悉行政机关内部事务、工作内容与程序等；另一方面，行政复议要求工作人员在审理行政复议案件时审查行政行为的合法性和合理性。相比行政诉讼，法官一般只审查行政行为的合法性，行政复议的专业性更强。[1]

三、发挥行政复议制度优势存在的问题

如前文所述，行政复议制度在化解行政争议方面具有自身的优势，但是，实践中，该制度的优势并没有真正发挥出来，存在一定的问题。

（一）公众对行政复议制度缺乏认知和了解

笔者曾接触一些行政纠纷案件，建议当事人申请行政复议，但当事人往往对于行政复议不甚了解，以致认为行政复议根本就解决不了问题。

（二）行政复议机构独立性不强

行政复议机构独立性不强，导致程序空转，使得案件经过行政复议后不能彻底解决问题，还得通过人民法院解决问题，客观上增加了行政相对人的负累。如此，导致当事人认为申请行政复议只是浪费时间，还不如直接起诉至人民法院。

（三）行政复议工作人员工作能力欠缺

行政复议工作人员的专业化、职业化水平不高，影响办案效果。行政复议工作人员面对的当事人往往是基层的人民群众，和他们沟通需要专业知识和一些沟通技巧，但行政复议人员由于专业能力和职业能力的欠缺，很难与当事人进行良好沟通，难以获得当事人的信服。

（四）行政复议工作人员责任机制不健全

行政复议法规定了行政机构及其工作人员的法律责任，但对于审理复议案件的归责机制并未明确，使得责任制度难以发挥其作用。

---

〔1〕 参见姜明安：《行政法》（第 5 版），法律出版社 2022 年版，第 643 页。

四、充分发挥行政复议制度优势的对策

笔者认为，充分发挥行政复议制度的优势可采用如下对策：

（一）加强行政复议制度的宣传工作

各政府机关、各街道办、各社区委员会加强行政复议制度的宣传工作，必要时聘请行政法专业法律人员、律师走进社区宣讲、答疑有关行政复议法律制度内容，提高公众对行政复议制度的认知。

（二）保持行政复议机构的相对独立性

保持行政复议机构的相对独立性才能避免程序空转，真正发挥行政复议制度的优势。之所以说是相对独立性，而不是绝对独立性，是因为，一方面，行政复议机构要全面了解行政争议的源头，全面对产生行政争议的问题作分析判断（自纠）；另一方面，行政复议机构不能偏袒任何一方，应站在为人民服务、依法治国的立场公平、公正地协调处理行政争议。

（三）提高行政复议相关工作人员的综合能力

提高行政复议机构、行政复议委员会及其工作人员处理行政争议的综合能力对解决争议具有重要意义。

行政复议机构、行政复议委员会及其工作人员包括参与处理行政争议的专业人士，除应该具备相应的专业知识外，还应该具备良好的沟通谈判能力。行政复议机构、行政复议委员会应定时开展相关技能培训，争取发挥好行政复议主渠道优势，解决争议的方式在合法、不损害国家和他人利益、不违反公序良俗等原则的前提下，坚持多元化解决行政争议。

（四）健全行政复议工作人员责任机制

努力提高行政复议工作人员责任心和热情，对行政争议解决好坏奖惩分明，健全行政复议工作人员责任机制。

（五）便民措施与时俱进

建立效仿"智慧法院"的"智慧行政机构"，让当事人在解决行政争议的同时享受到现代科技给民众带来的便利，全方位建立通畅的案件立案、受理、审理等渠道。

结　语

习近平总书记指出："行政执法工作面广量大，一头连着政府，一头连着

群众，直接关系群众对党和政府的信任、对法治的信心。"[1]充分发挥行政复议制度化解行政争议的优势，对贯彻落实行政复议制度的主渠道作用具有重要意义。

---

[1] 习近平：《以科学理论为指导，为全面建设社会主义现代化国家提供有力法治保障》，载习近平：《习近平谈治国理政》（第 4 卷），外文出版社 2022 年版，第 294 页。

违建拆迁涉补偿问题浅析

罗雨婷*

摘　要： 党的二十大的胜利召开，进一步明确了坚持以人民为中心的发展思想，同时在法治轨道上推进国家治理体系和治理能力现代化要求立法、执法遵循规范化、程序化的原则。由面及点，乡村振兴、城市更新离不开违建拆迁这一事项，违建拆迁是否应当给予补偿在实务和法学理论中都具有一定争议。本文以公权力与私权利的平衡关系为切入点，浅谈违建拆迁是否应当给予补偿。

关键词： 违建　拆迁　补偿　浅析

引　言

1980 年，我国城镇化率约为 19%，截至 2023 年 1 月，我国的城镇化率攀升至 64% 左右，改革开放 40 余年间，国家的发展也是城市的更新，更新即意味着拆除老旧、兴建新舍，应当被拆除的"老旧"之中，由于法律本身存在的滞后性、人性利益驱动、法律监管制度不完善等因素，未经批准或未按批准建设的建筑不属于"合法"建筑因而被拆除。从法律理论与实务的角度而言，如何善后拆迁的违建，是城市更新进程中值得深思与探讨的问题，只有妥善处理拆迁违建问题，才能更好地为违建拆迁工作提供法律依据以及达到权利与权力之间的平衡状态。

一、违建的界定

违建可以被称为违法建筑或违章建筑。目前，我国法律、法规对违建没

---

* 罗雨婷（1994 年—），女，汉族，新疆人，广东知恒（上海）律师事务所律师，研究方向为经济法学。

有明确的概念，学界也未形成统一的概念，但普遍认为，违法建筑物在客观上违反了土地管理法、城乡规划法等相关法律、法规，表现为非法占用土地建设或者未取得建设工程规划许可证等法定建设许可，或者未按照建设许可证的规定擅自建设的建筑物、构筑物。

本文认为，"违法建筑"和"违章建筑"都代表着同样的含义，即建筑的非法性。[1]从法律一词的广义解释来看，非法既表示不符合"法律"的规定，也表示不符合"法规""法规""规范性文件"的规定，因此在本文中，将不对"违法建筑"与"违章建筑"作区分探讨，统一称为"违建"。例如，占用已规划为公共场所、公共设施用地或公共绿化用地的建筑，不按批准的设计图纸施工的建筑，擅自改建、加建的建筑，擅自改变使用功能的建筑，逾期未拆除的临时建筑等均为常见的违建类型。

二、违建拆迁涉补偿问题的争议

根据我国现行有效的法律规定，违建拆迁并无明确的补偿要求，但在实务和学术界尚存争议：其一，违建拆迁不予补偿。从民法的角度而言，任何合同、契约，在违反法律、法规的禁止性规定时即为无效。因此，建筑物的施工、建成虽然是一种民事事实行为，但不免承载一系列的法律关系，如果将社会比作一处"契约履行地"，那么契约一方的行为不符合法律禁止性规定的，契约另一方对该等行为作出的决定将不再承担弥补、补救、补偿等责任，否则法律的禁止性规定与否，将不存在任何区别，社会的各"契约方"也没有有效的"契约"了；其二，违建拆迁在符合条件时，可以予以补偿。从市政行政的角度而言，勤政意味着将事实进行多维度分割评估，一刀切显然不符合勤政的立法目的，应将违建这一事实现象从主观恶性（是否已存在明令禁止、是否属于历史空白时期的遗留等）、客观影响（包括环境、位置、造价、功能等）等方面综合判定是否应当给予补偿。

不受约束的自由不是自由。违建之所以不享有物权属性，是由于违建的存在已经违反了法律规定，法律之所以如此规定是由于违建的存在会导致土地资源不能被合理、充分地利用；同时影响社会和谐、秩序安宁；由于建筑材料和工程质量难以保障，会对居民、行人的人身安全造成威胁；由于违建

---

[1] 廖彬：《违法建筑拆迁补偿法律问题的探讨》，载《法制与经济》2019 年第 9 期。

难以受到行政管理，对社会治安也会造成影响。因此，违建应当拆除，公权力应当对违建加以管理与限制，以保护广大公民的生命、财产安全，完善城市规划，促进城市发展。

法律的力量应当跟随着公民。在我国现行的法律制度下，违建拆迁无补偿，但若不是违建的土地征收征用而导致的拆迁，则会给予补偿。

从法律角度来看，该等建筑的出现或变更或存续均具有不符合法律规定的情形，属于违反法律的禁止性规定，《城市房地产管理法》第 61 条第 2 款规定："在依法取得的房地产开发用地上建成房屋的，应当凭土地使用权证书向县级以上地方人民政府房产管理部门申请登记，由县级以上地方人民政府房产管理部门核实并颁发房屋所有权证书。"根据《民法典》的相关规定可知，违建并不能够取得房屋所有权证书，同时，不动产自登记之日发生物权效力，也就是说，违建的有关方不享有对违建的所有权；从客观事实角度来看，构建的开支与建成的用途同样真实存在。因此不能因违建所有权这一权利限制而忽视违建本身附带的财产属性。

"既然不可否认违建的财产属性，那么即使不考虑违建的市场性流通因'标的物'违反法律、法规的禁止性规定而无效的合同行为，也应考虑当家庭成员离世时，违建能否作为遗产进行继承；夫妻离婚，违建能否作为夫妻共同财产进行分割等这类受《民法典》婚姻家庭编和继承编调整的对象。"

三、违建拆迁的补偿建议

本文认为，有无补偿可以笼统地总结为被拆迁的建筑是否属于违建，实施建造违建的事实行为之时是否有"错"。我们必须承认违建的违法属性，实施建造违建的事实行为时未能遵守法律的规定而利欲熏心、法治精神的严重缺失，但这不是违建产生的唯一成因，国家快速发展、城市的快速更迭的时代背景是诱因，法治宣传欠缺、监督体系不完善、执法力度不饱满也是诱因。因此，行政法范畴内的"比例原则"中"比例"的"比"不仅是当事人的过错程度与所受到行政处罚之比，也是当事人的过错程度与"不可归责于当事人的过错但是导致违法结果出现的其他因素"之比，后者的比例就是公权力与私权利的平衡程度。

公权力与私权利的平衡路径之一，即行使公权力时"手段上的合理性"。[1]结合违建的财产属性和在婚姻家庭、遗产继承关系中的存在形式，从拆除违建在手段上的合理性而言，应当考虑私权利由于拆除而受到的损失，也应当与社会主义法治理念的内容之"执法为民""服务大局"有更为深刻的理解与契合。因此，本文认为，违建拆迁应当给予一定的补偿。

对于违建土地的征地补偿，在 2002 年 3 月起施行的《深圳经济特区处理历史遗留生产经营性违法建筑若干规定》（以下简称《若干规定》）中，已有体现。《若干规定》第 5 条第 3 款规定："兴建本条第一款第二项、第三项所列违法建筑发生的非法转让农村集体土地使用权的行为免予处罚，其他企业或者单位已支付给原农村集体经济组织或者其成员的费用视为征地补偿安置费用。"上述规定表明，针对某些特定的违建的转让不仅不罚，因此获得的费用还视为征地补偿安置费用，本文认为也可以解释为一种形式的"补偿"。根据《若干规定》，违建可以获得补偿需要满足以下条件：①违建系属于历史遗留（仅针对 1999 年 3 月之后的违建）；②违建用于生产经营；③细分违建的不同情形。

"法不溯及既往"是《若干规定》中"补偿"的先决条件之一所遵从的原则，也是拆迁补偿思路的起始点。良法善治作为法治中国的价值追求，良法经过实施才得以善治。善治既指公共利益最大化的治理过程和治理活动，也指对个体权利的保护，[2]同时，公权力在立法、执行的威严也应得到保障与维护。

综上所述，应对在某个时间点之前在可以得到补偿的范围内的违建，进而按照违建的违法程度的轻重之分，公共安全、城市规划的影响程度以及房屋用途区别补偿阶梯。例如，一处违建属于违法扩建的情形，同时属于生产经营性质，对其补偿力度应当较其他情形适当加大；再例如，一处违建属于公民自住，未获得许可即建造，且安全质量等级低，具有给他人生命、财产安全造成危险的可能，这种情形下，对补偿力度应当较其他情形适当减小。与此同时，执法程序应得到进一步完善，执法程序的正当性与完善性也将影

---

〔1〕 万高隆、罗志坚：《法治视角下公权力与私权利的冲突与平衡》，载《江西行政学院学报》2012 年第 1 期。

〔2〕 资金星、张恒业：《良法善治：法治中国的价值追求》，载《湖南行政学院学报》2018 年第 6 期。

响补偿力度，例如，一处违建已经过责令、催告，当事人依然不作为，那么对补偿力度则应更轻。

结　语

总之，在良法善治价值观的指引下，违建拆迁补偿是一个多维度评估的结果，每个维度应当有其不同的权重和计算方式，结合对违建拆迁新的认识和适当补偿计算方式，我们有信心能够更加妥善地处理公权力与私权利的平衡关系，更有信心妥善处理违建拆迁的补偿事宜。

论女性权益法律保障及其完善

庞　茏*

摘　要： 女性在当今社会发展和进步中起到了至关重要、不可或缺的作用，然而由于存在性别歧视，女性权益不能得到充分的认识和法律保障，因此女性权益易受到侵犯而不能得到有效的保护。女性权益的平等认识和法律保障是国际人权法和性别平等原则的要求，也是促进未来社会发展和进步的必然要求。目前，女性权益的法律保障还存在诸多问题，需要予以完善，因此，本文旨在探讨这一问题。

关键词： 女性权益　性别平等　法律保障　完善

引　言

女性在社会发展和进步中扮演着重要的角色，随着女性在促进社会发展和进步中的作用越来越重要，其权益的法律保障问题值得进行研究和探讨。

一、女性权益法律保障的法理依据

女性权益法律保障的必要性在于确保社会的公平与正义，促进性别平等和女性全面发展。历史上存在长期性别歧视，因此法律手段的运用至关重要。法理依据包括国际法文件（如《世界人权宣言》和《消除对妇女一切形式歧视公约》）以及国内宪法、法律法规（如《妇女权益保障法》和《民法典》），这些法律文件和规定明确了保障女性权益和消除性别歧视的原则，为女性权益在各领域的平等权利提供了法理依据。这一法理依据符合法律要求，

---

　*　庞茏（1987年—），男，汉族，北京人，中国政法大学同等学力研修班2022级学员，研究方向为刑法学。

也反映了社会的进步和价值观的提升。[1]

（一）国际人权法与平等原则

法律保障女性权利的背景与意义在于推动社会实现性别平等和尊重女性的基本人权。国际人权法在此方面具有重要地位，特别是性别平等原则的确立。性别平等是联合国《世界人权宣言》等国际人权文书的核心价值之一，强调男女在权利和机会上应当享有平等地位。联合国《消除对妇女一切形式歧视公约》及其他相关国际法律文件，均明确规定了禁止性别歧视、保障女性权益的原则。这些国际法律的存在，为各国建立法律框架以保障女性权利提供了法律依据和指导。

（二）国内法的规定

我国的法律体系在保障女性权利方面取得了一系列重要进展，包括《宪法》《妇女权益保障法》等法律法规的颁布与实施。这些法律法规构建了较为完善的妇女儿童法律法规保护体系，强调男女平等原则以及妇女的全面发展。《民法典》第 4 条和第 14 条明确规定，所有民事主体在民事活动中享有平等的法律地位和民事权利能力。这意味着妇女在经济、合同等领域与男性拥有相同的法律地位和权益，不会因性别而受到歧视。另外，《民法典》的第 1041 条和第 1055 条强调了男女平等的婚姻制度，规定婚姻家庭中夫妻应当平等相待、互相尊重。此外《民法典》还特别强调了对妇女民事权利的特殊保护。例如，第 1082 条规定了在女方怀孕期间、分娩后一年内或者终止妊娠后 6 个月内，男方不得提出离婚。这一规定旨在保护妇女在特殊生理状态下的合法权益，体现了法律对女性特殊需求的关注，追求实质公平与正义。[2]

二、女性权益法律保障的现状

（一）家庭暴力防治法及其实施

《妇女权益保障法》和《民法典》（家庭编）的相关法律条款对于家庭暴力的预防和制止具有重要意义，为保障女性权益提供了明确的法律保障。《民法典》第 1042 条规定了禁止家庭暴力或虐待家庭成员的情况。这些法律条款强调了家庭暴力的禁止和制止原则，明确了受害人的权利和社会组织、执法

---

〔1〕 岳瑞琳：《论我国宪法中女性权利保障的现状及改善》，载《经济师》2020 年第 12 期。
〔2〕 刘楷悦：《法律近代化与女性权利研究：路径与问题》，载《法律史评论》2021 年第 2 期。

机关的职责。通过这些法律规定，国家建立了一套制度，旨在预防和制止家庭暴力，保护妇女的权益。家庭暴力防治法的实施还涉及多个部门的协作，包括公安、司法、卫生等，以确保受害人得到及时的救助和保护，同时也要借助法律手段对施暴者进行惩处，维护家庭和谐与社会稳定。[1]

（二）劳动法律保护与职场性别平等

《劳动法》中的相关法律条款明确保障职场性别平等，旨在消除性别歧视，确保妇女在就业中享有平等的权利和机会。第 12 条规定，劳动者就业不应受到民族、种族、性别、宗教信仰等方面的歧视。同时，第 13 条明确规定了妇女享有与男子平等的就业权利，规定在录用职工时，不能以性别为由拒绝录用妇女或提高对妇女的录用标准。此外，第 46 条规定了工资分配应遵循按劳分配原则，实行同工同酬，即同样工作的劳动者应获得相同的工资待遇，无论性别。《劳动法》的这些条款为保障女性在职场中的平等权利提供了明确的法律保障，有助于防止性别歧视的现象发生，促进了职场性别平等的实现。这些法律规定不仅有利于维护妇女的权益，也有助于提升整个社会的发展和稳定。

（三）教育法律框架下的女性权益保障

在我国的教育法律框架中，也有明确的法律规定来保障女性权益，促进性别平等和女性全面发展。这些法律规定旨在消除性别歧视，确保女性在教育领域享有平等的权利和机会。根据我国的教育法律框架，教育机构应当坚决杜绝性别歧视，保障女性学生和教职员工的权益。教育法律规定了女性学生在接受教育过程中的平等权利，包括平等的入学权、学习权和晋升权等。同时，教育法律框架还要求教育机构采取措施，促进女性教职员工的职业发展和晋升。女性教职员工在晋升、聘任等方面应当享有平等的机会，不受性别歧视的影响。综合来看，教育法律框架下的女性权益保障是为了确保女性在教育领域的平等权利和机会，促进性别平等和女性全面发展。这些法律规定有助于创造一个公平、包容的教育环境，推动社会的进步与发展。[2]

---

[1] 彭凤莲：《范式法律观视域下的女性主义法学》，载《安徽师范大学学报（人文社会科学版）》2019 年第 6 期。

[2] 周爱荣：《婚姻家庭中的女性权益保护法律探讨》，载《法制博览》2019 年第 20 期。

三、女性权利法律保障的完善建议

本文认为，女性权利法律保障应从以下几方面进行完善：

（一）进一步强化性别平等原则和理念

在进一步完善女性权利法律保障体系时，亟需深化性别平等原则和理念。这包括强化性别主流化、性别分析、性别敏感度和性别反思等概念，要确保性别因素在法律制定、政策制定、社会实践和执法中得到全面考虑。要采用性别视角，审慎评估和解决法律法规、政策和实践中可能存在的性别偏见和不平等现象，以实现法律保障的全面性别平等，促进社会的性别公平和正义。

（二）加强女性权利保护的执法和监督

为了更有效地保护女性权利，必须实施强化的女性权利保护执法和监督机制。这包括建立健全性别平等的监测和评估机制，加强性别统计和数据收集，以更全面、系统地了解和识别性别不平等问题。同时，应强化法律执法机关和司法机构对性别歧视、家庭暴力等侵害女性权益的案件的调查和处理，确保司法救济的迅速、公正和有效。此外，还需要积极倡导并推动建立独立的女性权益保护机构，负责监督和评估女性权益保护工作，以提高对女性权益的全面监督和保障水平。在这个机制的支持下，社会将更好地回应女性面临的各种挑战，包括性别歧视、家庭暴力、性骚扰等，从而促进社会更加公正和平等。这也符合国际法和国内法对性别平等和女性权益的承诺，是实现社会公平和正义的重要步骤。[1]

（三）进行性别教育和意识形态的引导

为促进性别平等和女性权益的全面发展，迫切需要实施全面的性别教育和意识形态引导措施。性别教育被视为一项关键工具，以提高社会的性别敏感性，减少性别刻板印象，并推动公众对性别平等问题的深入理解和认知。同时，性别意识形态引导旨在通过媒体、文化和娱乐产业等渠道，传递积极的性别平等信息，塑造积极的性别意识形态，为女性权益的保护和性别平等的实现创造更有利的社会环境。通过性别教育，人们可以更好地理解性别在社会中的作用，认识到性别不平等的存在，从而更好地反思和改变个人和社会中的性别刻板印象。

---

〔1〕 赵婉辰：《法律家长主义视域下的中国女性权益保护》，广西大学 2022 年硕士学位论文。

结　语

女性权益的保障与促进性别平等是一个复杂而紧迫的全球性议题，它关系社会的公平与正义，也影响整个社会的稳定和繁荣。通过深入了解女性权益法律保障的必要性和法理依据，以及在完善女性权利法律保障体系中的建议，我们可以看到在过去几十年中，国际社会和中国国内在这一领域取得了重要进展。中国的法律框架已经建立了一套较为完善的妇女权益保障体系，其中包括《宪法》《妇女权益保障法》《民法典》等法律法规的颁布与实施。这些法律法规明确规定了性别平等原则，强调了妇女的全面发展权利，并为妇女在家庭、职场和教育领域中的权益提供了法律保障。

浅析劳动争议案件中诚信原则的适用

——以被迫辞职引发争议为视角

范历卿*

摘　要： 由于劳动关系具有人身依附性，因此各国在制定劳动相关法律时会强制性地赋予用人单位法定义务并对用人单位作出限制以保护劳动者的权利。我国《劳动合同法》第 38 条就是对劳动者的一种保护，使得劳动者可以在权利受到侵害时向用人单位提出解除劳动关系并以此取得经济补偿金。但近年来，此种法律条文中的单方限制使得劳动者的不诚信行为增多，因此如何在法律框架体系内适用诚信原则就是一个亟待解决的问题。本文将以"未及时足额支付劳动报酬"为切入点浅析被迫辞职中诚信原则的适用。

关键词： 劳动争议　被迫辞职　诚信原则适用

引　言

随着法治社会的发展，越来越多的劳动者开始学法、懂法、用法，与用人单位之间的纠纷日益增多。其中，劳动者被迫辞职后主张经济补偿金的纠纷较为常见，在《劳动合同法》第 38 条中表述为"未及时足额支付劳动报酬"，也就是只要满足该条件，劳动者就可以解除劳动关系并主张经济补偿金，而该条款仅强调了对用人单位的限制，忽略了实务中劳动者的不诚信行为以及对用人单位主观上的审查，因此也会导致司法实践中产生同案不同判的情况。故而在司法实践中适用诚信原则就显得十分必要了。

---

*　范历卿（1992 年—），男，汉族，浙江人，中国政法大学同等学力研修班 2017 级学员，研究方向为经济法学。

一、劳动法中诚信原则的功能

《劳动合同法》确立的诚信原则应当与民法中确立的诚信原则具有同样的内涵，具有确立行为规则、填补法律和合同漏洞、衡平、解释、降低交易费用和增进效率的功能。[1]本文认为，劳动法中诚信原则具有如下功能：

（1）诚信原则具有确立双方行为规则的功能。以因用人单位未及时足额支付劳动报酬导致劳动者被迫辞职这一情形为例。对于用人单位而言，应当及时足额地支付劳动报酬，即使因客观导致劳动报酬计算标准不清楚、有争议，未能及时足额支付劳动报酬，也应与劳动者充分沟通并让劳动监察部门介入。对于劳动者而言，在劳动关系存续期间对用人单位负有忠实义务，不得违反用人单位的规章制度。当用人单位存在未及时、足额发放劳动报酬的行为，劳动者应就该行为与用人单位进行交涉，综合考量其行为是否具有免责或合理性，交涉无果后应合理行使辞职权，及时履行告知义务。

（2）诚信原则具有指导司法裁决的功能。由于诚实信用原则的普适性，在法律规则和合同用语较为模糊的情形下，发挥解释性适用的重要作用，具有填补立法的不足并指导司法裁决的功能。正如引言中所述，《劳动合同法》第 38 条的规定仅是对用人单位的行为进行了限制，但未能考虑到具体案件中可能出现的劳动者不诚信行为，在未出台相应司法解释的情况下，在司法实践中适用诚信原则可以起到指导司法裁决功能，更好地平衡劳雇双方的利益。

二、诚信原则与法律规则的冲突

正如上文所述，由于《劳动合同法》第 38 条规定得仅是适用的形式标准，当该形式标准与法律原则相冲突时，不同法院就会有不同的裁决结果。例如在吴某湧与某百货公司劳动争议二审案件中，[2]法院判决用人单位应当支付劳动者工资差额但未支持经济补偿金的请求，理由为劳动法律的目的是促使劳动合同双方当事人都诚信履行劳动合同，用人单位存在主观恶意、违背诚信原则拖欠或者拒付劳动者工资报酬，才是法律所遏制的对象，在用人

---

〔1〕 王利明：《民法总论》（第 2 版），中国人民大学出版社 2015 年版，第 55~57 页。
〔2〕 上海市第一中级人民法院 ［2020］沪 01 民终 2950 号民事判决书。

单位并非恶意拖欠的情况下，不支持劳动者经济补偿金的请求。而另一案件中，[1]用人单位因调整工资结构导致工资迟延发放 7 天，贺某据此提出解除劳动关系并要求支付经济补偿金，仲裁及两审法院认定，用人单位存在拖欠、克扣贺某工资情形，其被迫解除劳动合同符合《劳动合同法》第 38 条的规定，判决用人单位支付贺某经济补偿金 15 750 元。从以上案例中也可以看到不同法院对于同类型案件的裁决思路是不同的，即是依据法条的规定裁决还是综合考量用人单位的主观故意、违法程度以及劳动者的诚实信用义务。

诚实信用是市场经济活动中形成的道德规则，它要求人们在市场活动中讲究信用，恪守诺言，诚实不欺，在不损害他人利益和社会利益的前提下追求自己的利益。[2]本文认为虽然《劳动合同法》制定的主要目的是规范用人单位作为强势一方的行为，但仅是对用人单位的单方限制，倾斜保护劳动者不利于整体劳动关系的发展，将诚信原则作为一种平衡的手段是更加可取的方式。

三、诚信原则适用标准探讨

（一）用人单位需具有主观故意

根据最高人民法院《关于审理劳动争议案件适用法律问题的解释（一）》第 45 条之规定，用人单位的主观意图被描述为"克扣、拖欠、拒不支付"，《劳动合同法》第 38 条使用"未及时"和"足额"。如果存在以上情形，则应当认定用人单位存在主观故意。但在司法实践中往往存在许多例外情形，而这就需要适用诚信原则进行审查。笔者认为在司法实践中应当首先考量用人单位拖欠工资是不是由外部客观因素导致的，例如疫情或是金融机构爆雷等；其次是考量用人单位行为的持续性和偶发性，用人单位偶尔因资金问题迟发或者少发劳动报酬，但能在合理期限补正的则一般不认为用人单位存在拖欠工资的主观故意。若用人单位长期、持续性地少发、迟发工资则可以推定为故意；最后是考量公司行为是否具有合理性，即是不是因劳动者违反公司规章制度而导致的扣发工资等情形。

---

〔1〕 蒋四清：《被迫辞职的认定》，载《中国劳动》2015 年第 17 期。
〔2〕 梁慧星：《民法总论》（第 2 版），法律出版社 2001 年版，第 288 页。

（二）用人单位的行为严重损害劳动者利益

用人单位有善意对待劳动者、遵循诚信原则的义务，而劳动者也对用人单位负有一定的容忍义务，当用人单位的行为严重侵害了劳动者的权益，劳动者才有权立即提出解除劳动关系。例如用人单位拖欠的工资金额远远小于经济补偿金的金额，而劳动者选择辞职并要求用人单位支付经济补偿金便是违反了诚信原则下的容忍义务。被迫辞职制度的目的在于保护劳动者的劳动权，维护劳动关系，而非促使劳动者通过该制度获得利益，破坏劳动关系。[1]劳动法保证劳动者在自由、安全和有尊严的条件下获得体面的工作机会。[2]认定用人单位行为是否严重损害劳动者利益时也不能仅仅根据拖欠金额来认定，还应结合双方的合同约定以及履行情况进行个案分析。

（三）劳动者需向用人单位主张权利

认定单位的主观故意是主张的前提，对此则需要考量裁判者对于诚信原则的理解与适用。有部分地区的仲裁委通过会议纪要的方式对该主观故意的认定进行了规范，也就是要求劳动者以《劳动合同法》第38条为依据主张经济补偿金时，应提供其在仲裁前已向用人单位主张相关权益，但用人单位拒不履行的证据。若无证据证明其离职前已跟用人单位就上述情形进行了交涉，直接提交离职申请或者律师函并主张经济补偿的，一般不予支持。对于该规范，本文是持肯定意见的，劳动仲裁本就是劳动者的最后救济渠道，如果劳动者能够事先通过与用人单位的沟通交涉维护自己的权益，那么也就不存在被迫辞职并要求经济补偿的情形了，同时也能在一定程度上防止劳动者不诚信行为的出现。若经过沟通后用人单位仍然拒不支付劳动报酬，那么用人单位就明显具有了主观故意，劳动者被迫辞职也就具有了法理上的合理性与合法性，该规范对于统一裁判路径具有很大的作用。

（四）劳动者需及时提出辞职并明示辞职事由

当用人单位存在拒不支付劳动报酬的情形，劳动者应及时提出辞职并说明辞职理由，这也是确定因果关系的重要一环。通常而言，劳动者第一次提出辞职时出具的事由是劳动者的真实想法，而事后变更的事由往往是为了主张经济补偿金，该变更行为有违诚信原则，除非劳动者有证据证明辞职申请

〔1〕 伍奕：《被迫辞职之被迫性认定的司法实证分析》，载《河北法学》2018年第10期。
〔2〕 胡永霞：《劳动合同法律问题研究》，武汉大学出版社2016年版，第17~18页。

书存在欺诈、胁迫、重大误解等意思表示瑕疵的情形。部分地区也明确，对于劳动者辞职时未说明原因或理由，之后以《劳动合同法》第 38 条为据要求支付经济补偿金的不予支持。因此要求劳动者在提出辞职时明确辞职事由也是对劳动者不诚信行为的一种约束，是诚信原则在实务适用中的体现。

结　语

诚信原则作为普遍的道德准则与法律原则，应当平等地适用于劳动者以及用人单位。在劳动关系存续期间，劳动者与用人单位应当遵循诚信原则，以最大的善意来履行劳动合同，构建和谐的劳动关系，在发生纠纷时也应以诚信原则为准则，在法律体系内维护自身权益。而作为裁判者则需要准确理解诚信原则的内涵，灵活运用诚信原则化解因用人单位责任法定化和类型化而带来的劳雇双方利益过分倾斜的矛盾。

论竞业限制违约金若干问题

桂　卉*

摘　要：《劳动合同法》第 23 条对竞业限制违约金仅仅作了原则性规定，因此，该规定在理论和司法实践中还存在很多问题需要研究和探讨，例如，竞业限制违约金的基本属性到底是什么，司法机关是否可以以及在多大程度上对违反竞业限制违约金予以调整、调整参考的依据是什么，违约金与其他违约救济手段能否并行等问题，本文旨在探讨上述问题。

关键词：劳动合同法　竞业限制　违约金　若干问题

引言：

《劳动合同法》第 23 条规定：用人单位与劳动者可以在劳动合同中约定保守用人单位的商业秘密和与知识产权相关的保密事项。对负有保密义务的劳动者，用人单位可以在劳动合同或者保密协议中与劳动者约定竞业限制条款，并约定在解除或者终止劳动合同后，在竞业限制期限内按月给予劳动者经济补偿。劳动者违反竞业限制约定的，应当按照约定向用人单位支付违约金。该条是对竞业限制及违约责任的规定。

劳动者违反竞业限制规定，涉及违约金的支付，而违约金的性质以及如何确定违约金等问题需要进行分析和探讨。

一、基本概念

（一）竞业限制

竞业限制是指用人单位和知悉本单位商业秘密或者其他对本单位经营有

---

* 桂卉（1991 年—），女，汉族，浙江人，浙江观旭律师事务所律师，研究方向为知识产权。

重大影响的劳动者在终止或解除劳动合同后，一定期限内不得在生产同类产品、经营同类业务或有其他竞争关系的用人单位任职，也不得自己生产与原单位有竞争关系的同类产品或经营同类业务。

（二）违反竞业限制违约金（以下简称"违约金"）

竞业限制违约金是由合同双方当事人约定或由法律规定的，在一方当事人不履行或不完全履行合同义务时向另一方实付的一定数额的金钱或其他给付。一般分为惩罚性违约金和赔偿性违约金两种类型。

（三）违约金与经济补偿金的关系

司法实践中，一旦劳动者违反竞业限制义务，司法机关一般会支持用人单位的返还已支付竞业限制补偿金的要求。在劳动者违反竞业限制的案例中，单位支付的经济补偿金的对价是对劳动者遵守其约定的补偿。对于违约前的期限内，双方都遵守了协议约定，用人单位以劳动者的违约行为追溯劳动者守约时获取的对价，不符合《民法典》有关合同法原理。但是在竞业限制协议中，劳动者的违约行为对用人单位构成了根本违约，使其之前支付的补偿金也失去了意义。劳动者获得补偿金的对价是整个竞业限制期间都不违反约定，故单位要求返还经济补偿金的要求一般会得到支持。[1]

（四）违约金与继续履行的关系

劳动者承担违约责任后，单位能否要求劳动者继续履行竞业限制义务，司法实践中观点不一。本文认为，原则上违约金与继续履行不应并存。劳动者在支付了违约金后，即解除了竞业限制协议。但劳动者经营与用人单位有竞争的业务构成违约，用人单位有权要求其停止侵害。根据《劳动合同法》相关规定，用人单位守约的代价是补偿金，而劳动者违约的代价是违约金，只要劳动者承担了足以弥补用人单位损失的违约金，其获取劳动报酬以保障生活的权利理应得到保护。但是如果劳动者参与或经营与原单位有竞争关系的业务，一旦侵犯了原单位的商业秘密，原单位有权按照反不正当竞争相关法律要求其停止侵害。

---

[1] 张朴田：《谈竞业限制违约金的法律适用》，载《中国劳动》2015年第15期。

二、竞业限制违约金的基本属性

（一）竞业限制违约金的法律规定

《劳动合同法》第 23 条第 2 款规定：对负有保密义务的劳动者，用人单位可以在劳动合同或者保密协议中与劳动者约定竞业限制条款，并约定在解除或者终止劳动合同后，在竞业限制期限内按月给予劳动者经济补偿。劳动者违反竞业限制约定的，应当按照约定向用人单位支付违约金。该条款对竞业限制违约金仅仅作了原则性规定，而司法实践中，司法工作者们对竞业限制违约金适用存在不同认识，直接导致了个案审判的巨大差异。

（二）竞业限制违约金的基本属性

《民法典》将违约金分为惩罚性违约金和赔偿性违约金两种类型，根据类型划分，不同类型的违约金具有不同属性，即惩罚性与赔偿性。

竞业限制违约金的属性取决于其设立的目的。《劳动法》第 23 条关于竞业限制及违约责任的条款，是为了防止劳动者在劳动关系解除或劳动关系终止后从事与原企业存在竞争关系的经营，从而损害原企业的竞争利益；同时，为了防止劳动者违反竞业限制规定损害原企业的竞争利益，对劳动者规定了违反竞业限制义务需要向原企业支付一定数额的违约金。

《民法典》第 585 条第 1 款规定：当事人可以约定一方违约时应当根据违约情况向对方支付一定数额的违约金，也可以约定因违约产生的损失赔偿额的计算方法。上述违约金是基于当事人意思自治下进行的一种合同约定。而竞业限制协议本质上也是一种合同。

因此，从本质上来讲，竞业限制违约金与《民法典》中规定的违约金没有差异。但是竞业限制违约金，无论是理论还是司法实践中，普遍认为只有赔偿性没有惩罚性。如将竞业限制违约金定义为惩罚性违约金，将严重限制劳动力的自由流动和劳动者的自主择业权。[1]

三、竞业限制违约金的确定

关于违约金的确定，有观点认为应该按照实际损失确定违约金的数额，然而，竞业限制违约给单位造成的实际损失难以确定，劳动者遵守竞业限制

---

[1] 董保华：《论劳动合同中的服务期违约金》，载《法律适用》2008 年第 4 期。

义务并不能给原单位带来直接的经济利益，而劳动者违反竞业限制协议并不意味着原单位直接的经济利益损失。考虑到现实的复杂性，用人单位很难证明损失的存在和损失的大小，故机械地适用实际损失标准作为调整竞业限制违约金的依据显然不符合实际。故司法实践中违约金数额的确定，通常参照用人单位支付的竞业限制补偿金数额、劳动者的岗位及工作年限以及劳动者违约行为（主观过错）等因素。

（一）竞业限制补偿金对违约金的影响

首先，竞业限制协议以单位支付经济补偿金为前提，要求劳动者履行义务，承担违约责任。若单位无理由拒绝支付经济补偿金，那么劳动者也不必受竞业限制的约束。最高人民法院《关于审理劳动争议案件适用法律问题的解释（一）》第 38 条规定：当事人在劳动合同或者保密协议中约定了竞业限制和经济补偿，劳动合同解除或者终止后，因用人单位的原因导致三个月未支付经济补偿，劳动者请求解除竞业限制约定的，人民法院应予支持。既然经济补偿金与违约金有某种对等性，故参照经济补偿金的标准来确定违约金的数额合法合理。

（二）劳动者的岗位及工作年限对违约金的影响

劳动者工作期间，接触、获取及知悉的企业商业秘密的可能性及程序与其工作年限以及岗位密切相关。正常来说，工作年限越长，工作职位越高，其接触商业秘密的可能性越大。《劳动合同法》第 24 条第 1 款规定：竞业限制的人员限于用人单位的高级管理人员、高级技术人员和其他负有保密义务的人员。竞业限制的范围、地域、期限由用人单位与劳动者约定，竞业限制的约定不得违反法律、法规的规定。很显然法律将竞业限制人员分为三个层次：第一层次为高级管理人员；第二层次为高级技术人员；第三层次则为负有保密义务的其他工作人员。

（三）劳动者违约行为对违约金的影响

劳动者违反竞业限制的主观过错，很显然属于"明知故犯"。按照《劳动合同法》第 24 条第 2 款的规定，劳动者违反竞业限制一般有两种情形：一是到与原单位有竞争关系的企业工作；二是经营与原单位有竞争关系的业务。前者劳动者并未改变身份，其获得劳动报酬的目的还是保障或者改善生活，实现的是生存和发展的基本权利。后者劳动者身份变更为经营者，其营业行为的目的是追逐利润，而不单单是为了保障生活。显而易见，后者的主观恶性明显高于前者。

(四) 劳动者的承受能力对违约金的影响

从保障劳动者生存的原则出发，竞业限制违约金不能超过劳动者的承受能力。[1] 尽管判断劳动者的承受能力受多种主观因素的制约，但结合劳动者在原单位的报酬以及在违反竞业限制约定后的收入情况，对调整违约金数额具有一定的指导意义。当然，司法机关为了实现个案的公正，为竞业限制违约金的调整考虑的因素更为复杂。

结　语

劳动者与用人单位通过约定竞业限制违约金和补偿金以平衡劳资之间的利益，即一方面可以在劳动者违反规定时弥补用人单位的损失，另一方面可以保障劳动者不会因为竞业限制而影响其生活。对竞业限制违约金属性的正确认识及违约金数额的合理确定，对实现竞业限制协议、平衡劳动者和用人单位的利益的目的具有重要意义，需要进行深入的研究和探讨。

---

〔1〕 焦巍：《过高竞业限制违约金调整及其制度完善研究》，南京大学 2013 年硕士学位论文。

论我国离婚过错赔偿制度的完善

王雨佳*

摘 要：我国婚姻法律制度中的离婚过错赔偿制度对于维护婚姻关系中当事人的权益有着不可替代的作用。我国关于该制度的认识发展起步较晚，对于该制度的理论以及实践运用仍处在探索、丰富的阶段，因此该制度也暴露出一些问题，如离婚过错赔偿的举证机制不合理、赔偿责任主体单一等。本文旨在探讨这些问题。

关键词：我国 离婚 过错赔偿制度 完善

引 言

我国 2001 年的《婚姻法》首次设立了离婚过错赔偿制度。该法第 46 条规定："有下列情形之一，导致离婚的，无过错方有权请求损害赔偿：（一）重婚的；（二）有配偶者与他人同居的；（三）实施家庭暴力的；（四）虐待、遗弃家庭成员的。"2021 年实施的《民法典》在原《婚姻法》的基础上新增了第五种情形，即有其他重大过错导致离婚的情形，此举使得法官获得了对离婚损害赔偿制度进行解释和扩充的自由裁量权。[1]由于过错赔偿制度在理论和实务中还存在一些问题，特别是由于该制度规定得不是很具体，因此导致此制度的具体适用亟需细化，以限制法官的自由裁量权，防止因自由裁量权过大，而使该制度的适用过于随意，影响该制度作用的有效发挥。

---

* 王雨佳（1992 年—），女，汉族，浙江人，中国政法大学同等学力研修班 2015 级学员，研究方向为民事诉讼法学。

〔1〕 王丹玲：《离婚损害赔偿制度中"其他重大过错"的司法认定》，载 https://law. wkinfo. com. cn/professional-articles/detail/NjAwMDAyMjAxNjg%3D? searchId = 08033a59fed54c9ca0c7dc73eb9b59cf&q =，最后访问日期：2023 年 10 月 29 日。

一、离婚过错赔偿制度概述

(一) 离婚过错赔偿制度的概念及特征

离婚过错赔偿制度是指由于一方有重婚，与他人同居，实施家庭暴力，虐待、抛弃家庭成员或者其他重大过错的行为导致婚姻破裂，为了维护受害方的利益，受害一方有权要求侵权的一方给予损害赔偿的制度，其包括物质损害赔偿和精神损害赔偿。关于离婚过错赔偿制度的特征：其一，离婚过错赔偿制度是维护婚姻关系终结后无过错方的一种权利救济制度，其目的在于维护无过错方的合法权益，保护婚姻家庭的稳定度；其二，提起主体具有特定性，即只有婚姻关系中的无过错具有提起该损害赔偿请求的权利；其三，侵权主体具有特定性，只有无过错方拥有提起该项请求的权力，也只有过错方才能构成离婚过错赔偿的侵权主体；其四，适用情形为法定；其五，离婚过错赔偿制度的行使必须以离婚为前提条件，如果夫妻双方尚未离婚则不能提起离婚过错赔偿的请求。

(二) 离婚过错赔偿制度的性质

关于离婚过错赔偿制度的责任性质，众多学者基本分为两派观点，一是违约说。他们认为离婚过错赔偿责任的产生来源于夫妻双方中有一方违反了婚姻的契约，而婚姻是以契约为理论基础的，夫妻一方违反了婚姻中的义务就应承担相应的民事责任，归其源头则是其主张婚姻契约论。二是离婚过错赔偿责任为侵权责任。本文倾向于该观点，我国《民法典》明确规定了离婚过错赔偿责任承担的若干适用情形，据此可得出只有过错方实施了法律规定的行为才能够适用该制度。婚姻中一方有行为构成了上述情形之一的即侵犯了另一方的合法权益，它并不像婚姻契约论所主张的只要一方违反婚姻契约就需承担民事责任，它的条件与之相比更为限定或者说具体。因此我国离婚过错赔偿责任的承担与一般侵权责任构成要件一样，需具备违法行为、损害事实、因果关系以及主观过错。

二、我国离婚过错赔偿制度的不足

(一) 离婚过错赔偿义务主体范围过窄

最高人民法院《关于适用〈中华人民共和国民法典〉婚姻家庭编的解释

（一）》第 87 条第 1 款规定："承担民法典第一千零九十一条规定的损害赔偿责任的主体，为离婚诉讼当事人中无过错方的配偶。"我国离婚过错赔偿责任人只能是过错配偶方，没有规定第三者负有赔偿责任。而现实中却存在由于第三者的过错造成婚姻关系无过错一方损失的情形，如果没有第三者负有赔偿责任的规定，无过错一方的损失就不能获得赔偿，如此，不利于无过错一方利益的保护，也不利于制止第三者的不道德和违法行为。因此，本文认为，我国对离婚过错赔偿义务主体的规定过窄。

（二）无过错配偶方举证难

目前我国离婚过错赔偿诉讼中的举证实行的是"谁主张，谁举证"的责任分配制度，基于离婚过错赔偿请求的提出方只能是无过错方，我国离婚过错赔偿诉讼中的举证方只能是无过错方。但在现实中无过错方采集证据的难度非常大。比如针对家庭暴力和虐待、遗弃家庭成员这两种情况中，无过错方是被实施家庭暴力和虐待的一方，他们在婚姻关系中本就处于弱势地位，如果此时再要求其提供准确充分的证据无疑又让本就受到伤害的无过错方增添了新的难度和压力；又比如在过错方重婚或者与他人同居的情形下，无过错方很难去取得关于证明此类的证据，如果无过错方采用了跟踪、偷拍等手段取得证据，则该份证据会因为其来源的合法性等受到怀疑，可能又会陷入新的难题。所以在离婚过错赔偿诉讼中，无过错方的举证难是迫切需解决的问题。

三、完善离婚过错赔偿制度的建议

（一）扩大离婚损害的赔偿义务主体

我国法律规定，离婚过错赔偿的义务主体为无过错配偶方，对比其他国家和地区的实践及规定，本文认为我国关于主体的规定范围太过狭窄，无法全面给无过错方提供切实有效的赔偿或者保护。这方面，其他国家和地区的立法和判例或许我们可以借鉴，1997 年 8 月，美国北卡罗来纳州的一名妇女，援引北卡州一项具有百年历史的保护家庭不受第三者破坏的古老法律，对致使其已有 15 年历史的婚姻破裂的第三者提出赔偿请求，得到了北卡州格拉海姆法院的支持并获得第三者高达 100 万美元的赔偿，而法院裁决的依据是，陪审团相信当事人婚姻的破裂是由于第三者的引诱行为造成的。[1]所以现实

---

〔1〕 于东辉：《对离婚损害赔偿制度的几点思考》，载《山东工商学院学报》2003 年第 3 期。

中当事人离婚也有可能是第三者或者第三者与配偶一方共同作用导致的，此时我们不应仅规定配偶一方进行赔偿，第三者同样有不可推卸的责任。1979年3月30日，日本最高法院对配偶一方有外遇，受害配偶方和未成年子女向使家庭关系破裂的第三者请求损害赔偿的两个案件作出了同样的判决：第三者应该向受害配偶方和未成年子女进行损害赔偿。至此日本最高法院也确立了以下原则：妻子或丈夫可以向第三者提出离婚过错赔偿请求，但只有在第三者故意或过失而构成违法行为的场合，才得以承认；未成年子女向第三者提出的损害赔偿请求，只有在第三者故意并积极阻止父亲或母亲对子女履行监护等义务的情况下，才得以承认。

（二）完善举证责任制度

我国离婚过错赔偿诉讼中实行的是"谁主张，谁举证的"举证责任分配方式，但是正如前文所说，无过错方采集证据的难度较大，就算通过各种方法收集到了证据，但也可能因为证据收集的手段不合法而不被采纳；况且，一般情况下，无过错方在婚姻中属于弱势地位，如果要求其在提起离婚过错赔偿时还必须承担举证责任，那么对他/她是不公平的。因此，本文认为可以适当采用过错推定原则。过错推定原则就是指在能证明违法行为与损害事实之间的因果关系的情况下，如果加害人不能证明对于损害的发生自己无过错，那么就从损害事实的本身推定被告在致人损害的行为中有过错，并为此承担赔偿责任。将举证责任在必要时合理地分配给过错方将对于无过错方更加公平合理，同时也有利于提高法院的审判效率。

结 语

传统认为，法律不适用于一般的婚姻家庭关系，而应通过道德加以调整，只有当婚姻家庭中的侵权行为超过了一定的限度，法律才应加以调整，进行相关的法律救济。因此，离婚过错赔偿制度在立法中的确立对于规范婚姻关系中当事人的权利义务有着深远的影响，也是我国婚姻家庭立法上的一大进步。随着社会的发展、时代的变迁，离婚过错赔偿制度在全新的时代正面临着全新的挑战，该制度的完善能最大限度地保护婚姻关系中当事人的合法权益，也能在一定程度上可以推动法治、和谐社会的发展。

浅析商标侵权案件中侵权主体的溯源

朱晓燕*

摘　要： 在商标权侵权案件的司法实践中，商标权人往往会以"最便捷"的方式起诉最接近侵权产品的侵权人，即侵权行为的最末端——侵权产品的销售者，但是完整的侵权不仅只有侵权产品的销售者，还有生产者或者中间商。本文旨在探讨通过"溯源"诉讼，层层剥开商标侵权链条至最顶端，溯源侵权主体，从源头遏制侵权，减少商标侵权行为的发生。

关键词： 商标　侵权　侵权主体　溯源

引　言

在商标侵权案中，商标权人往往会起诉侵权产品的销售商，然而，真正的侵权源头，即产品的生产者往往会逃避侵权责任，这将导致商标侵权之源不能遏制，侵权行为屡禁不止。因此，通过溯源诉讼溯源侵权主体，对打击商标侵权、维护商标权人利益具有重要意义。

一、商标侵权案中商标权人的起诉对象

（一）侵犯商标权商品的销售模式

商标侵权案中商标权人的起诉对象与侵犯商标权商品的销售模式有关，因此，探讨商标侵权案中商标权人的起诉对象，需要首先分析侵犯商标权商品的销售模式。通常而言，传统的商品销售模式主要有以下几种：①生产者—销售者—消费者；②生产者（同时也是销售者）—消费者；③生产者—

---

* 朱晓燕（1989 年—），女，汉族，广东人，中国政法大学同等学力研修班 2020 级学员，研究方向为知识产权。

批发商—消费者；④生产者—批发商—零售商—消费者。商品通常是通过上述四种途径进行流通的，而侵犯商标权也是需要通过上面的途径进行的，因此，商标权人在起诉时也是根据上述的四个"链条"结合被侵权的实际，从而选择性地进行起诉。

本文是基于传统商品销售模式进行探讨的。传统商品销售模式目前在市场经济中仍占绝大多数，实务中侵犯商标权的侵权"链条"也是源于此。

（二）商标侵权案中商标权人的起诉对象

《民事诉讼法》第 122 条规定了有明确的被告是起诉的条件之一。对于商标权人来说，销售者是其最便捷、最终端接触到的侵权人，而且其难以知悉销售者的"上家"[1]的详细信息，因此从取证、方便诉讼等方面来看都是销售者"优先"于其他的侵权人，故仅起诉销售者是最常见的诉讼维权方式。除非商标权人能够从侵权产品中直接获得"上家"的信息，否则一般极少会选择同时起诉"上家"。对于商标权利人来说，商标权利人在一次起诉后，权利已经用尽，其损失已经由销售者进行赔偿，正常情况下不会也不能再起诉生产者或者批发商。例如，在"猴头"案件[2]中，原告某国际贸易公司是著名"猴头"的商标权利人，被告是某乡镇步行街的个体商店，在售的衣服印有"猴头"的图案，故原告起诉至法院，要求被告赔偿损失 2 万元。被告辩称被诉睡衣是在某睡衣批发部批发购买，提交了单据（无批发商盖章或签名），并称原告应起诉批发商，而非零售商。某法院经审理认为，被告的销售行为属于侵犯原告注册商标专用权的行为，应承担赔偿损失的民事责任。关于被告主张涉案被控侵权产品有合法来源的问题，被告提交的进货单并不具备法律规定的形式要件，缺少供货单位的合法签章，其也没有提交该进货单经过供货单位认可的证明，或者进货合同、进货发票予以佐证，进货单的真实性无法确认，故被告关于其销售的被控侵权商品有合法来源的理由不能成立。综合考虑案件的具体情况，法院判决被告赔偿原告经济损失及维权合理开支合计 5500 元。由此，可以看出，商标权人起诉销售商的方式存在弊端，不仅不能使商标权人获得有效赔偿，而且也不足以遏制侵权之源。

---

〔1〕 此处的"上家"指销售链条中销售商获得侵权商品的供货商或生产商。
〔2〕 〔2019〕粤 0705 民初 313 号侵害商标权纠纷案。

110

二、商标侵权案中的溯源诉讼的必要性

（一）溯源诉讼的概念

溯源诉讼也称溯上诉讼。在侵害商标权纠纷案件中，原告只起诉终端零售商店，被告在败诉承担赔偿责任后，起诉供货商，该供货商承担责任后再起诉其"上家"……层层向上起诉，最后的供货商起诉生产商。此类诉讼简称为"溯上诉讼"。[1]

（二）溯源诉讼的必要性

如前文所述，商标权人基于最便利自己起诉的考虑，在实务中会起诉侵权产品的销售商，但是这种方式，不仅不能使权利人获得充分的赔偿，而且也不能从根源上制止侵权。即使销售商在诉讼中提出合法来源抗辩，但受限于普通销售者的文化程度、交易习惯以及法律水平，仅仅是"合法来源"这点就难以做到。《商标法》第 64 条第 2 款规定，销售者不知道是侵犯注册商标专用权的商品，能证明该商品是自己合法取得并说明提供者的，不承担赔偿责任。我国的法律法规对审慎义务的规定仅在如基金管理人投资的审慎义务、合同审查的审慎义务等有极少的规定，但在知识产权的司法实践中，普遍认为商事主体应当履行合理的审慎义务，但是这个义务的界限在哪里却并无一个准确的衡量标准。笔者认为，可参考《民事法官必备法律司法解释解读》（第 3 版）中有关善意取得制度的准确适用"善意取得系法律对诚信之人的一种特殊保护，而法律上的诚信之人首先应当是一个尽到合理审慎义务之人，'不应允许某人因不知一个全城人都知道的事实而获利，尽管从他个人的角度言，他确实不知，但他的这种状态要归因于他的粗枝大叶，他应为此承担责任'"[2]的有关论述，在知识产权领域的商事主体，在履行审慎义务时也应参照这种判别标准，法律虽然保护诚信之人，但是作为商事主体，其应承担的个人以及社会责任本就应当高于普通的消费者，尤其在进行商事活动中应当对其从事商事活动的所有行为具有较高的审慎义务，否则就应当为此承担相应的责任。可见，在实务中销售者的"合法来源"抗辩，往往是难以实现。而溯

---

〔1〕 赵根喜：《与侵害商标权相关的"溯上诉讼"之探析》，载《中国审判》2021 年第 24 期。

〔2〕《最新法律文件解读》编辑委员会编：《民事法官必备法律司法解释解读》（第 3 版）（上册），人民法院出版社 2019 年版，第 131~132 页。

源诉讼可以解决上述问题。

三、商标侵权案中溯源诉讼的可行性

为从源头上打击侵权行为，实务中商标权人已经开始出现溯源诉讼，如某科技公司诉某建材销售部及某器材厂案中，[1]某科技公司将生产侵权产品的某水暖器材厂同步起诉，最终法院经审理判决某其器材厂和某建材销售部停止侵犯商标专用权的行为，且某器材厂赔偿某科技公司经济损失及合理支出合计30 000 元，某建材销售部赔偿某科技公司经济损失 2000 元。可见，溯源诉讼不仅能够制止最前端的侵权行为，而且可以实现从生产源头遏制侵权行为的发生，避免了出现判决销售商停止侵权，后面生产商仍在源源不断地生产的尴尬境地。

本文对 336 宗案件进行了分析，排除调解撤诉的案件后，仅起诉销售者而纳入统计的案件为 261 件，合计起诉的金额为 36 892 200 元，判决支持的金额为 28 640 850 元，平均每件案的支持金额为 109 735.06 元，支持比例是77.63%。而起诉销售者与生产者纳入统计的案件为 13 件，合计起诉金额为3 257 760元，判决支持金额为 2 382 997 元，平均每件案的支持金额为183 307.46元，支持比例是 73.15%。[2]从判决的金额支持比例来看，两者的差异不大，但是从每案的支持金额来讲，共同起诉生产者与销售者的情况下，每案支持的金额平均高 7.3 万元。这明显可以得出溯源诉讼中，商标权利人的权益得到救济的程度大大提高。

结　语

知识产权是智力成果，具有无形性，商标侵权案件中侵害链层层套叠，溯流而上寻找侵权链的上游侵权主体，有利于充分有效维护商标权人的合法权益，切实全面惩罚侵权者，从源头上制止侵权，减少侵权行为的发生。建立完善的商标侵权赔偿制度，完善对涉及商标权产品交易中依法给予受害人的救济，能够有效地遏制商标侵权违法行为的多发蔓延态势，对保护商标权法律制度具有重要意义。

---

〔1〕 一审案号［2021］京 0101 民初 19020 号，二审案号［2022］京 73 民终 1228 号。
〔2〕 以广东省某区法院 2021 年度受理的 336 宗侵害商标权纠纷案件为样本进行分析，该法院同时受理邻近三个地级市的知识产权案件。

浅析基层执法视角下醉驾出罪的新路径

陈　喆*

摘　要：醉驾入刑以来，虽其对酒后驾驶行为的规制作用有目共睹，但基于基层执法过程中的实施压力、刑事追诉特点和社会舆论的影响，醉酒型危险驾驶罪无视情节轻重一律入罪是否合理，其可否出罪等是值得研究的问题。本文旨在从基层执法角度探讨醉驾出罪的新路径。

关键词：基层执法　醉驾　出罪　新路径

引　言

"醉驾入刑"减少了大量伤亡事故，为维护安全形势稳定发挥了重要作用。[1]不过，醉驾因其反复性、顽固性、长期性的特点，案件数量仍在攀升，该现状给基层执法带来的压力不容忽视。醉驾入刑的打击目的是否已经偏离初衷，应否考虑情节等问题引起学界和实务界的关注。

一、醉驾出罪的含义及必要性

（一）醉驾出罪的含义

醉驾入刑以来，逐年攀升的案件数量和日益显现的刑罚溢出效应引发了反思。面对醉驾入刑治理效果呈现边际效应递减、醉驾案件挤占大量司法资源的现状，控制和减少醉驾入罪案件数量已然成为许多人的共识。[2]目前出

---

* 陈喆（1993年—），男，汉族，浙江人，北京德恒（温州）律师事务所律师。

〔1〕刘宇鹏：《"醉驾入刑"十年成效显著 治理酒驾醉驾任重道远》，载《人民公安报·交通安全周刊》2021年4月30日。

〔2〕史立梅：《论醉驾案件的程序出罪》，载《中国法学》2022年第4期。

罪的路径，是参照《公安机关办理刑事案件程序规定》的要求，对不应追究刑事责任的情形撤销案件，而不能针对轻微犯罪作程序出罪处理。2019 年，浙江省公检法三部门联合发布的《关于办理"醉驾"案件若干问题的会议纪要》对公安机关查处的醉驾案件中刑事责任的认定进行了明确的细化。该纪要打通了醉驾案件无罪化处理和免予刑事处罚的通道，有利于节约宝贵的刑事司法资源，[1]也是醉驾入刑十年以来司法界对醉驾出罪的需求的体现。

（二）醉驾出罪的必要性

1. 醉酒型危险驾驶罪的现状

2019 年，全国法院审理的一审刑事案件中，危害公共安全罪的数量和比重超过先前一直稳居第一的侵犯财产罪。其中以醉驾为主的危险驾驶罪 31.9 万件，占全部一审刑事案件的 24.6%，远超盗窃罪。[2]即便在《关于办理"醉驾"案件若干问题的会议纪要》出台之后，醉驾犯罪的数量依旧居高不下：在大数据平台以"醉酒""危险驾驶罪""刑事""一审""判决"为关键词检索，在 2022 年 8 月至 2023 年 8 月之间，醉酒型危险驾驶罪的一审判决数量为 14 106 条，其中判处缓刑和免予处罚的数量为 6142 条，占比 44%。同期盗窃罪检索判决数量为 7994 条，差距悬殊。

2. 醉驾查处的基层执法现状

基层执法者的实务需求是当前醉驾出罪路径所忽视的部分，主要体现在三个方面：①执法模式的僵化。酒驾醉驾案件的执法模式已形成多维主动式和保护式的固定模板，执法变成了机械劳动，促使刑事诉讼链条的基层单元疲劳，导致整体司法效率下降。②畸形发展的移诉。立案必捕，逮捕必诉，移诉必判，是执法部门长时间以来一个不成文的规则，诉讼链条如果出现中断，极易被认为是执法过失而追责。③不必要的舆论环境。2021 年 11 月 6 日晚，江西南昌交警"夜查酒驾"直播。一驾驶人孙某被交警查获时大喊"让余伟（音）过来"；2023 年 7 月，河南郏县交警截停一嫌疑酒驾车辆并要求司机下车接受检查，此时后排一男子掏出警官证让交警放行，并电话联系交警中队长，一番拉扯后最终扬长而去。以上舆论事件显示醉驾案件查处极易

---

〔1〕 王志祥：《醉驾犯罪司法争议问题新论——浙江最新醉驾司法文件六大变化述评》，载《河北法学》2020 年第 3 期。

〔2〕 参见周强《最高人民法院工作报告——2020 年 5 月 25 日在第十三届全国人民代表大会第三次会议上》。

滋生腐败空间，又使得基层执法者面对不必要的舆论压力。

二、醉驾出罪的现状

关于醉驾出罪问题，一个主流思路是通过轻罪不诉、轻罪不罚来实现的，从《关于办理"醉驾"案件若干问题的会议纪要》的"刑事处罚"部分来看，在宽严相济的指导思想下，明确了醉驾案件适用缓刑的条件及移送审查不起诉后公安机关应做的行政处罚措施。而全国各地也兴起"瑞安模式"，[1]以公益服务换取醉驾不起诉的做法，是现代化刑事治理宽严相济刑事政策和恢复性司法理念的体现。[2]

但此仍有其不能克服的问题：①落实不到位。在大数据平台检索出2022年醉驾判决数量28 120条，其中缓刑14 038条，免予刑事处罚34条，合计占比50%，而2021年的判决131 755条，而缓刑和免予于刑事处罚的词条合计64 080条，占比49%。在不同地区也存在明显的不平衡状态，比如2017年湖北缓刑案件比例为86.9%，北京为25%，辽宁为18%；2018年湖北缓刑案件比例为75.3%，北京为5.1%，辽宁为28.3%，[3]在实践中，对本罪行为人适用缓刑率相对较低，更极少免予刑事处罚，处罚总体偏向严峻法。[4]②相对不起诉导致的轻重倒挂。因给醉驾配置的刑罚较轻，至多为拘役，故而由此可确定立法者将此定位为轻微罪，既然如此，根据宽严相济的刑事政策和罪责刑相适应的基本原则，应当给醉驾相较于其他犯罪更多的宽宥。[5]无论是《关于办理"醉驾"案件若干问题的会议纪要》还是各地的司法实践，都要着重考虑对醉酒驾驶行为人进行行政处罚或者替代性的处罚，否则就可能导致醉驾者受到的处分甚至不如酒驾者严重的倒挂现象。③轻罪不诉不能实际减轻基层压力。部分基层执法者面对醉驾适用缓刑或免予刑罚的案例不断出现的现实情况，担忧今后会出现检察机关会将没有造成严重事故的醉驾案件

---

〔1〕 "瑞安模式"的主要做法是，允许没有从重处罚情节的醉驾嫌疑人参加30小时以上的社会公益服务，由"爱心顺风车"公益组织具体组织实施并对嫌疑人的服务表现进行评估形成书面报告，由司法局定期抽查犯罪嫌疑人的服务情况形成抽查报告，检察院根据评估报告和抽查报告并结合案件具体情况最终作出起诉或者不起诉决定。

〔2〕 杨林霈、刘艳：《醉驾附条件不起诉"瑞安模式"探析》，载《中国检察官》2023年第5期。

〔3〕 孙硕：《缓刑视角下的醉驾刑事案件》，载《人民司法》2019年第10期。

〔4〕 周光权：《论刑事一体化视角的危险驾驶罪》，载《政治与法律》2022年第1期。

〔5〕 徐万龙：《醉驾型危险驾驶罪严罚倾向的司法纠偏》，载《东岳论丛》2023年第4期。

均作不起诉处理。而我国长期以来一旦进行了立案侦查便不可能主动撤案，必须进入移诉程序，因此导致执法成本远高于违法成本，也造成了检察机关资源的极大浪费。

三、基层执法视角下醉驾出罪的新路径

针对当前出罪路径的缺陷，结合基层执法现状的实际，应重新思考醉酒驾驶在刑事法律中的地位问题。《刑法》对交通肇事罪有如下描述：违反交通运输管理法规，因而发生重大事故，致人重伤、死亡或者使公私财产遭受重大损失的，处 3 年以下有期徒刑或者拘役；交通运输肇事后逃逸或者有其他特别恶劣情节的，处 3 年以上 7 年以下有期徒刑；因逃逸致人死亡的，处 7 年以上有期徒刑。而醉酒型危险驾驶罪法定刑为拘役。参考最高人民法院《关于审理交通肇事刑事案件具体应用法律若干问题的解释》第 2 条第 2 款的规定，最高人民法院将酒驾、毒驾作为构罪要件之一，但要求驾驶人的行为同时符合"致一人以上重伤，负事故全部或者主要责任"的客观要件才能构罪处罚。司法实践中具体体现为，在日常巡查过程中查处的醉酒驾驶行为作为抽象危险犯定危险驾驶罪处罚，在交通事故中查处的醉酒行为，又直接作为交通肇事罪并参考其他加重情节进行处罚；被动式的交通肇事案件查处中，如果仅仅醉酒而没有伤人情节，不能有效处以严厉刑事处罚；主动式的查酒驾活动，结合当前主流的不起诉出罪路径，对醉酒驾驶行为的威慑力减弱，同时给司法资源造成了额外压力。此外，《道路交通安全法》在醉驾行为人的处罚上仅保留吊销机动车驾驶证的规定，对拘留和罚款的规定予以取消。但实际上，醉酒驾驶的危险程度和处罚标准都远高于酒后驾驶，对酒驾行为可以进行拘留、罚款，对出罪后的醉驾行为也应当参照《道路交通安全法》中关于饮酒驾驶的处罚规定，加以程度更重的拘留、罚款处罚[1]更为合适。因此，应将醉酒驾驶的行为作为交通肇事罪的构罪客观要件之一，将醉酒驾驶造成交通事故，并造成他人财产损失，负主要或全部责任的，作为独立的构罪要件。3 年有期徒刑至拘役的量刑幅度足够覆盖行为的危害程度，又避免了和危险驾驶罪的拘役处罚的重叠。司法实践中，对抽象危险犯往往侧重秩序保障，这势必造成对自由的不合理压缩，使得与法益无紧密联系的行为因为

---

[1] 赵秉志、袁彬：《醉驾入刑诸问题新探讨》，载《法学杂志》2012 年第 8 期。

符合规范而入罪，明显违背了法治原则，也有违刑法的谦抑性要求和责任主义原则，[1]因此应取消对无事故酒驾醉驾的刑事责任的追究而进行行政处罚。一方面，行政处罚效率更高，基层执法压力更小；另一方面，近年来我国呈现出的明显的立法扩张和法益保护前移的预防性刑法发展趋势中，抽象危险犯在司法适用中面临着主观认定模糊、轻微行为难以排除犯罪、刑行融合与交叉等问题，这些均指向了严格的、过广的入罪趋势。[2]对醉酒驾驶的抽象危险犯的限缩，可以解决抽象危险犯所带来的刑法工具化和对公民自由可能造成的不当干预，也更符合刑法的谦抑性。

结　语

醉驾入刑十年有余，在整治醉酒驾驶行为方面取得了显著成效。然而其中仍存在亟待完善之处。本文旨在通过当前基层执法的困境，折射醉驾型危险驾驶罪出罪路径的缺失，并结合实际提出新的出罪路径，以期取得缓解基层执法压力、突显刑法谦抑性，同时又不失惩治醉酒驾驶行为的效果。

---

〔1〕 马卫军、王贤玉：《妨害安全驾驶罪：准抽象危险犯之反思》，载《武陵学刊》2023 年第 4 期。
〔2〕 史立梅：《论醉驾案件的程序出罪》，载《中国法学》2022 年第 4 期。

管辖权异议阻却诉讼保全之我见

唐玉刚*

摘　要： 司法实践中，为了让判决或裁定顺利执行，维护原告的合法权益，原告提起诉讼时或者提起诉讼后，通常会申请诉讼保全。为了对抗原告的起诉，保障被告的合法权益，被告及第三人提交管辖权异议已经成为民事诉讼活动中常见的诉讼策略。被告或第三人提出管辖权异议后，法院应当先审理管辖权异议，暂停诉讼保全的审理，这种管辖权阻却诉讼保全的规定和做法存在弊端。本文旨在对管辖权阻却诉讼保全的规定和做法进行探讨并提出自己的观点。

关键词： 管辖权异议　诉讼保全　管辖权　保全　诉讼活动

引　言

司法实践中，为了让判决或裁定顺利执行，制止显而易见的侵权行为，原告提起诉讼之时或者提起诉讼之后，甚至在提起诉讼之前，一般会向人民法院申请诉讼保全。为了对抗原告的起诉，被告甚至第三人收到原告的起诉状后，经常提出管辖权异议。提出管辖权异议已经成为被告拖延案件审理、打乱原告诉讼节奏的常见手法。被告或第三人一旦提出管辖权异议，无论是恶意的，还是善意的，法院必须审理，并作出裁定。在管辖权确定之前，受诉法院无权审理除管辖权之外的事项。这种规定和做法是否合理值得探讨。

---

* 唐玉刚（1983年—），女，汉族，河南人，北京市显杨律师事务所律师，研究方向为刑法学。

一、诉讼保全与诉讼保护制度概述

（一）诉讼保全概述

1. 诉讼保全制度的概念及目的

诉讼保全制度是指人民法院在民事案件作出判决前，对于可能因当事人一方的行为或者其他原因，使判决不能执行或难以执行时，对当事人的财产或争议的标的物所采取的一种强制措施。其目的是保证人民法院将来作出的判决能够得到顺利执行，或避免财产遭受损失。

2. 诉讼保全制度的分类

为了尽快制止显而易见的恶性侵权行为，保障诉讼活动的顺利开展，实现社会的公平正义，我国《民事诉讼法》第 84 条规定了证据保全措施，第 103 条规定了财产保全措施和行为保全措施。

由此可见，我国《民事诉讼法》规定了证据保全、财产保全和行为保全三种常见的保全制度。

（二）管辖权异议概述

1. 管辖权及管辖权异议的概念

管辖权是指人民法院对案件进行审理和裁判的权限。法院要对案件具有管辖权，必须同时满足两个条件：法院对涉案标的物具有"标的物管辖权"，即法院对特定标的物具有专属管辖的权力；另外，法院还需对涉案当事人具有"当事人管辖权"，即法院具有作出影响涉案当事人权利义务裁决的权力。

管辖权异议是指当事人（包括有独立请求权的第三人）认为受诉法院对案件无管辖权时，而向受诉法院提出的不服管辖的意见或主张。

2. 管辖权异议制度设立的目的

管辖权异议制度的立法初衷是制衡原告的起诉权，防止可能存在的地方保护主义，保障被告合法权益，确保管辖权的正确行使。

二、管辖权阻却诉讼保全的现状

在司法实践中，由于管辖问题本身的复杂性以及现行法律规定的不完善，大量的当事人恶意滥用管辖异议权，以拖延诉讼。这不仅使管辖权异议制度偏离了其设立的初衷，违背了民事诉讼的效率原则，损害了对方当事人的诉讼权利，也造成了司法资源的浪费。[1]

原告申请诉讼保全的情形越来越多，原告申请诉讼保全后，法院会将原告的诉讼保全申请书转发给被告。很多被告收到法院转发的诉讼保全申请书后，向法院提交管辖权异议，要求受诉法院将案件移交其他法院审理，或者要求法院先审理管辖权，再审理诉讼保全事项，企图阻却原告的诉讼保全申请。

确认管辖法院是案件进入审理阶段的前提，只要被告认为案件不属于受诉法院管辖的，就可以提出管辖权异议。并且由于管辖权异议不设理由，基本没有门槛，司法实践中，被告利用管辖权异议阻却诉讼保全已经成为民事诉讼活动中常用手段。为了防止被告滥用管辖权异议阻却诉讼保全，2020年4月12日，广东省高级人民法院率先发布了《关于网络游戏知识产权民事纠纷案件的审判指引（试行）》，该审判指引第7条明确规定：在当事人申请行为保全的案件中，被申请人提出管辖权异议的，一般不影响行为保全的审查和执行。然而，管辖权异议能否阻却诉讼保全，最高人民法院并没有出台相关规定，对于原告申请证据保全，被告提出管辖权异议的案件，不同法院、不同法官的处理方式不尽相同，没有统一的标准。

三、管辖权阻却诉讼保全之我见

滥用管辖权异议是指被告或有独立请求权的第三人出于拖延诉讼、对抗原告的诉讼保全等目的，在不存在或明知缺乏管辖权异议理由的情况下，提起管辖权异议的恶意行为。

北京市第二中级人民法院民三庭对一审民商事案件中当事人提出管辖权异议的案件进行了调研：2011年受理一审案件388件，被告提出管辖权异议的案件306件，占受理案件总数的78.9%，该306件案件管辖权异议申请全部被裁定驳回，驳回率达100%；2012年受理一审案件366件，被告提出管辖权异议的案件294件，占受理案件的80.3%，该294件案件管辖权异议申请全部被裁定驳回，驳回率达100%；2013年受理一审案件69件，被告提出管辖权异议的案件58件，占受理案件的84%，该58件案件管辖权异议申请全

[1]《管辖权异议案件中拖延诉讼问题及其应对》，载 https://www.chinacourt.org/article/detail/2015/07/id/1671980.shtml，最后访问日期：2023年10月27日。

部被裁定驳回，驳回率达100%。[1]被告恶意滥用管辖权异议，拖延诉讼，对抗原告的诉讼保全，是一种非常常见的诉讼策略或诉讼手段。

设置诉讼保全制度是为了尽快制止显而易见的恶性侵权行为，如果在管辖权异议期间，原告申请诉讼保全，人民法院先审理管辖问题，再审理保全问题。管辖权异议的裁定，被告还可以上诉，人民法院审理管辖权异议问题，少则几个月，多则半年、一年，等确定哪个法院具有管辖权，再由具有管辖权的法院审理诉讼保全，诉讼保全就失去了其应有的意义。如果人民法院像对待一般审判权一样，在审理管辖权异议期间，中止审理诉讼保全，明显违背了诉讼保全制度的立法本意，也变向架空了民事诉讼法关于诉讼保全制度的规定。

笔者代理原告甘肃某矿业公司与被告吴某某等损害公司利益责任纠纷，诉至甘肃省兰州市城关区人民法院，城关区人民法院于2022年8月30日立案审理，原告在2022年9月24日申请诉讼保全，被告在2022年9月提交答辩状期间，对管辖权提出异议，城关区人民法院于2022年10月10日作出民事裁定书，[2]裁定城关区人民法院对本案没有管辖权。原告上诉至兰州市中级人民法院，兰州市中级人民法院于2023年3月28日作出民事裁定书，[3]裁定城关区人民法院对本案具有管辖权。从被告提出管辖权异议到最终确定管辖权法院，经历了半年多的时间，如果等管辖权确定管辖法院，再由确定的管辖法院审理诉讼保全，诉讼保全将丧失其立法的初衷。笔者代理原告反复向城关区人民法院陈述诉讼保全的意义和价值，根据诉讼保全制度的立法本意，诉讼保全不应当受管辖权异议的影响，最后城关区人民法院接受笔者的请求，在城关区人民法院针对管辖权异议作出民事裁定书之后，兰州市中级人民法院作出民事裁定书之前，于2023年1月18日作出民事裁定书，[4]裁定采取保全措施。

笔者代理原告刘某某与西乌珠穆沁旗某矿业公司民间借贷纠纷，于2023年5月9日诉至内蒙古自治区赤峰市元宝山区人民法院，原告提交起诉状的

---

[1] 《管辖权异议案件中拖延诉讼问题及其应对》，载 https：//www.chinacourt.org/article/detail/2015/07/id/1671980.shtml，最后访问日期：2023年10月27日。

[2] 参见甘肃省兰州市城关区人民法院［2022］甘0102民初16546号民事裁定书。

[3] 参见甘肃省兰州市中级人民法院［2023］甘01民辖终87号民事裁定书。

[4] 参见甘肃省兰州市城关区人民法院［2022］甘0102民初16546号之一民事裁定书。

同时，申请诉讼保全，元宝山区人民法院于 2023 年 6 月 2 日立案受理，被告于 2023 年 6 月 18 日提出管辖权异议，元宝山区人民法院于 2023 年 7 月 21 日作出民事裁定书，[1]裁定元宝山区人民法院没有管辖权，原告针对管辖权异议裁定向内蒙古自治区赤峰市中级人民法院上诉，目前处于管辖权异议上诉审理期间。元宝山区人民法院审理管辖权异议期间，笔者代理原告向法院陈述诉讼保全的意义和价值，根据诉讼保全制度的立法本意，诉讼保全不应当受管辖权异议的影响，元宝山区人民法院接受笔者的请求，在作出管辖权异议民事裁定书之前，于 2023 年 6 月 21 日作出民事裁定书，[2]裁定采取保全措施。

结　语

原告之所以申请证据保全，正是因为担心不及时取证，证据随时可能灭失，无法查明案件事实，担心被告或第三人随时可能转移财产，导致生效判决的执行落空，担心其利益或利害关系人的利益随时可能遭受损害。原告申请诉讼保全，均是情况紧急，迫切需要法院立即采取强制性措施。

虽然法律对诉讼保全和管辖权异议审理的先后顺序没有明文规定，但是由于诉讼保全的意义和价值在于尽快制止显而易见的恶性侵权行为，紧急性和迫切性是诉讼保全的显著特点，因此，诉讼保全的审理不应当受管辖权异议的影响，无论受诉法院是否具有管辖权，受诉法院都应当立即审理诉讼保全申请，并针对诉讼保全申请作出裁定。如果法院在审理管辖权异议期间，对原告的诉讼保全申请置之不理，被告很可能会利用管辖权问题及现行法律规定的不完善，滥用管辖权异议，架空诉讼保全制度，这将违背《民事诉讼法》设立诉讼保全制度的立法本意，难以实现社会的公平正义。

---

〔1〕 参见内蒙古自治区赤峰市元宝山区人民法院［2023］内 0403 民初 2134 号之一民事裁定书。
〔2〕 参见内蒙古自治区赤峰市元宝山区人民法院［2023］内 0403 民初 2134 号民事裁定书。

认罪认罚反悔权制度的完善

黄菊梅*

摘　要：反悔权制度是保障被追诉人诉讼主体地位的体现，有利于保障认罪认罚的自愿性、合法性，从而防止冤假错案的发生。但实践中部分被追诉人认罪认罚后，出于各种心理，以各种理由提出反悔，造成司法机关实体与程序上的负担，为促使权利保障与诉讼效率之间达到平衡，在保障追诉人认罪认罚反悔权的同时，对该权利的行使进行适当限制，以进一步完善认罪认罚反悔权制度。本文旨在探讨这一问题。

关键词：认罪　认罚　反悔权　制度完善

引　言

认罪认罚从宽制度，自实施以来，实现了案件分流，提升了司法效率。但实践中被追诉人认罪认罚后又反悔的情况日益突出，制度中关于被追诉人反悔权问题只有原则性的规定，缺乏明确、统一的操作规定，使得认罪认罚反悔制度的适用在司法实践中出现了困境。如何破解困境就成为亟需探讨的问题。

一、认罪认罚反悔权概述

（一）认罪认罚反悔权的概念

其是指被追诉人在某一诉讼阶段认罪认罚并与该阶段的程序主导者达成协议，又在后续的诉讼阶段向程序主导者表示对其先前所作的认罪认罚不予

---

* 黄菊梅（1990年—），女，汉族，浙江人，浙江广缘律师事务所律师，研究方向诉讼法学。

认可的权利。〔1〕

（二）被追诉人反悔的主要理由

从司法实践看，被追诉人反悔的主要理由有：①量刑过重，以该理由反悔的案例占比最高，因公诉机关的量刑建议，很多都是一个幅度刑，被追诉人都希望法院按量刑建议下限判决，一旦未按下限判决，则超出了被追诉人的心理预期，认为量刑过重。②非自愿、非明知的认罪认罚，主要包括在受到他人诱导或者误解法律规定的情形下达成协议并签署具结书，此时被追诉人反悔，认为并非出于自身主观意愿或者主观明知前提下所作认罪认罚，要求撤回具结书或上诉。③恶意反悔，包括策略性反悔。被追诉人判决后剩余刑期较短，希望留在看守所服刑，通过上诉拖延执行送监时间；或者企图通过反复"协商"或上诉获得更轻的处罚。

二、认罪认罚反悔权制度现存的问题

（一）撤回程序不完善

第一，撤回程序不明确。认罪认罚反悔的内容包括认罪内容、认罚内容及适用程序的反悔，不同的反悔内容，对案件审理的实质及程序影响均不同，针对不同反悔内容，程序上如何撤回并未有明确的法律规定。

第二，撤回时间节点不明确。撤回程序是贯穿于整个的诉讼程序，还是只存在于某个诉讼阶段，在不同诉讼阶段如何撤回等不明确。

第三，撤回是否需要理由等不明确。在这一点上理论界又产生了分歧，有学者认为为了保障被追诉人的合法权利，不应当对撤回进行限制，这样才有利于充分表达反悔的意愿。而有的学者认为，撤回权的行使并非没有任何限制，"只有当认罪违背其自由意志或者产生误解的情况之下作出的认罪认罚才允许撤回"。〔2〕

（二）反悔前的证据是否适用不明确

现有法律规定仅就被追诉人反悔后的程序改变作出了说明，对于反悔前的证据（包括供述以及以该供述为线索搜集到的证据）能否再次使用并没有明确规定。如果反悔后证据仍将被司法机关所使用，那么被追诉人在案件开

---

〔1〕 肖沛权：《论被追诉人认罪认罚的反悔权》，载《法商研究》2021 年第 4 期。
〔2〕 张建伟：《认罪认罚从宽处理：内涵解读与技术分析》，载《法律适用》2016 年第 11 期。

始时认罪认罚的积极性就会降低；如果全部被排除，那么司法机关的工作量会大大增加，降低司法办案动力。从司法实践看，有关调研报告显示，被追诉人行使认罪认罚反悔权的，其先前的有罪供述及据此收集的相关有罪证据在后续程序中被"照单全收地适用，适用率高达100%"。[1]这是认罪认罚反悔制度实行中面临的一个非常严重的弊端。

三、完善认罪认罚反悔权制度的建议

（一）对反悔权进行限制

被追诉人在每个阶段的反悔对于司法机关造成的影响都是不一样的，因而对不同诉讼阶段中的反悔应当作不同限制。

1. 一审开庭审理前，反悔无需理由

一审开庭审理前主要为侦查、审查起诉阶段，在这两个阶段，笔者认为被追诉人反悔无需任何理由。因为认罪认罚制度仅仅是简化了部分审判程序，前期的侦查阶段和起诉阶段并没有被简化，不会因被追诉人的反悔增加过多的程序和实体上的负担，被追诉人在该阶段反悔，检察机关也有足够的时间重新收集、调查以及核实证据，不会对审判工作带来实质性的不利影响，故应当允许被追诉人无理由反悔。

2. 一审开庭审理后至一审判决前及一审判决后，反悔需有正当性理由

在一审开庭审理后至一审判决前反悔，因已涉及庭审环节，反悔将涉及程序的转化、证据的补充、核实等，会造成大量司法资源的浪费，因此在此阶段对被追诉人的反悔应当实行必要的限制，审查被追诉人反悔的理由，符合"法定理由"的才被允许。而一审判决后被追诉人反悔并上诉的，此阶段的反悔限制应当比一审审理阶段更严格，因为在一审审理过程中，被追诉人已有充分的机会进行反悔，但其未提出异议，视为具结书生效，原则上各方不得反悔，但出于从被追诉人权利的保障角度及对特殊情形的考虑，也应当允许反悔，但应严格限制。那么，如何确定正当性"法定理由"呢，可从以下几个方面予以规定：一是被追诉人认罪认罚非自愿，如公安司法机关采用胁迫、恐吓等手段侵犯被追诉人的合法权益、律师未进行有效的法律帮助使被追诉人产生错误认知；二是被追诉人信赖利益受损，如检察官当庭变更量刑建

---

[1] 肖沛权：《论被追诉人认罪认罚的反悔权》，载《法商研究》2021年第4期。

议、法官超出量刑建议幅度判决；三是发生情势变更，如案件出现新事实和新证据、被追诉人有重大立功和自首以及新旧法之间更迭等足以影响到被追诉人定罪量刑的。[1]

（二）严格审查反悔前的证据

被追诉人反悔后，反悔前的证据（包括被追诉人所作的供述及因此产生的证据）应当加以严格审查，区别适用。首先，应当区分"认罪"还是"认罚"反悔，如果仅是"认罚"反悔，表明被追诉人对案件事实没有异议，此时，对被追诉人先前所作的认罪供述可以不予排除。而对于"认罪"反悔，涉及犯罪事实等基础法律问题，则应区分供述是认罪认罚前还是后形成的，如果是认罪认罚前被追诉人主动作出的供述，则不会因为其反悔而丧失证据资格。而被追诉人认罪认罚后作出的供述，供述时可能存在诱供等情形，不利于保障被追诉人的权利，因此认罪协商之后取得的口供应当全部予以排除。其次，根据有罪供述所获得的相关证据（基于刑讯逼供等非法手段获得的除外），在能够与其他证据相互印证的情况下，应当可以使用。最后，认罪认罚具结书的认罪内容不应再作为证据使用，也不能因此作出对其不利的推定，否则，被追诉人反悔就不会改变最终结果，不仅变得没有任何意义，反而只会加重刑罚。

（三）制定统一的量刑指南

如上所述，被追诉人反悔的理由中比例最多的就是认为量刑过重，这是由检察院幅度量刑的原因造成的，如果实践中关于各类罪名及情节有比较明确的量刑规范，那么检察院在量刑建议时相对会比较准确，那么判决结果与量刑建议差距不大，反悔率就会大大下降。因此，一方面应尽快制定相应的量刑指南，另一方面也应当提高司法机关工作人员的专业水平，逐步实现量刑建议精准化，减少量刑的不稳定性。

（四）完善相关保障机制

1. 完善自愿性保障机制

保障被追诉人认罪认罚的自愿性，能从根本上减少反悔率。

一方面，在侦查、审查起诉阶段，针对自愿认罪认罚的案件，除了提供

---

[1] 任雨晴：《认罪认罚从宽制度中被追诉人反悔问题研究》，武汉大学 2022 年硕士学位论文，第 39 页。

基本的告知书以外，还应当对相应的条款进行详细的释法说理，明确告知被追诉人享有反悔的权利，反悔的程序及反悔的后果，制作书面材料并全程录音录像，以便在审理阶段供法院审查认罪认罚自愿性问题。另一方面，在审理阶段，法官除审查上述资料外，仍需就自愿认罪认罚问题向被告人询问及告知相关权利义务以及法律后果，同时审查证据是否达到定罪量刑的要求。

2. 完善律师帮助制度

刑事诉讼法规定的认罪认罚制度中已强调了律师帮助的必要性及重要性，但现实操作中，值班律师享有的权利范围有限，应进一步完善值班律师的制度。可从以下几方面完善：①扩大值班律师的覆盖面，参与度及法律服务的专业性。②扩充值班律师权利，使其权利范围与辩护律师大体相当，包括有会见当事人、查阅案件、通信以及调查取证等广泛的辩护权利。

结 语

认罪认罚反悔权制度是保障被追诉人合法权益的重要举措。在充分保障被追诉人自愿认罪认罚的前提下，对被追诉人不同诉讼阶段反悔权行使设置相应的限制，司法机关办案时准确把握标准，在各方共同努力下，共同推进认罪认罚反悔权制度的完善。

浅析法定代表人越权担保的效力

叶卫青*

摘　要：法定代表人超越权限，在未经决议的情况下即以公司名义对外提供担保，是实务中常见的担保纠纷。九民纪要与民法典的相继公布，对越权担保这一法律争议热点问题有着提纲挈领之指导作用。本文旨在研析越权担保问题的理论沿革和审判实践，并从相对人一方提出审查指引。

关键词：法定代表人　越权　担保　效力

引　言

越权担保效力之争由来已久，尤以《公司法》第 16 条[1]争议为著，部分学者、实务工作者常有"民商事审判，苦《公司法》第 16 条久矣"之喟叹。《全国法院民商事审判工作会议纪要》（以下简称《九民纪要》）发布之前，关于越权担保的法律效力不仅在理论界有学说观点之交互冲突，实务上也常常出现各地各级法院同案不同判之现象。随着《九民纪要》《民法典》及相关司法解释的逐步出台并施行，我国从立法到司法层面均开始统一裁判思路和规则，建立相对明确的裁判尺度，越权担保争议焦点也逐渐从效力之争转变为相对方是否系善意及如何履行审查义务等事实的认定。

---

* 叶卫青（1993 年—），女，汉族，浙江人，浙江禾泰律师事务所律师，研究方向经济法学。
　〔1〕《公司法》第 16 条第 1 款规定："公司向其他企业投资或者为他人提供担保，依照公司章程的规定，由董事会或者股东会、股东大会决议……"第 2 款规定："公司为公司股东或者实际控制人提供担保的，必须经股东会或者股东大会决议。"

一、从效力之争到善恶有别

（一）学理上不同解释路径下的担保效力

依据《公司法》第 16 条的规定，公司对外提供担保，应根据公司章程，由董事会或股东会（股东大会）决议。而实际上，公司未经决议即对外提供担保的情形屡见不鲜，而作为被担保债权的相对人通常仅核实公司在担保合同上盖章的真实性，并不会实际审查公司作出担保行为的内部决议程序，因此引起了种种争议。学者们从不同视角出发，对越权担保的法律效力问题争论不休，莫衷一是。

1. 效力性解释路径下的担保效力

依据《民法典》第 53 条第 1 款的项规定，违反法律、行政法规强制性规定的民事法律行为无效。若认定《公司法》第 16 条属于效力性规定的，则违反该条规定对外提供担保的担保合同无效，[1]公司不承担担保责任；反之，则认定担保合同有效，公司承担担保责任；此种解释路径在相当长的一段时间内是主流裁判思路。对《公司法》第 16 条属性的不同认定，会导致案件结果呈现截然相反的结论。

2. 管理性解释路径下的担保效力

部分学者认为《公司法》第 16 条属于管理性规定，其关于担保决议的规定是公司内部权力划分与治理结构的规则，与公司外部的交易相对人无关。即使公司未严格遵守提供担保应尽的决议程序，只要实施了越权担保行为，亦应给予交易相对人信赖利益的保护，以维护交易安全。

3. 代理权限解释路径下的担保效力

部分学者从我国民商合一的立法属性出发，结合代理权限的相关理论，认为在探究越权担保效力问题时，公司法并不能直接且单一地作为认定担保效力的依据，还应结合相关法律法规综合认定。[2]公司虽然系法人主体，但其行为最终需要由自然人实施。越权担保是公司法定代表人或者授权代理人实施了超越权限的行为，此时担保合同应处于效力待定状态；若相对人是善

---

〔1〕 参见孙玺：《公司法定代表人越权对外担保效力研究》，中国政法大学 2019 年硕士学位论文。

〔2〕 参见潘红秀：《无公司决议的公司对外担保合同效力解析》，西南民族大学 2020 年硕士学位论文。

意的，则担保合同有效，公司应当承担担保责任；若相对人是恶意的，则担保合同无效，公司不承担担保责任；若相对人非善意，则公司不承担担保责任，但应承担缔约过失责任。

（二）九民纪要及民法典下的担保效力

在越权担保问题上，裁判思路和法律适用标准的不统一，导致了同案不同判的现象屡见不鲜，有损司法公信力。其中，尤以公司法定代表人违反法定决议程序，超越权限代表公司对外提供担保最为普遍与典型。《九民纪要》《民法典》以及关于担保的司法解释一脉相承，承继了主流的效力性规范认定思路，兼顾了管理性规范和代理权限的观点，确定了从相对人是否善意的角度作定性区分的原则。

针对善意相对人的认定问题，《民法典》第61条、第504条明确了公司对法定代表人代表权的限制，不得对抗善意相对人；法定代表人超越权限签订的合同，除非相对人明知或应知无代表权限，否则担保合同有效。我国当前对相对人善意的判断标准相对宏观，最高人民法院《关于适用〈中华人民共和国民法典〉有关担保制度的解释》第7条第3款明确规定：相对人有证据证明已对公司决议进行了合理审查，人民法院应当认定其构成善意，但公司有证据证明相对人知道或应知道决议系伪造、变造的除外。由此可见，对相对人是否善意的判断，集中于相对人在担保交易中对公司的担保真实意思表示的审查义务的履行上。

二、越权担保司法裁判倾向在实务中的演进

对纪要、法典、司法解释的解读与分析有助于指导司法实务，而司法案例的裁判倾向也影响着立法观点的更新与修正。笔者以可公开查阅的裁判文书以及包含裁判文书内容的文献材料等为基础，梳理各时期我国法院对越权担保案件的主要倾向或典型观点。

（一）以合同法司法解释二为指引的裁判方法

2005年10月27日，经第十届全国人民代表大会常务委员会第十八次会议修订的《公司法》新增了第16条有关"公司转投资及提供担保的程序规定"。[1] 自2009年最高人民法院颁布《关于适用〈中华人民共和国合同法〉

---

[1] 前文所述《公司法》第16条即为该条款最新修订版本。

若干问题的解释（二）》后，法院普遍化的裁判思路在于：先认定越权担保的事实，再识别法条性质，然后得出担保合同是否有效的结论。担保行为的效力就取决于法院对法条性质的识别，如认定系效力性规范的，则未经股东会决议的担保合同无效；如认定系管理性规范的，则公司内部程序瑕疵，不影响对外的合同效力。这种以《关于适用〈中华人民共和国合同法〉若干问题的解释（二）》为指引的裁判方法，在类似案件中便于法官审理案件，在实务中被大量法院法官所采纳。

（二）审判实践对效力性规范裁判思路的修正

经济市场的繁荣使得商业模式需设计得更为复杂以适应交易需要，越权担保的表现形式也愈发多样。司法实践逐渐认识到，如果仅单纯通过"判断条款效力性—判断合同效力—判决担保是否有效"的思路处理案件，一方面，疏于审查交易实质，不利于保护当事人和利害关系人合法权益，显得过于教条；另一方面，由于条款效力性和管理性尺度不一，留给法官心证的余地过于自由，又显得过于恣意。故在《九民纪要》尚未出台前，已经有越来越多的审判人员在此类案件中开始着重探索事实真相，并就举证责任的分担、信赖程度的认定等方面作出了更为深入的判断，并不再一味地继续沿用效力性规范的裁判方法，或仅将之作为补充说理使用。

（三）当前司法实践的典型观点

毋庸讳言，无论是《九民纪要》还是《民法典》，虽然有统一裁判规则、更新审判思路之目标的开创性，但其本身也离不开长期以来一以贯之的审判实践。从某种意义上来说，全新或修订的法律法规既是对未来裁判规则的指引，亦是对符合当前社会价值导向的当前裁判规则的确认。因此，越权担保实务纷繁复杂，但在能对基本法律事实予以确认（或判断）的基础上，亦有部分审判实践对典型案例或者相似情形的法律判断经过时间的检验，得到法理和实务的共同认同，也被吸收收进法律法规之中。而相对人善意的认定，对案件审判结果起着重要作用。

相对人审查义务集中于对决议等文件的形式审查。公司对外提供担保时，如负责签署担保文件的当事人系公司法定代表人等具有当然或法定授权代表关系的主体，过于苛责相对人继续探究包括公司各股东在内的利害关系人的真实意思表示过于严苛。因此，《九民纪要》《关于适用〈中华人民共和国民法典〉有关担保制度的解释》等均对善意相对人提出了尽到审查义务的要求，也将审查范围局限于形式审查，此亦系审判实践的通行做法。根据《九民纪要》《民法典》等相关规定确定的裁判思路，相对人应对提供担保的公司的章程、股东会/董事会决议等内容尽到审查义务，未证明已尽到形式审查义务的，一般不能认定相对人善意。

如因未经决议等原因导致担保合同无效的，仅意味着担保不成立，并不代表责任分担的告终。最高人民法院原《关于适用〈中华人民共和国担保法〉若干问题的解释》第 7、8 条均对担保合同无效时，债权人、担保人应承担的责任作了较为具体的规定。因此，如认定担保合同无效，审理法官亦有相对明确的尺度可以作出判决。民法典实施后，前述规定同样被民法典担保制度司法解释所吸收，[1]在未来仍然有广阔的适用环境。

结　语

在法治国家、法治政府、法治社会背景下，统一司法裁判规则、提升司法权威与公信力尤为重要，法定代表人越权担保的效力在理论界与实务界存在较大争议，可谓仁者见仁、智者见智。笔者倾向于采取代理权限解释说，即根据公司有无担保决议、债权人是否善意来综合认定担保效力，并以此确定公司担保责任和缔约过失责任；该模式合理分担了各方在交易中的注意义务，不仅平衡了交易各方的利益，也维护了社会交易的稳定性。

---

[1]　参考最高人民法院《关于适用〈中华人民共和国民法典〉有关担保制度的解释》第 17 条。

可持续发展下的碳排放法治化探析

周明艳*

摘　要：碳排放法治化在可持续发展中具有重要意义，碳排放法治化能够促进经济的低碳转型、推动清洁能源的发展以及保护生态环境，从而促进人类的可持续发展。本文旨在探讨可持续发展下碳排放的法治化问题。

关键词：可持续发展　碳排放　法治化

引　言

气候变暖已经成为 21 世纪全球最为严重的环境问题之一，碳排放是影响气候变暖的主要因素之一，为了应对气候变暖对资源环境和人类社会可持续发展构成的严峻挑战，世界各国都在积极探索降低碳排放的方法和途径。1992 年，联合国通过了《联合国气候变化框架公约》，这是第一个为控制温室气体排放的国际公约；2005 年，全球 142 个国家和地区签署的《京都议定书》正式生效；2015 年 12 月，全球 197 个国家通过了《巴黎协定》；2021 年11 月出台的《联合国气候变化框架公约》进一步达成了《巴黎协定》实施细则的一揽子决议，开启了全球范围全面落实《巴黎协定》的新征程。中国作为《巴黎协定》的缔约方之一，始终在该框架下积极致力于减排行动。[1] 2020 年 9 月，习近平总书记在第 75 届联合国大会一般性辩论中指出，人类需要一场自我革命，加快形成绿色发展方式和生活方式，建设生态文明和美丽

---

* 周明艳（1976 年—），女，汉族，黑龙江人，中国政法大学同等学力研修班 2019 级学员，研究方向为环境与资源保护法学。

〔1〕 付加锋等编著：《排污权交易和碳排放权交易比较研究》，中国环境出版集团 2019 年版，第2 页。

地球，中国将提高国家自主贡献力度，采取更加有力的政策和措施，二氧化碳排放力争于 2030 年前达到峰值，努力争取 2060 年前实现碳中和。[1]

由此可见，可持续发展下碳排放法治化势在必行。

一、碳排放对可持续发展的挑战

（一）可持续发展

1987 年，《我们共同的未来》报告[2]提出可持续发展，即既满足当代人的需要，又不损害子孙后代满足其需求能力的发展，并强调了环境、经济和社会之间的相互关系。进入 21 世纪后，人们明确了可持续发展的目标是实现经济发展、社会进步和环境保护的有机结合。在经济方面，可持续发展追求经济的健康增长，并致力于减少资源和能源的消耗，降低对环境的负面影响。在社会方面，可持续发展注重社会公平、公正和人类福祉的提升，关注贫困人口脱贫、教育、医疗卫生等问题。在环境方面，可持续发展强调生态保护、减少污染、提高能源效率等，以确保自然资源的可持续利用。

（二）碳排放对可持续发展的挑战

1. 气候变化

碳排放是气候变化的主要原因之一。过量的碳排放会导致地球气温上升，引发极端天气事件，如台风、洪涝和干旱等。气候变化对农业、自然生态系统和人类居住地造成不可逆转的影响，威胁到可持续发展的实现。[3]

2. 能源消耗

碳排放与能源消耗密切相关。高碳排放的能源，如化石燃料，广泛应用于工业、交通和家庭等领域。而化石燃料的使用导致碳排放量持续增加，加剧了全球变暖问题。解决能源问题是实现可持续发展的关键之一。

3. 资源浪费

大量的碳排放来源于资源的浪费。在工业生产、农业生产和生活方式中，资源的利用效率低下，导致了能源浪费和碳排放的增加。要实现可持续发展，需要优化资源利用，减少资源浪费，降低碳排放量。

---

〔1〕 新华社评论员：《担当历史责任，共创历史伟业》，载《新华每日电讯》2020 年 9 月 23 日。

〔2〕 通常被称为"布兰特兰特报告"。

〔3〕 张佳欣：《联合国警示地球正走向"气候灾难"》，载《科技日报》2022 年 10 月 31 日。

二、碳排放法治化的必要性

现有碳排放法律体系存在不足，难以推动碳减排目标的实现。

首先，不同国家碳排放法律体系的制定和执行存在差异。一些国家在立法方面存在滞后，或者法律执行不力，导致碳排放治理不同步，难以实现全球合作。

其次，碳排放法律体系的执法和监管存在困难。碳排放涉及多个领域、多个主体，跨国界的碳排放更加复杂，需要更加严格的执法与监管。

最后，碳市场的不完善，缺乏全球统一的碳定价机制，使得碳减排成本高昂，缺乏经济激励，阻碍了企业和个人采取主动减排措施。

虽然我国高度重视气候变化的法治建设，但是从目前情况来看，碳排放管理对政策的依赖性明显，缺乏应对气候变化的专门立法，有关碳排放管理的法制体系还未建立，既有法律的位阶低且大部分不以降低碳排放为直接目标。

因此，碳排放法治化是实现碳减排目标的必然选择。

三、碳排放法治化的实践

(一) 欧盟碳排放交易体系

欧盟碳排放交易体系（EU-ETS）是欧盟于 2005 年推出的一项碳市场机制。其目标是通过碳排放配额的交易，引导工业和能源行业减少碳排放。该体系以欧洲统一的碳排放配额交易市场为基础，通过设置碳排放目标和分配配额的方式，激励企业控制排放并提高能源效率。据统计，自 EU-ETS 实施以来，欧洲碳排放量已大幅减少，并且参与碳交易的企业数量逐年增加。该体系的成功得益于其良好的制度设计，包括碳排放配额的分配和交易机制、监管和执法机制等。同时，政府的积极参与和长期支持也起到了重要作用。

(二) 中国碳市场试点

中国自 2013 年开始在北京、上海、广东等地开展碳市场试点工作，旨在探索碳交易机制、建立碳市场体系，进一步推动碳减排工作。工作主要包括碳排放配额的分配、交易和监管等环节。试点工作的数据显示，碳市场试点城市的碳排放趋势有所减少，同时也取得了一些成功的经验。然而，仍然存在一些挑战，如碳排放配额的准确分配和交易机制的完善等。因此，进一步完善碳市场试点工作，制定更加科学合理的政策和制度，对于推动中国碳排放的法治化具有重要意义。

四、碳排放法治化的建议

为了提高碳排放的法治化水平，我们需要采取一些创新的思路和措施。首先，需要加强全球合作，推动国际合作机制的建立与完善，通过国际协议和合作机构来推动碳减排目标的实现。同时，各国应加强立法和机制建设，形成良好的法律体系。其次，应加强碳排放的监管和执法力度，确保碳排放法律的执行力度，对违法者进行严厉处罚，切实维护法律的权威性和公信力。此外，可以推动碳市场的完善，建立全球统一的碳定价机制，以激励企业和个人采取主动减排措施，推动碳减排的市场化。在实施上述措施的过程中，还需要加强科学研究和技术创新，提高碳减排技术的效率和经济性，为法治化提供科学依据和支持。

面对我国碳减排专门立法的缺失、政策性文件不能满足实现碳减排的需要和配套机制不健全的困境，以下几点建议为实现碳减排目标提供法治保障。

第一，构建碳排放管理的法律框架，可以参考欧盟等地的立法经验，制定一部碳排放综合性法律。以整体性理论为指导，对全国范围内碳排放配额的地域分配、行业分配、交易监管、结算等进行统一规定与指导。

第二，健全碳排放管理体制，需要各个地方在国家专门立法的指导下，结合本地的碳排放情况和指标要求制定符合本地特色的地方性法规，强化国家立法和地方立法的有机结合和协同发展。各个行业也要根据本行业的特征和本地区的相关规定，制定相应的规章制度。

第三，建立碳减排的法律监督机制，明确监管主体及其责任，细化监管内容和标准，重点关注钢铁、化工、航空等行业的碳排放情况，实现碳排放监管各环节的全覆盖，形成闭环，从而更有利于碳减排目标的实现。

第四，完善碳减排的严格执法机制，要求有法可依，我们在应对气候变化的法律中要明确执法主体、执法对象、执法方式、执法标准及相关处罚措施等，这样才可以做到依法行政，避免出现多个管理部门责任不明，相互推诿的现象。

第五，健全碳减排的司法诉讼制度，从法律层面讲，碳排放过程中引发的纠纷应当属于环境损害纠纷，检察机关提起环境公益诉讼是一种重要的解决方式，但是目前我国法律规定的检察机关提起公益诉讼案件范围并不包含碳排放过程产生的纠纷，因此需要完善公益诉讼法律制度。

第六，营造碳减排的良好守法环境，首先，要加大碳减排的宣传力度，个人作为实现碳减排的法治主体之一，应该在政府面向社会公开征集立法建议时，积极参与。其次，企业作为碳排放的主要社会主体，承担着碳减排工作的主要责任，我们需要加快科技成果的研发，降低碳减排的成本，使其减排无所顾虑。最后，完善激励机制，激发各主体碳减排的积极性和主动性，使企业自觉主动对本企业的碳排放情况进行信息披露，严格遵守碳排放管理的相关规定。

结　语

碳排放是地球气候变暖的主要因素之一，面对碳排放对人类社会的可持续发展带来的挑战，碳排放法治化势在必行，积极推进碳排放法治化，促进全球绿色低碳发展任重道远。

浅析正当防卫的相关问题

毕　强*

摘　要：正当防卫作为一种合法的自卫行为，其历史渊源可以追溯到古代社会，从古代法律思想到现代法律，经历了漫长而复杂的发展过程，正当防卫从最初的无限防卫思想开始向有限防卫思想转变。正当防卫不仅是社会关注的问题，也是学界和实务界一直探讨的问题，其中正当防卫构成要件的研究和探讨更是持续不断。本文旨在对正当防卫相关问题进行探讨。

关键词：正当防卫　构成要件　无限防卫　防卫过当

引　言

一直以来，正当防卫都是日常生活当中关注和讨论比较多的话题，而正当防卫的认定标准也一直属于较难把握的法律课题，复杂的情形外加评判角度的不同，往往让人难以定夺，但是在实际生活中，我们往往需要正当防卫来保护我们的合法权益。

一、正当防卫的概念

我国《刑法》第 20 条第 1 款规定：为了使国家、公共利益、本人或者他人的人身、财产和其他权利免受正在进行的不法侵害，而采取的制止不法侵害的行为，对不法侵害人造成损害的，属于正当防卫，不负刑事责任。

关于正当防卫的定义，目前主流观点认为：正当防卫是指为了使国家、公共利益、本人或者他人的人身、财产和其他权利免受正在进行的不法侵害，

---

* 毕强（1986 年—），男，汉族，河北人，中国政法大学同等学力研修班 2022 级学员，研究方向为刑事诉讼法学。

采取的旨在制止不法侵害而对不法侵害人造成未明显超过必要限度损害的行为。本文认为主流观点能更好地定义正当防卫，因为它更多地强调了正当防卫的限度，既体现了对正当防卫人的保护，也体现了对被防卫人的保护，更有利于实现法律的公平、公正、平等的价值取向。

二、正当防卫的制度价值

正当防卫作为一种合法的自卫行为，具有重要的制度价值。首先，正当防卫可以保护公民的人身权益，当个人面临非法攻击或侵害时，合法行使正当防卫权利，可以采取必要的防卫措施来抵御攻击，确保个人权益得到合法的保护。

其次，正当防卫还平衡了公共利益与个人权利，正当防卫的存在可以实现公共利益与个人权利之间的平衡。它提供了一种合法的方式，使个人能够有力地抵制任何非法、威胁或侵害其自身安全和合法权益的行为。同时，法律对正当防卫行为设置了限制，以防止滥用权利造成社会混乱。

最后，正当防卫维护了社会秩序和公共安全，合理的正当防卫行为可以阻止犯罪行为的发生或扩大，有助于减少犯罪威胁，提高社会的安全感。同时，通过确立正当防卫的法律规定和限制，可以防止过度自卫或过度反击的行为，维护社会稳定与公正。

三、正当防卫的构成要件

（一）正当防卫的起因

正当防卫的起因是必须存在不法侵害的行为。不法侵害行为一般是指客观上发生的危害社会的行为，这个行为需要行为人在主观上具有故意或过失，而在客观上需要存在社会危害性。

这里的不法侵害，既包括犯罪行为，也包括其他一般违法行为。但是，并非对所有违法犯罪行为都能进行防卫，只有面对的是具有攻击性、破坏性、紧迫性、持续性的不法侵害，且采取防卫行为可以减轻或者避免法益侵害结果时，才能进行防卫。[1]除此之外，不法侵害行为是现实客观存在的，而不

---

〔1〕 张明楷：《谈谈正当防卫的几个问题》，载 https：//mp. weixin. qq. com/s/hWcbU8H6W5Kk3Py_ UjewBg？poc_ token=HD9om2WjUE1QH1zDSgpEqPjv6-2Z1d806x17SQba，最后访问日期：2023 年 10 月 30 日。

是主观臆想的，如果事实上不存在不法侵害，行为人误认为存在不法侵害而对臆想中的侵害进行防卫，那么可能就会构成假想防卫。

（二）正当防卫的时间

首先，对于不法侵害的开始时间，一般状况下以着手实施不法行为为不法侵害行为的开始，但对合法权益造成明显的现实危险性的威胁且不实施防卫行为就会发生危害结果，也可视为不法侵害已经开始。

其次，不法侵害的结束时间应以不法侵害行为造成的现实危险已经排除为限。对此可以从这三个方面来判断：一是危害结果已经出现，不法行为已经结束，被防卫人没有继续侵害的意图；二是被防卫人自动中止不法侵害行为；三是被防卫人失去了实施侵害行为的潜力。例如在"广州少女刺死性侵大叔"案中，少女旋某在火车站被杨某带到其出租屋休息时，遭到杨某的性侵犯，旋某在慌乱中拔下墙上的匕首连捅杨某数刀，致其受伤倒地丧失行动能力，随后旋某离开时，又"担心杨某未死会事后报复"，随即持刀砍刺杨某头部数刀致其当场死亡。本案中，旋某的后行为发生在杨某不法侵害结束之后，不再属于正当防卫，构成了故意杀人罪。

（三）正当防卫的对象

在正当防卫中，正当防卫的对象只能是针对不法侵害人本人实行而不能对除此之外的其他人实行，仅针对不法侵害人即可，如果范围过宽就可能会造成不必要的伤害。关于正当防卫的对象，本文主要讨论对无刑事责任能力人的侵害行为是否可以实施正当防卫的问题。原则上来说对无刑事责任能力人的不法侵害是可以进行正当防卫的，但考虑到无刑事责任能力人是法律上的特殊群体，所以对其实行正当防卫也是需加以必要的限制，对于这类群体的正当防卫需要注意合理性和紧迫性，在不得已的情况下进行正当防卫。

（四）正当防卫的主观因素

对于正当防卫的主观因素，《刑法》第 20 条规定了"为了使国家、公共利益、本人或者他人的人身、财产和其他权利免受正在进行的不法侵害"，这就是正当防卫的主观条件。简单言之正当防卫的主观条件就是防卫人具有正当的防卫意识和正当的防卫目的即具备防卫意图。司法实践中防卫意图对正当防卫行为具有极为重要的作用，是判断是否属于正当防卫的重要条件。

（五）正当防卫的必要限度

正当防卫的限度是指防卫行为不能明显超过必要限度，造成重大损害。这就说明防卫行为只能在必要限度内进行，且造成的损害适当，才能成立正当防卫。在判断不法侵害的危害程度时，不仅要考虑已经造成的损害，还要考虑造成进一步损害的紧迫危险性和现实可能性。不应当苛求防卫人必须采取与不法侵害基本相当的反击方式和强度。[1]

本文认为防卫限度的确定应从两个方面来考虑：一个是行为的正当性，针对一个不法侵害，正当防卫行为人做出了合理的行为，与不法侵害行为相适应，那么即便造成了严重的结果，我们也可以认为是正当防卫；另一个是结果的正当性，针对一个不法侵害，正当防卫行为人做出了超过必要限度的反应行为，但是最终造成的结果属于合理的范围内，那么这种情况也是可以认定为正当防卫。

四、正当防卫的特殊情形

（一）无限防卫

无限防卫是对正当防卫的限度条件中防卫不能明显超过必要限度造成重大损害的突破。法律之所以如此规定，是因为行凶、杀人等严重危及人身安全的暴力犯罪，其侵害的强度极大，对人身安全的危害极其严重，而且具有高度的紧迫性，在这种状况下行使较为强烈的防卫手段是为制止不法侵害所务必的，因而是合理的，适当的。比如 2018 年的"昆山宝马哥反杀案"，一辆宝马车和电动车发生交通事故，双方产生争执，之后宝马车主刘某从车内拿出刀追砍电动车车主于某，过程中刘某的刀不慎掉落，于某捡起刀反过来追砍刘某，刘某受伤倒地，最后死亡。最后于某的行为被认定为正当防卫，无须承担刑事责任。

（二）防卫过当

我国《刑法》第 20 条第 2 款规定：正当防卫明显超过必要限度造成重大损害的，应当负刑事职责，但是应当减轻或者免除处罚。对如何区分正当防卫与防卫过当的司法难题，既要从刑法理论出发，深挖正当防卫制度的立法

---

〔1〕 方建坡、颜建欣：《正当防卫的认定以及限度条件的把握》，载 https：//mp. weixin. qq. com/s/Sg1s9SY1foo9DlHCz2CmmA，最后访问日期：2023 年 10 月 30 日。

原意、价值定位与公众认同立场，也要从规范要素出发，通过教义学的释明与刑法解释学的张力，释放立法规定的应有能量。[1]

防卫过当要求行为人客观上有防卫过当的行为，且对不法侵害人造成了重大损害，同时其主观上对结果具有过错。衡量防卫过当的法定因素有两个，一是明显超过必要限度，即防卫行为十分显著地超出了制止不法侵害的需要，防卫的手段、强度与不法侵害的手段，强度过于悬殊。二是造成重大损害，即防卫行为不仅仅对不法侵害人造成了必要的损害，而且是造成了重伤、死亡或财产重大损失等的重大损失。

结　语

本文认为正当防卫对于维护社会稳定，保护公共利益和受害人的合法利益，鼓励见义勇为行为，打击各种违法犯罪，都有着非常重要的现实作用。司法实践中，应该严格依据法律规定的构成要件对正当防卫进行准确判定，从而才能有利于鼓励和支持人民群众积极地同违法犯罪行为作斗争，保护国家、公共利益和公民个人的合法权益，维护社会主义法治。

---

[1] 高铭暄：《正当防卫与防卫过当的界限》，载《华南师范大学学报（社会科学版）》2020年第1期。

信托财产所有权归属问题探析

鲍　翔*

摘　要： 信托所有权的归属问题本质上并非从静态来看谁享有权能更多，在强调物的流转、分散使用的高度发展的市场中，我们很难看到传统民法上所有权能均备的"完整所有权"，因此信托财产所有权归属的实质是法律规定或者信托当事人约定之外的剩余权的归属，本文旨在探讨这一问题。

关键词： 信托财产　所有权　归属　剩余权

引　言

现代信托制度具有广泛的适用范围，可以用于财产管理、财富传承、慈善事业等多个领域，为人们提供了多种选择，并且在国际上得到广泛应用，成为国际财富管理的重要手段，为国际贸易和投资提供了保障。因此信托法被誉为"英国人在法学领域取得的最伟大独特的成就"。[1]我国在进行信托制度的移植中，对信托财产所有权的归属没有明确规定，而该问题是信托制度建立的核心问题，值得研究和探讨。

一、明确信托财产所有权归属的必要性

（一）信托法移植的困境

信托作为纯粹英美法系衡平法的产物，信托法移植到大陆法系存在诸多水土不服的情况：①信托法中受托人与受益人分别享有对信托财产普通法和衡平法上的所有权，这一规定违背了所有权的绝对性和不可分割的原则。

---

* 鲍翔（1999年—），男，汉族，上海人，上海大学2022届法学硕士，研究方向为经济法。
〔1〕 徐孟洲主编：《信托法》，法律出版社2006年版，第8页。

②信托中受益人的权利种类和内容完全依据当事人的意思自治，这一规定违背了物权法定的原则。③信托财产的独立性排除了受托人、受益人的外部债权人的追索，从而无法将其与二者的一般责任财产等同。

（二）我国相关立法有待完善

2001 年实施的《信托法》，主要目的是规范混乱的信托业，其第 10 条规定："设立信托，对于信托财产，有关法律、行政法规规定应当办理登记手续的，应当依法办理信托登记。未依照前款规定办理信托登记的，应当补办登记手续；不补办的，该信托不产生效力。"有学者据此主张就该信托登记的规定确定了信托财产发生了向受托人的转移。[1]然而事实上信托法确立的登记规则更多的是出于公示和保护交易安全的实际需要，并不能据此就能推断出我国信托法确认了信托财产权发生转移的结论。《信托法》第 2 条规定："本法所称信托，是指委托人基于对受托人的信任，将其财产权委托给受托人，由受托人按委托人的意愿以自己的名义，为受益人的利益或者特定目的，进行管理或者处分的行为。"其中"将其财产权委托给受托人"的规定并不等同于"财产权的转移"。可见，我国《信托法》对这一问题采取了回避的态度，仅仅直接规定了当事人各方之间的权利义务，这一回避在内部关系争议的解决中尚不造成太大问题，但是在外部关系上，需要确定信托财产对外享有权利承担义务的主体时就遭遇了困难，如基于信托财产的股权投资需要确定股东、基于信托财产的纳税义务需要确定纳税主体时，则只有明确信托财产的所有人才能得以确定。

二、静态所有权与动态所有权

（一）传统的静态所有权

传统所有权的模式是"归属+权能"的静态模式，所有权归属于谁的问题本质在于谁享有所有权的完整权能，静态所有权在遭遇独特的信托财产结构时面临着极大的困难，在信托法中，受托人与受益人对于信托财产享有的分割所有权似乎导致了难以确定真正的所有权主体，因为按照静态的分析方法，所有权归属的确定在于权能的享有，而在信托结构中受托人与受益人分割了

---

〔1〕 扈纪华、张桂龙主编：《〈中华人民共和国信托法〉条文释义》，人民法院出版社 2001 年版，第 61 页。

所有权的权能，受托人享有管理、处分信托财产的权能，在信托关系中享有所有权的大部分权能。由于在英美法存在衡平法与普通法的区分，从而可以将所有权分割为普通法上的所有权和衡平法上的所有权，进而维持"归属+权能"的传统静态所有权模式，但是这一模式在不存在二者界分的大陆法系中遭遇了难以克服的障碍，可以称得上成为近乎颠覆传统所有权概念的"木马病毒"，大陆法系的"一物一权"基本原则与英美法系中的"双重所有权"概念根本上是冲突的。

（二）现代的动态所有权

按照科斯定理，当交易成本为零时，无论产权归属于谁都最终能够通过市场实现最佳配置，因此实际上权能归属于谁并不重要，重要的是如何充分地发挥物的使用价值。因此，在现代市场上很难真正存在传统静态所有权框架下"完整的所有权"，以享有全部权能的"完整所有权"界定所有人的方式不仅在信托上存在理论的困难，实际上在解释现代强调流转、分散的物权利用方式时也存在困难，比如房屋出租人对已经出租的房屋就不再享有占有、使用等权能，但我们依然不能否认出租人对房屋享有的仍然是所有权。静态所有权过分地强调了所有权概念中权能的完整性，不仅事实上所有权的权能难以周延完整地加以列举，而且权能的集中往往意味着部分权能在闲置期间的浪费、对财产使用的无效率等，因此在市场日渐发达的今天，所有权概念更应当强调的是对物的利用而非其完整权能的归属。

《美国财产法》规定，所有权是指存在于财产上的权利、特权、权力与豁免的完整结合，[1]此即财产碎片化理论。沿着财产碎片化理论的路径，所有权的本质并不在于其列举的或者不可穷尽的权能完整性，而在于所有权本质上是一种剩余权认定的权利推定规则，所有者只是某物的最终的剩余权人，不管从某物上分离出多少权利，也不用管剩余的权利是多么少和无意义，这些剩余权的所有者我们都称其为所有者。[2]

三、对信托财产所有权归属的重新阐释

有学者认为设立信托的目的在于对特定人生活的保护或者扶养，以防止

---

〔1〕 李进之等：《美国财产法》，法律出版社 1999 年版，第 9~10 页。

〔2〕 王涌：《私权的分析与建构：民法的分析法学基础》，北京大学出版社 2020 年版，第 218~222 页。

财产的减损，向受托人转移财产只不过是为了实现保全信托财产从而使得受益人最终获利的副产品，而并非信托的真正功能所在，受托人所享有的种种权利均要以受益人的利益为依托和限制，因此应当认为信托财产的所有权应当由受益人所有。[1]而这样的分析忽视了所有权归属问题的实质，即便受托人管理、处分信托财产归根结底是为了受益人的利益，但是给受益人加上一个所有者的身份并不意味着其利益就能得到更好的保障，而且在自由裁量信托中，信托文件并不直接规定受益人可以享有的利益，而是授予受托人享有自由裁量权，由受托人根据具体情况对信托利益进行分配。若法律将信托财产所有权归属于受益人，基于动态所有权，相当于将裁量基准的设定和解释权交给了受益人，使得受托人的裁量实质上受制于受益人的指示，其"自由"虚化变得名不副实，使得自由裁量信托制度的目的根本落空，而在这种情况下将信托财产所有权归属于受托人反倒与自由裁量信托的理念更为切合。

有学者从动态所有权视角对信托所有权归属问题进行分析，指出在信托存续期间，信托财产所有权处于正在移动的不确定状态，即受托人按照信托目的管理处分信托财产时，在其处分行为效力确定的瞬间获得信托财产所有权，而在其违背信托目的处分信托财产时，委托人享有实质上的"剩余权"，此时所有权回归委托人使得其权能回归圆满。[2]对此，本文不赞同，首先，按照其理论，在消极信托的情况下，受托人不主动为管理处分行为，则此时信托财产所有权始终都处于模糊不确定的状态，权利主体的不确定性只会损害法秩序的稳定性；其次，按照其理论，所有权具有分时结构，然而虽然物的物理寿命有限，但是从物权法定的视角来看，它包含"权利在时间维度上的无限性"这一法定内容，而这种在某个特定时间段所有权归属于 A，另一个时间段归属于 B 的分时结构破坏了这一法定内容，是对物权法定主义中"内容法定"原则的违反。

结 语

所有权权能的分割不仅存在于信托的财产结构之中，所有权的不同权能

---

〔1〕 温世扬、冯兴俊：《论信托财产所有权——兼论我国相关立法的完善》，载《武汉大学学报（哲学社会科学版）》2005 年第 2 期。

〔2〕 陈璞：《作为所有权运动形式的信托——一个解决信托财产所有权归属问题的理论尝试》，载《河北法学》2010 年第 12 期。

在动态视角下始终在不同的主体之间流转变化，但是这种流转始终不会偏离它们的中心，即剩余权所在的位置，在法律或者约定没有明确权能归属的情况下，将在信托关系存续期间实际支配信托财产的受托人规定为信托财产权利义务的主体更为合理。

论适当性义务制度的完善

董致远[*]

摘 要：适当性义务制度，是我国现代金融法的一项重要制度。由于该制度体现在我国的多部法律法规当中，且法律条文的规定较为粗泛，引起了相关内容的冲突和适用分歧，进而导致司法实践中出现问题。因此，该制度的进一步完善对于充分发挥其作用，推动其在司法实践中的合理适用具有重要意义。本文旨在探讨适当性义务制度的完善。

关键词：适当性义务　制度　问题　完善

引　言

适当性义务制度引入我国司法体系已经有近 20 年的历史，该制度的适用在防范金融市场风险，促进金融市场的稳定发展等方面发挥了重要作用。然而，该制度本身及适用还存在一定的问题，影响了该制度功能的有效发挥，需要进一步进行研究和探讨。

一、适当性义务的概念及内容

（一）定义

适当性义务，也称投资者适当性管理制度，国际证监会组织对于适当性义务给出的定义为："中介机构提供的产品或服务与散户的财务状况、投资目标、风险承受能力、财务需要、知识经验的匹配度。"适当性是对金融机构提供的金融产品与投资者的风险承受能力、财务状况、投资目的等与需求的一

---

　* 董致远（1978 年—），男，汉族，山东人，北京德致祺商律师事务所律师，研究方向为民商法学。

种动态的匹配，并且通过适当性义务可以调整金融机构、投资者、监管机构三方的法律关系的平衡。在英美法系中，适当性义务被认定为一种信义务。而在大陆法系国家中，适当性义务被认为是诚信原则在证券市场的体现。总之，适当性义务的基础是金融机构与投资者之间产生的信赖关系，基于信赖，金融机构应当勤勉尽责，避免出现欺诈行为。

（二）内容

通常认为适当性义务包括了解客户、了解产品、适当推荐和告知义务四个方面。了解客户是指承担该义务的主体需要充分了解投资者经济状况、投资经验、投资预期、风险偏好等信息；了解产品是指承担该义务的主体应充分了解金融产品的产品结构、流动性、结构复杂性、杠杆情况、风险等级等信息；适当推荐是指基于上述信息向投资者推荐相匹配的金融产品；告知义务则是整个适当性义务的核心，告知义务也可以被称为风险揭示义务，指金融机构在前述基础上，应向投资者如实、充分地告知该产品或服务的内容，以及该金融产品或服务所可能带来的风险或者收益。

二、我国对适当性义务制度的规定

适当性义务在我国最早出现在 2005 年中国银监会颁布的《商业银行个人理财业务管理暂行办法》中，其第 37 条要求商业银行推介金融产品时应当了解客户并做出相关说明。证监会 2009 年发布的《创业板市场投资者适当性管理暂行规定》也对证券公司提出了类似要求，证券公司需要对投资者参与创业板市场进行评估。证监会 2016 年发布的《证券期货投资者适当性管理办法》制定了统一的适当性管理规定，对适当性义务履行的规定也更为具体。《证券法》第 88 条再次明确规定了证券公司的适当性义务。最高人民法院 2019 年公布的《全国法院民商事审判工作会议纪要》（法［2019］254 号，以下简称《九民纪要》）第 72 条至第 78 条是司法机关对"适当性义务"制度提出的具体的定义，即相关机构在向金融消费者提供涉及高风险等级金融产品的各种金融服务的过程中必须履行的"了解客户、了解产品、将适当的产品（或者服务）销售（或者提供）给适合的金融消费者的义务"。

三、适当性义务制度存在的问题及解决

如前文所述，《九民纪要》相对于其他法律法规对于适当性义务的规定最

为全面，但是仍然存在一定的问题。

（一）判断标准不明确

如何判断是否尽到适当性义务，是设立该项制度的关键问题，但是判断标准并不明确。《九民纪要》第 72 条提及，适当性义务是指卖方机构在向金融消费者推介、销售高风险等级金融产品或高风险投资活动的过程中，必须履行相关义务。但是，该规定对于"高风险"并没有明确的定义，而在金融行业内部的规范和行业标准中，对于金融产品和服务的风险程度却有不同的区分，比如中国证券业协会《证券经营机构投资者适当性管理实施指引（试行）》（中证协发〔2017〕153 号）第 14 条将产品或服务风险等级划分为 R1 到 R5 五级，也有金融机构采取"低、中、高的分级"。[1] 本文建议明确相关的判断标准。

（二）司法认定不统一

笔者代理的一起委托理财合同纠纷中，[2] 中级人民法院认定涉案的定增业务属于高风险业务。定向增发作为一种投资方式，在拥有高收益的同时，自然也会承担相应的风险。增加的风险主要是发行后可能跌破发行价，但即便跌破发行价，还是有可能因为后续市场的变化和经营能力的改善或增强，而导致股价增长并最终受益，这类业务是否应当属于《九民纪要》所指的"高风险"业务，在司法实践中并没有统一判定标准，更多取决于法官的内心判断和自由裁量，这会给适当性义务的适用带来较大的不确定性。在〔2020〕冀 11 民终 270 号案件和〔2020〕苏 13 民终 4459 号案件中，对于不会产生本金损失的投资性保险产品，人民法院对于是否应当适用适当性义务给出了截然相反的观点。[3] 而更深层次的问题是，究竟什么样类型的业务需要满足适当性义务，当前的法律规定没有给出一个明确的规定，无论任何义务均考虑适用适当性义务是一种适用范围的不当扩张。因此，本文建议司法实践中要统一判定标准。

（三）适当性义务主体不明确

《九民纪要》第 74 条第 1 款规定：金融产品发行人、销售者未尽适当性

---

〔1〕 李游：《金融机构适当性义务的履行判断和责任承担——基于 834 份裁判文书的分析》，载《政治与法律》2022 年第 11 期。

〔2〕 北京市第三中级人民法院〔2020〕京 03 民终 7298 号。

〔3〕 战睿凝：《适当性义务的适用范围研究》，华东政法大学 2022 年硕士学位论文。

义务，导致金融消费者在购买金融产品过程中遭受损失的，金融消费者既可以请求金融产品的发行人承担赔偿责任，也可以请求金融产品的销售者承担赔偿责任，还可以根据《民法典》的规定，请求金融产品的发行人、销售者共同承担连带赔偿责任。该条明确规定，金融产品的发行人和销售者是责任主体。但是在前述笔者代理的案件中，法院将适当性义务引入自然人之间的委托理财合同当中来，这种责任主体的扩张是否合理值得探讨。

本文认为，在自然人之间的委托理财合同中，是否存在专业程度和信息获取能力的差距应当进行准确的鉴别，不应当强行对于自然人施加适当性义务，而是应当更多地对于合同双方之间的约定进行审查。

（四）适当性义务的失衡

《九民纪要》仅强调了金融机构的适当性义务，考察金融机构的管理水平，要求"卖者尽责"，并未规定"买者自负"，使适当性义务失衡。本文认为对于金融消费者，在接受金融服务时也应当要求其切实履行审慎注意义务，也即对于"买者自负"原则应予以同样的重视。因为，金融机构并非对所有的风险因素都是可控和可预见的，要求金融机构的适当性义务不是把金融消费者或者说投资者当成襁褓里的婴儿加以保护，所有的责任都推向机构，应当平衡"适当性义务"和"买者自负原则"之间的关系，培养投资者风险意识，对于刚性兑付、无视风险、心怀投机的思维和方式应当予以规制，让消费者更加理性地选择、购买金融产品或服务，而不是在盲目投资后将司法的倾斜保护作为弥补自身亏损的救命稻草。比如"中国民生银行股份有限公司合肥马鞍山路支行、刘奇委托理财合同纠纷案"，[1]中级人民法院二审判决书认为，刘某作为完全民事行为能力人能够充分理解和认知银行提示的各项风险，因此自身亦应就投资损失承担一定的责任。

结　语

适当性义务作为一种法律制度，可以较为有效约束金融机构的行为，平衡机构和消费者之间的信息差，有效提升对投资者保护的水平，保证了金融市场的稳定发展，但为更好地发挥该制度的作用，需要对其进行不断完善，特别需要在"买者自负风险"的基础上，夯实"卖者尽责"的制度约束。

---

[1]　安徽省合肥市包河区人民法院［2018］皖 0111 民初 9098 号民事判决书。

论车位销售给业主以外第三人的效力

龚利多*

摘　要： 我国《民法典》276条"首先满足业主的需要"的规定是对开发商随意处分车位的限制。但"首先满足业主的需要"是否意味着"禁止向业主以外第三人出售车位"，实践中存在两种不同观点。一种观点认为车位不能向业主以外第三人出售，否则合同无效，另一种则认为法律未明文禁止向业主以外第三人销售车位，是否有效需结合具体情况具体分析。本文旨在探讨此问题。

关键词： 销售第三人　效力

引　言

现阶段房地产开发已较为规范，从土地使用权出让合同的规划控制指标规定到各类建设规范和政府监管，过去普遍存在的车位不足、车位无法满足小区业主需要的问题在新开发小区中已基本得到解决。与之相反，大量小区出现空置车位，开发商为了收回建设成本，采取包销、整售等方式将车位销售给业主以外的第三人。这种方式引发了法律上的问题，需要研究和探讨。

一、车位销售给业主以外第三人的原因

（一）法律及司法解释对车位处分的限制

为解决小区内车位不足、停车难的问题，《民法典》仍沿用原《物权法》

---

　* 龚利多（1980年—），女，汉族，浙江人，中国政法大学同等学力研修班学员，研究方向为民商法学。

对车位处分的限制规定，在第 276 条中将"首先满足业主的需要"作为处分车位的前提，最高人民法院《关于审理建筑物区分所有权纠纷案件适用法律若干问题的解释》（以下简称《建筑物区分所有权司法解释》）第 5 条则进一步规定了"配置比例"，并以此判断是否"首先满足业主的需要"的标准。[1]然而由于城市化进程的差别及房地产市场发展不均衡，部分新建小区已不存在停车位不足和停车难的问题。要求开发商按配置比例处分给小区业主的规定，导致了大量的车位空置。

（二）地方规范禁止车位销售给业主以外第三人

上海、浙江宁波、江苏苏州、福建、湖北等地明确规定不得将车位出售给业主以外的第三人，[2]并设有罚责，以浙江宁波为例，违反者将面临没收违法所得，每违法出售、出租一个车位、车库处 2 万元以上 5 万元以下罚款。[3]部分城市如安徽合肥，虽物业管理条例未明确禁止车位销售给业主以外第三人，但如涉及销售给第三人的，销售合同无法网签备案、车位不动产权证无法办理。

（三）地方车位配置标准已满足业主实际需求

笔者了解到，各地的指标落实后车位配置比例即规划确定的建筑区划内规划用于停放汽车的车位、车库与房屋套数的比例基本超过 1∶1。以天津市为例，天津市工程建设标准规定每 100 平方米住宅要求配建 1.2 个机动车停车位，[4]因此如住宅面积在 250 平方米的，则车位配置比例可达到 3∶1。宁波市从 2013 年至 2023 年，车位库存量逐年增加，截至 2023 年 9 月，车位库

---

〔1〕《民法典》第 276 条规定："建筑区划内，规划用于停放汽车的车位、车库应当首先满足业主的需要。"最高人民法院《关于审理建筑物区分所有权纠纷案件适用法律若干问题的解释》第 5 条第 1 款规定："建设单位按照配置比例将车位、车库，以出售、附赠或者出租等方式处分给业主的，应当认定其行为符合民法典第二百七十六条有关'应当首先满足业主的需要'的规定。"

〔2〕禁止车位出售业主以外第三人的有：《上海市住宅物业管理规定》第 62 条第 1 款、《宁波市住宅小区物业管理条例》第 13 条第 1 款、《苏州市住宅区物业管理条例》第 70 条第 6 款、《福建省物业管理条例》第 64 条第 3 款、《湖北省物业管理条例》第 54 条第 1 款。

〔3〕《宁波市住宅小区物业管理条例》第 87 条第 1 项。

〔4〕《天津市建设项目配建停车场（库）标准》（DB/T 29-6-2018）第 4 章建设项目配建停车泊位指标。

表4.0.1 居住用地类（R）建设项目配建停车车位指标表

项目	单位	小客车车位	非机动车位
住宅（R11、R21、R31）	车位/100m²建筑面积	1.2	0.5
配套服务设施（R12、R22、R32）	车位/100m²建筑面积	0.4	1.0

存量已超过 27 万个，车位去化周期约 49 个月。[1]综合房地产供需关系的转变，叠加人防车位产权改革，政府将人防车位权属及使用收益权收归国有，使得业主在一定程度上拒绝购买产权车位而选择承租租金相对低廉的人防车位。

综上，法律规定、地方性法规及政策管控，叠加车位配置比例高、房地产供需关系转变及人防车位产权改革等因素，使得车位库存居高不下，房地产企业现金流承压，车位库存量大，去化速度较慢，衍生车位向业主以外第三人销售的客观需求。

二、有关法律和实务分析

（一）法律分析

开发商向业主以外第三人销售车位的问题极具争议。主张禁止销售的观点认为，出售给业主以外第三人是对《民法典》276 条的违背，开发商在任何时候都不能将小区车位出售给业主以外的第三人，这是为了保证首先满足业主需要的一个重要前提条件。如小区车位按配置比例完全处分给业主，则认定开发商已履行本条规定。[2]就规范所持立场而言，该观点并未合理区分"首先满足"与"仅能满足"，将《民法典》第 276 条的限制规则等同于车位向第三人转让的禁止规定并不周延。无论车位的使用功能还是经济属性，在本小区业主无停车需要，而周边业主又无车位可使用的情况，应当发挥物的效用。民法典不仅应当保护业主的使用权益，也应当保护建设单位的经济利益。否定所有权人的处分权即是否定所有权。

（二）实务分析

1. 主张销售合同无效

法院在处理车位向业主以外第三人销售纠纷中认为属于违反效力性规定，认定转让合同无效时，通常从以下三个方面考量。首先看小区车位的配置比例，如小区停车位数量明显少于住宅数量时，开发商仍将相当比例车位整体出让给非小区业主的，协议无效；其次看开发商有无履行相关通知公示程序，

---

[1] 数据来源：宁波市房产市场管理中心。

[2] 最高人民法院民法典贯彻实施工作领导小组主编：《中华人民共和国民法典物权编理解与适用》（上），人民法院出版社 2020 年版，第 368 页。

是否任意将小区车位销售给业主以外第三人；最后看业主是否同意开发商向业主以外第三人销售车位。违反以上三项中的任意一项，都会被认定为损害小区业主的停车权益，违反了《民法典》第 276 条 "首先满足业主的需要" 的强制性规定，相关销售或转让行为无效。[1]

2. 主张销售合同有效

实务中，开发商将车位销售给业主以外第三人的行为确认有效的法院判决并不少见。法院并不机械地以销售对象是否为业主为判决合同是否有效的依据，而是以是否 "首先满足业主的需要" 的实质作为判断依据，厘清了开发商的义务边界。首先，开发商是否按一定比例分配车位，为小区业主保留优先权；其次，开发商是否履行了告知义务，并经过一定期间后，在业主未购买或租赁车位的情况下转让给关联公司；最后，转让给第三人的行为是否影响小区业主对小区配套车位享有优先使用的权利，即该转让是不是对车位权利和义务的概括转让。[2]满足以上三种情形的转让应当视为 "首先满足业主的需要"。小区车位只能在小区业主内部进行分配与立法目的相悖，亦有悖于一般的商业常理。开发商的义务并非无限制的，当开发商制订较为合理的销售方案并向业主公示，保障了业主的优先购买权，同时实现第三方受让的目的和用途，保障小区车位的购买主体和承租主体仍然限于业主，并未用于非业主使用或者，在确认业主对车位无需求、业主同意开发商对外转的，应当认定转让的效力。

三、本文的观点

本文认为，不应限制开发商将车位销售给除业主以外的第三人，但应符合一定的条件，符合条件的销售有效，否则无效。

（一）业主合理停车需求得到满足

车位配置比例可以作为判断业主合理停车需求是否得到满足的标准。根据《建筑物区分所有权司法解释》第 5 条的规定，开发商按规划车位与住宅

---

[1] 参见浙江省杭州市中级人民法院［2021］浙 01 民终 836 号判决书，湖北省高级人民法院［2014］鄂民申字第 00235 号判决书，重庆市綦江区人民法院［2020］渝 0110 民初 7004 号判决书。

[2] 参见广东省中山市第一中级人民法院［2018］粤 2071 民初 2080 号判决书，浙江省杭州市中级人民法院［2019］浙 01 民终 2638 号判决书，浙江省嘉兴市中级人民法院［2021］浙 04 民终 320 号判决书。

的配置比例将车位处分给业主后，仍有富余的且业主没有使用车位需求的，视为业主的需要已满足，开发商可以自主选择将剩余车位向业主以外第三人销售。[1]

（二）业主无车位需求

在业主不购买车位的情况下，如何证明业主无车位需求，应从以下三方面考量。其一，业主对车位的需要，不仅数量上要合理，时间上也要合理。业主购买车位应当确定一定期限，规定在时限内，业主仍没有购买车位的，推定业主无车位需求。其二，公示通知程序，开发商经过多次通知、公示车位销售，充分确保业主知情权及购买车位的优先权后，业主仍无购买车位意愿的，推定业主无车位需要。[2]其三，明确放弃，开发商与业主在签订商品房买卖合同时或后续销售车位的过程中，如业主自行签署放弃购买车位的确认书或同意开发商将其配置比例对应的车位销售给业主以外第三人的，应当尊重双方意思自治，确认业主无车位需求。

（三）车位向外转让路径

车位权利义务的概括转让。实务中，证明业主合理需求得到满足或业主无车位需求对开发商而言并非易事，基于收回建设成本压力，开发商通常选择与销售代理机构合作，以"合同概括转让"的方式签署委托销售协议，将开发商应当履行的义务和责任整体转移给销售机构。并在协议中明确约定，协议签订后，开发商与车位相关的义务和责任也同时转移给销售机构，由销售机构替代开发商履行相关法律义务和责任。销售机构受让车位后，应当优先销售或出租给小区业主，不得销售、出租给业主之外人员或单位，不得用于抵押或再次整体转让。

---

〔1〕 潘运华、詹宇雷：《处分住宅小区车位的法律限制》，载《福州大学学报（哲学社会科学版）》2022年第6期。

〔2〕 《泸州市房地产开发项目车位租售管理办法（征求意见稿）》第9条规定：对已全部竣工验收备案、已售住房均符合交付使用条件的楼盘，从最后一个栋楼竣工验收备案之日起，超过3年未销售完毕的车位［人民法院作出的已生效判决和裁定、开发企业因资金链断裂将车位（车库）用于偿还借款、贷款等情况除外］，需在建筑区划内的出入口、公示栏等显著位置公示车位的处置方案、对外销售价格及日期等信息，确保同等条件下优先销售给本小区业主。经公示1个月在优先销售给本小区业主后仍有剩余车位，可销售给本小区业主以外的人员。公示情况应及时抄告区住建部门和区综合行政执法部门。

结　语

在确保业主可以按车位配置比例购买车位的前提下，在业主确无车位需求时或不损害业主车位使用权益时，应允许开发商对车位进行自由交易，使车位可以得到平等的权属登记保护，以从根本上解决车位销售困局。

论民法中的诚实信用原则及其作用

邢秋娜[*]

摘　要： 诚实、信用是对人行为的评价，在道德上约束人们的行为规范。讲诚实、守信用可以增加人们之间的信任，有益于人与人交往的信任感、安全感的提升。相反，不诚实、无信用会降低人们之间的信任，进而减少人们的联系和交易，对社会经济发展和人们的精神文明发展起着滞后和阻碍作用。正确、深入认识和理解作为民事法律原则的诚实信用原则及其作用，并准确适用具有重要意义。本文旨在探讨民法中诚信原则的作用。

关键词： 民法　诚实信用　基本原则　作用

引　言

深入认识和正确理解作为民事法律原则的诚实信用原则及其价值功能，对发挥其应有的作用具有重要意义。诚信原则由于其抽象性和不能直接适用等特点，限制了该原则的作用与功能的发挥，因此，该原则的具体化可以充分、有效发挥其价值和功能。

一、诚实信用原则的内涵

诚信原则源自罗马法，之后成为《法国民法典》中的一项契约制度，《德国民法典》在此基础之上将其提升为债法的基本制度，最终成为瑞士民法中的

---

　*　邢秋娜（1991年—），女，汉族，黑龙江人，中国政法大学同等学力研修班2020级学员，研究方向为民商法学。

民法基本原则，直至在大陆法系各国的民事立法中被确立为基本原则。[1]按《布莱克法律词典》的解释，诚实信用即是怀有善意、诚实、公开、忠诚没有欺骗或欺诈，具有真实、实际，没有假装或伪装的。诚实信用原则，包含两方面内容：一是对待他人诚信不欺，二是对自己的承诺要信守不怠。[2]法律意义上的诚信原则最早源于大陆法系国家，在我国，于道德领域内的诚实信用早已存在，其被确立为法律原则作为一般条款被使用略晚。2021 年 1 月 1 日起实行的《民法典》，总则编第 7 条规定："民事主体从事民事活动，应当遵循诚信原则，秉持诚实，恪守信诺。"即民事主体从事民事活动有义务作出诚信的表达，并践行已作出的承诺，若违反该原则，在具体的法律关系中将产生相应的法律后果，承担相应的法律责任。

二、《民法典》中的诚实信用原则

诚实信用原则本身具有法律原则的概括性、抽象性和不确定性，其主要应用于具体的法律规则中。

第一，在总则编中，关于民事法律行为效力的规定以意思表示真实为有效条件，[3]若当事人做出的产生、变更、终止民事法律关系的民事法律行为违反了诚实信用原则，则会导致该民事法律行为无效、可撤销或者赋予权利人相应的救济权利（请求人民法院或者仲裁机构予以撤销），[4]以保持当事人之间的利益平衡。

第二，在合同编中，合同的成立、履行、解除阶段均有相关法律规则的体现。在合同的成立阶段，违背诚实信用原则会导致合同无效或者可撤销，违约方的行为导致合同目的无法实现，其对此应承担缔约过失责任；在合同成立后的履行阶段，为防止当事人违背诚实信用原则给权利人造成损失，法律赋予了权利人同时履行抗辩权、先履行抗辩权和不安履行抗辩权的救济权

---

[1] 贾介安：《诚实信用原则之研究——以禁止矛盾行为为中心》，华东政法大学 2021 年硕士学位论文，第 1 页。

[2] 吴兆祥：《论诚实信用原则在民法中的功能及适用》，载《山东法官培训学院学报》2017 年第 2 期。

[3]《民法典》第 143 条（民事法律行为有效的条件）。

[4]《民法典》第 146 条（虚伪表示与隐藏行为的效力）、第 147 条（重大误解）、第 148 条（一方欺诈）、第 149 条（第三方欺诈）、第 150 条（以胁迫手段）、第 151 条（显失公平）。

利，特别是情势变更的适用更充分体现了民事主体在民事活动中应以善意交往为原则；合同保全中的债权人的代位权、撤销权；合同的法定解除情形、解除后权利义务的恢复和因违约解除合同可请求承担违约责任等，各环节均通过权利义务形式的设定具象了诚实信用原则。

第三，在物权编中，物权受到侵害的，当事人可以通过请求确认权利、返还原物、排除妨害、消除危险等方式保护自己的权利；[1]善意取得制度是对受让人诚实信用之善意的权利保护；担保制度本身就是债权人基于对债务人或者第三人的信任而形成的为保障主债权的实现形成的权利制度等。

第四，在人格权编中，处理个人信息的原则和条件，包括应当遵循合法、正当、必要原则，不能过度处理；[2]信息处理者有信息安全保护义务[3]等。

第五，在婚姻编中，重婚、近亲结婚、未达法定婚龄的婚姻无效，因受到胁迫或者非法限制人身自由、婚前隐瞒重大疾病的，赋予权利人可撤销权并赋予向过错方请求损害赔偿的权利等。

第六，在继承编中，对继承人的继承权的丧失和恢复等。

第七，在侵权编中，如采用无过错归责原则的产品责任、环境污染和生态破坏责任等，并不以侵权人的过错作为侵权成立的条件，而是从生产、销售者、制造者等民事主体本身从事民事活动的行为是否符合诚实信用原则的结果出发，适用无过错归责原则，充分体现了该原则的适用。

三、诚实信用原则的作用

诚实信用原则作为民法基本原则之一，其作用体现在法律运行的过程中，具体体现在立法、司法和守法的全过程。

（一）立法过程

立法者可以据此探讨和确定法律规则，使得法律规则的制定符合利益平衡的精神以及立法目标的实现，满足人们正常的合理期待，为民事法律具体规范的制定提供正当性依据。

---

〔1〕 法律出版社法规中心编：《中华人民共和国民法典注释本》，法律出版社 2020 年版，第123 页。

〔2〕《民法典》第 1035 条。

〔3〕《民法典》第 1038 条。

（二）司法过程

在适用法律时，可据此作出合理解释，同时，因法律制度的延迟性和不完全性，在法律规则及其解释不能提供裁判的法律依据或者适用现有的规则及解释进行裁判的结果不符合实质正义时，可适用该原则行使公平裁量权，以完成裁判和实现实质正义，即具有填补法律漏洞的功能。

（三）守法过程

该原则对民事主体的民事活动具有指导作用，为民事主体提供预期结果，若违背诚实信用原则，将产生相应的法律后果，使其通过义务的履行完成责任的承担。

四、充分发挥诚实信用原则作用的建议

诚实信用原则在法律实务中的作用能不能充分发挥取决于多因素，比如，民事主体对其法律上的认识不足，不了解因违反该原则会影响其具体的权利义务内容以及相应的法律后果；因原则的抽象化而不能完全具体于法律规则中，使得司法适用上不利于法官的自由裁量，包括不能穷尽规则再适用原则的情形；因违反该原则所需要承担的责任处于正常的情理之中，未形成实质较强的制约效果，未对其本身的权利和后续的民事行为产生相关的有效约束和影响等。对此，应在相关环节采取措施以更好发挥诚实信用原则的先导作用和实务作用。

第一，增加普法宣传，充分发挥其指导作用。耳熟能详的诚信已经入法，处于法律的调整范围内，在与人的交往合作中违反诚信原则，需要承担法律代价，同时守约方可据此追究违反该原则的民事主体的责任。深刻人们对道德领域内的诚信的认识，起到预防和维护自身权益的作用。

第二，司法适用上，裁判中应准确适用该原则与具体规则，直接适用原则时应进行充分说明。总结直接适用该原则进行裁判的案例，对立法中形成具体化的规则予以参考或者增加相关司法解释，使该原则具体化。

第三，在责任承担上，对转移财产、隐匿资金等逃避司法执行的违法措施增加惩罚力度，因上述行为存在举证难等特点，应在司法执行环节适当增加举证责任倒置等有利于守约方的具体司法程序规则，使不诚信主体难以通过隐藏方法逃避司法执行，用有效的司法执行措施保障其充分发挥其实质正义的作用。

第四，民事主体诚实信用的可见化，诚信制度的具体化。目前，我国对失信人已经有相关的法律规定，包括公示失信人名单和对其采取限制高消费等具体措施，但其预防作用不显著并且不能达到整体适用的目的。对此，也有学者主张应制定全国统一的《企业诚信管理法》《个人诚信管理法》《公平使用信息法》等规范诚信专门法，将企业和个人的诚信体系纳入法治轨道。[1]使诚信管理入法并配套相关的行政法规和具体制度（诚信等级评价制度和奖惩制度），对民事主体的民事行为在法律上进行评价并公示和可查询，从道德上达到心理约束的作用并提升法律上的诚信原则的履行。

结　语

诚信已然被纳入新时代中国特色社会主义核心价值观，其在道德和法律层面的双重作用均反映出其价值的重要性，以诚信为本、为基石践行的社会关系可以促使法律价值——秩序、公平、正义等的有效实现，因此，确保诚实信用原则的准确适用至其效用的发挥形成完整的闭环，使其充分发挥应有的价值和作用，使其在法律上的效力、作用力和强制力促进其在道德领域的精神文明的提升，使诚实信用原则真正贯彻至民事主体的行为中，方能见诚信本身。

---

〔1〕 刘杰敏、张军：《诚实信用原则若干问题研究》，载《行政与法》2003 年第 7 期。

续写作品行为性质的法律思考

孙宇靖*

摘　要：续写行为自古有之，而近年来随着互联网传媒渐趋成熟，以言情、玄幻小说为主要类型的续写作品陆续充斥眼球。下文由作品的续写以及相关法律两方面的背景引入，明确续写作品的概念及其特征，对现阶段续写作品行为系侵权的几种观点加以驳斥，并针对这类行为是否属于"合理使用"展开讨论。

关键词：续写作品　《著作权法》　合理使用　不正当竞争

引　言

谈及作品的续写，我国自古便有先例，其中最经典的当属高鹗所作《红楼梦》后四十回。除此之外，明末清初时期陈忱的《水浒后传》一度遐迩闻名，《春秋》一作的续写作品也在一定时期呈现井喷之势。近年来，在知识产权事业在中国发展尚存巨大潜力的大背景下，续写作品相继登上网络荧幕，大量法律争议随之出现并暴露。翻阅现有文献，虽然法学领域对知识产权、著作权相应现象、问题的关注度有提高的趋势，但不可否认针对续写作品的专门性研究特别是对续写作品行为性质之研究依然有待加强。

一、续写作品的含义及特征

（一）续写作品的含义

续写，系从原文出发，遵循原文思路并对其做适当延伸。续写作品又叫

---

　　* 孙宇靖（1998 年—）男，汉族，浙江宁波人，中国政法大学同等学力研修班 2022 级学员，研究方向为知识产权法学。

后续作品，有学者认为其"是在他人已完成或未完成的作品的基础上独立思考、创作而形成的作品"。也有学者称："续写作品是对现有作品在时间上和空间上的延伸和拓展，指延拓者借用现有作品的主要角色或典型艺术形象，综合理论或线索等进行延伸和拓展而成的作品，且其是基于原作品而创作出的全新的作品，在新作品中已看不出原作品的基本情节和结构，但可看出它是沿着原作品而一脉相承的。"[1] 它不仅可以指新作者对原作品的续写，还包括作品原作者对自己既有成果的拓展，本文主要讨论前一类续写作品行为。

（二）续写作品的特征

1. 续写作品以文字作品为主要表现形式

著作权的客体是作品，是指文学、艺术和科学领域内具有独创性并能以某种有形形式加以复制的智力成果。[2] 续写作品以文字作品为主要形式，包括但不局限于对小说结尾的续写，也包括对乐章、影片剧本等的续写；既可以是基于对原作者委托的承诺而展开的续写，亦可以是自行进行的续写行为，同时其早已不再拘泥于手写，而代之以更加便捷的文字编辑为主的形式。

2. 续写作品的依附性

续写作品对原作品具有依附性，作品中的人物、地点等要素对原作品具有依赖，且这种套用又是创作的必经之路。这意味着无论是原作者还是新作者，其续写行为不得不以原作品为"靶子"，难以做到完全的天马行空。此外，事件的场景、时间轴等也是对原作品的延续，原作品为续写作品提供了最可借鉴的范本。续写作品如果公开发表，在客观上也利用了原作品及原作者的名气和影响力，原作品已经立下的口碑会对续写作品产生影响，其读者也可以基于对原作品的热爱与推崇阅读续写作品。

3. 续写作品的相对独立性及反作用

从本质上说，续写作品是一项单独的智力成果，是续写作者脑体劳动的产物，自诞生之时便具有不可逆的特性。续写作者为情节的接续发展提供多种路径中的一种，可以给原作者以启发。而双重的反作用则体现在续写作品质量的优劣对原作品影响力的扩大与削弱等方面，还表现为受众群体的反辐散效应。

---

[1] 李亮：《论续写作品的著作权保护》，载《河北法学》2005 年第 2 期。

[2] 《著作权法》（2020 年修正）。

二、续写作品行为性质的争议

有关续写作品行为的性质，大致有以下几种观点：

（一）续写作品行为是一种侵权行为

部分观点认为续写作者侵犯的是原作者的保护作品完整权，大致思路在于这部分学者更着眼于续写作品对原作品的依附性，其基于洛克（John Locke）的"财产私有制"学说将续写作者非"零起点"的创作行为同剽窃相类比，[1]认为这一群体利用了原作品与原著作权人的名气以及读者们的刻板印象，是一种投机取巧的渔利行为。无论是回溯历史还是着眼当下，续写作品往往难以达到原作品的高度，给人以狗尾续貂之感。在实务界，《胡某娇与霍尔果斯哎呦互娱科技有限公司一审民事判决书》的结论如出一辙。此外，还有观点分别以侵犯原作者修改权及限制原作者改编权为由，认定该行为构成侵权。前者认为对"修改"的理解不宜拘泥于在原文上的修改，后者认为新作者闭塞了原作者续写的一种路径，当这种续写行为未经原作者同意时，它仅是一种效力待定的行为。

（二）续写作品行为构成合理使用

此种观点体现在"马某与四川广电著作权权属、侵权纠纷"一案中，该案一审认为续写作品并没有达到偏离原作品主题及价值取向的程度，认定电视台的行为不涉及侵权。二审最终维持原判，认为以原作品基本设定为基础创作的续写作品构成新作品，扩大马某的权利会阻碍创新。[2]

三、本文对续写作品行为的认识

1. 对"侵权行为"观的思考

（1）保护作品完整权的行为侧重声誉层面，即是否侵犯原作者名誉权的问题。首先，一般说来，续写作品对原作品鲜有颠覆性的变化，承载着一种传承精神，对原著作权人名誉的削弱是罕见的。即使是差强人意的作品，它的问世也能反衬出原作者技艺的高超，使原作者载誉而归。其次，如果不做

---

〔1〕 卫志远：《续写作品法律制度研究》，吉林大学 2006 年硕士学位论文。
〔2〕 权彦敏、徐正大：《从两则版权案例谈续写作品的合理使用》，载《中国出版》2010 年第 19 期。

扩张解释，续写作品行为并不会对原作品本身的观点有任何的歪曲与篡改，即使是刻意为之，恶意丑化的难度也较大。最后，这也是一种忽视续写作品的反作用的观点，因为现实生活中也不排除先浏览续写作品再顺藤摸瓜了解原作品的可能性。因而，仅仅因为引用了几个要素就认定侵犯原著作权人的保护作品完整权不免有失偏颇。

（2）修改权与保护作品完整权属于一种权利的两个方面，修改权同样侧重原作品本身。和上述的保护作品完整权相比，它的不同之处在于保护原著作权人的积极作为，即本人对作品的修改，从优先适用的文义解释和体系解释的方法来把握，修改主要是指内容的修改，包括删减、加工，甚至是标点符号的变动，段落的合并与拆分。这些显然也是不涉及侵权的，因为原作品与续写作品相互独立，行为人并没有对原作品进行任何改动，所以这种论调也有些牵强了。

（3）《著作权法》赋予原作者以改编权，即同意该著作权人对自己的作品进行改编，新作者的续写行为只是推动情节发展，理顺故事脉络的一种可能性，相较于人的主观能动性来说无异于沧海之一粟。续写的部分越多，新作品的非还原性与创新性将愈发明显，相近的概率几乎可以忽略不计。从本质上说，续写作品也属于改编已有作品而产生的新作品，可以适用著作权归属的特殊规则，新作者享有对续写部分的著作权，不侵犯原作品的著作权，也无权阻止他人对原作品进行诸如续写行为等的再度演绎。同理，原著作权人也无权阻止他人对自己作品的续写行为，这种行为是无需经过许可的行为。所以，续写作品行为自然也是并不侵犯原著作权人的改编权的。

（4）如果对原作品进行大段的摘抄，则有可能被认定为侵权行为，因为续写毕竟是在原作品的基础上进行的加工，大体思路有所限定，是与原作品具有一致性的，因而续写行为是在能够"接触"到原作品的前提下进行的。作品的独创性在于表达的独创而非思想的独创，故事情节、人物关系，这些并不属于"思想"的范畴，如果原封不动照搬，或者不加选择地将原作品吸收入新作品中，导致表达明显相似或者具有高相似度，成为准平行场域的另一个故事，则完全可能构成实质性相似，从而被认定为侵权。

2. 对"合理使用"观的思考

（1）《著作权法》规定有合理使用具体情形，其中列明为个人学习、研究、欣赏而使用他人已经发表的作品构成合理使用，由此可知如果续写作品不通过行使发表权而公之于众，仅仅是基于对创作的热爱或者学习的需要对作品进行续写，由于原作者及作品名称早已广为人知，所以没有特别保护的必要，续写者的行为自然不构成侵权。

（2）中国是《与贸易有关的知识产权协定》（即《TRIPS》）协定的缔约国，此协定的内容对我国同样具有拘束力。《TRIPS协定》提出了"三步检验法"，其中的"特殊情况"与我国《著作权法》规定的合理使用的十二种情形比较契合，而后两项内容则被引用到了我国的《著作权法实施条例》中。续写作品如果给行为人带来较大的经济利益及抽象利益，以至于冲击了原作品的市场地位，损害了原作品的市场价值，陷入了一种接近"零和博弈"的状态，则显然是影响原作品的正常使用的，构成不当竞争。比较典型的情况就是续写作品最初本是利用原作品的知名度打入市场，续写作者凭借良好的销量获取不菲的经济利益，积攒了较好的口碑，以至于读者在选择续写作品后不再购买原作品，原作品的地位岌岌可危，这种情况就涉嫌不正当竞争。广州市天河区人民法院就是引用《反不正当竞争法》第2条的一般条款认定江南的作品《此间的少年》虽不构成对金庸先生小说的著作权侵权，却涉及不正当竞争的违法行为，判定江南应当公开赔礼道歉并赔偿经济损失。

（3）除了"三步检验法"，实务界针对合理使用的判定还有"四要素分析法"。这种方法诞生于美国，是根据大量判例进行归纳推理所提炼出的方法论，美国法院曾基于"四要素分析法"认定《飘》的续写作品《斯佳丽》的作者里普利（Ripley）构成对原作品的合理使用。不同于"合理使用"制度已经完成了从判例法到成文法的演变，"四要素分析法"从根本上说与大陆法系的传统和社会主义法系的现实情况难以做到无缝衔接，但是可以适当借鉴。"四要素"包括作品使用的目的与性质，被使用作品的性质，与整个有版权作品相比所使用的数量和内容的实质性，该使用对有版权作品潜在市场或价值所产生的影响。用续写作品的情况带入"四要素"，可以得出和"三步检验法"相似的结论。

综上所述，可推知续写作品行为本身一般不构成《著作权法》意义上的侵权。《著作权法实施条例》也规定对他人损害基于公共利益可以适当限缩原著作权人的利益，这符合民法的公序良俗原则，也恰是公平原则的诠释。续写作品行为是否构成合理使用，需要结合具体案例加以分析，当且仅当续写行为人通过续写行为营利，使原作品的价值大打折扣时才属违法行为，否则就判定为"合理使用"。

3. 对《反不正当竞争法》规制"续写行为"可能性的思考

对在《著作权法》范围内非侵权但也不构成合理使用的行为通常适用《反不正当竞争法》进行兜底保护，其依据在于两部法律属于相互补充的关系。续写行为固然不侵犯原作者的保护作品完整权和修改权，也不会限制原作者的改编权，然而如果假借续写名义行抄袭之实，使得自己的作品与原作品构成实质性相似，或者续写行为人以盈利为目的，充分利用原作品的知名度，将作品用于商业用途，使得原作品在市场日渐式微，则行为人涉足的是《著作权法》的"中间地带"，动用现有的法律框架，可以对原著作权人及其作品适用《反不正当竞争法》予以兜底保护，认定构成不正当竞争。《反不正当竞争法》第 1 条的规定为法官审理类似案件另辟蹊径，赋予了一定的自由裁量权。而根据该法第 2 条的规定，在一般情况下，《反不正当竞争法》的主体为经营者，但对知识产权的侵权主体同样可以加以规制，这是由这两个法律部门的相互关系所决定的，有"补充说"的理论加以支撑与依托。

结　语

续写作品行为不一定都构成侵权，应该根据具体情况具体分析。续写如果没有遵循适度原则，突破了必要限度，完全可以被认定为非"合理使用"的不正当竞争。在现有法律体系下，对续写作品及其作者的保护，对原作品及其作者的保护，离不开舆论的宣传和公民意识的提高。笔者认为，各个社会主体只要能够相互配合，《著作权法》以及万众创新的良好文化生态的进一步发展，都将是指日可待的。

论网络暴力行为的法律规制

王海佳*

摘　要：随着互联网的发展，网民数量与日俱增。在非实名制环境下，网络暴力行为层出不穷，囿于参与网络暴力行为的往往是不特定的多数人，道德因素已不再发挥社会控制作用，通过道德约束难以制止网络暴力行为的发生。网络暴力行为需要法律予以规制。本文旨在探讨网络暴力行为的法律规制问题。

关键词：网络　非实名制　暴力行为　法律规制

引　言

在网络社会的非实名制环境下，"从众瀑布"以及"群体极化"等现象尤为显著，甚至导致道德判断走向极端。近几年网络暴力的现象层出不穷，规范网络社会行为，遏制网络暴力行为迫在眉睫。

一、网络暴力行为的概念及危害

（一）概念

目前对于网络暴力行为的内涵仍存在多种解释，笔者认为徐才淇博士所提到的网络暴力的内涵言简意赅：[1]网络暴力是指"在网络中以不符合法律和道德规范的力量达到自己目的的行为"。其同时揭示了网络暴力具有非法性和不道德性，是一种不被大众所接受的行为。以行为模式来看，网络暴力不

---

* 王海佳（1986年—）女，汉族，浙江人，中国政法大学同等学力研修班2021级学员，研究方向为诉讼法学。

[1] 徐才淇：《论网络暴力行为的刑法规制》，载《法律适用》2016年第3期。

同于现实暴力，它是指在虚拟网络空间中，用侮辱性及伤人的语言伤害和诽谤他人的行为。

（二）危害

网络暴力行为，最直接的危害是造成当事人的名誉损失，如果公开当事人现实生活的个人隐私，则构成隐私权的侵权，严重影响当事人的正常生活，并使其身心受到损害。

二、我国对网络暴力行为规制的现状及问题

（一）现状

1. 立法现状

现如今，网民数量与日俱增，网络空间的秩序也关系到国家稳定和安全。由于参与网络暴力行为的往往是不特定的多数人，亟待利用完善的法律武器解决。2023 年 9 月，最高人民检察院、最高人民法院和公安部联合印发了《关于依法惩治网络暴力违法犯罪的指导意见》（以下简称《指导意见》）。该意见对于网络暴力行为的刑法规制进行了详细的阐述，对于何种行为构成犯罪进行列举，使得普通大众对此的理解更加清晰。但是，其对于网络暴力行为的民法规制仅进行了简略的阐述。

2. 实践现状

此次三部门联合出台的《指导意见》虽然对于部分网络暴力行为进行列举，但仅是对于部分频发性、严重性的行为进行列举，存在遗漏，对于网络暴力行为的惩处尚未有具体的标准。笔者查阅了 81 篇有关网络暴力行为侵犯名誉权而请求损害赔偿的案例，其中赔偿金额在几千元至几万元不等。仅有部分案例支持受害者的精神损害赔偿请求，对于赔偿标准并未有明确的规定，法官的自由裁量权颇大。

（二）存在的问题

就此，笔者认为网络暴力规范治理存在以下主要问题：

第一，网络立法层面存在缺失，我国并没有网络生活方面的专门立法，仅在《宪法》和《民法典》中有相关规定。如《宪法》规定公民的人格尊严不受侵犯，《民法典》规定网络用户、网络服务提供者利用网络侵害他人民事权益的，应当承担侵权责任。然而，分散立法的方式难以应对变化多端的网络暴力类型，法律的滞后性也决定了它难以穷尽一切违法行为，部分网络暴

力行为，如网络跟踪、网络骚扰仍处于法外空间。对于网络暴力所造成的后果也难以进行准确估量，法律仅规定在造成严重后果时予以刑法规制，而这个严重后果大多是导致被害人死亡的情形，网络暴力使被害人丢失工作或者难以正常生活等情形是否可以归入网络暴力的后果还没有被明确。

第二，对于网络暴力的侵权主体难以认定。在普通的网络暴力侵权案件中，对于网络运营商的追责相对容易，而对于侵权主体难以认定，身份的匿名化处理也会致使损害的扩大。虽然我国现有的《民法典》和最高人民法院《关于审理利用信息网络侵害人身权益民事纠纷案件适用法律若干问题的规定》都规定：网络暴力事件的实施主体是网络服务提供者和网络使用者，但是因为网络所具有的匿名性和虚拟性使得现实生活中网络使用者的身份难以确定。上述司法解释同时规定了，网络暴力受害者在向法院提起诉讼后，法院在审理案件的过程中可以要求网络服务提供者向法院提供被告人的姓名、联系电话等基本个人信息。但如果最初该被告人使用虚假的身份信息进行登记，那么，即使是网络服务提供者也无法给予准确的身份信息。更何况到目前为止，我国市面上仍然有很多不需要实名认证注册就可以使用的软件，在此类情况下发生的网络暴力事件的当事人的身份信息的确定，成为司法实践中的一大难题。在网络环境中，取得有效的被侵权的证据很困难，甚至需要法院的调令才能锁定某些证据，这个过程也需要较长周期，而在这个时间段内侵权内容也会进一步被传播，导致受害者的权益得不到及时的维护，反而扩大了损害。

第三，网络监管部门执法不力。监管涉及许多部门，我国法律对于不同部门的职责分工并不明确，多头执法情形屡见不鲜，使得监管效果大打折扣。同时，监管部门人员素质有待提高，在安医生[1]的事件中，若监管部门能够重视并立案，悲剧也许便不会发生。

综上所述，就目前的司法现状来看，权利人维权较为困难。首先，权利人不能确定相应侵权者的身份；其次，法律虽然规定了多种途径可维权，但在操作过程中并不容易，易变的电子数据给予了侵权者逃脱责任的可能性，也使得证据不易固定难以获取。

---

〔1〕 竭婧、吴淑珍、宋歌：《网络欺凌的扩散传播机制探究——以德阳安医生事件为例》，载《淮南职业技术学院学报》2020年第3期。

三、网络暴力行为法律规制的完善

(一) 出台专门的法规

就日益猖獗的网络暴力，笔者认为需要出台专门的法规规制。《指导意见》是重视网络暴力立法而迈出的一大步，但该意见并不属于法律法规，对于网络暴力行为的规制亟待一部全面、细致的概括有关网络暴力的概念、具体客观行为以及特征等内容的法律，从而使法院、检察院以及公安机关有法可依，避免各自为政。

(二) 增设网络暴力的专项罪名

网络暴力行为的表现形式主要可以分为网络谣言、人肉搜索以及网络媒体的恶意炒作三种形式。我国目前对于一些严重的侵害行为均是通过其他罪名进行认定并作出相应的处罚，但这存在许多不准确的地方，例如侮辱罪的最高刑期仅为3年，而利用网络暴力行为侮辱他人致其死亡后，仅能以侮辱罪定罪，最高刑期畸轻，显然违背了刑法的罪责刑相适应原则。因此，设立网络暴力的专项罪名至关重要，对于合理量刑，严厉打击网络暴力行为十分关键。笔者认为，网络社会的道德泛化以及非实名制的机制已然造成网民的法律意识淡化，亟须刑法的威慑作用来强化网民的法律意识，以使网络暴力行为是一种违法犯罪行为的观念得到普及，这一点在醉驾入刑时也可以得到印证。

(三) 落实网络实名认证

网络平台使各种不同的思想交汇碰撞于一处，人们可以随时随地对热点事件发表自己的看法和意见，但由于不同的价值观和观念冲突，以及认为网络不用承担法律责任这样的侥幸心理极容易导致暴力事件的发生。如今的网络社会已完全融入大众生活，人们花在网络社交上的时间大幅提升，甚至有许多人整日沉溺于虚拟网络空间，网恋这一新式恋爱模式也体现了这一点。

我国在2016年出台了《网络安全法》以推进网络实名制。网络账号的隐秘性给予网络暴力行为人侥幸心理，助长其气焰，道德规制作用名存实亡，因此实名制能够极大地提升约束作用，使网络空间贴近于现实空间。但是目前网络实名制并未取得明显的成效，伪造身份信息的情形屡见不鲜，大多实名制仅需要验证手机号码，而手机号码又极易遭到窃窃，受危险分子利用。对此，网络监管部门应当加大对账户查验力度，对于身份信息不匹配的账号及时予以处理，避免不法分子有机可乘。

同时，需要明确网络运营商的责任，加重网络平台不履行义务的责任。对网络暴力行为造成严重社会影响，但网络平台熟视无睹的情形，制定严格的追责机制，加重其应承担的责任。

结　语

总之，网络暴力的形成因素是十分复杂的，公民的网络道德意识和法律意识仍需加强。值得庆幸的是，近几年来，网络暴力的处罚力度有所改善，例如在"女子取快递被造谣出轨"[1]案件中，造谣者以诽谤罪定罪，足以体现法律惩处力度的提升。笔者相信，在各个机关和网民的共同努力之下，健康有序的网络空间指日可待！

---

〔1〕 明国华：《后真相时代网络暴力中的受众心理机制——以"女子取快递被造谣出轨"事件为例》，载《时代人物》2021 年第 8 期。

电子商业汇票期前提示付款的追索效力辨析

刘方之*

摘　要： 对于电子商业汇票持票人期前提示付款行为的效力，基于对《电子商业汇票业务管理办法》的不同理解，存在较大争议，各地法院对此有不同的裁判理由。根据拒付节点的不同，又引伸出一个问题，即同样系期前提示付款，是否可以根据拒付节点的不同判断期前提示付款行为在提示付款期内的效力延续性。面对这种混乱局面，对电子商业汇票期前提示付款的效力进行辨析就显得尤为重要。本文旨在探讨这一问题。

关键词： 电子商业汇票　期前提示付款追索效力　辨析

引　言

我国电子商业汇票（以下简称"电票"）系统于2009年投入使用，电票具有票据信息在电票系统中以代码形式进行传递[1]的特性，因其便捷性已经成为票据交易中的主要形式。近年来，由于种种原因大量出现电票兑付逾期问题，实践中围绕电票爆发了大量纠纷和争议问题。我国票据领域的重要立法均制定于电票系统建成之前，缺少适应电票特性的相关规范，而电票期前提示付款行为产生的法律效果成为其中的焦点问题。

一、问题的提出

关于电票交易行为，目前我国仅有中国人民银行于2009年制定的《电子

---

* 刘方之（1995年—）女，汉族，浙江人，北京大成（杭州）律师事务所律师，研究方向为经济法学。

〔1〕 任恩林、赵伟喆编著：《商业汇票操作实务与风控手册》，中国金融出版社2020年版，第23页。

商业汇票业务管理办法》（以下简称《管理办法》）作了较为详细的针对性规定，上海票据交易所陆续发布的通知作为补充。结合《管理办法》第 59 条、第 66 条〔1〕的规定和实践，电票期前提示付款根据拒付节点的不同，共有以下四种类型：①期前被拒；②期内被拒；③期后被拒；④承兑人一直未作应答。

对于电票持票人期前提示付款行为，实践中基于对《管理办法》规定理解的不同，存在较大争议。《管理办法》规定，若持票人期前提示付款行为未获付款，应在到期日起 10 日内再次提示付款。对此产生的争议有：一是如果持票人未再次提示付款，其期前提示是否具有延续性及是否丧失对所有前手的追索权；二是同样系期前提示付款，是否可以根据承兑人拒付节点的不同判断期前提示付款行为在提示付款期内的效力延续性。

二、期前提示付款追索效力的类案检视

（一）认可期前提示付款效力的观点

上海、〔2〕江苏〔3〕和北京〔4〕等地法院认为，电票的期前提示付款行为中的类型②、类型③具有追索效力，主要裁判理由为：

第一，现行法律法规和监管意见的规定未否定期前提示付款行为的追索效力。《票据法》第 53 条和《管理办法》第 66 条概括规定了提示付款期间以及未按照期限提示付款的法律后果，不涉及对期前提示付款行为持续性的评价。

第二，电票具有特殊性，可以类推适用《民法典》第 137 条规定〔5〕的数据电文意思表示生效规则。

〔1〕《管理办法》第 59 条规定：持票人在票据到期日前提示付款的，承兑人可付款或拒绝付款，或于到期日付款。承兑人拒绝付款或未予应答的，持票人可待票据到期后再次提示付款。第 66 条规定：持票人在票据到期日前被拒付的，不得拒付追索。持票人在提示付款期内被拒付的，可向所有前手拒付追索。持票人超过提示付款期提示付款被拒付的，若持票人在提示付款期内曾发出过提示付款，则可向所有前手拒付追索；若未在提示付款期内发出过提示付款，则只可向出票人、承兑人拒付追索。
〔2〕上海金融法院［2023］沪 74 终 740 号民事判决书。
〔3〕江苏省扬州市邗江区人民法院［2023］苏 1003 民初 2024 号民事判决书。
〔4〕北京金融法院［2022］京 74 终 1917 号民事判决书。
〔5〕《民法典》第 137 条规定：采用数据电文形式的意思表示，相对人指定特定系统接收数据电文的，该数据电文进入该特定系统时生效。

第三，期前提示付款行为不会出现侵害承兑人期限利益的后果，亦不会令票据到期后的票据责任处于长期不确定状态。

（二）否认期前提示付款效力的观点

湖北、[1] 安徽 [2] 和广东 [3] 等地法院认为，电票的期前提示付款行为均不具有追索效力，主要裁判理由为：

第一，《票据法》第 53 条、《管理办法》均规定，持票人应当在票据到期日后 10 日内提示付款。《管理办法》第 66 条说明持票人未能在提示付款期内向承兑人提示付款的，持票人此时如被拒绝付款，仅可向承兑人和出票人拒付追索，不可向所有前手追索。

第二，衡平持票人与票据债务人利益，保护票据债务人期限利益，不应认可期前提示付款效力。否认期前提示付款行为的效力，仅持票人承受了违反电票要式性规范的失权后果，并不会牵涉到全部票据债务关系，[4] 持票人还可能向出票人、承兑人进行拒付追索，未丧失救济途径。

三、期前提示付款追索效力的辨析

通过类案检视可以看出，两种观点的主要分歧点有二：一是对《管理办法》规定的理解差异；二是对认可期前提示付款效力是否损害票据债务人的期限利益存在争议。

（一）《管理办法》的理解

1. 第 59 条的理解

基于对票据债务人期限利益的保护，给予承兑人对期前提示付款行为的三种应对方式，承兑人可自行选择是否放弃期限利益。承兑人期前拒付后，期前提示付款状态中断，持票人当然应待到期后再次提示付款。

结合实践，提示付款指令进入电票系统后持续存在且票据状态显示为"提示付款待签收"，该状态延续至电票到期后。若持票人欲再次提示付款，必须待承兑人作出拒付指令或持票人自行撤回提示付款指令。因此，第 59 条

---

〔1〕 湖北省荆州市中级人民法院 ［2022］鄂 10 民终 2255 号民事判决书。

〔2〕 安徽省马鞍山市中级人民法院 ［2023］皖 05 民终 104 号民事判决书。

〔3〕 广东省深圳市中级人民法院 ［2019］粤 03 民终 17421 号民事判决书。

〔4〕 余意：《电子汇票期前提示行为效力问题研究》，江西财经大学 2022 年硕士学位论文。

的"可待票据到期后再次提示付款"应理解为权利性规范指向的"可以"，而不是义务性规范指向的"应当"，未否定期前提示付款的效力。

2. 第 66 条的理解

该条规定期前拒付、超期提示付款拒付不具有追索效力，只要期内提示付款，被拒付均具有追索效力，实质以是否存在期内提示付款作为对追索效力评判的标准，未对期前提示付款是否持续至期内作出评价。

3. 类推适用《民法典》第 137 条的规定

《管理办法》对期前提示付款行为的持续性无明确的结论，应采用类推适用等法律漏洞填补方式确定期前提示付款行为的追索效力。

与传统票据不同，电票的提示付款等操作均在电票系统中完成，《电子商业汇票业务处理手续》规定，票面信息显示"票据状态"系电票所处的流转阶段。电票系统中相应的数据电文具有可持续性，可以类推适用《民法典》第 137 条的规定：期前通过电票系统提示付款，该指令持续存在系统中，承兑人期前不作拒付，或在未接收到撤回提示付款的新指令前，应当视为期前提示付款的状态持续至到期日之后。

4. 拒付节点对追索效力的影响辨析

基于期前提示付款行为具有延续性，类型①已由《管理办法》第 59 条规定不具有追索效力，类型②、类型③系《管理办法》第 66 条规定的具有追索效力的情形。

《上海票交所关于规范电子商业承兑汇票提示付款应答的通知》已对类型④作出规定，即持票人在电票的到期日前提示付款，承兑人次日起第三日仍未应答，票据状态变更为拒付状态。电票系统中的指令具有持续性，承兑人未及时应答的，视同拒付，具有追索效力。

（二）不损害票据债务人的期限利益

将期前提示付款视为持续性的状态未损害票据债务人的期限利益，承兑人可以采取付款、拒付、不予应答三种指令，除承兑人自愿外，不发生承兑人到期日前承兑的法律后果。对其他票据债务人而言，若承兑人在期前付款，则票据债务消灭，不损害其他票据债务人的期限利益；若承兑人在期前拒付，则当然不发生追索效力；若承兑人在到期日后拒付或不予应答，此时发生追索，不影响其他票据债务人的期限利益。

结 语

《管理办法》出台距今已有十余年，电票已成为我国票据业务的重要组成部分，有必要根据电票系统实际运行规则修订相关法律法规界定期前提示付款行为的持续性及其追索效力，衡平票据各相关方的利益。

论英美法系与大陆法系关系的未来走向

郑祥云*

摘 要：进入 21 世纪以来，在全球化的大背景下，世界各地间的交往日趋频繁。各国各地区在紧密合作的过程中，矛盾冲突与纠纷也日益尖锐。如何解决矛盾与纠纷涉及英美法系和大陆法系的适用，而关于英美法系与大陆法系关系未来的走向——融合或是共存，将从两大法系的历史源头、法律渊源与法律教育理念等最核心的特点比较论证，从宏观到微观的角度研究，从而彻底理清两大法系的未来走向。

关键词：英美法系 大陆法系 关系 未来走向

引 言

两大法系关系的未来走向是融合，还是共存，几百年来，国内外众多的学者对英美法系与大陆法系相关课题做了大量的研究，但是始终未能达成共识。根据最新的研究，苏永钦教授[1]从基本理念到制度文化的角度切入，从十个方面比较系统全面分析了英美法系与大陆法系的差异，谈及汇流为何未能改变法系的问题。而早些年，美国芝加哥大学 R. H. 赫姆霍尔兹教授（R. H. Helmholz）[2]，通过选取三个重要历史时期，分析了大陆法系与普通法系究竟是旅伴还是陌路的关系。科尼利厄斯·G. 凡·德尔·马尔维教授

---

* 郑祥云（1984 年—）男，汉族，浙江平阳人，中国政法大学同等学历研修班 2021 级学员，研究方向为宪法学与行政法学。

[1] 苏永钦：《为什么汇流未能改变法系？——从基本理念到制度文化看两大法系间的鸿沟》，载《中国政法大学学报》2023 年第 1 期。

[2] ［美］R. H. 赫姆霍尔兹：《大陆法和普通法——旅伴还是陌路？》，王渊译，载《清华法学》2006 年第 1 期。

(Cornelius G. van der Merwe)〔1〕从混合法系的角度切入，比较研究了大陆法系与普通法系在南非与苏格兰的融合。我国学者张翔、董茂云、纪坡民等，也从不同的角度研究了英美法系与大陆法系的区别。

纵观学者们的研究成果，当谈及两大法系的未来走向时，他们都不约而同地提到融合，那么究竟该如何看待这个问题呢？笔者个人认为，两大法系的未来走向，并不会如众多学者提及的那样走向融合，而是将会长期共存。

一、法系的含义及分类

（一）法系的含义

关于法系，〔2〕通常认为指根据法在结构上、形式上、历史传统等外部特征以及法律实践的特点、法律意识和法在社会生活中的地位等因素对法进行基本划分，是若干国家和地区具有共性或共同传统的法律总称。

（二）法系的分类

关于法系的分类，根据不同的标准，形式是多种多样的。比如 1905 年，埃斯梅因（Esmein）参考植物学并以历史、地理、宗教和种族为主要考察因素，规整了五大法系，分别是拉丁法系、日耳曼法系、盎格鲁萨克逊法系、斯拉夫法系和伊斯兰法系，把亚非拉排除在外。1913 年，乔治·索瑟霍尔（Sauser-Hall）又以种族为重心将之分为印欧、闪米特、亚洲和未开化四大法律家族，英美法、欧陆法不再独立。1981 年，阿明琼·诺尔德·沃夫（Arminjon Nolde Woff）一改 30 年前西方、社会主义、伊斯兰、印度和中国等五大法系的分类，调整为拉丁-德国法系、英美法系、社会主义法系的分类，把影响范围较小的犹太、印度、远东和非洲等法律系统，一律并归于"其他"。〔3〕当今世界，依照法的历史传统、法律渊源以及法的其他外部表现形式的不同，可以将世界上的法律划分为三大法系，即大陆法系、英美法系和社

---

〔1〕［美］科尼利厄斯·G. 凡·德尔·马尔维：《大陆法系与普通法系在南非与苏格兰的融合》，翟寅生译，载《清华法律评论》2009 年第 1 期。

〔2〕赵化杰：《大陆法系与英美法系的比较》，载《河南机电高等专科学校学报》2010 年第 6 期。

〔3〕苏永钦：《为什么汇流未能改变法系？——从基本理念到制度文化看两大法系间的鸿沟》，载《中国政法大学学报》2023 年第 1 期。

会主义法系。[1]其中大陆法系和英美法系属于资本主义性质。随着时代的发展以及社会的演变，大陆法系与英美法系在全球的影响力越来越大，引起了广泛的关注与研究。

1. 英美法系

英美法系（Common Law Systems），起源于英国，又称英国法系、普通法系或判例法系，包含英国法系和美国法系两个分支。它是以英国中世纪以来的法律，特别是以普通法为基础建立和发展起来的法律的总称，并随着英国的崛起和全球殖民扩张，传播到美国、加拿大、南非等国以及我国香港地区，深刻影响了这些地区的社会法律制度。美国独立后，虽然切断了与英国的政治联系，但是英国遗留下的法律原则和审判系统并未遭到破坏，特别是在遵守先例等原则方面，美国仍和英国属于同一类型，因此合称英美法系。

不过，在英美法系国家与地区内部，并不是所有地区都是英美法，比如英国的苏格兰、非洲的南非均由大陆法转向混合法系，美国的路易斯安那州也从大陆法转向混合法系。因此，即使是在英美法系国家内部，该法系与大陆法系甚至混合法系也是相互共存的。

2. 大陆法系

大陆法系（Civil Law Systems），最先产生于欧洲大陆，又称罗马法系、民法法系、法典法系或罗马日耳曼法系，包含法国法系与德国法系两个分支。该法系是以罗马法为历史渊源，以民法为典型，以法典化的成文法为主要形式，依照《法国民法典》与《德国民法典》建立和发展起来的法律制度总称。随着法国大革命的胜利，以罗马法为基础的《法国民法典》制定，深刻影响了葡萄牙、希腊、中国等世界多国与地区。

二、英美法系与大陆法系的联系与区别

多数学者对英美法系与大陆法系这两大法系的差异研究一直没有间断过，也有学者从文化传承、主要目的、调控手段等方面研究了两大法系间的联系。[2]

---

〔1〕 张翔：《资本主义国家两大法系之比较》，载《华北电力大学学报（社会科学版）》2000年第3期。

〔2〕 赵迪、王博：《英美法系与大陆法系的联系与区别》，载《企业导报》2015年第20期。

（一）联系

首先，在历史文化传承方面，英美法系与大陆法系存在诸多联系。两者均起源于欧洲，欧洲各国有着相似的历史背景和传统文化，或多或少继承了古希腊、古罗马文化。文艺复兴时期，欧洲各国形成了相似的文化传承，在启蒙思潮下，相继走上了资本主义道路。其次，英美法系与大陆法系的作用相似，都是为了维护社会的公平正义，都是若干国家和地区遵循一整套法律体系。最后，两大法系的调控手段都是通过司法诉讼程序维护社会的稳定发展，且都有立法、司法和监督机关。从以上三个方面看，在欧洲一体化的大前提下，两大法系在各国之间拥有共存的社会历史基础。不过，随着英国成功脱欧，两大法系走向融合的可能性很小，共存的特点会更加显著。

（二）区别

关于两大法系的区别，有的学者从法律渊源、立法技术、法律适用技术、诉讼程序制度、法律的机构、法律的司法地位、法律的分类差异等角度切入，有的从两大法系翻译的角度研究，也有的从法理学和两大法系观念上做比较。不过，笔者认为要想从根本上来区分两大法系，必须坚持从法律渊源和法学教育理念与方式层面深度剖析。

1. 法律渊源

关于法律渊源，通常认为是形式意义上的渊源，即法律规范的创制方式和外部表现形式。大陆法系国家正式的法律渊源是制定法，即立法机关按照法定程序制定，通常表现为法律条文形式的规范性法律文件，如宪法、法律、行政法规等，只有它们才具有法律上的约束力。判例不是法律渊源，没有正式法律效力，只能在法院判决时作为参考；而在英美法系国家，制定法与判例法都是正式的法律渊源。判例法是指对于法院以后审理类似案件具有普遍约束力的判决或判决中所含有的法律原则或规则。在英美法国家，判例是一种重要的法律渊源，法官不仅可以通过作出新的判例创造法律，而且可以通过选择适用先前判例而制定新的法律。[1]目前看来，大陆法系国家不承认判例是正式的法律渊源；而英美法系国家每当遇到审判难题便会从大陆法系中借鉴法律原则与灵感，但是却从根本上否认大陆法系渊源，也就是说，两大

---

[1] 张翔：《资本主义国家两大法系之比较》，载《华北电力大学学报（社会科学版）》2000年第 3 期。

法系从根本上说没有融合的可能，最终的结果只能是共存。

2. 两大法系的法学教育观念与方式

有学者提到法律教育观念与方式的不同，特别在入学资格、教育素材、教学内容、教学方法、法律价值观以及教学实践、律师的作用和审判方式等方面的不同，容易加深两大法系的鸿沟。而这些理念分歧经过长年累月的深化，基本上不太可能导致两大法系走向融合，其最终结果是必然走向共存。就如英国的苏格兰地区，早期是类似同时期的英国法，从 15 世纪后期开始，罗马法以教会法的形式传入该地区，一并带来教会（教堂或教皇）法院的程序法，自此深受大陆法影响。根据 1707 年《联盟条约》（Treaty of Union），苏格兰自愿加入英格兰，组成了新大不列颠王国，此后民法法系式微，在《联盟条约》大的法律框架下，苏格兰法受英国法影响越来越大。[1]从苏格兰从大陆法系转向多元一体的混合法系事例可以看出，单一法系不会完全消失，最终都会通过优化，走向共存。

结 语

限于篇幅，本文从法系分类源头和联系与区别，从宏观到微观，经过简单的论证，较清晰地界定了英美法系与大陆法系这两大法系未来的走向，与绝大多数学者认为两大法系会趋于融合的观点不同，笔者的观点是英美法系与大陆法系未来走向融合的可能性很小，通过学习借鉴彼此的优点，两大法系最终会走向共存。当然，如果能上升到更高一级的法律体系，就会走向多元一体的大趋势，这点在中国道家太极图中也能体现。明白了这一趋势，也就能从根本上解决未来涉及英美法系与大陆法系的适用问题。

---

〔1〕 ［美］科尼利厄斯·G. 凡·德尔·马尔维：《大陆法系与普通法系在南非与苏格兰的融合》，翟寅生译，载《清华法律评论》2009 年第 1 期。

论我国刑事诉讼证人出庭难的原因及解决

柳丝绦*

摘　要： 证人证言属于言词证据，主观性强且易受干扰，证人出庭作证不可替代。然而从我国司法实践来看，证人出庭作证的现状并不乐观，出庭率低是长期存在的"老大难"问题。本文旨在从法律层面分析原因，以期解决该问题，从而推进以审判为中心的诉讼制度改革。

关键词： 刑事诉讼　证人出庭难　原因　解决

引　言

证人出庭作证具有利他性，既有助于发现案件真相，体现司法的公平公正价值，也是保障被告人质询权的基本手段。在我国，证人出庭率低一直是司法实践中的难题，因此，在对证人出庭难的原因进行分析的基础上提出解决问题的建议具有理论和实践价值。

一、我国刑事案件证人出庭作证的现状

随着我国"以审判为中心的诉讼制度改革"进一步推进，证人的法庭质证日益受到重视。在控辩式审判的模式下，证人必须接受控辩双方的交叉质询，从而使法官站在中立角度更好地判断该证人证言的可信度和真实性。但从司法实践来看，证人出庭作证的现状并不乐观。[1]

---

* 柳丝绦（1997 年—）女，汉族，浙江人，浙江圣港律师事务所专职律师。

[1] 樊崇义主编：《证据法学》，法律出版社 2001 年版，第 83 页。

（一）证人出庭率低

证人出庭作证，是困扰人民法院的"老大难"问题。[1]据一些法院、检察院所提供的数据，刑事证人出庭率仅为 5%~10%，如广东省深圳市中级人民法院的刑事证人出庭率为 2%~5%，山东省烟台市中级人民法院的刑事证人出庭率仅为 1%。[2]有学者选取 80 351 件被告人不认罪的、适用普通程序的第一审案件作为样本，发现有证人出庭的案件仅为 209 件，出庭率低至 0.26%。[3]从前述材料及数据可以看出，我国目前刑事案件证人出庭作证率依旧很低。

由此造成的结果是，法院审理刑事案件大都是在没有证人出庭的情况下进行并且表现出对于证人证言的过度依赖。[4]这是一个很畸形的现状，直接导致以书面证言代替证人出庭作证的现象普遍存在。

（二）衍生现实问题——庭审依赖书面证词

将前述情形具象化到庭审过程中，即检察院以书面形式向法庭出示证人证言，质证环节中先由控方摘取宣读证人证言的部分内容，而后由辩方就通过庭前阅卷浏览的书面证言发表质证意见，最后询问犯罪嫌疑人的意见。整个程序缺乏具有亲身体验作证的自然人出庭、缺乏证人与证人之间的对质，法庭无从审查证人的感知、记忆、表述能力以及能否诚实作证等直接影响案件事实认定的因素，仅凭书证、物证等证据以及法官的调查研究进行判定。大量案件以书面证词代替证人出庭导致证人证言的真实性、可采性降低。

二、我国刑事诉讼证人出庭率低的原因

（一）缺乏统一的法律规定

有学者对于证人出庭作证的影响因素进行研究分析发现，"法律层面"在原因度中排名首位，换言之，"法律层面"是整个体系维度中的原因要素，其

---

〔1〕 陈卫东主编：《刑事诉讼法实施问题调研报告》，中国方正出版社 2001 年版，第 125 页。

〔2〕 张凯涵：《刑事证人出庭作证制度探究与完善》，载《文化学刊》2019 年第 12 期。

〔3〕 周文章、聂友伦：《刑事诉讼证人出庭——基于 80, 351 份判决书的分析》，载《清华法学》2021 年第 5 期。

〔4〕 陈瑞华：《看得见的正义》，中国法制出版社 2000 年版。

影响力大于被影响力。[1]而目前我国刑事诉讼法领域的证人出庭作证制度设计较为零散笼统，多见于各个法律规定中，各新旧规定之间互为补充或更新，未出台专门的法律规定。少部分地区自行结合工作需要，颁布了不同的操作实施流程、工作规定等指导，而大部分地区既没有国家层面的法律规制也没有区域性的规则指导。

在全国出现各地出庭率均低的情况的同时，各地法院贯彻落实证人出庭作证制度的程度也不一致。比如，有学者就其选取的样本研究发现，西南地区证人出庭率为 0.42%（33 人/7854 人），华东地区为 0.26%（54 人/20 812 人），东北地区为 0.1%（12 人/11 628 人）等。若按照省域描述，证人出庭率的离散度更大。[2]另有学者进行地域性研究发现，河南省 2018 年至 2019 年所查阅到的证人出庭作证的案件仅有 96 件，仅占基层法院全部一审刑事案件的 0.075%。[3]

（二）证人资格定位不清

《刑事诉讼法》第 62 条第 1 款规定"凡是知道案件情况的人，都有作证的义务"。然而义务并非资格，且《刑事诉讼法》对于见证人、侦查人员、鉴定人、专家辅助人、辩护人、未成年人等主体是否可以作为证人均未有明确规定。最高人民法院、最高人民检察院、公安部、国家安全部、司法部联合印发的《关于办理刑事案件严格排除非法证据若干问题的规定》对于侦查人员出庭的表述由《刑事诉讼法》中的"说明情况"变更为"作证或者说明情况"，反映出其作为证人的身份已有较以往更准确的认可。仅此处改进，对于审查诉讼活动的程序合法性有很大助益，但对于案件事实真相的查明还相去甚远。

（三）作证特免权设置存在不足

《刑事诉讼法》第 62 条第 2 款从证人的能力方面，笼统排除了缺乏辨别是非能力和正确表达能力的人。第 48 条初步确立了律师—委托人作证特免

---

[1] 杨继文：《刑事证人为什么不出庭？——基于 DEMATEL 法的尝试性分析》，载《证据科学》2021 年第 6 期。

[2] 周文章、聂友伦：《刑事诉讼证人出庭——基于 80,351 份判决书的分析》，载《清华法学》2021 年第 5 期。

[3] 张志英、刘腾飞：《刑事证人出庭作证司法现状与问题研究——以河南省为例》，载《信阳农林学院学报》2022 年第 3 期。

权，即可以不出庭作证，但目前缺乏相关配套的法律作为保障，且"辩护律师对在执业活动中知悉的委托人的有关情况和信息"这一规定在界限上不明确。[1]第 193 条第 1 款的规定赋予了配偶、父母、子女的亲属关系作证特免权。证人作证特免权是证人的重要权利，许多国家和地区对证人的作证特免权作出了规定。我国刑事诉讼领域目前对医生——患者作证特免权、宗教交流特免权等尚为立法空白，处于理论探索阶段。

（四）法律规定的冲突导致证人出庭成为虚设

《刑事诉讼法》第 193 条规定了经法院通知，可以强制证人出庭以及证人没有正当理由拒绝出庭或出庭后拒绝作证的处罚，但在第 195 条又包容性地写明未到庭的证人的证言笔录经当庭宣读，及听取公诉人、当事人和辩护人、诉讼代理人的意见流程后即可作为定案证据。另学者研究发现，前述第 193 条的适用率很低，同时第 195 条的适用率等于或大于第 193 条的适用率，即第 195 条完全制约了第 193 条的适用。[2]这导致证人出庭作证制度成为一纸空文，不出庭证人的证言也普遍会被法庭采纳。而书面证言的可信度较低，容易造成事实认定障碍，增加形成冤假错案的概率。

（五）制度设计成为证人出庭的障碍

《刑事诉讼法》第 192 条第 1 款规定："公诉人、当事人或者辩护人、诉讼代理人对证人证言有异议，且该证人证言对案件定罪量刑有重大影响，人民法院认为证人有必要出庭作证的，证人应当出庭作证。"可见，法律笼统而抽象地规定了启动方式，但并未列举具体情形，赋予法官的裁量权过大。

由于我国的启动制度设计使得启动证人出庭依赖于法官的内心判断与自由裁量，辩护人即使申请证人出庭也会存在被法官否定的可能性。并且一旦被否定就无任何救济措施，对辩护人提出申请带来消极影响，很大程度上剥夺了控辩双方以及被告人行使质权和辩论的空间，使得证人出庭很难被落实，这也是证人出庭率低下的重要原因。

（六）证人保护方面存在诸多缺陷

证人在现实生活中因出庭作证而遭受打击、报复的事件发生率较高。[3]

〔1〕　张保生主编：《证据法学》（第 3 版），中国政法大学出版社 2018 年版。

〔2〕　路千仟：《刑事诉讼证人出庭作证制度问题研究》，安徽财经大学 2020 年硕士学位论文。

〔3〕　王喜：《证人保护的现状、困境及出路——基于比较法视角》，载《海峡法学》2022 年第 1 期。

现行《刑事诉讼法》第 64 条第 1 款将证人保护范围限定在证人、鉴定人、被害人以及其近亲属。但在司法实践中，还应当考虑其他人员的安全对于证人出庭作证的影响。比如，刑事诉讼法领域对于近亲属的范围限制在两代血亲（夫、妻、父、母、子、女、同胞兄弟姊妹），该范围过于狭窄。且结合现行检察院的刑事诉讼规则、公安机关的工作规定，可以发现我国仅就危害国家安全犯罪、恐怖活动犯罪、黑社会性质的组织犯罪、毒品犯罪等特定案由的案件设置了证人出庭作证前与作证之时的保护，然而对于杀人、强奸等严重的暴力犯罪案件却没有设置证人保护，导致其余刑事犯罪中的证人无法获得法律保护的依据以及司法救济途径，此乃立法的疏忽。

三、解决问题的建议

（一）完善立法

完善立法，明确证人资格定位、丰富证人出庭的启动规则及救济途径、限制书面证言认定、保障被告人与辩护人的质询权、增补证人保护等。

（二）提高证人法治素养

"徒法不能以自行。"证人、法官、诉讼参与人等均系证人出庭作证制度的一环，证人亦是证人保护制度的最终受益方，培养其法治素养是落实该制度的内在要求。我国应引导证人积极转变观念，摒弃因传统厌诉文化形成的偏见，使其自觉履行法定作证义务。

（三）做好证人全过程保护

适度放宽证人保护的对象范围，扩展至与其密切联系的人员，并且放宽保护客体的范畴，将财产与其他权益均囊括进来，并参考域外成熟的保密措施、特殊作证方式、"匿名隐藏"措施等，运用预防与打击相结合的方法，对刑事案件证人予以全过程综合保护，并给予经济补偿。

结　语

刑事案件证人出庭作证问题虽长期存在但并非不可解决，需首先从法律层面予以革新才能破局，从根源上剔除证人无法出庭、不敢出庭、证言可信性的问题。

论数字版权产业发展的困境及应对

万 芳*

摘 要：互联网的迅猛发展，不仅为各行各业的转型发展提供了技术保障，也为数字版权产业带来了新的机遇和挑战。目前，我国数字版权产业在创作主体、监管模式、数据流通管理等方面日趋复杂，数字版权产业市场呈现创作主体多元、创作形式多样、侵权方式隐蔽等特点。数字版权产品传播速度快，复制成本低导致版权产业侵权加剧，举证维权困难，数字版权保护面临重大挑战和困境。本文旨在探讨数字版权产业的困境及应对问题。

关键词：数字版权 产业困境 应对

引 言

2021年12月，《出版业"十四五"时期发展规划》（以下简称《发展规划》）正式发布。《发展规划》明确了发展的主要目标，其中目标之一即为"产业数字化水平迈上新台阶"。另外，《发展规划》还将"壮大数字出版产业"作为重点任务进行了部署。《2021—2022中国数字出版产业年度报告》指出，2021年，我国数字出版产业展现出强劲发展实力，产业整体规模达到12 762.64亿元，比上年增加8.33%。[1]我国数字版权产业在疫情期间仍保持增长态势，这为我国数字版权产业发展提供了有力的数据支撑。数字版权产业作为知识产权发展进程中的重要一环，在新兴产业变革中发挥着重要作用。

---

* 万芳（1991年—）女，汉族，浙江长兴人，湖州莫干山国有资本控股集团有限公司法务，研究方向为知识产权学。

〔1〕 参见崔海教主编：《2021—2022中国数字出版产业年度报告》，中国书籍出版社2022年版，第2~10页。

深入融合数字经济和版权产业在内容生产、监督管理、健康传播中的输出，是推动数字版权产业高质量发展的必然选择。

一、数字版权产业的产生和发展

《国民经济和社会发展第十四个五年规划和 2035 年远景目标纲要》明确提出要"实施文化产业数字化战略"，加快发展新型文化产业，壮大数字出版等新兴文化产业。版权产业知识逐渐量化，受互联网经济转型影响，版权产业正在释放巨大的数字衍生价值。[1]随着数字化转型带来的版权创作与传播方式的巨变，内容消费习惯和模式也发生改变，消费习惯变得碎片化，消费模式个性化，消费者不再是单一的信息接受者，而成为版权内容的创作者。[2]数字版权产业逐步具有特殊的产业特征，互联网广告、网络游戏、在线教育、数字音乐等新业态在网络世界里全面拓展，数字版权产业不断向平台化推进。

为了应对数字版权产业的平台化趋向，各国制定相应法律法规平衡版权主体之间的利益纠纷，我国也制定知识产权相关法律法规，旨在为数字版权产业治理提供更加切实可行的制度保障。随着消费模式的变化，数字版权产业不断转型升级，现实问题层出不穷，侵权现象凸显，举证难，商业维权诉讼兴起，因此，相关法律法规需要不断完善，以为数字版权产业长远健康发展提供法治保障。

二、我国数字版权产业面临的困境

（一）数字版权产业的低质化

在数字经济时代，高速、效率已成为时代的代名词，产业的经济效率被放在了第一位，产业依靠流量经济迅猛发展，而版权产业涵盖了科教文卫的方方面面，碎片化的知识在互联网平台中孵化，创新在数字化平台中不断被挤压。为了占有市场份额，迎合消费者的个性化需求，大量低质版权应运而生，数字版权产业在网络世界全面拓展，在消费者的消费行为中被"大众

---

〔1〕 参见张颖、毛昊：《中国版权产业数字化转型：机遇、挑战与对策》，载《中国软科学》2022 年第 1 期。

〔2〕 参见范周：《数字经济变革中的文化产业创新与发展》，载《深圳大学学报（人文社会科学版）》2020 年第 1 期。

化"，进而产生很多低质甚至低俗的版权产业。

（二）数字版权产业监管缺乏

随着互联网技术的不断发展，互联网交易平台成了大众创作者多路径实现版权价值的主要场所。数字版权作品在其中传播速度快、易被篡改，其监管隐约成了法外之地，而仅仅依靠网络服务提供者监管作为其主要监管手段在适用过程中已捉襟见肘。盗版侵权失信行为频出，虚假版权登记及投机诉讼行为不断发生，数字平台数据未形成完整数据链，市场规则混乱，失信成本低，投机倒把行为发生率高，种种因监管缺失带来的问题不断冲击数字版权产业的发展。

（三）数字版权产业权利交易不稳定

数字版权作品创作主体的多元化和信息流通环节脱节导致版权权属界定困难，全国统一的数字交易平台缺失加剧了作品权属的搜索成本，无形智力成果归属的法律保护被边缘化，这些都导致版权作品交易的不稳定。数字版权产业在网络世界里发酵，其传播速度快，查证困难，加之没有统一的市场规定，导致侵权事件频发，滥诉事件频出，版权产业面临严重的信任危机。

三、促进数字版权产业发展的建议

（一）推进数字版权产业内容高质量发展

数字版权作品不仅是满足人民群众精神需求的重要文化消费形态，也已成为凝聚人民精神力量的重要载体，创作高质量的版权作品成为重中之重。建立以科学技术为支撑的数字版权，完善版权管理体系，高效精准保护数字版权，加快推进数字版权产业高质量内容建设，推动数字版权从以效率为中心转变为以高质量内容为中心，注重数字版权的文化传播价值及社会价值内涵，探索数字版权的创新潜力，促进数字版权的长远发展。

（二）优化数字版权监管系统

随着互联网产业的发展，数字版权产业具有区别于传统版权产业的特殊性，我国应优化数字版权监管系统，促进数字版权的优良竞争和信用体系的完善。具体举措如下：

（1）营造数字版权优良竞争市场。政府应强化数字版权产业的高质量发展：明确数字版权核心标准，制定数字版权市场规则，推动版权信息开放共享，共同使用数字平台公共数据，优化数据管理制度，营造数字版权透明化竞争市场。

（2）完善数字版权的信用体系。随着数字版权产业的兴起，在法治领域空白的时间里，依靠诚信原则保护数字版权的健康发展，提高版权领域的失信成本，减少投机倒把行为的产生，严惩失信行为，构建完善的数字版权信用体系。

（三）完善数字版权法律规范

完善数字版权保护法律保障，建立适应数字版权发展需要的法治体系，保障著作权人的合法权益。在立法上，构建更宽容的数字版权法律制度。数字版权创作者的身份标识在互联网平台的渲染下赋予每一个人，传统的著作权人已不再适用于日趋流量化的平台，保护著作权人是法律的应有之义，但惠及每一个大众创作者也是法律应予考虑的议题。在司法上，既要严惩侵权行为保护著作权人，也要从维护社会公共利益出发，保障社会公众对作品的合理使用。数字版权的发展在法律领域的留白之处，在适用法律过程中应充分考虑著作权人的意思自治，在严惩侵权行为人的基础之上合理免除社会公众的使用责任，为数字版权交易提供稳定可行的保障机制。另外，应构建更严格的数字版权保护体系。解决数字版权侵权的维权困境是重中之重，利用互联网大数据监测追踪固定证据，降低维权成本，确定侵权赔偿标准，提高维权效率。[1]在执法上，在加强版权行政执法，严格惩治侵权行为的同时，加强互联网平台治理，推动数字版权发展。

结　语

版权数字化推进了版权产业数字化，版权产业释放出巨大的数字衍生价值。随着版权数字化程度的深入，数字技术在版权创作、版权管理及版权交易中发挥了巨大作用，版权产业数字化给消费者带来了更多元的需求，为数字版权产业的发展带来了无限可能和新的生机。与此同时，数字版权市场衍生出了新的问题，互联网为数字版权创作主体提供了无限的空间，在全民创作的时代背景下如何监管及保护著作权人的著作权仍是重点，侵权事件发生后的取证难问题是一大痛点，与此同时衍生出的维权运营的商业模式不断冲

---

〔1〕 参见郑佳锐：《基于区块链的北京数字版权产业生态系统构建研究》，北京印刷学院 2023 年硕士学位论文。

击着人民群众的神经，大量骚扰性的维权层出不穷，亟须相应法律规范予以约束。在数字化浪潮背景下，数字版权业态更加丰富，数字版权的管理也愈加复杂多变，如何制定统一的管理模式及维权平台仍是当前面临以及亟须解决的问题，只有解决当前的数字版权管理问题，才能推动数字版权产业的蓬勃发展。

轻罪治理中前科消灭制度的构建

徐丽霞*

摘　要：近年来立法机关大量增设新的轻微犯罪罪名，修改一些犯罪的构成要件进而降低入罪门槛，运用到司法实践中就表现为犯罪结构发生显著变化，轻微犯罪数量和比例不断上升且占大比重，我国的犯罪治理已经进入轻罪时代〔1〕。进入轻罪时代意味着有更多的人走向犯罪。轻罪时代下既有的前科制度已经呈现出诸多不合理的地方，不仅违背了宽严相济的刑事政策，也容易使前科人员边缘化，与社会脱节，引发社会治理隐患的巨大风险。本文旨在探讨轻罪治理中前科消灭制度的构建问题。

关键词：轻罪治理　前科　前科消灭　制度构建

引　言

《刑法》第100条规定："依法受过刑事处罚的人，在入伍、就业的时候，应当如实向有关单位报告自己曾受过刑事处罚，不得隐瞒。犯罪的时候不满十八周岁被判处五年有期徒刑以下刑罚的人，免除前款规定的报告义务。"《刑法》第100条的前科报告制度使有前科的人承受诸多不利的刑罚附随后果，除入伍和就业被变相限制外，有前科的人一旦再犯轻罪，被"酌定不起诉"和依法判处非监禁刑的权利在实践中也很难得到保障。如何在轻罪治理中构建前科消灭制度，理论和实务中都亟待解决。

＊　徐丽霞（1988年—）女，汉族，浙江人，浙江泽大（绍兴）律师事务所律师。
〔1〕　卢建平：《为什么说我国已经进入轻罪时代》，载《中国应用法学》2022年第3期。

一、前科的基本界定

我国刑法理论界对于前科定义存在很大的争议。有学者认为，前科是指曾经被告犯有罪行或被判处刑罚的事实，即只要行为人被定了罪，被宣告人是否处刑，判处何种刑罚，刑罚是否执行，均不影响前科的成立。[1]也有学者认为，行为人的前行为必须同时具备受到有罪之宣告和刑罚之执行两个条件。仅仅受到有罪之宣告而没有实际执行刑罚，或者基于各种因素而被免除刑罚执行的，均应当被视为没有前科。[2]无论以上何种定义，前科都意味着社会对过去曾犯罪行之人作出了否定性的评价。虽然该评价是基于其过去所犯罪行作出的，是过去的、历史的，但是其影响将伴随前科人员终身。

二、我国的前科制度导致的后果

（一）在民事和行政法律领域的后果

《法官法》第 13 条、《检察官法》第 13 条、《人民警察法》第 26 条分别规定了因犯罪受过刑事处罚的，不得担任法官、检察官、人民警察。《律师法》第 7 条规定了受过刑事处罚的，但过失犯罪的除外，不予颁发律师执业证书。

《教师法》第 14 条规定，受过剥夺政治权利或故意犯罪受过有期徒刑以上处罚的，不能取得教师资格；已经取得教师资格的，丧失教师资格。《会计法》第 40 条规定，因有提供虚假财务会计报告，做假账，隐匿或者故意销毁会计凭证、会计账簿、财务会计报告，贪污，挪用公款，职务侵占等与会计职务有关的违法行为被依法追究刑事责任的人员，不得再从事会计工作。《商业银行法》第 27 条规定，因犯有贪污、贿赂、侵占财产、挪用财产罪或者破坏社会经济秩序罪，被判处刑罚，或者因犯罪被剥夺政治权利的不得担任商业银行的董事、高级管理人员。

《公司法》《医师法》《证券法》也有因犯相关犯罪被刑事处罚，执行期满后一定期间内不得担任公司董事、监事、经理，不予注册医师，不得担任证券交易所的负责人的规定。

---

[1] 房清侠：《前科消灭制度研究》，载《法学研究》2001 年第 4 期。

[2] 吴平：《关于前科制度的两个问题的探讨》，载《河北法学》2006 年第 5 期。

更加严重的是，前科人员的犯罪记录还影响到其家庭成员。有些人没有犯罪，但因血缘关系，也会受到牵连。征兵政治审查就规定，家庭主要成员、直接抚养人、主要社会关系成员或者对本人影响较大的其他亲属被刑事处罚的，不得征集为对政治条件有特别要求的单位的新兵；《公安机关人民警察录用办法》（已失效）也规定，直系血亲和对本人有重大影响的旁系血亲中有被判处死刑或者正在服刑的，不得报考人民警察。

从上述规定不难看出，无论轻罪还是微罪都要承担与重罪一样的法律后果。前科人员被永远贴上了"犯罪标签"，犯罪记录伴随终身，难以真正回归社会。

（二）在刑法领域的后果

（1）累犯不适用缓刑。《刑法》第 74 条规定，对于累犯和犯罪集团的首要分子，不适用缓刑。

（2）前科作为量刑的酌定从重情节。对于有前科的当事人，《刑法》并未明确规定其处罚规则，不属于法定的量刑情节，但通常作为酌定从重的量刑情节。最高人民法院、最高人民检察院印发的《关于常见犯罪的量刑指导意见（试行）》规定，对于有前科的，综合考虑前科的性质、时间间隔长短、次数、处罚轻重等情况，可以增加基准刑的 10% 以下。

（3）前科人员从严把控适用缓刑。《刑法》规定只有累犯和犯罪集团的首要分子不适用缓刑，但司法实践中对于适用缓刑的规定还是相对严格的。主要理由是被告人曾经因违法犯罪行为被追究刑事责任又实施犯罪行为的，充分说明了被告人轻视法律规范的主观态度，也以实际行动表明了自身的再犯可能性。对此，各地有一定的自由裁量权，有规定原则上不得适用的，有按照前科发生的年限 10 年、15 年、20 年前不等确定可以适用界线的。无一例外的是，对于前科人员适用缓刑均从严把控。

三、前科消灭概述

（一）前科消灭的概念

对于前科消灭的概念，学界有以下几种不同的观点：①前科消灭是指被法院认定犯有罪行并被科刑的人在服刑期满或免刑以后，经过一定期限未犯新罪，从而结束其特殊法律状态的制度。[1]②前科消灭是指当曾受过有罪宣告或者被判处刑罚的人在具备法定条件时，注销有罪宣告或者罪及刑记录的制度。[2]③所谓前科消灭制度，是指具有前科的人经过法定程序被宣告注销犯罪记录，恢复正常法律地位的一种制度。分析上述学者的观点可见，学界普遍认为设定法定时间、法定条件及法定程序是构建前科消灭制度的基础。

（二）前科消灭制度设立的必要性

（1）我国的犯罪结构发生重大变化，需要建立前科消灭制度。最高人民检察院于2023年2月15日召开新闻发布会，通报了近五年来刑事检察工作相关情况。五年来，犯罪结构变化明显，严重暴力犯罪发案减少。在被追诉的刑事案件中，超过85%是判处3年以下有期徒刑以及不起诉的轻罪案件。

（2）轻罪和重罪均需承担一样的前科后果，有违罪责相适应的原则。罪责刑相适应原则是刑法的基本原则，使刑罚做到了对重罪犯、轻罪犯区别对待，实现了对打击力度与行为人的罪行相均衡。[3]而根据本文的前述论述，可知前科制度对于轻罪和重罪的法律后果没有任何区别，同样会对就业、再犯以及家人产生影响。将轻罪和重罪等同化的处理，没有考虑轻罪和重罪罪责相适应的问题。

四、我国前科消灭制度的构建

我国的法律体系没有关于前科消灭制度的具体设计，只有《刑事诉讼法》第286条规定了犯罪的时候不满18周岁，被判处5年有期徒刑以下刑罚的应当对相关犯罪记录予以封存，即未成年人犯罪封存制度。这一制度存在局限性，有别于前科消灭制度，无法达到前科消灭的后果。2022年11月2日，在最高人民检察院的官方网站理论研究板块中，一篇标题为《轻罪治理与司法路径选择》的文章提到了对轻罪前科消灭制度的探索。2023年8月25日，由最高人民法院主办、人民法院新闻媒体总社出版的《人民法院报》，刊登了《轻罪时代的犯罪治理及其制度供给》一文，并提到了关于构建轻罪前科消灭制度的内容。可见，将前科消灭制度纳入法治轨道势在必行。

---

〔1〕 王启富、陶髦主编：《法律辞海》，吉林人民出版社1998年版。

〔2〕 马克昌主编：《刑罚通论》（根据1997年刑法修订），武汉大学出版社1999年版。

〔3〕 周峨春、郭子麟：《轻罪前科消灭制度构建》，载《重庆理工大学学报（社会科学）》2022年第9期。

（一）前科消灭制度的适用对象范围

前科消灭制度的适用对象范围应当仅限于轻微犯罪和未成年人犯罪。轻微犯罪的具体范围限制于被判处 3 年以下有期徒刑、拘役、管制、附加刑以及免予刑事处罚比较合理。对于一些被判处有期徒刑 3 年以下但人身危险性及社会危害性较高的如抢劫、故意杀人、贩卖毒品、黑社会性质组织类等犯罪应当作为例外。

（二）设立前科消灭制度的考验期

前科消灭制度必须要求行为人有罪宣告、服刑完毕、被赦免后经过一定的时间才能适用。不同的罪名，不同的刑期应当设定不同的考验期。人民法院可在判决书中载明具体期限。

（三）需满足考核条件

前科消灭制度只能在前科人员具备法律规定的表现时才能适用。应当设立专门的机构对前科人员进行考核，考核的内容应当包括认罪认罚、遵纪守法、服从监督等。

（四）应当设立法定程序

前科人员在法定考验期限届满后，需向司法机关申请，由司法机关审查前科是否符合消灭条件。经审查认为符合前科消灭制度的条件的，才能作出前科消灭决定。经审查认为不符合条件的应当告知理由，并依法驳回。

结　语

构建前科消灭制度，有利于前科人员回归社会，可以尽可能地减少前科对社会带来的负面效果，维护社会的发展和稳定。前科消灭制度的构建作为轻罪治理中具有人性化的制度安排，可以有效地推进法治中国建设。

北京市安全生产举报奖励制度的完善

杨 岩*

摘　要：社会对高质量安全生产环境的需求增加，安全生产举报奖励制度作为政府社会治理行政手段的有益补充，充分调动了全社会参与的积极性和主动性。本文旨在探讨如何进一步提升北京市安全生产举报奖励制度科学化、法治化、本土化水平。

关键词：北京市　安全生产　举报奖励制度

引　言

2018年，原国家安全生产监督管理总局、财政部出台《安全生产领域举报奖励办法》，部分省市也陆续修订完善相关办法。北京市作为"首善之区"，生产安全不仅影响地区经济社会发展，更关乎国家国际社会形象。完善安全生产举报奖励制度，填补监管漏洞，对提升北京市政府社会治理能力水平意义重大。

一、制度发展现状及特点

（一）制度发展现状

自2005年北京市安全生产监督管理局印发《举报生产安全事故隐患和违法行为奖励办法》近二十年来，北京市安全生产举报奖励制度不断发展，以《安全生产事故隐患和违法行为举报投诉管理暂行办法（试行）》（已失效）、《北京市安全生产举报奖励实施办法（试行）》（已失效）、《北京市安全生产

---

* 杨岩（1987年—）男，汉族，山东人，北京市应急指挥保障中心工作人员，研究方向为民商法学。

举报奖励实施办法》出台为节点，经历起步、完善、巩固、提高四个阶段。其间，举报方式不断增加，适用范围不断扩充，奖励金额不断提高，各项制度不断完善，切实保障了首都群众生命财产和社会经济安全稳定。

近年来，政治体制改革不断深化，北京市为打通群众诉求"最后一公里"，提出整合政府服务热线、接诉即办等重要举措，依据 2018 年原国家安全生产监督管理总局、财政部印发的《安全生产领域举报奖励办法》、2020 年应急部印发的《生产经营单位从业人员安全生产举报处理规定》，北京市顺势而上，制定《北京市安全生产举报奖励实施办法》（以下简称《奖励实施办法》），重奖激励公众举报。

（二）制度特点

因其他配套制度阙如，北京市举报奖励制度主要以现行《奖励实施办法》为研究对象。其重要特点如下：①适用范围更合理。适用"安全生产违法行为和重大事故隐患"，删除了职业健康相关条款。②奖金来源、发放分级。纳入同级财政预算，形成市区分级发放模式。③重奖激励。奖励与行政处罚相挂钩、提高奖励门槛和金额标准，对重大事故隐患奖励按处罚金额的 15% 计算，最低奖励 3000 元，最高不超过 30 万元。④增加企业内部举报人奖励。金额给予一定比例上浮或特殊奖励。

二、部分省市的制度比较

对北京、山东、重庆三省市最新相关办法和配套制度的不同进行横向对比，以期发现北京市安全生产举报奖励制度的不足。

（一）安全生产举报奖励办法

三省市均于 2021 年相继出台新的安全生产举报奖励办法，主要不同如下：①发布部门。两市采取应急、财政两部门联合发文，山东省由应急厅等九部门联合发文。②适用范围。两市仅为区域所有行业重大事故隐患和安全生产违法行为，山东省为"相关行业领域"，并明确一般事故隐患奖励规定。③奖励标准。三省市均将奖金与处罚金额挂钩，两市按处罚金额的 15% 计算，北京市最低为 3000 元，重庆市无最低额度规定，两市最高均为不超过 30 万元；山东省分 50 万元、30 万元、10 万元三档，区分一般事故隐患"500 元至5000 元"，重大事故隐患和非法违法行为按处罚金额的 50% 计算，最低为 5000 元，最高不超过 50 万元。对举报瞒报、谎报事故的，两市均为最高不超过 30 万元，山东省为最高不超过 50 万元。对企业内部举报人奖励，北京市、山东省的金额上浮 20%，北京市无金额上限规定，山东省为最高不超过 50 万元；重庆市无此规定。④奖金领取。北京市未规定领奖通知发布时限。⑤监督管理。三省市均为笼统规定。⑥举报事项。北京市无细化规定，重庆市、山东省均以附件形式加以细化。

（二）相关配套制度

北京市沿用 2014 年出台且已不适用现阶段工作的《北京市安全生产举报信息处理办法》（以下简称《信息处理办法》），重庆市、山东省近年分别出台涉及奖励标准、举报受理、举报核查、内部举报人、职业举报和恶意举报、举报人保护、制度宣传等七方面的制度文件，为制度实行提供有效支撑。

三、北京市存在的问题

经三省市对比分析发现，北京市安全生产举报奖励制度依然存在部分问题。

（一）举报奖励办法方面

主要表现为：①立法位阶低。《奖励实施办法》为规范性文件，未上升到地方性法规等更高位阶。②发文部门单一。仅为两部门联合发文，执行力、影响力较弱。③适用范围缩小。未涉及一般事故隐患奖励。④内部举报人奖励规定笼统。⑤奖励标准较保守。未根据区域情况进行上浮，且奖励情形未分档。⑥未规定领奖通知发布时限。使举报人期待感减退，再次举报热情不足。⑦职业举报和恶意举报、保密规定笼统。未与《刑法》等挂钩，法律规制力弱，威慑力不强。⑧举报事项规定笼统，范围模糊，未以其他形式细化。

（二）相关配套制度方面

主要表现为：①单行奖励标准缺乏。《奖励实施办法》仅对举报事项范围和奖励标准作了笼统规定，缺乏单行对照标准，增加了发放金额判定难度，造成公众举报疑虑。②信息受理、核查等流程陈旧。《信息处理办法》已不适用当前安全生产形势，亟待修订完善。③内部举报人制度缺失。仅在办法中笼统规定，无内部相关配套制度。④职业举报和恶意举报规定笼统。"重奖激励"政策导致近年为谋私利或个人恩怨的虚假、恶意举报激增，造成较大行政资源浪费，亟待强化制度约束。⑤宣传力度较弱。政府虽通过线上线下等各类方式进行了制度宣传，但仍需制度规范并加以固化。

四、完善建议

2022 年，国务院安全生产委员会出台进一步强化安全生产责任落实、坚决防范遏制重特大事故的十五条措施，第 13 条明确规定"重奖激励安全生产隐患举报"。[1]2021 年，北京市出台《北京市接诉即办工作条例》，提升了接诉即办为民服务工作的规范化、科学化、法治化水平。[2]然而，北京长峰医院火灾、银川富洋烧烤店燃气爆炸等重特大事故，表明全国安全生产形势依然严峻，这给北京市安全生产工作提出新的挑战和机遇，不断完善安全生产举报奖励制度势在必行。

（一）加强调查研究

结合总体国家安全观和"大安全大应急框架"思想，在法理层面赋予制度更为准确、深刻的时代内涵。例如，从奖励目的、功能界定其行政行为属性；[3]深研英美等国"吹哨人"制度，界定我国"吹哨人"主体范围；[4]强化安全生产监管领域制度本土化研究，[5]深研重点省市、市内区域和行业部门相关制度，制定既有法可依又突出区域特色的制度，并推动高层次立法。

（二）健全制度体系

结合调研成果，查摆制度漏洞，重修《奖励实施办法》，明确法律概念、适用范围、举报事项与奖励标准对应关系；完善举报办理制度，理顺市、区、街乡三级办理体系，防范违法违规投诉，细化惩戒措施；完善举报人，特别是内部举报人保护制度，明确救济方式，形成制度闭环。

（三）强化综合执法

奖励有赖于有效执法对举报信息进行甄别，核查属实后才能实行，奖励制度要与执法环节紧密衔接；发挥市安委会综合协调作用，打通部门、行业间壁垒，调动成员单位实施综合执法、联合执法。

---

〔1〕《国务院安委办相关负责人就安全生产十五条措施答记者问》，载 https：//www.mem.gov.cn/xw/yjglbgzdt/202204/t20220410_411360.shtml，访问日期：2023 年 2 月 20 日。

〔2〕《〈北京市接诉即办工作条例〉规定了哪些主要内容？官方解读来了》，载"北京组工"公众号，访问日期：2023 年 2 月 20 日。

〔3〕白燕茹：《浅析行政举报奖励的法律制度》，载《辽宁行政学院学报》2012 年第 6 期。

〔4〕曹馨文：《关于我国举报人保护法律制度完善的建议》，载《法制博览》2022 年第 20 期。

〔5〕杨梦阳：《"吹哨人"法律制度的本土化探究——以安全生产监管领域为例》，广西大学 2021 年硕士学位论文。

（四）提升监督水平

为切实防止权力滥用，要强化行政监督，实施复核制，落实责任制，严明纪律，压实责任，实现内部强力规制；要广泛发动群众监督，开通行政违法行为举报渠道，实现外部有效约束。

（五）加大宣传力度

借鉴先进省市制度宣传办法，采取行政手段压实宣传责任，将制度宣传纳入安全生产考核；采取线上线下、新旧媒体、常态与集中相结合等方式开展宣传，扩大制度的社会知晓度。

结　语

北京市安全生产举报奖励制度要不断强化调研，构建法治化、科学化、本土化的制度体系，高位推动政府、行业部门协调联动，提升制度监管水平，扩大社会影响力，从而为首都社会安全稳定和经济高质量发展提供有效支撑。

保障我国公司股东知情权实现的建议

陈 依*

摘 要： 股东知情权作为保障中小股东权利的行使、保护其权益实现的制度在司法实践中得以运用，但股东获得胜诉后，仍存在未能真正实现股东知情权的情况。基于此，本文旨在对我国有限责任公司股东知情权之不足及完善的法律问题进行探讨。

关键词： 股东知情权 司法实践 不足 完善

引 言

2017 年 9 月 1 日起施行的最高人民法院《关于适用〈中华人民共和国公司法〉若干问题的规定（四）》对于股东行使知情权作了较为详细的规定，从裁判规则角度对股东知情权提供了全面保障，但在执行过程中，仍存在较多未有法律依据的情况，影响股东知情权的实现。如何更有效地让股东知情权利益获得保障，从而保护中小股东的根本权利，以促进我国公司制度更健康、持续地发展，便成为当前公司各制度需要探讨的问题。

一、司法实践中公司股东知情权的现状

虽然法律规定了公司股东知情权，但司法实践中，公司股东知情权难以实现，原因主要有：

（一）被执行人不配合

在知情权纠纷胜诉后，公司交出的会计报告、公司账簿、凭证等文件资

---

* 陈依（1985 年—），汉族，浙江人，浙江伦和律师事务所律师，研究方向为经济法学。

料，是股东知情权行使的前提和基础。但在司法实践中，公司以账簿丢失、毁损、缺失等理由拒绝交出账簿，股东向法院申请强制执行，但又难以提供有效线索或资料的保管地址，造成执行案件不了了之[1]。以笔者曾代理的案件举例，A 某的股东知情权纠纷一案获得胜诉后向法院申请强制执行，在执行过程中，公司向法院提交了一份报案记录，该报案记录的形成原因为 A 某在提起诉讼前，前往公司要求查账，因未获得准许用纸箱搬走了公司财务电脑，报案记录仅显示 A 某从公司搬走东西，但并未显示 A 某取走财务账册等材料，后因 A 某无法提供材料保管地址，法院执行困难，该案就是公司以材料丢失为由导致股东无法实现知情权。

（二）审计难度大

股东行使知情权往往基于对公司控股股东或实际控制人的不信任，拟通过行使知情权判断公司董监高、控股股东或实际控制人是否存在侵害公司财产，损害其他股东利益的行为，但目前我国《公司法》第 33 条规定，股东的知情权范围仅系对公司章程、股东会会议记录、董事会会议决议、监事会会议决议和财务会计报告的查阅和复制权利，以及对公司会计账簿的查阅权利。在实务中，审计人员仅凭财务会计报告及会计账簿可能无法作出审计结论，需结合公司的原始凭证、业务往来合同等材料，但股东难以通过诉讼途径获得会计凭证及合同等材料。《会计法》第 13 条第 1 款规定："会计凭证、会计账簿、财务会计报告和其他会计资料，必须符合国家统一的会计制度的规定。"第 14 条第 1 款规定："会计凭证包括原始凭证和记账凭证。"根据前述法律规定，会计账簿不包括原始凭证和记账凭证。在司法裁判中，司法机关往往认为，股东知情权和公司利益的保护需要平衡，故不应当随意超越法律的规定扩张解释股东知情权的范畴，《公司法》仅将股东可查阅财务会计资料的范围限定为财务会计报告与会计账簿，没有涉及原始凭证，对此可见案号为［2019］京民终 323 号、［2019］最高法民申 6815 号的两个案例。因此，拟通过行使股东知情权查找公司董监高、控股股东或实际控制人损害公司利益行为的，往往举步维艰。

（三）股东行使知情权成本高

股东行使知情权时因不具备专业知识，需要聘请会计、律师等专业人员

---

［1］ 周青松：《股东知情权纠纷执行的难度和处理》，载《人民法院报》2021 年 1 月 27 日。

作为辅助，花费大量财力，诉讼及执行时间跨度较长，且存在即使投入大量财力也未能获得有用结果的情形，因此不少股东在行使知情权过程中因维权成本高而中途放弃，笔者认为这不利于维护市场经济的健康长足发展。

（四）股东质询权的范围及制度尚未完善

股东质询权，通说认为"是指出席公司股东大会的股东为行使其股东权，而请求董事会或监事会就会议议题和议案中的有关问题进行说明的权利"[1]。我国《公司法》第97条规定："股东有权查阅公司章程、股东名册、公司债券存根、股东大会会议记录、董事会会议决议、监事会会议决议、财务会计报告，对公司的经营提出建议或者质询。"该条赋予了股东质询的权利，系股东知情权的重要内容，但该法条总体上较为抽象，没有明确股东质询权的范围以及相应惩罚措施，无法切实起到维护股东权益的作用。同时，法律赋予股东享有质询权的目的是通过质询权的行使让股东清楚公司行为是否可能危及其利益，保障股东的权益不受侵害。但这种质询如果不加限制，公司的商业秘密很可能遭到泄露，严重损害公司的利益。在行使股东知情权时，股东利益和公司利益之间难免产生冲突，股东和公司各自站在自身立场，难以对此予以平衡兼顾[2]。

二、保障股东知情权实现的建议

我国公司股东知情权难以实现的主要原因是相关立法的缺失，为保障股东知情权的实现，本文提出如下建议：

（一）通过法律直接规定公司的审计义务

在股东权利体系中，知情权作为一项基础性、工具性的权利，是股东据以了解公司经营情况、财务状况并进一步主张其他权利的利器。部分股东通过诉讼途径行使知情权的初衷在于通过查账的方式排查公司的控股股东、实际控制人或董监高是否存在侵害公司财产的情况，但往往股东知情权纠纷获得胜诉，实际履行判决效果甚微，究其原因涉及公司以各种理由拒绝提供材料、维权成本高、维权时间长等，作为不参与公司经营管理的小股东，对于

---

[1] 刘俊海：《股份有限公司股东权的保护》（修订本），法律出版社2004年版，第296页。
[2] 李建伟：《股东知情权的共益权属性定位及其司法价值》，载《人民法院报》2021年8月12日。

公司的经营情况、财务状况知之甚少，因此在具体纠纷中无法充分举证或提供有效信息。安全健康的投资环境能增强投资者的投资意愿，促进投资环境的良性循环，因此在公司经营过程中，应强化公司按年度对公司经营、财务情况的审计义务，甚至就控股股东、实际控制人或董监高是否存在侵害公司财产或财产混同的行为进行专项审计，否则应当承担相关民事责任。

（二）适当增加公司的举证责任

股东诉权是保护股东利益的最后屏障，而我国法律对此的规定不太完整，在股东知情权诉讼中，存在举证责任分担不公平的问题。鉴于股东知情权案件因其请求内容的不同而呈现出诸多类型，而且立法对这些内容的知情权的行使方式、行使目的以及行使程度在规定上均有所区别，故在诉讼中难以以单一的标准要求或者衡量当事人的举证责任承担。目前法律也未就股东知情权案件中股东和公司之间举证责任的分配问题进行明确规定，裁判举证责任的分配还处于不统一的状态；司法实践中，以《民事诉讼法》中的"谁主张谁举证"为原则，笔者认为，对于未在公司中担任董监高的中小股东，系相对弱方，再加上控股股东为了自己的利益会阻止股东取得有价值的证据，这也给该部分股东的举证增加了困难，导致法官在认识不清的情况下随意地分配当事人的举证责任，最终影响裁判的公正性，因此适当增加该类诉讼中公司的举证责任是必要且可行的。

（三）完善质询制度

（1）通过法律确定质询范围和程序。《公司法》没有对股东可以就哪些事项提出质询进行规定，仅规定股东有权就经营提出建议或质询，但"公司的经营"范围过大，且可能损害公司的商业秘密，因此法律应明确哪些基础事项股东提出质询的，公司必须在法律规定时间内作出回复。

（2）通过法律明确股东可多渠道行使质询权。随着时代的发展，微信、电子邮件以及其他方式的信息交流改变了人类传统的信息交流模式，因此法律可以规定股东可通过书面、信息化等多种途径行使质询权。

（3）引入行业协会作为第三方就有关质询事项是否涉及公司商业秘密进行判断。股东和公司立场相对，对于质询权的行使边界往往无法达成一致，公司若以公司商业秘密作为抗辩，法官非该行业从业人员，难以通过自身的现有知识准确判断。因此，可通过引入行业协会处理有关质询事项纠纷，一方面，股东和公司可以直接通过行业协会处理该类纠纷，减少诉讼；另一方面，法院可参考行业协会意见作出判决。

结　语

股东知情权制度追求的价值理念是平衡股东与公司之间的利益。《公司法》的永恒主题是协调各种利益冲突并设置合理的制度。随着经济关系的复杂多元化以及《公司法》的不断实施，利益冲突不断出现，也暴露出现有股东知情权制度的局限性，中小股东的知情权在实践中往往受到或多或少的损害，因此建立一个更完善的股东知情权制度非常紧迫。

论购房消费者物权期待权的行使及保护

李雪玲*

摘　要： 最高人民法院《关于人民法院办理执行异议和复议案件若干问题的规定》（2020 年修正）（以下简称《执行异议和复议规定》）涉及了两项物权期待权，即第 28 条规定的一般买受人物权期待权，以及第 29 条规定的购房消费者物权期待权。在实务中，购房消费者物权期待权的行使存在困境，本文旨在探讨购房消费者物权期待权的行使和保护等相关问题。

关键词： 购房消费者　物权期待权　行使　保护

引　言

近年来，国家为促进房地产行业健康发展，不断出台政策对房地产市场进行调控，相关举措在有效控制房价和抑制房地产泡沫的同时，也在一定程度上震裂了部分房地产企业（以下简称"房产公司"）的资金链，引发了房产公司的债务危机。房产公司的债权人为了保障债权的实现，在诉讼同时往往会采取查封房产公司名下资产的诉讼保全措施。届时，已购房但尚未办理房产过户手续的消费者即面临物权期待权受损的现实危险。

一、物权期待权的概念

买受人物权期待权的概念起源于德国，经德国帝国法院确认并逐步被其他大陆法系国家所接受。目前我国现行的法律中，尚无关于物权期待权的明确规定。2015 年出版的《最高人民法院关于人民法院办理执行异议和复议案

---

* 李雪玲（1987 年—）女，汉族，浙江人，浙江海赛律师事务所律师，研究方向为证据法学。

件若干问题规定理解与适用【条文·释义·案例·实务】》一书将"物权期待权"明确为"对于已经签订买卖合同的买受人，在已经履行合同部分义务的情况下，虽然尚未取得合同标的物的物权，但赋予其类似物权人的地位，其对物权的期待权具有排除执行的效力"[1]该概念在之后被广泛引用，并被部分法院作为对物权期待权性质的官方解释[2]。结合该解释，物权期待权被理解为"可以排除执行的类似所有权的权利"，但本文认为该理解并不准确。

在充分理解物权期待权之前，有必要先弄清楚何为期待权。目前众多民法学者先后为期待权下了定义，其中，王泽鉴教授认为："所谓期待权者，系指因具备取得权利之部分要件，受法律保护，具有权利性质之法律地位。"[3]仔细分析可知，王泽鉴教授认为期待权是目前尚未取得，但将来可能取得的权利，意即期待权虽名为"权"，实际上却是一种有权利属性的法律地位，其本身因欠缺取得或实现要件，还没有形成为权利。

据此，本文认为，购房消费者物权期待权，是指购房消费者持有的，用来期待可以取得物之特定权利的法律地位。

二、物权期待权对应的诉

购房消费者可期待取得之特定权利，主要包括：①要求确认是房产所有权人的权利；②要求排除执行的权利；③要求办理房产过户登记手续的权利；④要求解除合同的权利；⑤要求支付违约金或赔偿金的权利；⑥要求撤销房产公司与第三方合同的权利。

根据上述要求的性质及内容的不同，可以对应不同的诉[4]，其中，权利①和②为确认之诉，权利③和⑤为给付之诉，权利④和⑥为变更之诉。

结合上述诉讼请求之请求权基础的不同，购房消费者可依权利①、③、④、⑤提起房屋买卖合同纠纷之诉，可依权利①、②提起执行异议之诉，可

---

〔1〕 江必新、刘贵祥主编，最高人民法院执行局编著：《最高人民法院关于人民法院办理执行异议和复议案件若干问题规定理解与适用【条文·释义·案例·实务】》，人民法院出版社 2015 年版，第 422 页。

〔2〕 《物权期待权的性质》，载杜尔伯特蒙古族自治法院网：http://dqdebt.hljcourt.gov.cn/public/detail.php?id=21641，最后访问日期：2023 年 9 月 23 日。

〔3〕 王泽鉴：《民法学说与判例研究》，中国政法大学出版社 1998 年版，第 144 页。

〔4〕 宋朝武主编：《民事诉讼法学》（第 2 版），中国政法大学出版社 2008 年版，第 67 页。

依权利⑥提起第三人撤销之诉。

三、购房消费者物权期待权行使的困境

（一）房产过户困境

购房消费者所购房产，因房产公司的债务问题被第三方查封，为从根源上解决问题，尽快办理过户登记手续成为当务之急。据本文分析，购房消费者既可以直接向采取诉讼保全措施的法院提出执行异议，要求裁定解除诉讼保全措施；又可以提起房屋买卖合同纠纷之诉，要求房产公司配合办理房产过户登记手续。

但实践中，购房消费者往往进退两难：当购房消费者单纯向法院提出执行异议时，部分法院基于审执衔接的考虑并不会直接作出裁定，而是会建议当事人提起执行异议之诉；而执行异议之诉却并不处理"要求办理过户登记手续"的诉讼请求，认为其不属于该类案件的审理范围[1]；当购房消费者直接诉请要求房产公司配合办理房产过户登记手续时，法院又会根据最高人民法院《关于人民法院立案、审判与执行工作协调运行的意见》（以下简称《法院协调运行意见》）第8条的规定[2]，认为房产已被法院查封，应当裁定驳回起诉，并告知当事人可以依照执行异议相关规定（主要指《民法典》第234条）主张权利[3]。此时，购房消费者已显而易见地被剥夺了行使上述第三类物权期待权的权利，即一旦房产被查封，购房消费者就必须先通过提起执行异议之诉排除房产的执行，再主张过户登记。如果房产被多个法院轮候查封，购房消费者还将面临向多个法院重复主张权利的困境。

（二）房产被执行处置的困境

《执行异议和复议规定》第28条及第29条规定的两类物权期待权的实现，各有一项颇具争议的限制性要件，分别为"非因买受人自身原因未办理

---

〔1〕 参见最高人民法院〔2021〕最高法民终1033号民事判决书、〔2019〕最高法民终537号民事判决书。

〔2〕 最高人民法院《关于人民法院立案、审判与执行工作协调运行的意见》第8条规定："审判部门在审理确权诉讼时，应当查询所要确权的财产权属状况。需要确权的财产已经被人民法院查封、扣押、冻结的，应当裁定驳回起诉，并告知当事人可以依照民事诉讼法第二百二十七条的规定主张权利。"

〔3〕 参见浙江省嘉兴市南湖区人民法院〔2023〕浙0424民初5904号民事裁定书。

过户登记""所购商品房系用于居住且买受人名下无其他用于居住的房屋"。也就是说，所购房产会因为消费者怠于办理过户手续，或者并非用于满足基本生存需要，而被用于清偿房产公司的债务。

当所购房产被执行处置时，绝大多数消费者会陷入认知和财务困境。首先，办理过户手续作为商品房买卖合同中的附随义务，购房消费者逾期办理户手续的，并不当然产生合同解除的法律后果。基于此认知，大多数购房消费者难以预料将来会发生合同目的落空的极端后果。其次，商品房价值通常较高，大部分消费者为了购房往往倾囊相授。若所购房产因上述限制性要件欠缺而被执行处置用于房产公司的债务清偿，而房产公司又难以合理赔偿，届时购房消费者就将因怠于过户或房产投资的行为而"房款两空"。

四、对购房消费者物权期待权保护的建议

(一) 厘清购房消费者权利主张的路径

本文认为，首先，依《法院协调运行意见》第 8 条之规定裁定驳回起诉，系法律适用错误。该条款适用的对象是"确权诉讼"，而结合本文分析，"要求办理房产过户登记手续"系为请求被告履行一定民事义务的"给付之诉"，故法院不应以"房产被法院查封"为由剥夺原告的起诉权。其次，当购房消费者已具备一般买受人物权期待权排除执行的前三个要件（即查封前已订立合同、已合法占有、已支付或愿支付全部价款）时，本着保护交易安全的秩序追求，应允许购房消费者在主张办理过户登记手续与主张排除执行间进行自主选择。如选择了前者，则法院应从房屋买卖合同继续履行的角度，评价原告的主张是否成立，如成立，则判决支持原告的诉讼请求，届时购房消费者即可凭生效判决去办理物权转移登记，此时，基于物权有优于债权的效力[1]，第三方不得再以实现债权为由要求继续查封该房产。

另外，基于利益衡平的考虑，如购房消费者存在怠于办理过户手续的情形，法院可依房屋买卖合同相关约定或法律规定，判决购房消费者承担一定额度的违约金或赔偿金。

(二) 限定对购房消费者所购房产采取执行措施的种类

最高人民法院《关于适用〈中华人民共和国民法典〉有关担保制度的解

---

[1] 江平主编：《民法学》，中国政法大学出版社 2000 年版，第 326 页。

释》第 52 条第 1 款规定："当事人办理抵押预告登记后，预告登记权利人请求就抵押财产优先受偿……经审查已经办理建筑物所有权首次登记，且不存在预告登记失效等情形的，人民法院应予支持，并应当认定抵押权自预告登记之日起设立。"根据该条款的规定，尽管尚未办理房产过户手续，但如果房产公司已经办理了建筑物所有权的首次登记，那么抵押权将被认为自预告登记之日起设立。由于购房消费者是与抵押权人地位平等的民事主体，故该条款对购房消费者同样适用。

众所周知，房产被用作抵押担保的前提是购房消费者已获得该房产的所有权，即先有物权再有抵押权。那么，依上述司法解释的逻辑，购房消费者已被推定自预告登记之日起即获得了房产之物权，即使该房产仍登记在房产公司名下，除了购房消费者自身设立的抵押权以外，其他类型的执行均可被排除。在此情况下，购房消费者所购房产不应再被区分是否已及时办理过户或是否用于生存，而只需考虑其是否依购房消费者真实意思表示被抵押用于担保债务的履行。

故此，本文认为，如果购房消费者确实签订合法有效的书面买卖合同在先，且不存在预告登记失效的情形，那么在房产公司办理建筑物所有权首次登记时，即推定该消费者获得了完整物权，除了抵押权人为实现优先受偿权启动的执行以外，其他类型的执行均应排除。

结　语

房产公司与第三人发生的纠纷，本与购房消费者无关，但现实中购房消费者往往会因尚未完成过户之房产被采取执行措施而被拉入纠纷之中，其购买的房产也成为各方争夺的对象，此时购房消费者往往处于被动的地位，其物权期待权的保护就显得尤为重要。为妥善解决纠纷和避免次生纠纷的产生，有必要厘清购房消费者权利主张的路径，限定对消费者所购房产采取执行措施的种类。

论律师在减刑和假释中的法律服务

刘丽娟*

摘 要：减刑、假释是服刑人员的权利，最高人民法院、最高人民检察院对减刑、假释相关规定进一步明确：律师可以为服刑人员在减刑、假释案件中提供专业的法律服务，协助减刑、假释案件实质化审理。本文旨在探讨律师在减刑和假释中提供法律服务的相关问题。

关键词：律师 减刑 假释 法律服务

引 言

2021 年，最高人民法院、最高人民检察院、公安部、司法部印发《关于加强减刑、假释案件实质化审理的意见》，以进一步严格规范减刑、假释工作，加强减刑、假释案件实质化审理。该意见的印发，不但对人民法院审理减刑、假释案件时全面准确把握实体条件、严格规范审理程序作出了明确规定，也对监狱计分考核罪犯工作、证据材料收集和保全、办案审查等提出了更高要求，更对律师参与减刑、假释案件提供了指导。

一、律师提供减刑和假释法律服务的依据

根据《律师法》第 28 条[1]的规定，律师可以接受自然人的委托，担任

---

* 刘丽娟（1992 年—）女，汉族，新疆人，北京大成（乌鲁木齐）律师事务所律师，研究方向为刑事诉讼法学。

〔1〕《律师法》第 28 条规定："律师可以从事下列业务：（一）接受自然人、法人或者其他组织的委托，担任法律顾问；（二）接受民事案件、行政案件当事人的委托，担任代理人，参加诉讼；（三）接受刑事案件犯罪嫌疑人、被告人的委托或者依法接受法律援助机构的指派，担任辩护人，接受自诉案件自诉人、公诉案件被害人或者其近亲属的委托，担任代理人，参加诉讼；（四）接受委托，

法律顾问，提供诉讼或非诉讼法律服务。

根据《律师办理刑事案件规范》第 8 条第 9 项[1]的规定，律师可以从事其他刑事诉讼活动中的相关业务。第 8 条规定："律师参与刑事诉讼，可以从事下列业务：……（九）其他刑事诉讼活动中的相关业务。"

二、律师提供减刑和假释法律服务的内容

（一）为服刑人员及家属提供法律咨询

律师通过入狱前辅导，给服刑人员及家属提供法律咨询，并向委托人介绍《监狱服刑人员行为规范》和《监狱计分考核罪犯工作规定》的具体内容，对如何争取"减刑、假释"的适用等内容进行解释说明。

另外，《人民检察院办理减刑、假释案件规定》、最高人民法院《关于减刑、假释案件审理程序的规定》对于减刑、假释的提起程序、考察内容、减轻幅度等内容均进行了明确规定；律师通过向委托人介绍上述内容，可以对即将服刑的人员及其家属起到情绪抚慰作用。

（二）提供申请罚金减免法律服务

1. 罚金减免的法律和政策依据

《刑法》第 53 条第 2 款规定："由于遭遇不能抗拒的灾祸等原因缴纳确实有困难的，经人民法院裁定，可以延期缴纳、酌情减少或者免除。"

最高人民法院印发的《全国法院维护农村稳定刑事审判工作座谈会纪要》第 3 条指出，会议在认真分析了农村中犯罪、农民犯罪的原因和特点的基础上，结合我国农村基层组织的作用和现状，对处理农村中犯罪案件和农民犯罪案件应当把握的政策界限进行了研究；对正确处理以下问题取得了一致意见："……（四）关于财产刑问题 凡法律规定并处罚金或者没收财产的，均应当依法并处，被告人的执行能力不能作为是否判处财产刑的依据。确实无法执行或不能执行的，可以依法执行终结或者减免……"

2. 适用

对原判罚金明显不合理的，可以提出改判的申诉；对当事人符合罚金减免

（接上页）代理各类诉讼案件的申诉；（五）接受委托，参加调解、仲裁活动；（六）接受委托，提供非诉讼法律服务；（七）解答有关法律的询问、代写诉讼文书和有关法律事务的其他文书。"

[1]《律师办理刑事案件规范》（律发通［2017］51 号）。

规定的，及时提出减免申请。

例如，江西省上栗县人民法院作出的［2022］赣 0322 刑更 4 号《易某申刑罚与执行变更审查裁定书》[1]指出："本院认为，易某申系残疾和低保户的情形虽在刑罚处罚前已存在，但在判决作出前易某申未提交相关证明材料，故审理阶段未能综合考虑其缴纳罚金的能力，现无力缴纳而提出申请减免罚金，符合法律规定。……裁定如下：对罪犯易某申减少罚金九千元，余额一千元继续追缴。"

再如，湖南省安乡县人民法院作出的［2022］湘 0721 执 1019 号《孙某平罚金首次执行执行裁定书》指出[2]："本院认为，被执行人孙某平遭遇不能抗拒的灾祸，缴纳罚金确有困难，符合法律规定的减免罚金的条件。经本院执行合议庭评议，裁定免除孙某平罚金 1000 元。……裁定如下：1、对被执行人孙某平免除罚金 1000 元；2、终结本院［2022］湘 0721 刑初 98 号刑事判决书关于孙某平罚金部分的执行。"

（三）提供减刑和假释法律服务

1. 提请阶段的法律服务

（1）处理财产性判项。如判决书中有退赃、缴纳罚金等判决项目，家属未能及时履行该项义务，律师可代为办理。例如，湖北省宜昌市中级人民法院作出的［2016］鄂 05 刑更 101 号《陈某平故意伤害罪刑期变更刑事裁定书》[3]就有律师提交的"罪犯交纳罚没款赔偿款明细表及票据和湖北省七君律师事务所 2015 年 8 月 13 日出具的赔偿协议及履行赔偿情况的说明"。

再如，广东省江门市中级人民法院作出的［2022］粤 07 刑更 711 号《颜某主假冒注册商标罪刑罚与执行变更审查刑事裁定书》[4]认定罪犯赔偿被害单位的证据为广东法普盾律师事务所于 2022 年 4 月 28 日出具的收据，内容为"今收到［2021］粤 0604 民初 10530 号案件，魏某代颜某主支付第一笔赔偿

---

〔1〕来源 https：//alphalawyer.cn/#/app/tool/result/%7B%5B%5D,%7D/detail/8F361A956C1309078751568CF9CDB8B6？focus＝1&relation＝269001458&queryId＝372dde715b0511eeac290c42a1a29850.

〔2〕来源 https：//alphalawyer.cn/#/app/tool/result/%7B%5B%5D,%7D/detail/29AF563C3A7E8941876A69B042290E71？relation＝270302698&queryId＝7d42ff59629f11eea3d70c42a1b86486.

〔3〕来源 https：//alphalawyer.cn/#/app/tool/result/%7B%5B%5D,%7D/detail/65CA05E00F4ED7C84F7759AE7008CE3B.

〔4〕来源 https：//alphalawyer.cn/#/app/tool/result/%7B%5B%5D,%7D/detail/AAC187823776BE369C40F88206AA8FE9.

款 400 000 元，另于 2022 年 11 月 1 日前支付第二笔赔偿款 64 000 元"。

（2）取得并提供履行能力证明材料。例如，在安徽省合肥市中级人民法院作出的［2014］合刑执字第 08482 号《张某仓犯受贿罪、贪污罪刑罚变更刑事裁定书》[1]中，安徽省合肥市城郊地区人民检察院认为，罪犯张某仓附加财产刑执行情况不明，建议适当扣减其减刑幅度。但法院认为有"安徽世纪天元律师事务所出具了张某仓个人已无财产可供没收的法律意见书等证据证实"，最终裁定"对罪犯张某仓减去有期徒刑一年"。

（3）处理被害人谅解事宜。例如，广东省阳江市中级人民法院作出的［2019］粤 17 刑更 4100 号《申某豪减刑刑事裁定书》[2]认定"另查明，该犯提交一份由广东鹏派律师事务所出具的〈见证书〉，拟证实其父亲代该犯向附带民事诉讼原告人乔某杰赔偿了 20 000 元及取得对方的谅解"。

又如，吉林省松原市中级人民法院作出的［2020］吉 07 刑更 127 号《李某阔故意伤害罪、放火罪减刑刑事裁定书》[3]指出"因被害人拒绝，本次考核期内民事赔偿未能执行"。

（4）向监狱提出法律意见。根据服刑人员的改造情况，结合原判刑罚、财产刑履行情况、后续的监管条件等，向监狱提出当事人符合减刑、假释条件的意见和建议。

2. 审查和审理阶段的法律服务

（1）检察院审查阶段的法律服务。

办理减刑、假释案件，律师同样具有调查取证权。根据我国法律规定，罪犯减刑、假释必须同时符合"确有悔改表现"的四个方面：认罪服法；认真遵守监规，接受教育改造；积极参加政治、文化、技术学习；积极参加劳动，完成生产任务。

律师可以通过谈话、走访等方式，对某些有争议或不清楚的事实和证据进行调查核实；对于专业性较强的事项，如疾病诊断情况、伤情鉴定情况，

---

〔1〕 来源 https：//alphalawyer. cn/#/app/tool/result/%7B%5B%5D,%7D/detail/290E6CA1F3A101
3E2F37DD35A39F9A33.

〔2〕 来源 https：//alphalawyer. cn/#/app/tool/result/%7B%5B%5D,%7D/detail/AC0CDE2751FB81
2F6FD9F583585353B0.

〔3〕 来源 https：//alphalawyer. cn/#/app/tool/result/%7B%5B%5D,%7D/detail/08828857BAAF51
EE524AEED0C01CA60E.

申请文证鉴定或专家辅助人论证；根据案件的需要开展必要的调查取证工作。

（2）法院审理阶段的法律服务。

对于开庭审理的案件，申请参加庭审，并发表辩护意见。由于法律没有关于律师参加减刑、假释庭审的明确规定，原则上法院不会通知律师出庭。对于书面审的案件，律师提交书面意见。

若案件开庭审理，律师可以行使如下权利：

第一，程序建议权。为了保证减刑、假释案件审理程序合法，律师可以根据案件的具体情况，向合议庭提出程序性建议，包括：是否需要回避、是否公开审理、是否需要传唤证人、专家辅助人到庭等。

第二，询问权。律师对监狱提请减刑、假释所依据的事实和证据，认为有必要进一步核实或认为存有疑问的，经审判长准许后，可进行发问。

第三，举证、质证权。围绕减刑、假释案件事实，律师可以向合议庭提供己方掌握和收集的证据，并可以申请合议庭就相关证据进行质证。

第四，发表代理意见。包括提出罪犯能够被减刑、假释及幅度的事实、理由和法律依据。比如，拟提请减刑、假释罪犯在服刑期间的表现情况，拟提请减刑、假释罪犯的财产刑执行、附带民事裁判义务履行、退赃退赔等情况，拟提请减刑罪犯的立功表现、重大立功表现是否属实，发明创造、技术革新是否系罪犯在服刑期间独立完成并经有关主管机关确认，拟提请假释罪犯的身体状况、性格特征、假释后生活来源和监管条件等影响再犯罪的因素以及相关法律依据。

结　语

随着减刑、假释制度的不断丰富、完善，减刑、假释法律服务的重要性与必要性将愈加凸显，律师积极参与减刑、假释法律服务实践，不但有助于提升法律服务水平，服务我国法治建设，同时也能保障服刑人员的合法权益。

《民法典》 关于居住权合同的探讨

郭娜娜 *

摘　要：《民法典》以专章的形式规定了居住权从设立到消灭的完整框架，要求合同型居住权当事人必须以书面形式订立居住权合同，但是《民法典》关于居住权合同的规定较为简略，享有居住权的条件、作为居住权合同主体的关键性要素、居住权合同主体的权利义务等基本条款都没有明确的规定，理论和实践中有关居住权合同的争议不少，有鉴于此，厘清居住权合同订立实务中的相关问题，具有重要的现实意义。

关键词：《民法典》　居住权合同　合同主体　合同内容

引　言

《民法典》第二编"物权"第十四章针对居住权作出了相关规定，居住权可以分为合同型居住权、遗嘱型居住权。居住权设立采用登记生效，其中合同型居住权要求当事人必须以书面形式订立居住权合同。《民法典》关于居住权合同的规定较为简略，已经出台的司法解释并未涉及，而且目前也没有进一步细化和完善的配套施行规则。自居住权制度实行以来，各省、市居住权登记机构纷纷发布居住权登记操作规范，部分省市还发布了居住权合同范本，但其基本为框架性合同，当事人在实务中仍面临不少困扰，因此有探讨的必要。

＊ 郭娜娜（1986 年—）女，汉族，安徽人，中国政法大学同等学力研修班 2019 级学员，研究方向为经济法学。

一、居住权合同主体范围

居住权合同主体范围，是订立居住权合同首要确认的问题。《民法典》第367 条规定，居住权合同应当包括"当事人的姓名或者名称和住所"，该条规定的"当事人"指居住权合同的主体，包括了居住权人和居住权设立人。从居住权设立的最初目的考量，其主要是为了解决有特定关系的人的居住问题，居住权以"自然人"为主体，但居住权合同的"当事人"是否仅限于自然人，《民法典》没有作进一步的规定，理论界和实务界对此存在争议。结合有些地方居住权登记机构已经发布的居住权登记办理通知文件，如要求提供"居民身份证、法人社会信用代码证等申请人法定身份证"〔1〕，本文认为，居住权合同的主体，应当包括自然人、法人及其他组织，但居住权人和居住权设立人的主体范围又有所不同。

（1）居住权人应当以自然人为限。《民法典》第 366 条在规定居住权的主体时，并没有明确使用自然人的概念，而是使用了居住权人的概念，说明居住权的设立对象是广泛的。但是，从《民法典》设立居住权是为了满足生活居住需要和保障特定群体的生活居住利益的目的来看，法人及其他组织没有生活居住需求，法人及其他组织的营业场所不应为生活居住需求，法人也不属于居住权制度功能上需要保障的特定群体，因此，法人及其他组织不属于居住权人。

（2）居住权设立人可以是自然人、法人或者其他组织。居住权设立人，即为居住权人提供住所的住宅所有人，自然人当然可以成为居住权设立人，法人或者其他组织能否成为居住权设立人，法律法规未有限制性规定，但在现实生活中，法人或者其他组织设立居住权的例子屡见不鲜，典型的如单位出资建设居住小区，然后将住宅交由自己的员工居住。在不断扩大的居住需求背景下，居住权制度要保障住房需求和解决社会保障体系的短板，必须积极盘活社会空置住宅资源，法人或者其他组织不管是作为投资人设立有偿居住权还是通过无偿提供住所设立居住权，都是推动居住权制度持续发展的有效手段。

---

〔1〕 杭州市规划和自然资源局：《居住权登记（首次登记）》，载 http：//ghzy.hangzhou.gov.cn/art/2023/2/17/art_ 1229715961_ 58937545.html，最后访问日期：2023 年 9 月 25 日。

二、居住权合同客体范围

居住权的设立是为了满足生活居住的需要，因此，设立居住权的客体应当为住宅，商业建筑排除在外，也不宜扩大至具有居住功能的商办房。同一套住宅，是否可以设立多个居住权或者为多人设立居住权？目前法律没有禁止性规定，居住权登记实务中，登记机构一般以住宅所有权登记为基础，即住宅所有权设立时是按套登记的，居住权也只能按套登记设立，除非该住宅符合分割登记条件并已办理分割登记，否则在实务中难以办理居住权登记。关于住宅主体以外的"附属设施"是否属于居住权的效力范围，有学者认为，若"附属设施"为满足生活居住之必需，应予增加[1]，笔者认同此种观点。

三、居住权合同应明确的内容

《民法典》规定居住权合同是要式合同，一般包含下列条款：当事人信息、住宅、居住的条件和要求、居住权期限及解决争议的方法。除了《民法典》规定的一般条款，居住权合同还应当明确以下内容。

（一）居住权设立条件

对于合同型居住权的设立，住宅所有人与居住权人可以在居住权设立条件达成后再订立居住权合同，也可以订立附条件生效的居住权合同，在合同中明确约定居住权人占有、使用住宅的条件和应履行的义务，否则居住权不生效。另外，《民法典》规定居住权原则上是无偿的，但允许当事人意思自治，也可约定为有偿，实际上，还可以在居住权合同中设置触发条件，从无偿居住转为有偿居住。

（二）居住权人应负的合理义务

《民法典》没有明确规定居住权人的义务，但是根据权利义务相一致和意思自治原则，在居住权合同中，当事人协商一致，住宅所有权人可以要求居住权人承担合理义务。本文认为，居住权人的合理义务应当以居住权的客体即住宅为中心，由居住权合同主体根据具体情况约定：

（1）合理使用的义务，是指在居住权人使用的过程中，不得擅自改变住宅的原有构造及主要功能，其中包括庭院、附属设施等。

---

[1] 申卫星、杨旭：《中国民法典应如何规定居住权?》，载《比较法研究》2019年第6期。

（2）善意保管义务，是指住宅的日常管理、保养、修缮等相关费用以及其他合理支出，当事人应当在居住权合同中明确约定。

（3）承担必要的日常费用，主要包括与居住权人的生活息息相关的水电费、物业费用、住宅局部的修理费用等，这些费用是为了满足生活的需要，理应由居住权人承担。

（4）返还住宅义务，因居住权消灭或居住权合同解除，应当返还所有权人住宅，并且保障住宅的质量。

（5）损坏赔偿义务，如果是居住权人造成的住宅破损或灭失，居住权人理应承担赔偿责任。

（6）住宅交易时的配合义务，居住权合同约定住宅所有权人可将住宅交易的，居住权人理应配合。

（7）登记义务，《民法典》规定居住权的生效和消灭均要登记，各省、市出台的居住权登记操作规范根据居住权设立和消灭情形不同规定的登记申请人主体和需要提供的书面材料也不同，所以，登记义务也是居住权合同不可忽视的内容。

（三）居住权人是否享有优先购买权

对于居住权人是否享有住宅的优先购买权，法律没有明确规定。本文认为，应当允许当事人意思自治，根据居住权合同进行约定。值得注意的是，如果居住权人享有优先购买权，该设立居住权的住宅又同时存在共有权人、租赁人的话，就涉及优先购买权的顺序如何确定的问题。对此，首先，住宅共有权人享有住宅所有权的一部分，应先实现共有人的全部所有权期待，其优先购买权的效力应当高于居住权人和租赁人的优先购买权。其次，住宅租赁人相比居住权人对住宅的投资付出和承担的合同义务更多，租赁人的优先购买权的效力应当高于居住权人的优先购买权，除非居住权人与住宅共有权人、租赁人有特殊约定。

（四）住宅所有权人是否可以撤销居住权

《民法典》规定原则上居住权无偿、住宅不得出租，这限制了所有权人的利益，"平衡和保护各方当事人的利益是我国民事立法的宗旨和价值尺度"[1]，要保障居住权制度可持续发展，必须平衡住宅所有权人的利益，本文认为，

---

[1] 孟勤国：《物权二元结构论——中国物权制度的理论重构》，人民法院出版社 2002 年版。

应当参考《民法典》合同编的规定，允许住宅所有权人行使撤销权。例如，当居住权人超出生活需要的居住目的对住宅进行处分，侵害了住宅所有权人的利益时，或者当居住权人没有履行对住宅的保护义务或者实行任意破坏住宅的情形时，或者在住宅所有权人自身面临居住困难或濒临破产的情况时。当然，住宅所有权人行使撤销权应有限制条件，否则居住权无法保障。

结　语

在《民法典》规定的居住权制度框架下，应当允许当事人通过意思自治约定居住权合同的具体内容以完善其规定的不足。相信随着居住权配套措施的逐步落实和司法实践的逐渐深入，居住权制度将逐渐丰富我国现有的物权体系，满足人们对住房的多样化需求，真正发挥其保障性功能。

论竞业限制制度下商业秘密保密措施的适当性

张文娟[*]

摘　要： 商业秘密作为一种特殊的知识产权，需要满足一定的条件，即未公开性、价值性和保密性。其中，保密性是指权利人采取合理的保密措施使商业秘密保持秘密状态。竞业限制是指对负有保密义务的劳动者，用人单位与其约定的一定限制内容。本文旨在探讨竞业限制制度下保密措施的适当性问题。

关键词： 竞业限制　商业秘密　保密措施　适当性

引　言

商业秘密的相关争议离不开与商事主体有密切关系的劳动者。从我国最高人民法院在中国裁判文书网上公布的 7 个商业秘密案例来看，有 6 个涉及商事主体与其劳动者[1]。在劳动关系存续期间，劳动者不可避免地会在工作中掌握商事主体的商业秘密。伴随着劳动力市场的流动，原用人单位的商业秘密可能失去其原本的市场价值和竞争优势，由此造成不可估量的经济损失风险。

---

* 张文娟（1989 年—）女，汉族，重庆人，浙江泰杭律师事务所律师，研究方向为知识产权法学。
〔1〕 中国裁判文书网，最高人民法院公布的案件名称中包含"商业秘密"的判决书一共 7 份：[2020] 最高法知民终 786 号、[2020] 最高法知民终 1638 号、[2020] 最高法知民终 1101 号、[2020] 最高法知民终 1099 号、[2020] 最高法知民终 726 号、[2013] 民三终字第 6 号、[2019] 最高法民再 268 号。

一、商业秘密的概念及构成要件

（一）概念

商业秘密制度经过长期而缓慢的发展，现今，其财产属性得到了大多数国家的认可，并由此建立了商业秘密保护制度。国际公约将商业秘密权视为一种知识产权，早在 20 世纪 60 年代，国际商会草拟的《关于保护专有技术的标准条款草案》首次提出给予商业秘密以工业产权保护的立法建议。在我国立法中，商业秘密是一种概括式的定义表述。《反不正当竞争法》第 9 条第 4 款规定，商业秘密，是指不为公众所知悉、具有商业价值并经权利人采取相应保密措施的技术信息、经营信息等商业信息。在这里，"等商业信息"实质上是技术信息、经营信息以外的其他商业信息，例如与商业活动有关的市场营销信息、市场管理信息、市场环境信息、与产品或者服务有关的技术情报、资料等。[1]

（二）构成要件

首先，未公开性是商业秘密的核心要件。我国《反不正当竞争法》将商业秘密的未公开性表述为"不为公众所知悉"。最高人民法院《关于审理侵犯商业秘密民事案件适用法律若干问题的规定》将其具象为在被诉侵权行为发生时，该信息不为所属领域的相关人员普遍知悉和容易获得。其次，价值性又称商业价值性或是经济性，是商业秘密区别于其他秘密信息的本质特征，也是商业秘密构成企业无形资产的重要基础。具体表现为能为企业带来商业利益或者竞争优势。最后，保密性，是对权利人采取必要措施的法律要求。对企业来说，其主观上有将信息作为商业秘密保护的主观意识，客观上采取了合理的保密措施。而保密措施达到一定程度即可，并不以防止一切窃密行为为必要。[2]

二、竞业限制与保密措施的关系

（一）竞业限制的含义与目的

竞业限制是指掌握用人单位核心产品以及核心研发技术等商业秘密的劳

---

〔1〕 参见国家市场监督管理总局《商业秘密保护规定（征求意见稿）》第 5 条。

〔2〕 吴汉东：《知识产权法》，法律出版社 2021 年版，第 653 页。

动者，从原用人单位离职之后的一定期限内，不得到与原用人单位经营同类产品、从事同类业务的有竞争关系的其他用人单位工作，也不得自己开业生产或者经营同类产品、从事同类业务。根据我国《劳动合同法》第 23 条的规定来看，我国竞业限制制度设立的目的在于法律赋予企业选择适用竞业限制条款，从而保护企业的商业秘密和与知识产权相关的保密事项。

（二）竞业限制与保密措施的关系

我国《劳动合同法》规定，对负有保密义务的劳动者，用人单位可以在劳动合同或者保密协议中与其约定竞业限制条款，并明确规定竞业限制的人员限于用人单位的高级管理人员、高级技术人员和其他负有保密义务的人员。由此可见，竞业限制是一种保密措施，企业可以自主选择是否适用，且对竞业限制适用的主体范围具有决定权。

三、竞业限制下保密措施适当的必要性

一方面，司法实践中，竞业限制目前广泛适用于"第三类人"，即普通劳动者、岗位基层员工、普通培训机构的老师等，但其尚不属于法定的三种类型人员，超越了竞业限制主体的范围[1]。用人单位为了尽可能使得自身的商业秘密保留其原有的市场价值和市场竞争力，利用其在劳动合同关系中的优势地位，无差别地将保密和竞业限制的义务施加于劳动者，一些用人单位甚至是全员均签署了保密协议和竞业限制协议，而用人单位一方最低仅需向劳动者支付其在劳动合同解除或者终止前十二个月平均工资的 30% 即可干预劳动者的后续自主择业，劳动者一方的权利义务严重失衡。

另一方面，商业秘密并不同于公司其他未公开的信息。劳动者基于工作需要而获知的公司未公开信息以及劳动者基于自身发展积累的工作经验，已经内化为劳动者个人的人格组成部分，劳动者离职后自主运用其职业技能是必然的。因此，用人单位倾向于在保密协议和竞业限制协议中对保密范围、竞业限制范围进行扩张，存在将劳动者知悉的公司未公开的一般信息及劳动者自身积累的工作经验纳入保密范畴，严重限制了人才市场的稳定流动和市场经济下的自由竞争。

---

〔1〕 熊晖、王瑞宏：《竞业限制对劳动者的泛化适用问题研究》，载《重庆理工大学学报（社会科学）》2021 年第 9 期。

四、竞业限制制度下保密措施适当性的建议

（一）将竞业限制和董事、监事、高级管理人员竞业禁止统一于商业秘密保护制度之下

在实务界以及理论界，竞业限制与竞业禁止二者之间所具有的含义是否同义处于未予以明确的状态。竞业限制在劳动法的语境下广泛应用，而在公司法的范围内则侧重使用"竞业禁止"一词。根据最高人民法院［2020］民事再审第 50 号案件的审判结果[1]，董事、监事、高级管理人员与公司之间并未基于委任法律关系而排斥劳动合同法律关系存在，并且基于《公司法》第 44 条第 2 款的规定，劳动合同法律关系与委任法律关系可以同时存在[2]。一方面，董事、监事、高级管理人员若与公司形成劳动合同关系，则按照一般劳动者身份遵守公司保密、竞业限制的相关规定和约定；另一方面，董事、监事、高级管理人员负有对公司的忠实勤勉义务，《公司法》第 148 条第 1 款规定，董事、高级管理人员擅自披露公司秘密，所得的收入应当归公司所有。由此可见，在公司商业秘密保护与劳动者自主择业平衡路径的探索中，董事、监事、高级管理人员也应纳入其中。

（二）根据商业秘密的商业价值性或者经济性，对公司秘密和商业秘密进行界定

商事主体投入人力、资源进行商业秘密保护的首要目标和核心目的是保障其商业价值。商业秘密的商业价值，具体表现为"能为权利人带来商业利益或者竞争优势"。商业秘密其"不为公众知悉"的状态与公众知悉状态之间，必然需要设置缓冲带。换而言之，可以对公司秘密进行分级保护，商业秘密为最高保密级别，能为公司带来商业利益且该利益占公司现有商业价值的 30% 及以上；公司秘密为普通保密级别，能为公司带来商业利益且该利益不足公司现有商业价值的 30%。针对不同的保密级别采取有区别的保密措施。

---

[1] 参照最高人民法院［2020］最高法民再 50 号民事判决书。
[2] 《公司法》第 44 条第 2 款规定，两个以上的国有企业或者两个以上的其他国有投资主体投资设立的有限责任公司，其董事会成员中应当有公司职工代表；其他有限责任公司董事会成员中可以有公司职工代表。董事会中的职工代表由公司职工通过职工代表大会、职工大会或者其他形式民主选举产生。

（三）根据秘密级别采用适当的保密措施

1. 公司秘密的保密措施

商业秘密的概念在实践中应当审慎使用，商事主体不愿为他人所知的秘密并非全部可以归属于商业秘密范畴。对于商业秘密之外，商事主体不为第三人所知的信息，可以统称为公司秘密。劳动者作为用人单位的职工负有保守公司秘密的义务。这种保密义务基于劳动合同关系而产生，应当是全体劳动者无差别的均需遵守。因此，对于公司秘密的保密，可以采用公司规章制度（包含保密制度）及惩处措施、员工手册、保守公司秘密专项培训、办公管理系统加密登录等通常方式，该等方式对劳动者具有一定的警示作用，亦足以保护公司秘密，防范公司经营过程中产生的一般泄密风险。

2. 商业秘密的保密措施

商业秘密作为公司最高保密级别的信息，包括经营秘密和技术秘密。笔者认为，可以通过保密协议和（或）竞业限制进行选择、叠加适用，灵活保护用人单位的商业秘密不受侵犯。据此，将商业秘密进一步进行分级管理也未尝不可，分别对应的保密措施为：最高级别的商业秘密采用法定保密义务、竞业限制、保密协议三重保密措施；次级的商业秘密采用竞业限制、保密协议双重保密措施；一般的商业秘密采用保密协议的保密措施。用人单位可以根据商业秘密的商业价值进行保密级别划分，采取对应的保密措施，层层防护以降低商业秘密泄露的风险，同时避免劳动者的自主择业权受到不合理的制约，承担非必要的风险和责任。

结　语

我国已经进入创新型国家行列，企业创新发展离不开创新型人才。用人单位逐步加强其商业秘密保护意识的同时，注重对劳动者个人权益的保护是其必然选择，因此，探索商业秘密侵权认定的界限与保护劳动者自主择业权的平衡路径，有其现实意义。

浅析认定商标混淆的多因素分析方法

练海长*

摘　要： 认定商标混淆的多因素分析方法是指通过将容易导致商标混淆的因素进行列举然后进行综合分析的方法。目前我国虽然也适用多因素分析方法认定商标混淆，但是行政认定和司法认定存在差异，导致同一案件存在不同认定结果。因此，多因素分析方法的适用需要统一。本文旨在通过借鉴国外多因素分析方法并通过量化因素来完善我国的多因素分析方法。

关键词： 认定　商标混淆　多因素　分析方法

引　言

"多因素分析方法"最早由美国提出，随后也为诸多国家所普遍采纳和借鉴，不过各国立法和司法实践均有一些差异，比如德国在认定是否容易造成商标混淆之时较少考虑商标的知名度，认为更应该考虑商标本身，但欧盟法院则会更多地考虑商标的知名度。美国与我国都是商标申请大国，其多因素分析方法对我国有一定的借鉴意义。

一、美国认定混淆的多因素分析方法

美国法院应用多因素来确定是否存在混淆的可能性，由于法规没有提供因素清单，因此法院使用了源自《侵权法首次重述》以及后来的《不正当竞争法第三次重述》的清单，各联邦巡回法院采用的清单略有不同，通过具有较高影响力的案例设立和阐述不同的清单，如宝丽来（Polaroid）因素、埃尔

---

* 练海长（1981 年—）男，汉族，福建人，中国政法大学同等学力研修班 2019 级学员，研究方向为知识产权法学。

维斯·普雷斯利（Elvis Presley）因素等。

虽然美国各法院采用的清单略有不同，但几乎都认为，清单只是一份指南，并非详尽无遗，因此法院可以考虑任何相关证据。因为美国法院对各因素及其组合存在不同的认知，导致了很多争论，这显然不利于法官对案件的审理，因此，法院期待能存在一种统一的多因素标准。巡回法院法官提出，法院可以利用一种不那么复杂、更统一的多因素测试来解决混淆案件，而不是仔细检查巡回法院的多因素测试之间的内在差异。司法可预测性支持各巡回法院的因素的整合，以简化法官的决定，并消除偶然的"单个因素"。简化多因素测试将弥补当前的多因素方案中存在的"内部不一致"，这些多因素方案源于不同的历史功能[1]。

美国法院通常考虑的因素有：[2]①原告商标的强度（商业强度和独特性）；②商标之间的相似程度；③产品在市场上的邻近性；④先前所有者弥合差距的可能性；⑤实际混淆；⑥被告采用自己商标的善意；⑦被告产品的质量；⑧相关消费者的关注度和成熟性。

同时，美国法院还考虑以下辩护因素[3]：①欺诈性注册；②原告放弃商标；③使用商标是否为了"歪曲使用商标的商品或者服务来源"；④被告合理使用商标，作为个人姓名或描述性术语，以"描述该方的商品或服务或其地理来源"。

二、中国认定混淆的多因素

（一）行政认定因素

知识产权部门在认定商标混淆时，通常考虑如下因素：①考虑商品或者服务的类似程度和双方商标标志的近似程度；②考虑在先商标的显著性和知名度等因素；③商标申请人若存在意图导致混淆后果的故意，有助于认定混

---

[1] ROBINS M D,"Actual confusion in trademark infringement litigation：restraining subjectivity through a factor-based approach to valuing evidence", *Northwestern Journal of Technology and Intellectual Property*, 2004, 3（2）：12~15.

[2] Christopher Prine Bussert and James R Sims Ⅲ, *The Intellectual Property Handbook：A Practical Guide for Franchise, Business, and IP Counsel, Second Edition*, ABA Book Publishing, 2016, p. 477.

[3] Christopher Prine Bussert and James R Sims Ⅲ, *The Intellectual Property Handbook：A Practical Guide for Franchise, Business, and IP Counsel, Second Edition*, ABA Book Publishing, 2016, p. 480.

淆可能性，但申请人是否具有恶意并非认定混淆的必备要件；④其他影响混淆可能性判定的因素，包括社会相关公众的注意程度、实际发生混淆等。

（二）司法认定因素

法院在认定商标混淆时，通常考虑下述因素：①商标标志的近似程度；②商品的类似程度；③引证商标的显著性和知名程度；④相关公众的注意程度；⑤相关公众的重合程度；⑥商标申请人的主观意图；⑦实际混淆的证据；⑧与引证商标近似的标志被其他市场主体合法使用的情况；[1]⑨前述因素之间的相互影响；⑩以是否容易造成相关公众混淆为标准。[2]

三、中美两国之间的比较

（一）中国行政认定与美国法院认定的比较

通过对比，可以发现两者之间大致是相同的，但也存在不同之处：

	美国法院	中国行政认定
1	原告商标的强度（商业强度和独特性）	在先商标的显著性和知名度
2	商标之间的相似程度	双方商标标志的近似程度
3	产品在市场上的邻近性	商品或者服务的类似程度
4	先前所有者弥合差距的可能性	－
5	实际混淆	实际发生混淆
6	被告采用自己商标的善意	商标申请人的恶意
7	被告产品的质量	－
8-1	相关消费者的关注度	社会相关公众的注意程度
8-2	相关消费者的成熟性	－
9	欺诈性注册	
10	原告放弃商标	

---

〔1〕《最高人民法院关于审理商标授权确权行政案件若干问题的规定》（法释〔2017〕2号）。

〔2〕《北京市高级人民法院商标授权确权行政案件审理指南》第15条第2款。

续表

	美国法院	中国行政认定
11	使用商标是否为了"歪曲使用商标的商品或者服务来源"	
12	被告合理使用商标,作为个人姓名或描述性术语,以"描述该方的商品或服务或其地理来源"	

中国行政认定并未将下述因素纳入考虑之中:

	美国法院
4	先前所有者弥合差距的可能性
7	被告产品的质量
8-2	相关消费者的成熟性
9	欺诈性注册
10	原告放弃商标
11	使用商标是否为了"歪曲使用商标的商品或者服务来源"
12	被告合理使用商标,作为个人姓名或描述性术语,以"描述该方的商品或服务或其地理来源"

(二) 中国法院与美国法院认定的比较

通过对比,可以发现两者之间大致是相同的,但也存在不同之处:

	美国法院	中国法院
1	原告商标的强度(商业强度和独特性)	引证商标的显著性和知名程度
2	商标之间的相似程度	商标标志的近似程度
3	产品在市场上的邻近性	商品的类似程度
4	先前所有者弥合差距的可能性	–
5	实际混淆	实际混淆的证据
6	被告采用自己商标的善意	商标申请人的主观意图

续表

	美国法院	中国法院
7	被告产品的质量	–
8-1	相关消费者的关注度	相关公众的注意程度
8-2	相关消费者的成熟性	–
9	欺诈性注册	
10	原告放弃商标	
11	使用商标是否为了"歪曲使用商标的商品或者服务来源"	
12	被告合理使用商标，作为个人姓名或描述性术语，以"描述该方的商品或服务或其地理来源"	
13		相关公众的重合程度
14		与引证商标近似的标志被其他市场主体合法使用的情况
15		前述因素之间的相互影响
16		以是否容易造成相关公众混淆为标准

中国法院同样也未明确将下述因素纳入考虑之中：

	美国法院
4	先前所有者弥合差距的可能性
7	被告产品的质量
8-2	相关消费者的成熟性
9	欺诈性注册
10	原告放弃商标
11	使用商标是否为了"歪曲使用商标的商品或者服务来源"
12	被告合理使用商标，作为个人姓名或描述性术语，以"描述该方的商品或服务或其地理来源"

四、完善多因素分析方法适用的建议

结合笔者的多年实践经验，对多因素分析方法的适用，本文建议可以分为以下几个步骤：

第一步，分析基本案情，对下述各个因素进行单独认定：

	因　素	评　分
1	双方商标标志的近似程度	0~5
2	商品或者服务的类似程度	0~5
3	实际混淆的证据	0~5
4	原告商标的显著性和知名程度	0~2
5	被告的恶意	0~2
6	相关公众的注意程度	0~2
7	相关消费者的成熟性	0~2
8	相关公众的重合程度	0~2
9	原告弥合市场差距的可能性（原告是否有权或者能够合理地降低与被告市场的差异，从而增加混淆的可能性）	-2~0
10	被告产品或服务的质量（产品质量是否存在显著差异，从而降低混淆的可能性）	-2~0
11	原告商标是否属于欺诈性注册	-2~0
12	原告是否放弃商标	-2~0
13	原告使用商标是否为了"歪曲使用商标的商品或服务来源"	-2~0
14	被告合理使用商标，作为个人姓名或描述性术语，以"描述该方的商品或服务或其地理来源"	-2~0
15	与引证商标近似的标志被其他市场主体合法使用的情况	-2~0

第二步，基于模糊综合评价，在内心构建是否容易造成商标混淆的信念。一般情况下，如果上述考虑因素的分数之和达到了6分，那么可以模糊地认定容易导致混淆与误认。

第三步，基于所确定的各因素的评价分数，从是否容易导致混淆与误认

的角度进行阐述，得出最终结论。

结　语

通过量化多因素的权重分析，有利于解决同案不同判和同案不同裁的争议和分歧，更好地树立行政和司法公信力，也有利于节约行政和司法资源，让商标审查不再是灰色地带，更好地消除暗箱操作，保证商标混淆案件裁决的客观、公正、科学、合理。

论股东失权与股东除名之区分及构成

江沃鸿*

摘　要： 我国《公司法（修订草案）（二次审议稿）》（以下简称《二审稿》）经全国人大常委会审议后于 2022 年 12 月 30 日向社会公开征求意见，其中第 51 条被认为是我国股东失权制度的首次规定。本文旨在比较股东失权和股东除名两者的区别并结合《二审稿》第 51 条的规定，探讨我国股东失权制度的构成。

关键词： 股东失权　股东除名　区分　构成

引　言

《二审稿》第 51 条规定："有限责任公司成立后，董事会应当对股东的出资情况进行核查，发现股东未按期足额缴纳出资的，应当向该股东发出书面催缴书，催缴出资。公司依照前款规定催缴出资，可以载明缴纳出资的宽限期；宽限期自公司发出出资催缴书之日起，不得少于六十日。宽限期届满，股东仍未履行出资义务的，公司可以向该股东发出失权通知，通知应当以书面形式发出，自通知发出之日起，该股东丧失其未缴纳出资的股权。依照前款规定丧失的股权应当依法转让，或者相应减少注册资本并注销该股权；六个月内未转让或者注销的，由公司其他股东按照其出资比例足额缴纳相应出资。股东未按期足额缴纳出资，给公司造成损失的，应当承担赔偿责任。"该条被认为首次规定了股东失权制度。

股东失权与股东除名不同，厘清两者的不同以及明确股东失权制度的构成对股东失权制度的设立及适用具有重要意义。

---

* 江沃鸿（1985 年—）男，汉族，广东人，广东达方律师事务所律师，研究方向为公司法学。

一、股东失权制度的功能及价值

（一）保障公司资本充实

资本充实原则指的是公司应当保持与注册资本相当的资本。

股东失权制度不仅可以通过对丧失的股权进行转让、减资或注销，还能够要求公司其他股东按照其出资比例足额缴纳相应的出资以达到资本充实。若失权股东因未按期足额缴纳出资而给公司造成损失，为惩罚该股东还可以要求其承担赔偿责任。股东失权制度聚焦于为股东未按期足额缴纳出资这一个具体的行为设置一定的法律后果，来倒逼股东按期履行出资义务。因此在这个意义上，股东失权制度作为促进出资的制度有助于实现公司法的基本原则，也能通过保障资本的充实达到保护公司的权益的法律效果。

（二）优化公司治理模式

股东之间，就出资而言是合股共赢的共同投资者，就公司治理而言则依其股份均享有一定的管理权。在这个意义上，股东之间存在对立的可能性，这一点在人合性较强的有限责任公司里面体现得尤为明显。因此，在股东意见不一致的情况下，控股股东（以及少数股东联合达到共同控制）或者大股东可能通过享有的对于某些事项的决定权压榨小股东的权益。如果该控股股东或者大股东恰好未按期履行出资义务，显然更加不合理不公平。

即使是股东持有股份相对均等的情况下，股东失权也有其意义。各股东股份接近，在公司治理理念不同、意见相左的时候容易使公司陷入僵局，严重时还可能导致公司解散。在这个意义上，股东失权制度能够提供一个解决思路，即对于未按时缴纳出资且对公司的日常治理造成影响的股东，可以通过股东失权制度解除其股东资格，使存在出资问题的股东离开公司，从而化解僵局，避免公司解散。

（三）完善公司法律体系

在我国的司法实践中，当前对于未出资股东的规制主要是从违约责任和合同责任的角度给出回应，这样做尽管可以在某种程度上解决一部分问题，但是对于其他股东、公司债权人及公司治理的保护而言还有完善的空间。可见，我国公司法明确设立股东失权制度，对于完善现行公司法律体系具有重要的价值。

二、股东失权与股东除名之理论区分

(一) 股东失权与股东除名之区分

股东失权和股东除名均起源于德国民商法。德国法律对两种制度的规定模式呈现出 "人合公司–股东除名制度" "资合公司–股东失权制度" 这一特点。[1]除名制度起源于合伙企业、人合公司等个人密切参与运营的组织体，意在解决组织体成员丧失所需能力或资格从而不再适宜保留成员身份的问题；或者当成员危及组织存续时，作为解散公司的替代措施而出现。[2]

股东失权和股东除名都是股东资格解除制度的子规则，从适用的条件来看，失权规则和除名规则都包括股东 "迟延履行出资义务"；从法律效果来看，均是失去股东资格（或相应部分的股权），但是不能仅凭这些相似之处就断然认定两者为相同的概念，或像部分学者那样，认为股东失权是股东除名的一种特殊情况或者下位概念，并依此提出两个概念的依存或附属关系。本文通过总结归纳德国法的相关制度，认为股东失权和股东除名是两种不同且相互独立的制度，在规范的目的、前提条件、法律逻辑和法律后果等方面均存在区别。

1. 规范目的和功能不同

股东失权规则的目的在于维护公司资本的充实性，敦促各股东及时履行出资义务，特别是到期的出资义务，从而进一步保障公司债权人的利益。如上所述，股东除名规则起源于合伙企业这种人合性最强的组织体，目的在于避免合伙人之间的信任关系因某个别合伙人的重大失信行为而崩溃，从而导致解散。[3]尽管从某种意义上讲，不履行出资义务也是股东对于公司的一种重大的失信行为，但是这只是该制度众多适用条件的其中一个而已，并不具有代表性，无法为股东除名制度代言，股东除名制度的首要目的仍为维护公司或合伙企业的人合性因素，避免公司或合伙因此而解散，而不仅仅是充实

---

〔1〕 曾佳：《股东失权制度功能定位与体系化适用——以〈公司法（修订草案）〉第 46 条为中心》，载《北京理工大学学报（社会科学版）》2023 年第 2 期。

〔2〕 汪晨：《驱逐有限责任公司的 "离心股东"：以构建股东除名制度为核心》，载《证券法苑》2011 年第 2 期。

〔3〕 凤建军：《公司股东的 "除名" 与 "失权"：从概念到规范》，载《法律科学（西北政法大学学报）》2013 年第 2 期。

资本。

2. 主动权归属不同

在德国公司法上，股东失权作为敦促股东及时缴足出资的资本充实手段，尽管在决议机关上比股东除名更为直接，由公司代表和执行机关董事完成即可，但是股东依然享有相当程度的主动权来快速弥补未及时缴纳出资的过错，从而在一定程度上影响是否会丧失对应部分的股权或被解除资格的结果。也就是说，如果该股东不希望失去该部分股权或股东身份，仅需在催告期限内缴足到期认缴的出资即可。相较而言，股东除名规则赋予股东更少的主动性，股东除名是基于人合性的破裂而作出的自治性决议，在程序方面需要经过股东会决议，由各股东商议判断是否需解除股东资格，因此股东除名的主动权掌握在公司手中。

3. 法律逻辑不同

在不同的规范目的指引之下，股东失权和股东除名的规范逻辑也存在区别，均与各自的规范目的相一致。股东失权则是基于资本充实的原则直接启动，股东失权的前提比较局限，需要经过催告，股东仍不按期履行出资义务后再发失权通知，甚至最后会丧失股东资格。逻辑链条可以总结为"股东未如期履行出资义务→催告后在一定期限内仍不履行→丧失股份→一定条件下丧失股东资格"。股东除名发生在股东已经作出重大失信行为，公司股东以决议的形式表示，无法接受该股东继续作为公司一员存在，为避免公司解散，决定解除该股东资格，使其退出公司。因此在逻辑上存在着"除名事由发生→股东作出除名决议→该股东丧失股东资格"的链条。

4. 法律后果不同

《德国商法典》第 140 条规定，对于股东失权规则而言，股东的股东资格和其所持有已缴或未缴的股份一同丧失，相当于由公司直接收回全部股份并取消该股东的股东资格。再看我国《二审稿》第 51 条的规定，失权股东失去的是未缴纳出资部分的股份，不包括原已出资部分的股份，原已按期出资的股份仍归属该股东，即除非失权股东从未缴纳过及没有未到期缴纳的出资，否则该股东仍具有公司的股东资格。对于未出资部分，可以通过转让股权、减资注销股权、由其他股东按照各自的出资比例足额缴纳相应的出资的方式得到充实。在股东除名规则中，被除名的股东丧失股东资格，除非该股东抽逃全部出资或未完全履行出资义务，否则其已经全部履行出资义务的股份对应的财产价值依然可以得到实现，该股东也可以请求公司回购。

（二）第 51 条的性质探析

基于本文前述中对股东失权和股东除名制度的区别分析，从规范目的和功能、主动权归属、法律逻辑以及法律后果四个维度来看，《二审稿》第 51 条都属于股东失权规则而非除名规则。

具体而言，从规范目的和功能来看，第 51 条所规定的适用情景更符合股东失权制度的规范目的。第 51 条明确规定，启动该规则的起点为股东未按期足额缴纳出资，从规则适用的起点即不同于股东除名。股东除名规则的适用范围是股东的不诚信行为，无论从文义解释还是国外立法的明确规定来看，范围都比股东失权要大得多，并不局限于此。主动权归属方面也很好理解，既然触发该规则的条件是股东未按期缴纳出资，那么股东只需要在宽限期内补缴即可终止，因此股东掌握着终局性的主动权。从法律逻辑来看，第 51 条所体现的逻辑也与股东失权制度较为一致，即"股东未如期履行出资义务→催告后在一定期限内仍不履行→丧失股份（→丧失股东资格，第 51 条未将此进一步后果明示）"。从法律后果来看，第 51 条规定直接导致股东资格的丧失，由公司收回股权或其他股东补缴出资，同时该股东将附带失去所履行出资义务的股份而带来的全部价值，由此可见该规定与股东失权制度相吻合。

综上所述，本文认为第 51 条从本质上来讲属于股东失权规则。

三、股东失权制度的构成

如前所述，《二审稿》第 51 条规定了股东失权制度，该制度的准确适用对于切实发挥其确保资本充实、优化公司治理模式等功能具有重要意义。本文认为厘清该制度的构成要件是确保其准确适用的前提，下文将结合第 51 条的规定进行阐述。

基于第 51 条的文义解释，股东失权制度的构成要件包括以下内容：

1. 失权所涉利益相关主体

根据第 51 条的规定，相关主体是有限责任公司。考虑到股份有限公司对于股东出资也有按时足额缴纳出资的义务，因此从理论上两者均适用股东失权制度。根据第 52 条的规定，以非货币财产出资的实际份额显著低于所认缴的出资额的，若本应出资的股东未补足差额，则设立时的其他股东承担连带责任。此处的连带责任，本文认为是指补足差额的义务，也即履行出资的义务，若在此种情形之下负有连带责任的其他股东未按期足额补充出资的，亦是相关主体，可适用股东失权制度处理。

2. 失权的时间判断节点

第51条明确规定适用的时间为公司成立以后。本文认为，公司成立之前，股东失权制度也可以类推适用。对于发起设立的股份公司而言，《公司法》第80条规定，在发起人认购的股份缴足前，不得向他人募集股份。此时发起人缴纳认购股份的义务和出资的义务与股东失权除发生时间不同以外十分相似，因此可以考虑类推适用股东失权制度。《公司法》明确规定，缴足以前不得向他人募集股份，结合股东失权制度，可以类推追加"如果某发起人未按期足额缴纳其认购的股份，可能导致其丧失所认购的股份"的法律后果。

3. 导致失权的实质情形

对于股东失权制度的实质情形，在第51条的语境下为股东未按期足额缴纳出资。一般而言，股东的出资期限，缴纳出资的形式，会由公司章程自治，法律并未明确规定。股东的出资包括货币和非货币出资。货币出资的，对是否按期足额缴纳出资的判定十分简单而且甚少有争议。非货币出资的，未按期足额出资又可以区分为在规定期限内未交付，或者交付的非货币财产的实际对价显著低于认缴出资额等情形。结合第52条的规定，非货币财产的实际对价显著低于应当由该股东补足差额的认缴出资额，并且由设立时的其他股东承担连带责任，通过该条的规定定性为第51条所述的未按期足额缴纳出资的情形。

第51条并未对未缴纳的出资比例设置相应的门槛，只要股东未如期缴足出资，即使未缴纳的部分占比极低，在性质上依然满足本条的行为要件。另外，对于抽逃出资是否属失权的实质情形，第51条亦未明确，本文认为从失权的时间判断节点来分析，抽逃出资属于缴纳出资后的行为，不属于该条所规定的未按期足额缴纳出资的情形。

4. 失权的程序要件

前文已述，股东失权制度具有一定的惩罚性和强制性，可能会导致股东丧失股东权利，甚至失去股东资格。在法律后果严重不利于股东的权益时，程序的正当合理则显得尤为重要。法律应对程序作出明确规定，避免在实务中留有滥用的解释空间。根据第51条，股东失权的程序分成两步：首先，公司董事会发出书面出资催缴书；其次，期限届满股东依然没有将出资缴足的，公司可以发出失权通知。

（1）前置的催告程序。

第 51 条第 1 款规定，在发出失权通知之前，必须首先对未足额出资的股东发出书面的催缴书，对其进行催告。从公司发出出资催缴书之日起计算，无论是否具名宽限期，公司都只能在至少 60 日以后才能发出失权通知。前文已述，股东失权制度的意义在于使资本更为充足，而非驱逐个别股东，维护人合性，即股东失权制度是"对资不对人"的。因此，催告程序和相应的宽限期的设置则显得尤为必要。现实中，股东可能会因为各种各样的客观原因导致未能按期足额缴纳出资，不一定是故意违反出资义务。无论是何种原因，由于股东失权的法律后果非常严重，作出丧失股东权利的惩罚性决定之前，应当给予其适当的宽限期确保程序上的权利平衡。若宽限期届满，股东仍未能缴纳出资，不管其是蓄意违反出资义务，还是没有能力偿付等，鉴于已经给过其改正的机会，为避免股东滥用宽限期无限拖延，即应在宽限期届满后发出失权通知。

（2）发出出资催缴书和失权通知的主体。

应当予以明确的是，出资催缴书和失权通知是两个独立且不同的书面文件。出资催缴书的目的是对股东进行催告和警示，并给予股东补足出资的机会；失权通知的目的在于终局性地惩罚股东。根据第 51 条的行文，发出书面催缴书的主体为"董事会"，催缴通知书作为常规的程序，由于不涉及法律关系的变动，由董事会来操作比较方便和妥当。

与之相区别的是，发出失权通知的主体为"公司"，此处并未明确规定公司发出通知的行为具体由董事会还是股东会作出。

由于发出失权通知意味着该股东丧失其未缴纳的出资对应的股份，因此立法在此处也显得尤为谨慎。究其本质而言，发出失权通知的主体涉及公司权力的分配问题，对于该问题存在两种相对立的观念——股东优位主义和董事会优位主义。我国的主流观点是股东优位主义，即公司是股东出资而设立的，董事会只不过是治理公司的工具。

股东会的专属权力一般限定于作出结构性战略决策、批准与监控决策上；董事会的专属权力在于作出经营性战略决策、提出与监控决策方案。[1]

---

〔1〕 司小函：《公司权力如何在股东会和董事会之间分配？| 前沿》，载"中国民商法律网"公众号，最后访问日期：2023 年 1 月 10 日。

根据以上分析，本文认为发出失权通知的主体既可以指股东会也可以指董事会。

结　语

股东失权制度对确保资本充实、优化公司治理模式等具有重要意义。虽然《二审稿》第 51 条对股东失权制度作出了规定，但对第 51 条如何理解、如何适用等，学界存在不同的认识和观点。本文认为应从股东失权和股东除名两种制度的不同入手，分析和认识股东失权制度，同时认为，对第 51 条规定的股东失权制度的构成要件的准确把握可以确保股东失权制度的准确适用，以确保该制度真正发挥其功能。

论公共企事业单位信息公开的合法性基础

李宁宁*

摘　要： 2019 年修订的《政府信息公开条例》第 55 条第 1 款规定，教育、卫生健康、供水、供电、供气、供热、环境保护、公共交通等与人民群众利益密切相关的公共企事业单位，公开在提供社会公共服务过程中制作、获取的信息，依照相关法律、法规和国务院有关主管部门或者机构的规定执行。2020 年 12 月，国务院办公厅印发了《公共企事业单位信息公开规定制定办法》，要求国务院有关主管部门制定本领域的公共企事业单位信息公开规定。本文旨在以公共企事业单位信息公开实践中遇到的问题为重点，对该类信息公开主体的范围、信息公开的实现和完善路径进行探析。

关键词： 公共企事业单位　信息公开　合法性　基础

引　言

随着公共服务职能的扩张，越来越多的非行政机关通过法律授权、接受行政机关委托等不同方式履行着具有外部性的行政职责，并纳入到了信息公开义务主体的范畴。与此同时，公共企事业单位在履行公共服务职能的同时，往往也承担着信息公开义务，作为一类特殊主体，其信息公开工作具有"小众化"的特点[1]，故对其信息公开范围、程序及救济途径均需区别政府信息公开制度进行单独讨论和研究。

---

* 李宁宁（1982 年—）女，汉族，北京人，中国政法大学同等学力研修班 2019 级学员，研究方向为经济法学。

[1] 后向东：《论我国政府信息公开制度变革中的若干重大问题》，载《行政法学研究》2017 年第 5 期。

一、基本概念

（一）信息公开

"信息公开"是指在我国政府信息公开制度和理论中，国家行政机关和法律、法规以及规章授权和委托的组织，在行使国家行政管理职权的过程中，通过法定形式和程序，主动将政府信息向社会公众或依申请而向特定的个人或组织公开的制度。

（二）公共企事业单位

"公共企事业单位"并非通用而规范的法律概念，目前也多出现在信息公开领域，指依照法律规定承担社会公共服务职能的企业、事业单位。这类主体所承担的公共服务职责，关乎公众在现代社会中衣食住行的基本需求，其所掌握的信息影响着公众享受公共服务的质量[1]。

二、公共企事业单位信息公开的正当性

2019 年《政府信息公开条例》第 55 条所规定的承担信息公开义务的公共企事业单位涉及"教育、卫生健康、供水、供电、供气、供热、环境保护、公共交通等"多个种类，从这些公共企事业单位的法人属性看，其主体地位有别于政府，兼具私益性和公益性的特点。一方面，其私法主体的属性决定了其具有追求自身利益的正当性和合法空间。另一方面，这类公共企事业单位在"提供社会公共服务"方面的活动并非单纯的私力性质，而是具有公共性质，在法律上还担当着属于政府所应承担的类似于"非权力性行政[2]的公共服务职能。姜明安教授也曾指出："国家行政属于公行政，但公行政并不等于国家行政。公行政除了国家行政以外，还包括其他非国家的公共组织的行政，如公共社团（律师协会、医生协会等）的行政以及公共企事业单位（国有企业、公立学校、研究院所等）的行政[3]。正因为此，此类公共企事业单位才需依据法规履行必要的信息公开义务。

---

〔1〕 黄泽萱：《监管逻辑视角下公共企事业单位信息公开的制度建构》，载《法学》2021 年第 1 期。

〔2〕 朱芒：《公共企事业单位应如何信息公开》，载《中国法学》2013 年第 2 期。

〔3〕 姜明安主编：《行政法与行政诉讼法》，北京大学出版社、高等教育出版社 1999 年版，第 2 页。

同时，随着当前政府职能转变、企事业改革进入深化阶段，现代公共服务供给体系逐步搭建，公共企事业单位脱离行政机关的独立服务主体角色也日益清晰。因此，公共企事业单位在承担社会服务职能的同时履行信息公开义务具有正当性。

三、公共企事业单位信息公开的现状及存在问题

（一）现状

公共企事业单位的信息公开制度在我国建立已久，经历了与政府信息公开制度"混同发展"到"区分监管"的不同阶段。2007 年颁布的《政府信息公开条例》分别规定了行政机关、法律法规授权组织以及公共企事业单位三类信息公开主体，但是公共企事业单位作为第三类主体一直以"参照"方式适用该条例。2019 年修订《政府信息公开条例》（以下简称《条例》），将原条例第 37 条替换为第 55 条，公共企事业单位信息公开的规范依据不再是"参照本条例执行"，而是"依照相关法律、法规和国务院有关主管部门或者机构的规定执行"并授权"全国政府信息公开主管部门根据实际需要可以制定专门的规定"；监督救济方式也不再"参照本条例执行"，而是变为"公民、法人和其他组织可以向其主管部门或者机构申诉，接受申诉的部门或者机构应当及时调查处理并将处理结果告知申诉人"。前述修改将旧条例中的"参照"转变为新条例的"监管"，改变了公共企事业单位信息公开的实施路径和制度方向。这一修改也匹配了我国政府职能转变背景下公共企事业单位履行公共服务职能的独立主体定位，以及建立现代公共服务供给体系的制度目标〔1〕。

2020 年，国务院办公厅印发的《公共企事业单位信息公开规定制定办法》（以下简称《办法》）第 2 条也明确了国务院有关主管部门应当根据《条例》制定或者修订教育、卫生健康、供水、供电、供气、供热、环境保护、公共交通等领域的公共企事业单位信息公开规定。

（二）存在的问题

我国公共企事业单位具有涵盖范围广、涉及领域多的特点，现有行政立

---

〔1〕 黄泽萱：《监管逻辑视角下公共企事业单位信息公开的制度建构》，载《法学》2021 年第 1 期。

法虽然较前几年有了较大程度的完善，但还无法形成对主要领域的覆盖，进而导致不少领域的公共企事业单位在开展信息公开工作时仍缺少具有可操作性的规定。

此外，从信息公开的救济途径看，《条例》第55条、《办法》第8条规定，公共企事业单位信息公开的监督方式，以向有关主管部门申诉为主，原则上不包括申请行政复议或者提起行政诉讼。目前，为落地前述规范，各级主管部门尚需进一步建立行政申诉专门工作制度，以便能够依法及时处理对有关公共企事业单位信息公开的申诉。

四、公共企事业单位进行信息公开的路径选择

（一）公共企事业单位信息公开的制度完善路径

如前所述，我国公共企事业单位涵盖范围广，涉及领域多，现有行政立法尚未形成对主要领域的全部覆盖，目前仍需进一步完善相关领域立法。通过立法，进一步确定与"人民群众利益密切相关的"公共企事业单位的范畴，必要时可以清单形式列举；合理确定应当予以公开的信息范围，确保该信息公开范围在充分满足人民群众对公共服务必要需求的同时兼顾平衡企事业单位正常经营秩序以及与国家安全、公共安全、经济安全和社会稳定之间的关系。

（二）公共企事业单位信息公开的审查和救济路径

从立法层面看，《条例》第55条、《办法》第8条均规定了公共企事业单位信息公开的监督方式以向有关主管部门申诉为主。从司法层面看，在《条例》修订之后的可查判决书中，大多数法院均以公共企事业单位不是适格被告而驳回起诉。由此可认为在公共企事业单位信息公开案件中否定了行政诉讼这一司法救济途径。

不可否认，《条例》的修订对公共企事业单位信息公开的审查和救济改革具有价值正当性，行政监督路径较司法救济路径有着成本低、标准透明、专业性强的优势，但是这一路径的充分实施，还需要相关政府主管部门搭建起一套完善的行政申诉规则，用以促进政府监管职责的履行，从而保障公共企事业单位信息公开工作的有效落实。

结　语

信息公开法所调整的法律关系的主体和客体均有较强的不确定性，为了调和法律的确定性与调整对象差异性之间的矛盾[1]，其确立了较多授权性规定。此外，在信息公开的权利救济方面，除传统司法救济途径外，信息公开主体自我纠错、申诉等内部救济途径也逐步成为新的救济方向。

---

　[1]　后向东：《信息公开的世界经验：十六国信息公开法译介与评析》，中国法制出版社 2016 年版，第 530 页。

关键词隐性使用行为性质探讨

庞燕燕*

摘　要： 关键词隐性使用是搜索引擎将关键词设置和消费者搜索内容匹配后进行信息展示的一种方式，若展示的信息中存在他人的商业标识（即关键词显性使用），存在侵犯他人商标权的嫌疑。但展示的信息中并无他人商业标识，仅展示关键词设置方的相关信息，且不足以造成混淆误认时，该行为是否构成不正当竞争在理论和实务界存在争议。本文旨在探讨这一问题。

关键词： 关键词　隐性使用　行为　性质

引　言

2022 年 11 月 28 日，最高人民法院对"荣怀案"进行再审，认为后台关键词设置行为与前端展示结果存在因果关系，适用《反不正当竞争法》第 2 条原则性条款判决隐性使用"海亮"关键词的行为构成不正当竞争。[1] 最高人民法院的判决通过权益侵害的分析方法论证了竞争行为的不正当性，针对荣怀公司主观上有傍"海亮"商标的故意，客观上通过关键词设置获得了展示和推广效果，认为其抢夺流量势必会损害他人的商业利益，但并未就《反不正当竞争法》的前提是否破坏有序竞争进行论证，对关键词隐性使用是否会造成消费者混淆误认也未进行分析，容易出现偏颇，也不能平息理论与实务界对关键词隐性使用是否构成不正当竞争的争论。

---

* 庞燕燕（1988 年—）女，汉族，浙江人，中国广告协会法律与道德工作委员会委员。
〔1〕 最高人民法院［2022］最高法民再 131 号民事判决书。

一、关键词隐性使用的含义

关键词隐性使用是指将他人商业标识作为后台算法关键词，但搜索结果以及页面不显示该关键词（即他人商业标识），仅显示行为人自身商业标识的使用行为。关键词隐性使用模式已存在数十年，由境外互联网企业首创，目前境内外均存在该类商业模式；不仅是在专门的搜索引擎领域中存在关键词隐性使用，在电商、应用商店、短视频等各类提供检索服务的领域也都存在隐性使用的商业场景。[1]

二、关键词隐性使用行为性质探讨

在后台设置好关键词后，搜索结果页显示的信息中若仍含有设置的关键词（即含有他人商业标识），则该关键词视为显性使用，消费者可通过显示的关键词识别商品或服务来源，此时关键词显性使用存在侵犯他人商标权的嫌疑（商标指示性使用除外）。但关键词仅在搜索引擎后台进行设置，实际搜索结果中并未显示的，首先不存在商标侵权，即不构成《反不正当竞争法》第6条第1、2两项擅自使用他人商业标识的情形；另外，就购买关键词的付费搜索行为而言，搜索引擎运营方均会标识"广告"字样，与自然搜索做明显区分，符合《电子商务法》及《广告法》规定的让消费者明显区分的要求，故不足以使消费者混淆误认。[2]因此，是否构成不正当竞争还应从是否破坏有序的商业竞争，是否给社会总体利益造成减损等方面进行分析。

三、关键词隐性使用行为性质的认定路径

市场竞争的本质即交易机会或者竞争优势的争夺，故合理的对交易机会和竞争优势的争夺并未破坏市场竞争秩序。如在竞争对手门口发放自身商场的传单，有的消费者会直接不理，有的消费者则可能愿意接过传单，并查看是否有合适或便宜的商品，若宣传单上有店庆 5 折等醒目字眼，消费者可能

---

[1] 钟莉、李晶：《付费搜索竞争行为的实践考察与规范路径——"关键词隐性使用问题"研讨会综述》，载《人民法院报》2023 年 3 月 16 日。

[2] 贾菁菁、钱雨：《搜索关键词隐性使用他人商标不宜作侵权认定》，载百家号"知产财经"，最后访问日期：2023 年 6 月 5 日。

会犹豫，但也会从转场的时间成本、目标商场商品价格力度及商品品质等因素综合考虑是否要更换目的地并最终购买商品。在街上发传单，甚至在竞争对手门口发传单，均为合理的交易机会争夺手段，以上模式若反映到互联网搜索引擎上则表现为，搜索引擎通过用户输入的关键词来分析用户搜索意图，试图将分析后匹配的信息展示在用户的搜索结果页，随着用户需求的多样化，同时用户的识别能力也逐渐增强，[1]引入关键词付费搜索，也是合理的商业机会竞争，并未破坏市场竞争秩序。

1. 未破坏市场准入秩序

在搜索引擎后台设置需要推广的关键词，并在用户搜索后予以匹配展示，对推广者并无准入限制，推广者均可使用搜索引擎进行关键词设置并推广，当然是否进行关键词设置仅是一种推广策略，并不影响任何企业进入市场，不做任何推广，也有机会在搜索引擎的自然结果中予以展现，付费推广仅是在搜索结果中排名略靠前，并不影响自然结果的展示。

2. 未破坏竞争行为秩序

关键词隐性使用并不直接展示他人商业标识，在用户点击进入具体页面信息时展示的是关键词设置方自身的商业标识，用户可准确识别搜索内容与展示内容可能为同类别，但并不完全一致，不会给用户造成混淆误认；另外，用户在搜索时可能也想查看其他同类型信息，在搜索的同时达到信息筛选、货比三家的目的，也保障了用户的知情及选择权；对搜索引擎运营方而言，搜索引擎技术的运行、迭代均需高昂的成本，通过一定资源位变现的方式获得一定收益来维持运营无可厚非。

用户在免费使用搜索引擎的同时，获取了所想要的信息，针对广告信息比如传单，感兴趣可点击查看，不感兴趣可忽略，或查看后关闭；关键词设置方获得了信息推广，并支付了推广费用；搜索引擎运营方对付费搜索进行展示获取收益。此为三方共赢的结果，无任何一方利益受损，犹如丛林中的互利共生关系，各方遵守规则那么该种关系可正常运行，一旦一方突破规则限制，如在后台设置关键词，在搜索结果页直接展示他人商业标识，则竞争秩序被破坏；又如，搜索引擎运营方未按照《广告法》的要求对竞价排名广

---

〔1〕 马月：《驰名商标保护不能当然转化为等量同质竞争权益 搜索平台广泛匹配技术不侵权》，载《百度互联网法律与政策观察》2021 年 7 月。

告清晰标明"广告"字样，则用户容易引起混淆，也会破坏竞争秩序；再如，用户并无筛选信息、货比三家的需求，所有用户均只点击精确匹配的信息，则搜索引擎也难以为继，故目前关键词隐性使用满足了各方的需求，社会总体利益增加，未破坏竞争行为秩序。

3. 未破坏知识产权保护秩序

关键词隐性使用在搜索结果页并不直接展示他人商业标识，未侵犯他人的商标权，他人仍可进行商标使用及宣传。另外，关键词隐性使用意味着用户如在搜索"康师傅方便面"时，同品类的信息（如"今麦郎方便面"）也有可能获得展示，相反用户在搜索"今麦郎方便面"时，同品类的"康师傅方便面"也有机会获得展示。关键词隐性使用并非丛林中的寄生关系，寄生者受益，寄主受害，商标所有人的权益并没有因为他人正常信息的展示而减损，商标的基本功能在于使相关公众通过商标识别不同商品或服务的来源，仅在搜索引擎后台设置关键词，搜索结果页不展示，用户并不是通过商标直接识别其搜索的信息，非商标性使用，而是可通过搜索引擎运营方标识的"广告"字样来识别是否为其需要获得的信息，并未破坏知识产权保护秩序。[1]

4. 未破坏交易行为秩序

合理的交易机会争夺并不破坏竞争秩序，当然交易机会也不等于交易成功，消费者的行为是动态的，涉及感知、认知、行为以及环境因素的互动作用，也涉及交易的过程。消费者从搜索到最终交易有较长的链路，通过各渠道的触点（线上、线下推广），消费者的心智逐渐从发现、种草、互动、行动到后续的交易购买，任一心智链路中都有可能因其他品牌宣传、他人安利等行为影响最终交易决策；另外，任一渠道未触达，也将拉长或改变消费者的交易行为，故单次交易机会的合理争夺只是交易行为中最前端的因素，并不直接影响交易行为，也无破坏交易行为秩序一说。

结　语

最高人民法院对"荣怀案"的再审，针对关键词隐性使用适用《反不正

---

[1] 周彤、米昂：《探讨！如何判断广告是否具有可识别性？》，载"市场监管半月沙龙"公众号，最后访问日期：2023年9月1日。

当竞争法》第 2 条原则性条款认为违反诚信原则和公认的商业道德，但对于统御竞争规范的核心条款，理应有更严格的适用条件，避免超越已注册商标专用保护边界的商业利益，侵蚀本属于自由竞争领域的公共空间，针对未破坏竞争秩序的合理竞争行为理应予以保护，而不是从"权益侵害"的分析思路，[1]从果至因地进行推论，需从是否破坏竞争秩序这个原因入手，而不是将重点放在具体竞争者之间及消费者权益的损害分析上。当然，最高人民法院的再审判决也仅是个案，后续具体案例还需回归到市场秩序是否被真正破坏的中心点上，给予自由竞争应有的保护。

---

[1] 宋亚辉：《论反不正当竞争法的一般分析框架》，载《中外法学》2023 年第 4 期。

论表见代理构成要件及证明责任之分配

邱园园*

摘　要： 表见代理制度是对无权代理制度增设的一项例外规则，无论是行为人在客观上的代理权外观表象，还是相对人主观上对代理权外观的善意信赖且无过失，都离不开对行为人、相对人和被代理人之间的三角利益关系的权衡和自由裁量。本文旨在通过分析"有理由相信""无过失"等构成要件及相应证明责任的分配，以期更好地解决表见代理制度的法律适用问题。

关键词： 表见代理　构成要件　证明责任　分配

引　言

代理制度是现代社会高速发展的产物，它打破了时间、地域、专业知识等的限制，促成各类交易，极大地促进了市场和经济的发展，但其中不乏无权代理行为，既损害了被代理人及相对人的利益，破坏了代理关系的稳定性，也威胁着交易安全。为此，法律设定了无权代理的特殊形式——表见代理。

一、表见代理的概念及构成要件

（一）表见代理的概念

表见代理是指行为人虽无代理权而实施代理行为，如果相对人有理由相信其有代理权，该代理行为有效。表见代理制度是信赖保护的一项重要制度，对于保护善意相对人利益、维护交易安全具有重要作用。

---

* 邱园园（1982年—），女，汉族，浙江人，中国政法大学同等学力研修班2023级学员，研究方向为知识产权法。

（二）表见代理的构成要件

为统一裁判思维，《最高人民法院关于适用〈中华人民共和国民法典〉总则编若干问题的解释》（法释［2022］6号，以下简称《解释》）第28条第1款以《关于当前形势下审理民商事合同纠纷案件若干问题的指导意见》（法发［2009］40号，以下简称《指导意见》）第13条的规定为基础，结合理论研究成果和司法实务经验，明确认定了"相对人有理由相信行为人有代理权"的两个条件：一是存在代理权的外观；二是相对人不知道行为人行为时没有代理权，且无过失。结合民事立法和裁判实践，表见代理的构成应同时满足四项要件：

（1）行为人在实施代理行为时没有代理权，即代理人没有代理权、超越代理权或者代理权终止后实施的代理行为。

（2）代理行为外观上存在使相对人相信行为人具有代理权的理由，包括以下两方面的内容：

第一，存在外表授权。即存在有代理权授予的外观，代理行为外在表现上，有相对人相信行为人有代理权的事实。无权代理人曾被授予代理权，或根据交易习惯行为人的行为外表表明其有代理权，或当时拥有实施其他民事法律行为的代理权等，均可构成外表授权。实践中行为人持有被代理人的授权委托书、空白合同书或者其他表明其具有代理权的证明文件等，通常被认为是构成外表授权。这些理由形成了行为人具有代理权的外观。[1]

第二，相对人对行为人有代理权形成了合理信赖。如果仅有代理权的外观，但并未建立对该代理行为的合理信赖，当然不构成表见代理，而应属于狭义无权代理的范畴。相对人对外表授权的信赖是否合理，应当以是否有正当理由作为判断标准，当然，这也要依据实施民事法律行为的具体情况判断。

（3）相对人与无权代理人实施了民事法律行为。这里的民事法律行为包括但不限于订立合同的行为，其他可以适用代理的行为同样包括在内。

（4）相对人善意且无过失。依照学界通说，构成表见代理，相对人必须是善意无过失。其要求是，相对人不知道行为人没有代理权，且对其"不知道"没有主观上的过失。[2]如果相对人明知行为人无权代理，却与其成立法

---

[1] 王焜：《积极的信赖保护——权利外观责任研究》，法律出版社2010年版，第23页。

[2] 韩世远：《合同法总论》（第3版），法律出版社2011年版，第382页。

律行为，那就非善意，应对行为后果自负其责，与所谓的被代理人无关。

二、"有理由相信"的分析

（一）代理权表象的判断

根据《民法典》第 172 条，表见代理行为人权利外观大致可分为：第一，没有代理权，但能够产生代理权表象，包括从未授予代理权，或者代理权被撤销以及无效的情形。如行为人自始至终没有代理权，但通过被代理人此前的声明、告知，此后的默认、容忍；行为人持有被代理人盖章或者签字的空白合同书、授权书等足以使他人对行为人身份权限产生合理信赖的文件等。第二，超越代理权引起的权利表象，如行为人有代理权，但超越其与被代理人对授权范围的限制实施法律行为，而相对人对此不知或不应知道的等。第三，代理权终止后的代理权表象，如代理期限结束、被代理人撤销代理权后，行为人仍对外实施代理行为，相对人不知或不应知道代理权已经消灭的等。[1]

此外，通过法律检索可以发现，在实践中，法院用于判断权利外观的考量因素还有：

第一，印章或公章等代表性质。倘若行为人在代理活动中所用的是被代理人的公章或者是合同专用章，则具有较强的权利表象的表征力，但若使用的只是资料章、财务章等，只可作为一个考量的因素，单独不得决定权利表象的产生。

第二，代理行为发生的地点及周围环境。倘若依据该地点或环境行为人能够合理推断出代理行为是与被代理人有关的，如在被代理人的营业场所签订的合同或被代理人的负责人与相对人进行了磋商，则具有较强的代理权表象。

第三，行为人的特殊身份或联系。在表见代理中，相对人相信行为人能够有权以被代理人的名义从事代理行为往往是基于被代理人与行为人之间的特殊关系或者联系，但这并不意味着所有的联系都是代理权表象，该身份往往体现为一种职责或者授权。

第四，过往交易习惯。所谓交易习惯，是指无权代理人和被代理人、相对人和被代理人之间是否之前有过业务上的往来。若行为人与相对人曾经有过同样或类似的代理行为或者涉及该行业有着一贯的交易模式，那么该代理

---

[1] 王泽鉴：《民法总则》，北京大学出版社 2009 年版，第 447 页。

行为可能因交易习惯而产生权利外观。

第五，经营场所的营业时间。若被代理人系法人、非法人组织，那么其合法经营场所属于登记在册的公示信息，社会公众皆可查询。如根据《商业银行法》的相关规定，商业银行及其分支机构之设立既要具备一系列审慎性条件（如符合要求的营业场所、安全防范措施和与业务有关的其他设施），也要经银行业监管机构审批。银行自身的合规体系和外部监管公信的加持都会使得银行经营场所本身创设置身于内的行为人的代理权外观。

（二）"无过失"的判断

"无过失"往往表现为合理注意义务，具体标准为相对人在实施民事法律行为时有无要求行为人出示任何与被代理人有关的身份证明或授权文件、有无审查授权文件中约定的代理权限、有无对身份证明或授权文件存在的疑点征询被代理人，以及是否对前述文件进行必要、合理的审查。

三、证明责任之分配

《指导意见》第13条给出了相对明确的指引，即《合同法》第49条规定的表见代理制度不仅要求代理人的无权代理行为在客观上形成具有代理权的表象，而且要求相对人在主观上善意且无过失地相信行为人有代理权。就该条款来看，有理由相信是指客观上形成具有代理权的表象，主观上相对人善意且无过失。相对人主张构成表见代理的，不仅应当举证证明代理行为存在诸如合同书、公章、印鉴等有权代理的客观表象形式要素，而且应当证明其善意且无过失地相信行为人具有代理权。《指导意见》第14条列举了判断相对人"善意无过失"的考量因素，有一定的指导意义。但《指导意见》并未提及权利表象以及可归责性的判断要素，导致实操性不强。

不同于《指导意见》的证明责任分配，根据《解释》第28条的规定，相对人有理由相信行为人有代理权，需同时满足两个要件：一是存在代理权的外观；二是相对人不知道行为人行为时没有代理权，且无过失。因是否构成表见代理发生争议的，相对人应当就无权代理符合要件一承担举证责任；而被代理人应当就相对人不符合要件二承担举证责任。[1]

---

〔1〕 最高人民法院司法案例研究院：《最高院最新司法观点：因是否构成表见代理发生争议的，举证责任如何分配》，2022年3月7日。

概言之，依据《指导意见》，相对人主张构成表见代理的，不仅应举证代理行为存在有权代理之客观表象（要件一），还应证明其善意且无过失地相信行为人具有代理权（要件二）。而现行《解释》第 28 条则将后一要件的举证责任转移给了被代理人，即被代理人应当就相对人不符合善意且无过失承担举证责任。

结 论

"有理由相信行为人有代理权"之达成须同时满足代理权外观之存在以及相对人善意且无过失。在证明责任分配上，相对人对行为人代理权的外观之客观存在承担证明责任；而被代理人则需证明相对人知道或者应当知道行为人行为时没有代理权，或者有其他过失。但在司法实践中，对于前述要件的具体适用，特别是承担证明责任的一方的证明内容、证明方式以及证明程度仍待明晰。

前沿探索

论短视频背景下网络暴力的规制

褚梦洁*

摘　要： 随着互联网的普及和发展，短视频行业应运而生。而与短视频行业如影随形的是以短视频为媒介不断滋生的网络暴力。本文就短视频背景下网络暴力的规制进行探索。

关键词： 短视频　网络暴力　法律规制

引　言

中国互联网络信息中心发布的《中国互联网络发展状况统计报告》显示：截至 2022 年 12 月，短视频用户规模首次突破十亿，用户使用率高达 94.8%。[1]同时，随着行业的发展，短视频内容不断丰富，带动用户规模增长和黏性加强，成为移动互联网时长和流量增量的主要来源。[2]此外，短视频还与直播、电商、教育、旅游等行业相互加成，逐步渗透至网民的生活全场景。而与短视频行业如影随形的是以短视频为媒介不断滋生的网络暴力。网络暴力不但会给被网暴的当事人带来严重的伤害，同时也会严重影响普通网友对使用网络的体验感。基于此，探索短视频视角下网络暴力的法律规制，显得尤为重要。

一、短视频网络暴力侵权滥象

（一）短视频网络暴力的产生

短视频领域网络暴力行为的产生，往往以刺激平台用户情绪致使达到

---

*　褚梦洁（1992 年—），女，汉族，浙江人，浙江义韬律师事务所律师。

〔1〕　中国互联网络信息中心（CNNIC）：《第 451 次中国互联网络发展状况统计报告》，载 https://www.cnnic.cn/n4/2023/0303/c88-10757.html，最后访问日期：2023 年 3 月 2 日访问。

〔2〕　杨俊峰：《今天你"刷"短视频了吗?》，载《人民日报（海外版）》2023 年 3 月 7 日。

"道德愤怒"的相关事件为导火索。而这些相关事件可以通过短视频个人用户的自曝，经舆论发酵后引起一系列的连锁反应；也可以是平台中有话语权的KOL（Key Opinion Leade）根据私信投稿等多渠道筛选有较大争议的事件信息予以曝光，借由平台的巨大流量推送，达到大众评判的目的。短视频网络暴力，即借由短视频平台，众多加害者通过发布带有造谣、诽谤、侮辱内容的网络视频，恶意针对受害者，使受害者的个人真实信息披露无余，导致受害者精神受损而达到攻击受害人效果的暴力行为。短视频网络暴力行为也是一种侵权行为。

（二）短视频网络暴力的成因

短视频等网络平台具有显著的虚拟性及匿名性，且使用门槛低，用户群体出现低龄化、低素质化的趋势，容易被群体意识裹挟。同时，部分入驻商户受逐利性驱使，通过发动、参与网络暴力获取流量盈利。而对于受害者而言，被网络暴力侵权后维权难、成本高，即使成功，对施暴者的惩处力度也过小，致使受害者怠于维权，更加助长了网络暴力的风气。在法律层面上，尽管我国已经在《民法典》中对《侵权责任法》中的网络侵权责任篇幅作出了补充完善，但是在实操中，相关法律规定在落实和细节处仍然存在很大的问题。

二、现阶段我国对短视频网络暴力的规制

（一）我国针对短视频网络暴力的规制现状

我国立法体系并没有关于网络暴力的专门立法，涉及网络暴力的规定主要分布在《民法典》《刑法》《治安管理处罚法》中，与其相关的还有一些法律位阶较低的部门规章等。2022 年年 11 月，中央网络安全和信息化委员会办公室专门印发《中央网络办秘书局关于切实加强网络暴力治理的通知》，就切实加强网络暴力治理提出了一系列针对性举措。2023 年 7 月，国家互联网信息办公室于 7 月发布了《网络暴力信息治理规定（征求意见稿）》。2023 年 9 月，"两高一部"联合发布《关于依法惩治网络暴力违法犯罪的指导意见》，说明我国也在不断探索和加强对网络暴力的监管。但基于网络的高度开放性、匿名性等特征，仅有的法律法规和相关规定不足以遏制"网络暴力"侵权产生。[1]

---

〔1〕 郭俊：《网络暴力侵权规制探究》，载《学术交流》2014 年第 5 期。

（二）现阶段短视频网络暴力规制的困境

1. 对于网络暴力侵权的责任分配划分并不明确

短视频网络暴力的施暴主体可被分成两类：一类是网络暴力的发起者，另一类则是网络暴力的传播人。我国《民法典》第1194条网络侵权责任主体的认定只是笼统地规定了网络侵权责任的主体是网络用户，并未对网络暴力发起者和传播者进行区分，更不用说明确传播者是否需要承担网络侵权的责任、如何确定发起人和传播人责任分配的问题了。

2. 对于短视频平台需承担的责任不明确

虽然我国《民法典》也规定了网络服务提供者也是互联网侵权的责任对象，但多给予了平台避风港原则以减轻、免除相关平台的责任。[1]而避风港原则在裁量过程中主观因素占比较大，多取决于法官的自由裁量权，具体表现在：①短视频平台承担连带责任的条件不明确；②通知的标准不明确。这两个方面在一定程度上也模糊了短视频平台承担责任的范围。避风港原则致使平台在网络暴力中的惩罚过轻，致使部分平台选择性守法，更加放任了网络暴力的产生。

3. 对于网络暴力的司法救济有限，维权成本高

网络暴力侵权属民事诉讼范畴，举证方式也同其他民事诉讼案件一致，适用"谁主张，谁举证"的举证规则。而网络暴力侵权由于形式上的特殊性，使得施暴们在进行网络暴力时往往会脱离现实社会所规定的评价依据，造成网络暴力侵权行为在事实认定中存在着极大的阻碍。

举证困境必然会导致受害者维权成本的增加，受害者需通过多个诉讼案件才能取得一定的证据。而即使受害者在经过种种困难，付出巨大的时间及金钱代价最终追责成功，相应主体所承担的侵权责任也远远不及受害者所付出的维权成本，致使众多网络暴力受害者被迫放弃司法救助途径，更加纵容了网络暴力行为的愈演愈烈。

三、短视频网络暴力行为规制的完善

前文分析了短视频网络暴力行为的法律规制，如前所述，我国法律目前

---

〔1〕 李天佑：《网络暴力侵权中避风港规则的适用分析》，载《绵阳师范学院学报》2020年第1期。

对网络暴力侵权的法律规制并不明确和完善，网络暴力受害者的权益依旧不能得到有效的保护，不可避免地依旧无法阻止平台中网络暴力的进一步发生。长此以往，不仅会影响整个平台的用户体验，更是会对整个社会的经济模式进行冲击。因此，仍需对短视频网络暴力行为规制予以进一步完善。

（一）完善相关立法

本文认为，可以通过制定相关的司法解释，从以下两方面完善对短视频网络暴力行为的规制：

1. 明确侵权主体及相关责任分配

如前所述，在网络暴力中，无论是发起者、传播者还是推波助澜者，凡是侵犯他人合法权益的主体，都是侵权者，都应依据过错程度承担相应的侵权责任。应结合短视频媒体的特点，明确责任主体（如发起人和传播人），并细化承担责任的方式和比例，明确各主体的承担责任的方式。

2. 增加侵权成本，加大惩处措施

目前，承担网络暴力侵权责任的方式一般为：停止侵害、消除影响、赔偿损失、赔礼道歉等。这些方式虽然对施暴者有一定的惩罚力度，但惩罚的限度一般只限于网络层面，而对施暴者的现实生活毫无影响。在司法实践中，根据案件情况可判决施暴者以自己的真实身份在侵权网站内向受害者赔礼道歉，同时判决结果可在施暴者生活环境内适当公布，激发施暴者的道德羞耻感。另外，赔偿损失的金额要能够覆盖受害者的维权成本，使更多的受害者能够利用司法途径维护自身合法权益。对于侵权平台，更要加大惩罚力度，提高法律威慑力。

（二）继续加大力度推进落实网络实名制

网络暴力侵权行为人之所以毫无顾虑，正是因为互联网的虚拟性为其提供了隐匿。而网络实名制的更大意义在于弥补现阶段网络中的诚信缺失以及社会责任缺位。但在落实网络实名制的过程中，应当控制相关平台过分采集用户信息，侵犯用户的个人隐私。

（三）短视频平台积极引导行业自律

短视频平台像虚拟社区一般，制定在本社区内的用户行为规范——用户公约，并对用户进行考核，在用户流入前就阻拦低素质用户甚至网络水军的进入，提升用户使用的整体素质，树立防护意识。以视频平台 BILIBILI 为例，用户在注册时需要学习网站礼仪，考核通过后才能在平台发布评论以及相关弹幕等,净化了整个网站的风气,并且发挥了良好的灌输文明用网思想的作用。

(四)提升关键词监控拦截技术

短视频平台也应加强站内敏感词搜索引擎驱动,针对网络暴力有关的相关辱骂、侮辱性词汇进行精准拦截,使评论或者图片、视频等无法发送或者直接被平台屏蔽,从源头制止网络暴力的发生。

(五)优化平台用户内部监督制度

短视频平台也可赋予在平台内部信用较好、道德水准较高的用户监督举报权,以增强网络用户的参与感。一方面,能适当降低平台的审核压力;另一方面,也可以从侧面激励网络用户提高道德素质,营造绿色、健康的网络环境。

结　语

网络暴力侵权行为随着短视频产业的出现而成了常态化行为,伴随着整个短视频产业的发展。本文认为,要从源头治理网络暴力:一方面,确实应严该加强网络暴力的法律规制,以法震慑相关恶行;另一方面,政府、短视频平台也应当继续积极引导包容、和谐的用网环境,积极疏导社会矛盾,维护持续开放、不断创新的短视频行业新风尚。

《刑事诉讼法》 修改对检察执法理念
及执法工作的影响

刘莹莹*

摘　要：检察执法理念包含社会主义法治理念、政法干警核心价值观等，是检察干警开展工作的根本原则和指导性思想。检察工作想要发挥应有的价值和作用，就需要设置明确的目标和责任，这样才能够让检察队伍在科学的指导下履行责任和义务，实现价值追求。本文立足于《刑事诉讼法》修改的背景，探讨《刑事诉讼法》修改的重要意义，并分析其对检察机关执法理念的影响，提出完善检察机关执法工作的建议，以供参考。

关键词：《刑事诉讼法》修改　检察机关　执法理念　影响与完善

引　言

在《刑事诉讼法》修改的背景下，针对修法的讨论也空前热烈，对执法理念的探索也进入了一个新阶段。检察机关是《刑事诉讼法》的主要执行主体，因此需要依据《刑事诉讼法》的修改与时俱进、不断创新发展，这样才能够更好地践行执法理念，也才能够为维护我国的法律尊严提供强有力的保障。

一、《刑事诉讼法》修改的意义

本次《刑事诉讼法》的修改进一步推动了社会管理的创新和优化，为社

＊ 刘莹莹（1983 年—），女，汉族，辽宁人，北京京门良实国有资产经营管理有限公司，研究方向为诉讼法学。

会和谐、稳定的维护提供了强有力的保障。我国正处于社会转型的关键时期，暴露出来的社会矛盾日益突出，各类刑事案件数量仍然触目惊心，各类严重暴力犯罪屡禁不止，并出现了一些新的犯罪种类和手段，这无疑增加了我国社会管理的难度。此次修改对犯罪行为进行了准确的处罚，维护了社会的公平正义，保护了社会正常秩序，促进了社会管理水平的提升，实现了公共平安，调解了社会矛盾，解决了人民群众的忧虑，维护了国家的长治久安。

同时，此次修改也体现出了法律的温情，比如被告近亲可选择不出庭作证等。这是公权力的适当让步，让私权利获得更多的尊重。《刑事诉讼法》是国家追诉犯罪的程序根本法，关系到每一个公民的基本权利。如果无法对国家公权力进行控制，那么每一个公民都有成为犯罪嫌疑人的风险，甚至会遭遇无端追溯，这就是为什么我国始终坚持"将权力放在制度的牢笼里"。

另外，此次修改同样也对检察机关执法理念产生了影响，促使检察监督和检察保障关系更加紧密，同时进一步强化了司法监督权和救济权，为检察机关提升打击犯罪能力奠定了良好的基础。

二、《刑事诉讼法》修改对检察机关执法理念的影响

从"检察"一词不难看出，其既可以表示检视查验，也可以代表检举制止。[1]根据我国《宪法》第 134 条的规定："中华人民共和国人民检察院是国家的法律监督机关。"因此，检察机关承担着极为重要的监督职责，其执法理念在很多时候与监督执法理念存在相似之处。

此次修改工作，其核心在于社会主义法治理念的贯彻和落实，始终遵循宽严相济的刑事政策，为我国目前司法实践中问题的解决提供了可靠的依据，为惩治犯罪明确了要求与细则，并强调了对人权的保护，彰显了宪法对人权的尊重和保障。在这样的背景下，检察机关的监督角色同样发生了一定的变化，逐渐展露出了其保障角色的属性，突出了其民生意义。检察机关在落实执法理念的过程中，需立足于时代的变化，不断改革执法指导思想，让检察机关始终保持与时俱进的良好势头。总的来说，此次刑事诉讼法的修改，对检察机关执法理念的影响主要体现在以下几个方面：

---

〔1〕 顾永忠、李作：《论"改革试点推动立法"模式——以刑事诉讼法的修改为视角》，载《河北法学》2023 年第 8 期。

（一）使得检察监督和检察保障关系更加紧密

在司法实践中，我国往往是根据宪法和相关法律的规定落实相应的法律监督。因此，检察机关和其他机构之间存在监督与被监督的关系，大多数情况下将检察机关认定为专门的法律机关。但这样的认定方式只能表示检察机关与政府机构之间的联系，并没有展现出它与个人、组织的关系，尤其是对检察机关与犯罪嫌疑人之间的关系存在解释模糊的问题，也无法准确定义其与被告之间的法律关系。在过去的法律实践中，检察机关和被告之间明显不存在监督的关系，但是在刑事诉讼的过程中也的确产生了实质联系。[1]此次修改对这个问题给出了答复，即明确了检察机关的保障角色定位。这让检察机关能够更好地践行为人民服务的基本理念，能够为犯罪嫌疑人和被告人的人权提供保障。

（二）强化了司法监督权

有效的司法监督能够让威慑的效应进一步提升，确保各部门、机关在司法程序中依法办事，确保法律正确使用和执行，避免出现错误量刑和定罪的现象，更有力地打击违法犯罪行为，切实保障人权。此次修改对监督职能进行了强化，使司法监督权得到了有效落实。比如，进一步完善了对死刑复核等行为的监督，加强了对减刑假释和监外执行的监督。

（三）增强了司法救济权

司法救济权能够对刑事诉讼程序中的弱势参与人给予相应的帮助，是刑事诉讼法中对付侵权违法行为的"利剑"。[2]和普通的法律监督不同，利用申诉控告的形式获得司法救济，能够让被侵权人更主动地寻求检察机关的帮助，利用检察机关的救济进一步保障自身权利，转变了原先的被动救济模式，检察机关的监督价值得到了进一步的发挥。比如，辩护人的权利受到侵犯时，可主动向检察机关提出申诉，待检察机关审核查证后，确有其事的应该对相关机关发出通知，令其纠正。

（四）提升了打击犯罪能力

此次修改让检察机关的侦查权得到了增强，尤其是对强制侦查权作出了

---

〔1〕 李彦霖：《〈刑事诉讼法〉修改的重点难点问题解读关键要素探究》，载《法制博览》2021年第 22 期。

〔2〕 刘铸麟：《新形势下关于检察机关转变执法理念的探讨——以新〈刑事诉讼法〉实施为视角》，载《法制与经济》2018 年第 2 期。

明确规定，为检察机关扩充了强制措施和侦查手段。比如，将检察机关的传唤和拘传时间延长至 24 小时，为检察机关获取口供增加了更多的机会。又如，针对未成年人犯罪事件，明确规定参与办案人员的专业水准，并采取强制辩护制度和社会调查制度，切实保障未成年人特殊群体的合法权益。

三、《刑事诉讼法》的修改对检察机关执法工作的影响

《刑事诉讼法》的修改在给检察机关执法理念带来影响的同时，也为检察机关的执法工作带来了影响。因此，检察机关应该积极转变原有的工作方式和方法，认真学习修改后的刑事诉讼法，了解自身权利和义务，明确执法工作的手段和方式，提高执法工作的效率和质量。虽然这在一定程度上让检察机关的工作压力和工作强度有所增加，但也为检察机关的执法工作提供了更多的权利和便利，同样也推动了检察机关工作司法化的发展。

（一）尊重和保障人权

检察机关执法人员应该树立起正确的"惩罚犯罪和人权保障并重"工作理念，既要依法惩处犯罪行为，同时也要合理、合法地保障被追诉人和犯罪嫌疑人的人权。在执法工作中，需严格遵循法定程序开展工作，充分体现刑法"尊重和保障人权"的理念。

（二）完善技术侦查措施

首先，检察机关应针对技术侦查手段的适用性及相关问题出台相应的司法解释。例如，在对"重大犯罪案件"进行界定时，应从案件涉及金额数量、公民人身权利的被侵害严重程度、社会危害性等方面综合考量。又如，在建立技术侦查手段的适用程序时，应先按照侦查工作的实际需求和取得证据的客观要求严格设置批准程序，并注重对技术侦查手段执行过程的监督。

其次，检察机关的执法人员还应针对新的技术侦查措施开展学习，提升自己的素质，适应新兴的技术侦查设备。检察机关也应定期更新技术侦查设备，开展专项培训工作，做好保密工作，为技术侦查工作创造良好的环境。

（三）适应新的侦查监督规定

首先，检察机关应确保侦查工作合乎法律规定和程序，建立完善的证据审查机制，确保证据合法性审查在日后的执法工作中成为必不可少的关键程序。其次，检察机关要尽快适应新的侦查监督规定，督促工作人员烂熟于心，自觉接受监督，规范日常执法活动，确保执法工作顺利推进。

（四）完善强制措施

首先，检察机关的执法人员需要不断提高自身能力，熟练把握证据收集、审查和利用，并运用法律惩处犯罪行为，构建完整的证明体系，确保打击犯罪的活动准确、有力。其次，执法人员还应积极研讨办案策略的创新和突破。最后，执法人员应更加谨慎地对待羁押必要性的审查工作，确保执法工作的合理性。

结　语

检察机关是国家重要的法律监督机关，在刑事诉讼法修改的背景下，检察机关应该积极创新和改革执法理念，公开、透明地使用法律赋予的权力，维护国家法律的尊严，践行国家法律的要求，这样才能够让法律监督职能获得更多的支持，才能够在社会公众中获得更多的认可。因此，检察机关应根据新《刑事诉讼法》的要求，在执法的过程中始终坚持尊重和保障人权，不断完善技术侦查措施，尽快适应新的侦查监督规定并完善强制措施，确保执法工作合理、合法、准确、有效。

我国个人破产制度构建问题研究

徐肖柳[*]

摘　要：因受宏观经济下行影响，我国有越来越多的中小微企业进入破产程序，但进入破产程序只是拯救了企业或使企业退出市场，但债权人根据法律规定仍可向担保人追偿，这些自然人担保人因企业的破产而陷入了债务困难，无法正常生活。另外，在法院的"执行不能"案件中，绝大部分是自然人主体，部分"诚实而不幸"的自然人因繁重的债务而无法再创业还债。因此，最高人民法院一直推动建立个人破产制度及相关配套机制，着力将针对个人的执行不能案件列入最高人民法院"五五改革纲要"，[1]各地法院也在积极探索实行个人债务集中清理制度。本文旨在探讨个人破产制度的构建问题。

关键词：个人破产　制度　构建　问题

引　言

个人破产制度发端于古罗马时期，在中世纪时的意大利与英国得到了较大发展。1978年，美国破产法将消费者破产纳入其中。如今，个人破产已成为现代破产法不可分离的一部分。[2]个人破产制度已经引起学界和实务界的关注和探讨。

---

[*]　徐肖柳（1987年—），女，汉族，浙江人，中国政法大学法学硕士，研究方向为民事诉讼法学。

〔1〕　殷忠义：《如何理解"个人债务清理制度"》，载安庆法院网：http://www.aqzy.gov.cn/content/detail/5d9017c08ead0e722a715201.html，最后访问日期：2023年7月15日。

〔2〕　《个人破产制度怎么才能走上前台》，载中国普法网：https://legalinto.moj.gov.cn，最后访问日期：2013年7月15日。

一、个人破产制度构建概述

（一）个人破产制度的概念

个人破产制度是指在自然人到期不能清偿债务时，由法院对其宣告破产，并对其财产进行财产清算和按照法定程序进行分配财产，或者对债务人的财产进行调整，使其免于承担责任的一种制度。[1]

（二）个人破产制度的功能

1. 尽可能地保护债权人债权，公平受偿

破产制度的基本功能就是使债权人公平受偿，保障债权人的利益，个人破产也一样。对于债权人来说，通过个人破产制度破产程序的启动，从整体上、预防性上最大限度地保障债权人的利益，避免个别清偿，通过行使破产撤销权等权利，全面深挖债务人的财产状况，提高债权人的清偿率，实现债权保护、公平受偿。

2. 给予债务人东山再起的机会

个人破产制度保护的是"诚实而不幸"的债务人，可以给这类人提供重新开始的机会，通过激励与惩戒相结合的个人破产制度的设计，激励债务人积极偿还债务，从繁重的债务纠纷中解脱出来，更好地利用身边的资源重新创业，东山再起，重新回归市场生活。

3. 优化资源配置

个人破产制度能够化解民事执行程序中由无资产可供执行而带来的低消耗问题，债权人公平受偿后，不必再纠结于债务，缓和了债权人和债务人之间的矛盾冲突，有利于社会的和谐稳定和再生产。[2]从社会经济稳定发展来看，实现资源的优化配置和利用，创造更好的营商环境。

---

〔1〕 李云洁：《论我国个人破产制度的发展——兼议深圳个人破产条例》，载《经济研究导刊》2022 年第 4 期。

〔2〕 肖珊、李珊珊：《个人破产制度的实践探索与完善路径研究》，载《法制博览》2023 年第 11 期。

二、我国个人破产制度构建的必要性

（一）现实的需要

1. 个人法律意识增强的需要

随着我国依法治国的全面推进，人们的法律意识日益增强，人们法律观念开始转变，维权意识加强，更多人能接受破产这一观念。在这样的法律背景下，构建个人破产制度，给"诚实而不幸"的债务人一个重生的机会，也可让债权人的债权得到公平受偿，更好地维护自己的合法权益。

2. 个人生活方式变化的需要

如今，随着个人财富的积累及个人消费的需求，金融机构向个人推出了各类理财产品、信贷网贷产品，更多的人以个人财产进行投资、理财或者提前消费，但有投资、超前消费，就有风险，加之疫情的影响，使更多的人陷入了债务困境，面临破产。因此，人们对构建个人破产制度的呼声越来越高。

3. 维护社会经济稳定的需要

由于陷入债务危机个人的剧增，出现了暴力讨债、无法承受债务压力轻生等现象，人们更加惧怕投资失败，而构建个人破产制度可以有效拯救陷入经济危机的个人，给予信心，更加积极地投入市场经济发展中，有利于社会经济稳定、持续发展。

（二）我国相关制度的缺失

中华人民共和国成立后，1986 年全国人民代表大会常务委员会通过《企业破产法（试行）》，但适用范围仅限于全民所有制企业。2004 年，重新起草《破产法》时虽然包含了个人破产的条款，但在 2006 年通过的《企业破产法》并未没有关于个人破产的相关条款。所以，一直以来，我国的破产法也被学术界称为"半部破产法"。

目前，各地法院也出台了一系列个人破产的司法性文件、条例、法规。2019 年 8 月 13 日，浙江省温州市中级人民法院颁布了我国第一部规定了个人破产制度的规定《关于个人债务集中清理的实施意见（试行）》（以下简称《个人债务清理实施意见》）。2020 年 8 月 26 日，广东省深圳市第六届人民代表大会常务委员会率先通过了《深圳经济特区个人破产条例》。2020 年 12 月 2 日，浙江省高级人民法院颁布了《浙江法院个人债务集中清理（类个人破产）工作指引（试行）》。虽然我国一直在积极推动建立个人破产制度及相关配套机制，但仍未出台一部完整的个人破产法。

三、我国个人破产制度构建的可行性

虽然我国没有个人破产法，但各地法院出台的个人债务集中清理制度的规定具备个人破产制度功能，为个人破产立法提供了实践经验。

（一）浙江法院关于个人债务集中清理的实践

2021 年全年，全省共受理个人债务集中清理案件 610 件，共审结个人债务集中清理案件 439 件。在所有受理与办结的案件中，全省与企业破产案件一并受理的个人债务集中清理案件共有 19 件，办结 11 件。[1]温州、台州、丽水遂昌法院在个债办理的程序、方式路径和实体法律问题上经验丰富，逐渐形成了"温州模式""台州模式""遂昌模式"。[2]其中，"温州模式"是通过执行程序达到个人破产效果，"台州模式"是具有个人破产制度功能的执行程序转个人债务清理程序审理机制，"遂昌模式"是通过一系列制度设计和引入第三方战略投资者对债务人进行融资，具有"个人破产重整"功能。

（二）深圳法院关于个人债务集中清理的实践

2020 年 8 月 26 日出台的《深圳经济特区个人破产条例》属于地方性法规，其不以执行程序为前提，属于真正意义上的个人破产程序。与《企业破产法》、浙江法院的个人债务集中清理制度相比，深圳法院的个人破产条例有自己的创新性：第一，明确了破产原因；第二，赋予了债权人的主动性；第三，采用了破产清算、重整、和解三种破产程序；第四，设立个人破产事务的行政管理职能部门即深圳市破产事务管理署；第五，设计了灵活的免责考察期；第六，明确了豁免财产范围；第七，专设了简易程序。

四、我国个人破产制度的构建建议

构建个人破产制度有其重要意义，结合我国个人债务集中清理制度的司法实践经验，笔者提出以下若干建议。

---

〔1〕《2021 年浙江法院个债集中清理（类个人破产）工作报告》，载中国破产法论坛微信公众号，最后访问日期：2023 年 8 月 29 日。

〔2〕蔡军良、孙钰婷：《论我国个人破产制度的构建——以浙江省个人债务集中清理案件为视角》，载智仁律师微信公众号，最后访问日期：2023 年 8 月 29 日。

（一）设立破产事务管理部门

为了减轻法院的工作压力，提高破产审批效率，可以借鉴深圳法院的做法，设立破产事务管理署，明确破产事务管理部门的职责，主要负责"管好"管理人以及个人破产信息的公开。我国在个人破产立法时可以考虑设立类似的破产事务管理部门：一方面既可以减轻法院的裁判负担；另一方面可以保障办理个人破产案件的质量和效率。

（二）设置严格的预防机制与惩戒机制

（1）预防机制方面，设立较高的个人破产申请条件，可以参考"温州模式"的申请人条件和义务、财产报告的核实方面以及深圳市《个人破产条例》第2条明确的破产原因，再结合我国的基本国情在债务类型、债务数额、收入水平门槛等方面进行设置。另外，建立严格的失权复权制度，附条件的债务豁免，合理设置债务豁免财产的范围，失权期、免责考察期参考深圳法院的经验，在3年~5年间，根据债务清偿情况弹性设置。

（2）惩戒机制方面，对债务人的权利进行限制。可以参考温州市中级人民法院《个人债务清理实施意见》第35条的行为限制令、第39条的特定情形下信用重惩戒、第41条的法律责任以及《深圳经济特区个人破产条例》的第十二章第167条、第168条的法律责任，明确限制高消费行为、个人财产登记、查询等信息共享制度，明确债务人包括债务人的配偶、共同生活的近亲属等利害关系人有破产欺诈行为的，应受到严惩的法律后果和法律责任，以此来约束债务人。

结　语

实践是理论的基础。虽然我国未出台个人破产法，但各地法院已经在摸索实践中探索个人债务集中清理制度，为构建个人破产制度奠定了基础。当然，个人破产制度的构建是一个大工程，需要根据我国的国情，立足于中国特色的市场经济体制基础，从个人债务清理制度的司法实践中产生的问题，构建一个与社会、经济和法律制度互相促进的个人破产制度，希望一部完善的个人破产法能强有力地保障后疫情时代的经济健康发展，改善营商环境，改善人们生活，维护社会和谐稳定发展。

论共同担保人内部追偿权的行使

摘　要：《最高人民法院关于适用〈中华人民共和国民法典〉有关担保制度的解释》（以下简称《担保制度解释》）第 13 条对于共同担保人内部追偿权的行使作出了分类规定，相较于明确约定互相追偿及分担份额的情形，担保人之间仅约定相互追偿，或仅约定承担连带共同担保责任，或各担保人仅在同一份合同书上签字、盖章或者按指印的情形均须以担保人先行向债务人追偿且不能完全弥补损失作为向其他担保人追偿的前提。此时，担保人内部追偿权的行使，主要考虑对"向债务人不能追偿的部分"的确定路径，也即追偿权的行使需要满足什么程序条件才能达到向债务人追偿不能的认定标准。

关键词：共同担保　内部追偿权　行使程序

引　言

　　共同担保人内部追偿权问题一直是理论界和实务界关注的问题。虽然 2022 年 12 月通过的《担保制度解释》对共同担保人内部追偿权作出了分类规定，但在司法实践中，对于共同担保人之间追偿权的行使，特别是"向债务人不能追偿部分"的认定问题，仍需进一步研究和探讨。本文就《担保制度解释》第 13 条规定的共同担保人可互相追偿的情形分类，对其中未明确约定相互追偿及分担份额的情形作为一类，围绕该类别下追偿权的行使所需程序进行论述。

---

　　* 张赛男（1984 年—），女，汉族，河北人，中国政法大学同等学力研修班 2020 级学员，研究方向为刑法学。

一、担保人内部追偿的两个类别

根据《担保制度解释》第13条的规定，共同担保的担保人能够相互追偿的情形共分为两类：一类是担保人明确约定相互追偿及分担份额的情形。在该类情形下，承担责任的担保人可直接按照约定的分担份额向其他担保人追偿，无需以向债务人追偿不能作为向其他担保人追偿的前提。一类是担保人未明确约定相互追偿及分担份额，而仅约定了相互追偿，或仅约定承担连带共同担保责任，或各担保人仅在同一份合同书上签字、盖章或者按指印，这三种情形共同作为一类，均须以承担责任的担保人先行向债务人追偿且不能完全弥补损失作为向其他担保人追偿的前提。

二、第二类情形下担保人内部追偿的行使程序

对比担保人内部追偿的两个类别，相较于第一类情形约定明确、追偿直接的特征，第二类情形只能明确各担保人内部按比例分担的连带责任关系，和相互之间追偿的条件和限制，即担保人内部追偿只限于"向债务人不能追偿的部分"。这就需要担保人的内部追偿须以先行完成向债务人追偿程序为前提，从而使向债务人不能追偿的部分能够明确。因此，对于这类情形下担保人内部追偿权的行使，主要考虑"向债务人不能追偿的部分"的确定路径。

（一）认定向债务人追偿不能的一般程序

担保人内部追偿以向债务人追偿不能为前提，类似于一般保证责任制度下债权人向一般保证人主张担保责任的制度。参照《担保制度解释》第26条关于债权人要求一般保证人承担保证责任的诉讼规则，担保人内部追偿制度中，向债务人不能追偿部分的确定程序，可分为两种：一是承担责任的担保人先通过诉讼或仲裁并经强制执行程序向债务人追偿，对经强制执行仍追偿不能的部分，再另行通过诉讼或仲裁向其他担保人追偿。二是承担责任的担保人对债务人和其他担保人一并提起诉讼或仲裁，裁判文书明确债务人和担保人强制执行的先后顺序，"向债务人不能追偿部分"最终在强制执行程序中得以确定。相较而言，第二种途径更简单、快捷，也有利于更快实现对其他担保人财产的诉讼保全，有利于担保人追偿权的实现。

（二）一般保证责任下认定向债务人追偿不能的程序简化

《担保制度解释》之所以要求担保人内部追偿须以向债务人追偿不能为前

提，盖因主债务人是债务的最终承担者，先向债务人追偿符合经济原则，否则其他担保人分担份额后仍需各自向债务人追偿，从而造成循环追偿。[1]但是，也有观点认为，承担责任的担保人向债务人和其他担保人的追偿不应存在顺位，理由是依据连带责任的一般原理，承担责任的连带债务人取得了对其他连带债务人相应的原始追偿权，直接向其他连带债务人追偿是连带责任的应有之义。并且，首先承担责任而使债权得以实现的担保人不应因首先承担担保责任而使自身陷入与债务人之间旷日持久且徒劳无益的追偿纠纷，否则有违公平原则。[2]

中和前述两种观点，对一般保证责任下"向债务人追偿不能部分"的认定予以简化，符合公平和效率原则。由于一般保证人承担责任的前提是主合同纠纷经过审判或者仲裁，并就债务人财产依法强制执行仍不能履行债务，故在一般保证人承担保证责任的情形下，债务人已无财产可清偿债务是已经通过诉讼和执行程序确认的事实。因此，对于一般保证人首先承担保证责任的情形，除非一般保证人主动放弃先诉抗辩权，否则不应再要求其通过漫长的诉讼和执行程序先行向主债务人追偿，除非有证据证明主债务人有新发现的可供执行财产，否则应视为一般保证人对其他担保人的追偿满足"向债务人不能追偿"的前提。在首先承担责任的担保人既有一般保证人，又有其他担保人的情况下，除非一般保证人主动放弃先诉抗辩权，否则只要一般保证人承担了担保责任，便可推定已经符合向债务人追偿不能的前提。

（三）特定情形下认定向债务人追偿不能的程序简化

在一般保证责任制度中，《民法典》第 687 条对于一般保证人的先诉抗辩权作出了除外规定。参照该规定，担保人内部追偿在符合特定情形下，可不经诉讼和执行程序而直接对"向债务人不能追偿的部分"作出认定，则也可比照一般保证责任制度设置除外规定。例如，"债务人下落不明，且无财产可供执行""其他担保人自愿共同承担担保责任"等。但对于《民法典》第 687 条第 2 款第 2 项"人民法院已经受理债务人破产案件"、第 3 项"有证据证明债务人的财产不足以履行全部债务或者丧失履行债务能力"的情形，如何确

〔1〕 最高人民法院民事审判第二庭：《最高人民法院民法典担保制度司法解释理解与适用》，人民法院出版社 2021 年版，第 188 页。
〔2〕 杨代雄：《〈民法典〉共同担保人相互追偿权解释论》，载《法学》2021 年第 5 期。

定"向债务人不能追偿的部分",还需结合其他制度统一安排。

（四）担保人内部追偿强制执行程序的独特功能

担保人内部追偿之诉中,有两项事实一般无法直接在诉讼中查明,而只能通过强制执行程序明确:一是债务人实际有多少财产可供清偿债务,即担保人将来共同承担的债务总额为多少;二是担保人各自最终承担的债务份额。

第一个事项前文已提及,由于大多数情况下,承担责任的担保人会选择一并起诉债务人和其他担保人,判决书只能明确其他担保人仅对债务人财产依法强制执行后仍不能履行的部分承担责任,对于向债务人不能追偿的部分最终需要在强制执行程序中得以确定。

对于第二个事项,由于能够相互追偿的担保人之间存在连带债务关系,依据《民法典》第 519 条第 3 款的规定,部分担保人不能在自己应分担份额内承担责任的,对于未能分担部分,还可再要求其他担保人按比例分担。[1]因此,实际在强制执行程序中,可能存在申请执行人向部分担保人追偿不成,转而与其他有负担能力的担保人再一次按比例分担部分担保人无能力负担部分的情况。而担保人各自最终分担份额的确定,不可能无限通过诉讼解决,而只能依赖于具体的、现实的强制执行程序。担保人内部追偿的强制执行程序实际上承担了一个债务份额再分配的功能。

因此,担保人内部追偿诉讼的判决书一般只能概括性地对担保人之间是否有相互追偿权利、对债务人和其他担保人财产的强制执行顺序、对其他担保人财产启动强制执行的条件,以及各担保人的债务分担比例作出概括性判决,而担保人最终实际承担的债务总额、各担保人实际分担的债务份额只能在执行程序中确定。这就需要担保人内部追偿强制执行程序发挥自身独特的作用,最终将问题解决在实际执行中,而无需让担保人诉之于循环不断的诉讼程序。

结　语

担保人内部追偿制度长久以来争议重重,对该制度的设计也往往因价值冲突和实际操作问题而顾虑重重。现实永远不会尽善尽美,对该制度的设计和实施也只能在实践中臻于完善。

---

〔1〕 最高人民法院民事审判第二庭:《最高人民法院民法典担保制度司法解释理解与适用》,人民法院出版社 2021 年版,第 399 页。

论数字政府建设中的公民权益保障

冯令伟[*]

摘　要： 建设数字政府的目的在于服务人民，应从公民的视角考量数字政府具体应用过程中的公民权益，对数字政府应用中的公民权益进行法治化保障，以人为本推行法治化数字政府建设，让数字政府建设成果更多、更公平地惠及全体人民。

关键词： 数字政府　公民权益　保障

引　言

2021年8月，中共中央、国务院印发的《法治政府建设实施纲要（2021-2025年）》提出："坚持运用互联网、大数据、人工智能技术手段促进依法行政……大力提升法治政府建设数字化水平。"2022年4月，习近平总书记在中央全面深化改革委员会第二十五次会议上提出："把数字技术广泛应用于政府管理服务，推动政府数字化、智能化运行。"同年6月，国务院下发了《关于加强数字政府建设的指导意见》。

数字政府是以新一代信息技术为支撑，重塑政务信息化架构，通过构建大数据驱动的政务新机制、新平台、新渠道，形成"用数据决策、服务、创新"的现代化治理模式。

建设数字政府的目的在于服务人民，成果全民共享。因此，在数字政府应用过程中必须保障公民的权益。

＊ 冯令伟（1993年—），男，汉族，浙江人，桐乡市财政局公职律师，研究方向为宪法行政法学。

一、数字政府应用中公民权益的缺失

数字政府依赖的数字技术的一些潜在机制在其应用过程中会产生负面效应，有可能会成为诱导和控制公民的技术手段，从而造成公民权益的缺失。

（一）数字平台下公民的边缘化

数字平台多是政府与开发企业之间的承包合作成果，在数字平台创制过程中缺少公众互动，容易忽视公众的需求，数字平台的功能、效用不接地气。国外的一些经验也表明，因"缺乏实质性的制度保障以及政府的引导与激励，数据本身难以直接作用于政府与公民的联系与互动，导致公民参与形式大于内容"。[1]同时，平台模式下的数字化办公也在一定程度上造成国家工作人员与行政相对人的隔离，后者难以实时监督。

（二）数字应用的"鸟笼化"

1. 数字应用的被动选择

数字政府应打造高效、便民的平台与程序，但这样的平台或程序不应成为公民参与公共生活的唯一途径。一旦其"唯一性"被确认，公民使用这些平台与程序就会成为一种"被动选择"，限制了公民自主选择的权利，将本是工具的智能设备异化为约束自己的枷锁，将本是延展公民权利的平台异化为增加公民义务的鸟笼。

2. 自动化行政中公民的缺位

自动化行政旨在通过算法决策，推动行政权力运行过程的信息化、数据化和自动化，减少自由裁量的人为因素，形成基于数据和算法的技术控制体系。在此过程中，潜藏着数字公民的缺位问题，算法决策作为一种非人为、不可见、闭环性的技术化操作，难以被监督，救济渠道会出现一定程度的失灵，造成公民被"数字决策系统锁定"，[2]公共生活被严重异化。

（三）大数据分析造成公民信息保护的失位

公民在数字生活中都需要身份认证与信息上传，公民的数字行为都会生成数据并以信息方式来呈现表达、交换利用和创造价值，各类分析系统则内

---

〔1〕 谭溪：《加拿大数字政府治理改革实践及反思》，载《中国行政管理》2021 年第 7 期。

〔2〕 ［美］弗吉尼亚·尤班克斯：《自动不平等：高科技如何锁定、管制和惩罚穷人》，李明倩译，商务印书馆 2021 年版，第 5 页。

嵌着数据标签和数据画像流程。于是，公民的身份、行踪、财产、情感等数据被归集在一起，成了被观察、分析的对象，原本模糊难测的个人信息经计算分析后可以瞬间变得清晰、透明。掌握数据和算法的信息处理者，可以随时对用户技术进行围猎。这种大数据分析绕过当事人，强行揭开了"用户的面纱"，无节制的数字技术穿透人性的最后防御，危及社会秩序的底线。

如果掌握数据和技术控制权的政府、网络平台、关联企业的行为没有边界、不受约束，数据就极可能被滥用恶用，公民就会沦为科技的仆从和数字统治的工具，由此产生不安的情绪和对数字的恐惧，这显然背离了建设数字政府的目标。

二、加强数字政府建设中公民权益的保障

（一）数字政府应用中公民权益的法治化保障

解决数字政府应用中公民权益的缺失问题，必须更好地控制数字权力、坚持以人为本，完善相关制度。

1. 坚持以人为本的数字治理原则

联合国开发计划署发布《2022—2025 年数字战略》指出，人权将成为其数字化方法的核心。[1]国际社会普遍呼吁数字化转型不应导致权利倒退，要营造公平的数字环境，实现算法和人工智能系统互动中的自由选择，确保个人对数据的控制，保障个人隐私等。

我国《互联网信息服务算法推荐管理规定》《关于加强科技伦理治理的意见》等文件都要求，科技创新要伦理先行、增进人类福祉、尊重生命权利，要坚持公平公正、公开透明、正确行权用权，禁止权力不当行使对自然人、法人和其他组织合法权益造成侵害。

这些主张与规范蕴含着以人为本的数字治理理念和以人为本的数字法治原则，是保障公民数字权利的基本前提：

（1）坚持以人民为中心的基本立场，对数字政府与公民、社会之间的数字权益进行有效平衡保障，防范各种风险，建立起包容共享的数字治理秩序。

---

〔1〕 参见《联合国发布〈2022-2025 年数字战略〉，建设包容、可持续的数字社会》，载 https：//baijiahao. baidu. com/s? id＝1755498954743084879&wfr＝spider&for＝pc，最后访问日期：2023 年 8 月 15 日。

（2）积极倡导科技向善、良法善治，确保政府、企业等在数字治理中合法、合理用权，杜绝凭借技术方式滥用权力、营私逐利等行为。

2. 完善相关制度

（1）建立健全数字平台管理制度，对平台与公民之间的权利义务进行公正合理安排，特别是法律规定条件下不受数据识别分析的权利，以及非实名的表达权、建议权。

（2）加快完善与数字政府建设相适应的法律法规体系和行业自律规范，框定数字技术应用边界，维护最低的人性保留领域，尊重公民的权利，保护公民信息网络安全，营造数字文明生态，构建数字法治秩序。

（3）优化自动化决策的救济制度，赋予公民对数字系统的特定决策、评估预测等提出质疑的权利，优化司法救济渠道。

（4）构建包容共治的数字民主机制，依托数字身份、数字表达等形式，构建数字民主程序、拓展数字民主参与、增进数字民主监督、探索数字民主路径。

（二）以人为本推行法治化数字政府建设

数字政府应当以人为本推行法治化建设，打造出更加科学、全程留痕的行政模式。

1. 科学把握数据流动和安全发展的平衡之策

数据流动是数字政府建设的内生要求，推动数据在政务部门间按需共享、加快向社会有序开放，营造良好的数据流动法治生态，法治是数据平稳有序流动的"金钥匙"。目前，《数据安全法》《个人信息保护法》虽已颁布，但数据流动主体之众、链条之长、场景之繁，亟须细化实施细则，确保各项保障措施落地生根，筑牢权责防线，依法保障公民权益。

2. 推进政府职能转变破解政务服务痛点难点

设立云窗口完成全流程办理，应为云窗口提供全程网办的实时视频指导，办事人享受与现场同质同效的办事体验，通过多种渠道，将网上虚拟大厅的服务向百姓身边延伸，让企业群众通过任意站点、任意渠道、任意方式即可享受到任意层级、任意地域、任意事项的智慧服务，让企业群众对政务服务的各种向往和梦想变为现实，保障公民权利充分实现。

3. 推进数字化数据信息共享加强数字政务能力输出

实现政务数据一站式管控，实现服务对象、事项、部门相互关联。各相关单位免于逐项核验数据，进一步推动数据共享应用场景建设，有效降低公民法人的办事成本。办事群众在政府网站、APP 和及小程序上可随时随地灵活选择，进行线下预约，提前将有疑虑的办事材料进行上传，即可一站式享受远程材料辅导服务，有效减少办事时间和跑动次数，增强公民的获得感。

4. 提升公民的数字素养能力

加强公民数字教育和能力培养，多维度、全方位地普及、提升公民数字素养能力，营造包容普惠、共享发展的数字生态，创造良好数字环境，消除"数字鸿沟"。

结　语

我国已开启全面建设社会主义现代化国家的新征程，推进国家治理体系和治理能力现代化、适应人民日益增长的美好生活需要，对数字政府建设提出了新的更高要求。必须认识到数字技术不应成为权力扩张滥用与资本不当攫利的工具，而应成为共享发展红利和社会权利增长的可靠保证。[1]只有以人为本推行法治化数字政府建设，确认和保障公民权益，全面开创数字政府建设新局面，让数字政府建设成果更多、更公平地惠及全体人民，数字社会才会行稳致远、向善可期。

---

〔1〕　马长山:《数字公民的身份确认及权利保障》，载《法学研究》2023 年第 4 期。

浅析自然人破产制度的构建

李 丽[*]

摘 要：目前，我国在法律位阶层面的自然人破产法尚未建立。而自然人作为社会生活参与者难免会出现破产情形，当这种情形无法化解时一部分债务人将被分流、堆积至人民法院，造成了执行难、执行不能的司法困局，解决这些问题行之有效的方法之一是建立自然人破产制度。此外，在经济全球化的背景下，出于与国际社会接轨的需要，建立全国范围内自然人破产制度势在必行。本文基于比较法的研究，旨在为我国自然人破产制度的构建提供一些思路。

关键词：浅析 个人破产 制度 构建

引 言

我国虽然没有适用于全国范围内的自然人破产制度，但在地方立法上已有些建树。2021 年 3 月 1 日开始实施的《深圳经济特区个人破产条例》至今已两年有余，最高人民法院审判委员会专职委员刘贵祥在回答记者问时阐述："深圳市中级人民法院积极稳妥有序推进个人破产案件审判工作。截至 2022 年 2 月 22 日，收到个人破产申请 1023 人，启动破产程序 23 件，审结破产案件 19 件，其中重整 11 件、和解 4 件、清算 4 件。"[1]从这组数据中我们不难看出，仅深圳一地就有上千个破产需求，窥一斑而知全貌。社会需求和实践

---

* 李丽（1981 年—），女，汉族，内蒙古呼伦贝尔人，北京辉诺律师事务所律师，研究方向为个人破产制度。

[1]《专访最高法审委会专委刘贵祥：个人破产制度全国铺开前还需"三步走"》，载 https://baijiahao.baidu.com/s? id = 1771196863290810885&wfr = spider&for = pc，最后访问日期：2023 年 8 月 24 日。

已经倒逼着立法者建立起一套完善的适用全国的自然人破产制度。

一、自然人破产制度建立的必要性

（一）自然人破产制度的含义

纵观各国自然人破产制度，多数国家都规定了自由财产（豁免财产）制度和余债免责制度。自由财产是基于保护人权的理念应运而生，是自然人特有的权利，是企业破产法所没有的。余债免责制度则体现了人们对破产人的观念转变历史进程，即从传统破产法的"惩罚破产人"转变为现代破产法"拯救破产人"，余债免责制度是现代破产法的标志。因此，自然人破产制度的含义应当包含、体现这两个标志性要素。

自然人破产制度的含义是指自然人不能清偿到期债务，并且资产不足以清偿全部债务或明显缺乏清偿能力时，由人民法院对债务人豁免财产以外的财产集中清理，并免除其未能清偿的债务的一系列法定程序所构成的法律制度。自然人破产制度的含义有广义和狭义之分，广义的自然人破产制度包括和解程序、重整程序（更生程序）、破产清算程序相关的法律制度。狭义的自然人破产制度仅指与破产清算程序相关的法律制度，本文讨论的自然人破产制度为广义的自然人破产制度。

（二）自然人破产制度建立的必要性

1. 有利于社会健康、可持续性发展

企业法人在遇到财务困境时，如达到法律规定的破产标准可以通过破产程序救济。自然人也会参与可能产生债务或负债的各类活动，破产将是自然人无法避免的风险。个体是推动社会发展的生产力，如果债务人长期被困在无法偿还的债务漩涡中：一方面，债务人会丧失创造生产力的动力；另一方面，债务人会通过申领失业津贴、子女助学金等减损全员的福利待遇。总之，一种风险长期存在却不被消解，总是不利于社会健康、可持续性发展的。

2. 有利于法院走出执行不能的司法困局

2018 年，最高人民法院周强院长在工作报告中指出，在执行过程中，有相当一部分案件的被执行人已完全丧失履行能力，经核查无财产可供执行，客观上已不具备执行条件，即使法院穷尽一切方法，也无法实际执行到位。为使债权人利益最大化，使债务人"重生"，这些"执行不能"的案件需要通过自然人破产制度予以解决。[1]

3. 有利于中国法律与其他国际社会成员法律接轨

2018 年，联合国国际贸易法委员会发布了《关于承认和执行与破产有关的判决示范法》及《颁布指南》，该示范法承继了海牙会议关于破产的范围，其涵盖了个人破产和公司实体破产，其目的是适用于在处理自然人债务人和法人债务人破产事务的外国程序中作出的相关判决。中国经济与世界经济日益密切融合，如果我国缺失与之匹配的法律制度，一方面影响国际投资者的信心，另一方面无法为境外的中国投资者保驾护航。因此，尽快建立完善的自然人破产制度是顺应国际趋势的必然要求。

二、我国自然人破产制度的现状

（一）立法现状

1. 《民法典》与《破产法》规范的民事主体不匹配

《民法典》将民事主体分为自然人、法人、非法人组织三类类型。[2]破产法适用的民事主体仅限于企业法人。[3]《民法典》主体多元化与破产法主体单一严重不匹配，制度衔接出现了脱节，自然人破产制度的缺失，破产法只能算作"半部破产法"。

2. 地方立法

2019 年 7 月，国家发展和改革委员会、最高人民法院等 13 个部门印发了《加快完善市场主体退出制度改革方案》。该方案提出，分步推进建立自然人破产制度，逐步推进建立自然人符合条件的消费负债可依法合理免责，最终建立全面的个人破产制度。2019 年 8 月 13 日，温州市中级人民法院出台了《关于个人债务集中清理的实施意见（试行）》。2020 年，苏州市吴江区人民法院出台了《关于个人债务清理的若干规定（试行）》的通知。同年，山东

---

〔1〕《最高人民法院关于人民法院解决"执行难"工作情况的报告》，载 https：//www. chinacourt. org/article/detail/2018/10/id/3542564. shtml，最后访问日期：2023 年 8 月 15 日。

〔2〕《民法典》第 2 条规定："民法调整平等主体的自然人、法人和非法人组织之间的人身关系和财产关系。"

〔3〕《企业破产法》第 2 条规定："企业法人不能清偿到期债务，并且资产不足以清偿全部债务或者明显缺乏清偿能力的，依照本法规定清理债务。企业法人有前款规定情形，或者有明显丧失清偿能力可能的，可以依照本法规定进行重整。"

省高青县人民法院也出台了《关于企业破产中对有关个人债务一并集中清理的意见（试行）》，这些文件如雨后春笋般不断涌现，各家法院出台的文件基本上都是按照企业破产法的框架来制定的，不可否认的是至少他们的出台对于破解执行难，实现债权人公平清偿，激励债务人方面具有重要的作用。

在国家宏观层面的引导下以及各地方先行者的摸索和实践的孕育下，2020 年 8 月 26 日深圳市第六届人民代表大会常务委员会第四十四次会议通过了《深圳经济特区个人破产条例》。该条例在程序结构上分为破产清算、重整、和解三种程序，且三种程序设置为并行。吸收了国际上通行的惯例又不失中国特色，例如豁免财产、免责制度、考察期。《深圳经济特区个人破产条例》规定成立破产事务管理部门，承担破产办理中的行政事务，实现了行政事务与审判事务相分离。该条例是我国第一部有关个人破产的立法，尽管是地方立法，但具有十分重要的历史意义，它填补了我国法律的空白地带，为建立全国范围内的自然人破产制度奠定了基石。

（二）司法实践

1. 首个具备个人破产实质功能的个人债务集中清理案件

2019 年 9 月 27 日，浙江省温州市平阳县办结的"温州某破产企业股东蔡某个人债务集中清理案"是全国首例具备个人破产实质功能的个人债务集中清理案件。债务人蔡某被法院判决对破产企业 214 万元债务承担连带清偿责任，法院为消除债权人的顾虑采取了以下措施：①除了执行部门前期常规调查以外，蔡某配偶也同意接受财产调查，法院还向管理人出具了协助调查函，对蔡某家庭保险、股票、基金、支付宝均予以查询。②清偿比例按 1.5% 计算，清偿 3.2 万元。但在清偿 3.2 万元之日起 6 年内，若蔡某家庭年收入超过 12 万元，超过部分的 50% 将被用于清偿全体债权人未受清偿的债务。③设定 6 年的考察期，在考察期中，蔡某需遵守相关行为限制与监管，否则清偿方案失效。最终，全体债权人通过了债务清理方案。

2. 首个自然人破产清算案件

呼某债务总额达 480 多万元。卖掉唯一住房用于还债，仍欠 130 多万元，现有财产 2 万多元。2021 年 9 月 2 日，深圳市中级人民法院应呼某申请受理了"呼某个人破产清算案"，并指定了管理人。呼某在管理人的指导下，结合其生活工作需要，提出了豁免财产清单。7 位债权人，申报债权总额 92 万余元。债权人会议经表决通过了呼某的财产报告、债权表和豁免财产清单。

2021年11月8日，深圳市中级人民法院经审查认为，经过管理人调查，呼某陈述及申报的财产状况等情况符合事实，债权人对管理人的调查结论也未提出异议，且在破产程序中遵守个人破产条例规定的相关义务，符合宣告破产的条件，依法裁定宣告呼某破产。宣告破产后，呼某依法进入了免责考察期。

三、域外的自然人破产制度概况

（一）英国自然人破产制度概况

英国的自然人破产制度是在近五百年的历史发展中确立起来的，现行自然人破产制度包括正式的法定程序和非正式的个人债务清理程序。正式的法定程序包括破产清算、债务纾缓令、个人自愿安排、管理令、法定"喘息空间"计划，非正式的个人债务清理程序以自愿为原则，不具有强制执行效力，由具有行政管理职能或行业协会等机构负责，包括债务管理计划、象征性支付、债务整合、债务注销、与债权人的非正式安排、全部一次性解决方案等。破产清算程序是英国自然人破产制度的根本，债务人可以直接通过政府网站提交破产清算申请，由破产服务局审查并决定是否颁发破产令，法院只受理债权人或其他主体针对债务人提出的破产清算申请。此外，英国破产法采取的是自然人自动免责主义，即债务人不需要做任何事情，包括不需要给法院提交任何申请表，不需要进行法庭听证，自破产令颁发之日起12个月后自动免责。下文将着重阐述与我国现有的《深圳经济特区个人破产条例》不同且值得我国借鉴的相关规定。

1. 自由财产的合理置换

自由财产又被称为豁免财产，即破产法为了保障债务人及其家人的合理生活需要，通过特别的法律规定，使原本属于债务人的财产无需归入破产财产的范围，从而构成债务人可以自由支配的财产。根据1986年《破产法》的规定，自由财产原则上归破产人所有，不归入破产财产，但如果破产管理人认为某项自由财产整体或部分变现的价值超过了将其进行合理置换的成本，则破产管理人可以书面方式告知破产人，该财产全部或部分地归入破产财产，但管理人应当将破产财产中包含的资金用于破产人购买或代表破产人购买合理的置换物。

2. 破产犯罪

为了防范和打击自然人破产逃废债的行为，《英国破产法》第10章专门规定了 8 种破产犯罪行为：①不披露信息。②隐藏财产。③隐藏或者伪造账簿、文件资料。④错误陈述。⑤欺诈处置财产。⑥携带财产潜逃。⑦欺诈处置财产以获得贷款。⑧对外借款与从事商业行为。英国的破产犯罪被规定在《破产法》中，不符合我国的立法传统，在立法体例上还是要遵循中国的体系，在刑法典中予以规定，但其规定的 8 种罪名值得我们借鉴参考。

（二）德国自然人破产制度概况

早期的德国施行的是《破产清算法》与《和解法》并行的双轨制，后因破产财产的极度贫乏导致约 3/4 的程序根本无法启动，另外有 10% 的程序也很早就被废止了，即使能够达到给破产债权人分配的地步，破产清算比率平均也仅为 3%~5%。全部案件只有 1% 的破产程序进入了法院确认的和解。[1] 为此，《德国破产法》的改革目标着重于：①包含各种针对破产财产贫乏的措施；②《破产清算法》与《和解法》合二为一，自然人和法人适用相同的破产规则；③强化债权人自治；④引入余债免除制度，但《德国破产法》的余债免除制度仍较为苛刻。值得我国借鉴的是：其一，《德国破产法》对破产财产采取的一系列保全措施，以防止债务人在破产申请决定作出之前恶意处置财产。包括任命临时管理人、一般性处分禁止、执行禁止及法院单独或附加的其他措施。其二，消费者破产程序中的和解前置主义。

1. 法院在破产程序启动前任命临时破产管理人

是否启动破产程序，法院会对破产原因进行审查，该审查要花费一定的时间。这就存在一个风险，即债务人在此阶段毫无阻碍地处分其财产，设立会导致其状况进一步恶化的新债务。为了防止这种情况，德国破产法在实践中最为重要的措施是任命临时破产管理人。对债务人财产没有处分权的管理人被称为"弱临时破产管理人"，被法院赋予对债务人的财产管理权和处分权的被称为"强临时破产管理人"，两者均需承担保全并维持债务人的财产的义务。临时破产管理人有权进入债务人的工作场所，查阅账簿等文件。当破产程序启动后，临时管理人再将工作成果移交给由债权人大会最终确定的管理人。

---

〔1〕 ［德］莱茵哈德·波克：《德国破产法导论》（第 6 版），王艳柯译，北京大学出版社 2014 年版，第 5 页。

2. 消费者破产程序中的和解前置

《德国破产法》针对消费者破产规定了一个不同于一般破产规则的和解前置内容。该法第 305 条规定，在以书面方式提出破产申请时，或在此项申请之后，债务人应当不迟延地提出下列文件：由合适的人或合适的机构出具的、能够从中得出在程序开始申请之前的最后 6 个月之内依据方案在诉讼外尝试与债权人成立关于债务清理的合意未果的证明；各州可以规定，哪些人或哪些机构应当被视作合适的人或机构；本条的规定实质上就是将债务人的和解努力作为程序开始的前置程序，债务人必须在做过和解努力失败的情况下，才能启动破申请程序。

（三）日本自然人破产制度概况

我国学者通常将日本破产法称为《倒产法》，日本现行的《倒产法》主要由清算型的《破产法》与重整型的《民事再生法》《公司更生法》三部分组成。值得关注是司法型 ADR 程序，该制度虽然起源于美国，但在日本经过改革已经发展出了一套完善的 ADR 程序制度。ADR（Alternative Dispute Resolution）在我国通常被翻译为替代性纠纷解决方式或可选择性纠纷解决方式，主要包括协商、调解和仲裁三种基本类型。而司法 ADR 又被称为法院附设 ADR，是法院内附设的仲裁和调解等第三人解决纠纷的制度。司法 ADR 构成了司法系统的一部分，是纠纷进入法院后的非审判解决途径，它与审判相辅相成，共同承担着解决纠纷的司法职能。[1]2000 年 2 月，日本在《促进调整特定债务等的特定调解相关法律》（以下简称《特定调停法》）中确立了特定调解程序，该程序属于司法型 ADR。

符合《特定调停法》第 3 条规定的"特定债务人"，提交能够反映财务状况的明细书，列明相关权利人的名簿，能够说明所从事的职业、收入状况的陈述书等，可以启动该程序。第 4 条和第 6 条规定，为有利于案件受理，可以将案件集中至一个法院进行处理。第 7 条规定了禁止个别权利的行使，以维持债务人的资产价值。此外，《特别调停法》赋予了调解委员会一定的权限（第 12 条），可以要求当事人提供与案件相关的文件以及物品，如果当事人无正当理由拒绝提供，将被课以 10 万日元以下的罚款（第 24 条）。

与其他倒产程序相比，特定调解程序它首先是一个和解功能的程序，调

---

〔1〕 杨严炎：《美国的司法 ADR》，载《政治与法律》2002 年第 6 期。

解协议的成立以每个债权人明确作出同意的意思表示为要件，高度尊重当事人意思自治。其次，特定调解程序虽然以"一对一"的个别程序进行，却能够实现案件集中处理、兼顾债权人之间的平等的倒产程序功能。更为重要的是，由国家全额负担基于调解委员会介入而产生的费用和报酬。

四、构建我国自然人破产制度的建议

（一）将和解程序作为破产宣告的前置程序

目前，《深圳经济特区个人破产条例》实行的是和解分离主义，申请人可以选择破产清算也可以选择和解。和解前置主义要求法院在宣告债务人破产之前，债务人与全体债权人在互谅互让的基础上先尝试达成和解协议，和解不成，再正式开始破产宣告程序。和解前置对于自然人破产制度有着诸多好处：其一，可以防止和避免债务人破产，进入"黑名单"，债务人余债免除后恢复生机；其二，充分展现债务人的清偿意愿，并使债权人有可能获得较破产程序更大的清偿；其三，尊重了债权人意思自治，排除了债权人的怨恨，有利于社会稳定。鉴于和解前置主义能够发挥诸多良性社会实效，建议我国将和解程序作为破产宣告前的前置程序。

（二）指定临时破产管理员防止破产财产减损

《深圳经济特区个人破产条例》第13条规定，人民法院应当自收到破产申请之日起30日内裁定是否受理。如有特殊情况需要延长的，经本院院长批准，可以延长15日。第15条规定，送达裁定的期限是自受理之日起5日内，第16条规定，债权人推荐管理人的时间是收到裁定后15日内，即使法院立刻同意管理人选，前后加起来也有50日至65日之多。这足够债务人隐匿、转移财产了，尤其是在我国破产犯罪相关刑事法律制度还没有健全的情况下，债务人涉险成本较低，即使破产管理人后期可以行使撤销权，也会存在被善意取得人取得而无法追回的情形。因此，为防止债务人财产减少，保护债权人利益，建议在选定正式破产管理人之前，法院先行知道临时破产管理人，全面接手债务人财产，待正式管理人选定后再行移交，或者临时破产管理人直接转化为正式管理人。

（三）允许自由财产的合理置换

《深圳经济特区个人破产条例》对于豁免财产清单经债权人会议表决通过后，是否可以合理置换未作规定，参考《英国破产法》的规定，当豁免财产

变现后将会获得较大价值，那么应当允许破产管理人将该财产划入破产财产，但应为债务人购买合理的置换物或者支付合理的资金，以便债务人自行购买。这样既能保证债务人获得合理的豁免财产，又能使债权人获得更大比例的清偿。

（四）完善破产犯罪相关刑事法律

除了前述英国规定的 8 种破产犯罪外，《德国刑法典》专设一章规定了破产犯罪，我国目前虽有涉及破产犯罪的罪名，例如妨碍清算罪（《刑法》第162 条），隐匿、故意销毁会计凭证、会计账簿、财务会计报告罪（第 162 条之一），虚假破产犯罪（第 162 条之二）等，但针对的主体是破产企业。从各国的经验来看，个人债务人常常会通过隐匿、转移、变卖财产、偏颇清偿等行为处置优质资产后，再通过破产程序免除债务。这种破产逃废债的行为会对市场交易秩序、营商环境和社会诚信价值构成重大危害。因此，建议我国尽快在刑事立法上推动破产犯罪的立项、起草、审议等工作。

（五）有序地推进司法 ADR 在破产领域的应用

鉴于破产领域的司法 ADR 建设，需要懂得破产法、税务、财会等相关配套专业知识领域的人才，而我国法院内部的调解部门尚不具备相关人才。因此，建议我国全面普及破产知识，在法院内部聘请相关专业人才，共同构建专业的调解委员会。逐步、有序地建立起破产领域的司法 ADR 程序。

结 语

我国《企业破产法》已实行了三十余年，自然人破产制度的必要性在顶层设计层面已达成基本的共识，《深圳经济特区个人破产条例》为构建国家层面的自然人破产制度做好了铺垫，又有国际上各国可借鉴的成功经验作为参考，相信在不久的将来，我国的破产法将不再被称为"半部破产法"，而是一部社会、债务人、债权人共赢的拯救之法。

论互联网金融发展与金融法变革

吴　璠*

摘　要：互联网金融的迅猛发展，在为大众提供便利和低成本的金融服务的同时，也带来了一定的金融风险。传统的金融法难以适应互联网金融的发展，对其产生的金融风险无法应对，因此传统的金融法需要进行变革。

关键词：互联网金融　发展　金融法　变革

引　言

互联网、云计算、大数据科学和移动通信等技术的飞速发展，使得通过互联网为大众提供低成本、便利的金融服务成为可能。同时，由于传统的金融体系不能满足一部分投融资需求，也使得互联网金融发展迅猛。互联网金融作为一个新兴事物，可以实现资源优化配置、促进经济增长、减少交易成本，但是，互联网金融创新也带来了很多金融风险。而我国的金融法在互联网金融领域尚存在空白。因此，传统的金融法必须进行变革，以适应社会经济现状。

一、互联网金融概述

（一）互联网金融的含义

"互联网金融"的概念最早是由中国投资有限公司原副总经理谢平在2012年提出的。互联网金融是指借助于互联网技术、移动通信技术实现资金融通、支付和信息中介等业务的新兴金融模式。互联网金融属于民间金融，主

---

* 吴璠（1984年—），女，汉族，北京人，中国政法大学同等学力研修班2018级学员，研究方向为经济法学。

要呈现出来的形式有：第三方支付、网络借贷、互联网理财、股权众筹等。[1]

（二）互联网金融的特点

互联网金融具有普惠性、数字化[2]和便捷性的特点。

（1）普惠性。随着计算机、网络和移动通信技术的普及，普通大众和小微企业只需在线上便可以享受相应的金融服务。而传统金融机构为了降低自身风险，更倾向于为大企业、高端客户提供服务，不能覆盖到所有群体。

（2）数字化。在大数据、云计算、移动通信等网络技术的支撑下，互联网金融交易平台可以通过线上的方式获取优质的信贷客户。[3]互联网金融的数字化让供求双方的信息都更加透明，与传统金融方式相比，不仅成本更低，风险也更加可控。而传统的金融行业只能通过大量人员通过线下的方式获取客户的消费、交易和信用等方面的数据信息，不仅成本高，信息搜集也可能不全，风险评估也可能存在偏差。

（3）便捷性。互联网、移动通信技术的普及，使得在网上提交资料便可以完成审核。中国人民银行出台了《征信业务管理办法》，也使得在网上就可以完成个人征信审核。同时，融资、理财的人民大众和小微企业通过互联网便可以获取到交易平台的披露信息和口碑信息。互联网金融为需要少量融资、个人理财的人提供了便利，节约了交易成本。

二、互联网金融发展对传统金融法的挑战

（一）互联网金融多种创新模式兴起，传统金融法存在法律空白

前几年，随着网络借贷的兴起，"套路贷"也混迹其中，让人难辨真假。最初借款人只是小额借款，套路贷平台便以"服务费""利息"等名义扣除高额的"砍头息"，在借款人无能力偿还借款时，催收人就会发送催收骚扰短信对受害人进行轰炸或由专业催收团伙使用电话侮辱、威胁，发送 PS 裸照等

---

〔1〕 魏敬淼：《金融法学》，中国政法大学出版社 2017 年版，第 10 页。

〔2〕《互补传统金融行业：互联网金融三大特点》，载 https://caijing.chinadaily.com.cn/2014-01/10/content_ 17229025.htm.

〔3〕 https://baike.baidu.com/item/%E4%BA%92%E8%81%94%E7%BD%91%E9%87%91%E8%9E%8D/7040983.

软暴力手段进行收账。[1]借款人最后被逼死的案例有多起。

2017 年鼎峰时期，我国 P2P 网贷平台高达 5000 家。2018 年，千亿庞氏骗局的轰然倒塌，万亿资金归零，从此中国再无 P2P。[2]

中国人民银行发布的《中国金融稳定报告 2022》提到，为全力做好金融风险防化解工作，其中一项工作是全面清理整顿金融秩序，P2P 网贷平台全部退出经营。该报告指出，要求符合规定设立情形的平台依法申请设立金融控股公司，将集团内从事银行、证券、保险等金融活动的机构全部纳入金融控股公司监管，依法合规开展金融业务。这说明，我国在实践中已经看到了这些新兴金融创新给社会带来的巨大负面影响，已经在一些领域开始进行法律规范。这些立法还需要在实践中不断调整，填补漏洞。

（二）互联网金融行业存在监管空白[3]

2015 年以来，以 P2P 平台跑路、非法集资为代表的互联网金融风险事件频发。E 租宝、东虹桥金融等案件给社会稳定带来了一定程度的危害。这些互联网金融平台打着金融创新的幌子，实际上却从事违法犯罪活动，给投资者带来了巨大的损失。这些案件引发了社会各界对于互联网金融监管的关注。[4]

三、传统金融法的变革

为了应对互联网金融发展带来的挑战，传统金融法可以考虑从以下方面进行变革：

（一）增强对互联网金融的立法

（1）建立健全互联网金融平台的准入、退出机制。细化互联网金融平台在进入金融市场时应该达到的标准。比如市场准入时的资本持有量、保证金、是否有完善的保险制度等。有了前期的保证，在互联网金融平台退出市场时，

---

〔1〕 https：//mp. weixin. qq. com/s? ＿＿biz＝MzI2MzQ1MzU2OQ＝＝&mid＝2247501433&idx＝4&sn＝6 f044a49f4e3b2020a83b6d8163f2e61&chksm＝eab92897ddcea181197249d916c66c790b3b13e5b2c580b30ece398c05 e46655734f6ce482c2&scene＝27.

〔2〕 https：//www. 163. com/money/article/FSM4EQ5N00259DLP. html.

〔3〕 https：//www. jingjidaokan. com/icms/null/null/ns. LHQ6LGY6LGM6MmM5ZTg1ZjQ3ZDIzNjU4OT AxN2Q0YjNlNTA2NTAwMDgscDosYTosbTo＝/show. vsml.

〔4〕 https：//www. foundation. citic/icms/null/null/ns：LHQ6LGY6LGM6MmM5Y2QyODQ3MzQ4MTA zMDAxNzZmYjNkMWUzMzE2NzMscDosYTosbTo＝/show. vsml.

对退出的善后事宜也有一定的资金保障，可以在一定程度上降低金融消费者的损失。

（2）完善和细化各种新型互联网金融模式的从业规范。[1]互联网金融平台在运行过程中应遵循一定的行为规范，在平时的交易中化解风险。如中国人民银行出台的《非银行支付机构客户备付金存管办法》便为非银行金融机构客户的备付金存管提供了标准。对其他互联网金融产品（如花呗、借呗等这些借款平台）也应指定了比较细化的管理规范。

（3）增强互联网金融平台的保险制度。为了降低风险、保证资金的供给，互联网金融平台可以考虑一些保险机制。保险制度和资金存管要有一定的比例和权衡。如果有保险支撑，当风险发生的时候，可以分散风险、减少那些抗风险能力比较弱的金融主体的损失，维护社会稳定，保障经济稳健发展。

（二）增强对互联网金融的监管制度

（1）监管互联网金融平台披露信息的真实性、完整性、准确性和及时性。监控信息批露对象范围，应包括面向社会公众、面向个人网络消费信贷的借款人，具体披露信息内容主要分为从业机构信息以及贷款年化利率等关键业务信息。[2]这有助于投融资者对所选择的金融平台的实力进行正确的评估，有利于不同金融平台间的良性竞争，降低金融风险。

（2）监管对互联网金融的信贷业务。贷借双方的信息透明化需要在监管下实现。各互联网金融平台的数据在确保安全的情况下共享，同时完善互联网征信制度，精确评估借款人可以贷款的额度，评估借款人是否有良好的信用和还款能力，防范不良贷款和违约风险。

（3）监管互联网平台在运行过程中的资金流向。互联网理财平台在拿到投资者的钱后往往会进行一些项目的投资。金融监管机构可以考虑监管这些资金被投资到什么项目，如果互联网金融平台自身抗风险能力比较弱，便不允许其投资风险大的项目。这样可以最大限度地保护投资者的利益，保证经济的稳定增长。

（三）增强敏感信息监管

我国互联网金融涉众范围非常广泛，比如移动支付带动的余额宝、花呗

---

〔1〕 https://hzbbfy.gxcourt.gov.cn/article/detail/2020/01/id/4756520.shtml.

〔2〕 https://www.secrss.com/articles/58322.

等普遍流行。网络金融平台必然获取了海量金融消费者、投融资者的敏感信息。个人敏感信息一旦泄露、被非法提供或滥用，可能会危害大众的人身和财产安全，也极易导致个人名誉、身心健康受到损害。因此，有必要对互联网金融平台获取的敏感信息进行监管。

（1）对获取的敏感信息范围进行监管。互联网金融平台应该只获取与交易相关的个人信息，对于不必要的个人数据不应该采集。这就要求金融监管部门按照金融行业的行业规范对互联网平台采集的个人信息范围进行监管。

（2）对敏感信息处理活动进行监督、管理和评估。对互联网平台收集到的个人隐私信息如何管理进行监督和评估，避免数据泄露、被黑客攻击、被违法利用等。比如，监管采集个人信息的途径是否合规，对获取到的信息如何存储、如何防止被网络攻击造成敏感信息泄露等进行监管。

结　语

互联网金融在第三方支付、互联网理财、互联网保险，小微企业和人民大众的投融资等方面发挥了前所未有的作用，它在给人们带来金融红利的同时也存在着金融法律和监管方面的灰色地带。金融法应该在实践中不断变革、细化与完善，以适应社会经济现状，为国民经济和人民大众的经济生活健康、稳健地发展保驾护航。

非同质化通证流转监管优化理路

曹方颉*

摘　要：非同质化通证系区块链技术下的一个新兴应用场景，我国就其流转尚处起步探索阶段。推动非同质化通证流转健康发展，应充分检视流转过程中的风险，并以风险规制为重心，着力优化非同质化通证流转监管机制。本文聚焦当前我国非同质化通证流转痛点，并就其监管优化提供思路，助力构建良好的非同质化通证流转生态。

关键词：非同质化通证　流转　监管　优化

引　言

2021 年，国内非同质化通证流转生态圈初现，数字藏品领域是其中落地最快的应用场景之一。[1]据不完全统计，2021 年度国内数字藏品流转平台尚仅为 38 家，[2]而截至 2022 年 6 月 15 日流转平台已超过 500 家；[3]2021 年度国内各流转平台发售非同质化通证约 456 万个，总发行量市值约 1.5 亿元，而仅 2022 年 5 月份流转排名前五十的流转平台当月销售量便已超过 500 万个，销售额超 2 亿元。[4]随着国内非同质化通证流转规模呈爆炸式增长，流转过

---

*　曹方颉（1996 年—），男，汉族，浙江人，浙江建桥律师事务所专职律师。

〔1〕　兰天鸣：《数字藏品走红，虚火背后如何填补监管空白》，载《新华每日电讯》2022 年 6 月 14 日。

〔2〕　《2021 年中国数字藏品（NFT）市场分析总结》，载 http://science.china.com.cn/2022-01/26/content_ 41863401.html，最后访问日期：2023 年 8 月 15 日。

〔3〕　王永菲、冉学东：《数字藏品平台已突破 500 家，正陷入"假性存量竞争"怪圈》，载 https://www.chinatimes.net.cn/article/118193.html，最后访问日期：2023 年 8 月 15 日。

〔4〕　《TOP50 数藏平台的当月销售量超过 500 万份，销售额超 2 亿元》，载 https://www.nftzxw.com/kuaixun/10214.html，最后访问日期：2023 年 8 月 15 日。

程凸现了诸多风险，但监管机制的形成与发展却明显滞后，因此风险控制视域下非同质化通证流转的监管优化业已成为数字中国发展进程中一项亟待实现的目标。

一、非同质化通证流转监管概述

（一）非同质化通证的含义

非同质化通证（Non-Fungible Token，NFT）是区块链技术的一项创新应用，其本质是区块链上用以表达特定数字内容的加盖时间戳的元数据，具体表现为一组指向被存储的特定数字内容的哈希值或链接，所指向的底层作品包括但不限于美术作品、音乐作品、影视作品、游戏等。非同质化通证具有稀缺性与唯一性，不可替换亦不可拆分，上述特性体现了其"非同质化"的内涵。

（二）非同质化通证流转的含义

非同质化通证流转，指非同质化通证在流通过程中的周转，实质上系以数字化内容为标的的财产权益周转关系，包括但不限于非同质化通证的交易、互易、赠与等。非同质化通证主要通过区块链技术实现流转，形式上表现为非同质化通证关联的底层智能合约的主体变更。非同质化通证流转全过程被写入区块链且不可篡改，流转实现后持有人对外公开显示为非同质化通证的唯一所有人，对非同质化通证享有排他性占有、使用、处分、收益等权利。

（三）非同质化通证流转监管的含义及其意义

非同质化通证流转监管，即对非同质化通证流转过程中出现的投机炒作、滥用技术、盗用版权、虚构价值、交易不规范、潜在金融化等一系列问题以及欺诈、传销、洗钱、非法集资等风险的监控、管理和引导。流转监管的主要意义有三：一是制止非同质化通证投机炒作和价格操纵行为，防止流转对价在短时间内暴涨暴跌并形成流转市场踩踏，规避系统性、区域性的金融风险；二是防范利用非同质化通证流转进行洗钱等违法犯罪活动；三是防止非同质化通证知识产权侵权所引发的流转效力风险大规模扩散，避免动摇非同质化通证流转信任生态。

二、非同质化通证流转监管现状及问题

（一）监管现状

我国对非同质化通证流转尚未形成明确、系统的专门监管机制，现阶段以行业自律监管为主，并以提示风险、引导合规的监管原则为主要内容。根据国家版权交易中心联盟等共同发布的《数字文创行业自律公约》与中国互联网金融协会等共同发布的《关于防范 NFT 相关金融风险的倡议》，我国现阶段要强化非同质化通证流转行业自律监管，坚持包容审慎的监管原则，从严防范炒作、洗钱、非法金融活动等风险隐患，保护知识产权及消费者权益。虽然上述文件提出了"不得以虚拟货币计价结算""流转过程中所有参与者应实名认证"等监管要求，但本质上并未对非同质化通证流转作出确定的监管规范。

（二）存在的问题

现阶段对非同质化通证流转的监管存在的主要问题有三：一是未形成有针对性的、系统的监管路径，现阶段以引导自律为主的监管模式在规制范围与效果上难以适应非同质化通证作为数字技术应用新业态、新模式的"创造性破坏"。二是基于技术壁垒等原因，对非同质化通证流转监管存在相对复杂性与一定滞后性，而流转风险则具有多样性，现阶段缺少能洞察其运作机理的监管机构予以专门管控。三是未就流转发生前非同质化通证知识产权审查构建完善的监管机制，传统事后、被动的知识产权监管方式面对非同质化通证流转相对匿名、高频高效、不可逆转等特性，难以有效保障流转参与方权益及流转生态稳定。

三、非同质化通证流转监管的优化建议

（一）构建回应性监管模式

对非同质化通证流转要坚持分级分类监管原则，兼顾不同类型非同质化通证流转特性，因类施策，以适应其差异化表现形式与路径。一是要根据非同质化通证流转层级、流转路径、底层作品类别、区块链类型（公链或联盟链）等方面的差异性，对其流转施行分级分类差别化监管，并配置对应的监管措施；二是要对非同质化通证流转平台风险程度建立评价机制，根据流转

平台风险等级及行业状况，动态调整监管强度；三是要强调监管主体多元化，政府各监管部门应引导非同质化通证流转行业自律监管，鼓励流转平台、流转主体协同参与监管，以满足不同层次的监管需求。此外，建议设置流转预警红线并制定强监管预案：在一般情形下，对非同质化通证流转采用柔性监管，但若非同质化通证流转在短期内整体溢价比例或涨跌波动明显超过合理范畴，达到炒作预警红线，应对流转平台启用强监管预案，并行价格熔断机制暂时阻断异常流转。经查实确属炒作且风险较大的，对流转平台暂行禁售期以限制非同质化通证流转，并指导流转平台予以整改；在整改后一定期限内，逐步放开流转限制，并对流转平台的流转数据实行重点监控，以此实现对炒作、洗钱等风险的强监管。

（二）设立专门监管机构

非同质化通证流转监管机构的首要职责是通过有效监管监督、引导流转平台合规化发展，及时预见流转风险并予以控制，维护流转生态稳定。因此，一是要赋予监管机构监测各流转平台流转数据的权限，并合理划定监测边界；二是要充分考量非同质化通证流转的特殊性，授予监管机构以中止流转、冻结流转账号、强制销毁非同质化通证等特殊执法手段与权限；三是要发展数字化监管，要以区块链、大数据、云计算等监管科技为依托，实现流转数据自动化采集、流转风险智能化分析，以适配非同质化通证流转高频化、数字化的特性。监管机构可以基于区块链建立非同质化通证流转数据报表系统，在专门监管机构、流转平台以及公安机关、税务机关、网信机关等部门之间构建跨链联系，实现流转数据报表在各节点之间的高效传输与存证，形成以专门监管机构为中心、各部门协同共管的监管模式，以保证非同质化通证流转数据监测实时性以及风险控制全面性，将洗钱、炒作、非法金融活动等风险及时消灭于萌芽中。

（三）完善流转平台知识产权监管机制

2022年，杭州互联网法院、杭州市中级人民法院先后就某侵害作品信息网络传播权纠纷案作出［2022］浙0192民初1008号、［2022］浙01民终5272号判决。

该案系非同质化通证侵权纠纷新型案例，两级法院就流转平台审查注意义务与责任边界的说理与厘清，对完善流转平台知识产权监管机制的必要性具有显著指导意义：

第一，流转平台作为非同质化通证专业平台，具备相应的监管能力和条件以审查非同质化通证底层作品来源的合法性、真实性并确认流转发起方拥有适当权利或许可，也具有相应的控制能力以采取合理措施防止知识产权侵权行为发生。

第二，若非同质化通证底层作品存在权利瑕疵，将破坏非同质化通证流转诚信体系，大规模损害流转相对方合法利益，流转平台完善知识产权事前监管机制确有必要。

第三，构建知识产权侵权监管机制没有明显增加流转平台的控制成本，且多数流转平台在流转过程中已自流转主体处直接获得经济利益，事前监管机制的完善确有必要且可行。

因此流转平台应当构建知识产权监管机制：

第一，在用户注册平台账号时即以公告及用户协议方式释明平台知识产权保护规则并提示相关法律风险。

第二，在用户铸造非同质化通证时要求其上传拟铸造作品的相关信息，并在搜索引擎及作品登记公示系统中予以检索比对，同时可以提前要求其提供初步权属证明并予以形式审查，经审查通过的方可铸造、上架。

第三，对于流转数额巨大的非同质化通证，可以事前要求发行方就权利无瑕疵作出特别承诺并承担相应担保责任，以加强事后监管力度。

结　语

非同质化通证具有跨时代性和应用广泛性，未来有望成为数字经济发展的重要动力之一。因此，应当着力构建契合我国数字经济发展战略的非同质化通证流转监管系统，以兼顾创新发展与风险规制为核心，以更科学地监管路径，实现对非同质化通证流转生态的优化，以助力我国数字经济高质量发展。

中国商业地产发展 REITs 法律初探

王瀚翔[*]

摘 要： 中国传统房地产开发企业大多过度依赖银行开发贷款、信托贷款等融资渠道，受到"房住不炒"政策的影响，许多房地产开发企业转向商业地产开发，但在融资和退出机制方面遇到困境。房地产投资信托基金（RE-ITs）作为稳定收益的资产证券化融资工具，有利于畅通资金循环，推动商业地产实现转型发展，创新商业地产企业的投融资模式，分散房地产金融市场的系统性风险。本文旨在探讨中国发展商业地产 REITs 的相关问题。

关键词： 中国 商业地产 发展 REITs

引 言

REITs 作为一种新型的投融资工具，起源于美国 20 世纪 60 年代，是在"商事信托"理念基础上衍生出来的一种产业投资基金，在金融市场发挥着重要作用，对于打破不动产企业常见的"借新还旧"死循环、激活不动产市场存量资产、拓宽企业的融资渠道以及为公众提供更多投资选择等方面具有显著的促进作用。其在美国迅速发展后，已经被近五十个国家和地区广泛引入和推广。

2020 年 4 月，中国证券监督管理委员和国家发展和改革委员会发布了《关于推进基础设施领域不动产投资信托基金（REITs）试点相关工作的通知》（证监发〔2020〕40 号），对开展基础设施领域不动产投资信托基金试点工作进行了概括规定，标志着我国基础设施 REITs 试点于 2020 年 4 月正式启动。

---

* 王瀚翔（1986 年—），男，汉族，山东人，北京德恒（济南）律师事务所律师，研究方向为民商法学。

2023 年 3 月，中国证券监督管理委员发布了《关于进一步推进基础设施领域不动产投资信托基金（REITs）常态化发行相关工作的通知》，首次将商业不动产纳入试点范围，明确了进一步推进 REITs 常态化和加强运营监管的方向，中国 REITs 有望进入快速发展期。

一、房地产投资信托基金（REITs）的基础理论

（一）REITs 产生的时代背景

20 世纪六七十年代的美国，受到相关法律和条例的限制，银行、贷款机构和保险公司不能直接为房地产开发建设活动提供贷款，促使他们积极探索公开融资，吸纳更多中小投资者参与房地产市场，减轻税务负担，以间接的方式向房地产企业放贷，于是创立了 REITs 这种新型的房地产投融资工具。[1]由于 REITs 的募集方式多为设立基金，所以国内多将 REITs 翻译为"房地产投资信托基金"。五十年多来，REITs 在美国取得显著成就，对美国乃至全世界的金融市场都产生了不容忽视的影响。

（二）REITs 的特点

（1）REITs 具有较低的投资门槛和广泛的受众。传统的房地产投资通常需要大量资金，一般社会投资者无法满足资金需求，REITs 提供了较低的投资门槛，使中小投资者也能够参与房地产投资，增加了 REITs 市场的流动性，开拓了房地产行业的投融资渠道。

（2）REITs 通过持有物业的租金收入获取收益，同时投资于高质量的不动产组合，形成稳定的现金流收入。REITs 所持有的优质不动产组合还能使资产保值增值，让投资者获利。而且，各国对 REITs 的现金分红比例都有相应的法律规定，如美国 REITs 产品要求将 90% 以上的应税年收入以现金分红的方式发放给投资者。香港证监会规定至少要将年收入的 80% 以现金红利形式发放给投资者。

（3）REITs 采用多元化投资策略，实现风险分散。传统商业地产企业投资单一房地产项目，容易面临资金链断裂的风险。REITs 投资于写字楼、商厦等不同类型的优质物业，可以分散潜在风险。REITs 还能将募集到的资金投入

---

[1] 原文："An unincorporated association with multiple trustees as managers and having transferable shares of beneficial interest."

股票、抵押债券等金融产品，进一步丰富投资组合。

(三) 中国 REITs 的定义

REITs 在美国推出后，各国根据本国国情进行借鉴和创新，推出了一系列模仿 REITs 的金融衍生工具。为了方便区分，各国在 REITs 之前添加了本国的英文名称，中国的房地产投资信托基金简称 C-REITs（Chinese REITs）。由于目前中国推出的 REITs 仅有部分满足国外成熟市场 REITs 的产品标准，在交易结构、税负水平、运营方式、收益分配等方面仍与 REITs 存在一定的差异，因此部分学者也将中国的房地产信托基金称为"类 REITs"。

C-REITs 主要是指通过募集投资者的资金，由专业机构进行管理，投资能够产生稳定现金流收益的不动产，以信托型或公司型基金的形式及时分配所产生的现金收入，为投资者提供长期、稳定的现金收益。[1]

二、中国商业地产发展 REITs 的必要性与可行性

(一) 必要性分析

中国宏观经济从高速增长转向高质量增长，以信贷为主的增长模式已经无法满足市场发展需求，亟须开拓新的融资渠道。中国的地产行业也从增量时代步入存量时代，随着中国近些年来对房地产行业的调控，传统房地产发展模式必然面临转型，商业地产 REITs 将发挥重要的推动作用。

我国房地产市场还面临着杠杆问题，近一半的债务与房地产市场有关。随着房地产行业从增量时代过渡到存量时代，若我国利用 REITs 来激活存量资产，将激发这个庞大市场的巨大发展潜力。REITs 产品还能将库存物业作为底层资产纳入项目，从而发挥出巨大的融资潜力和资源配置能力。大力发展 REITs 市场将有助于推动我国经济转型升级以及金融体制改革。对于商业地产企业而言，REITs 能够拓宽融资渠道、降低融资成本，对于房地产市场的长期发展起到重要作用。在众多房地产市场融资方式之外，REITs 市场的开展填补了融资市场上的空白，有助于完善金融市场体系的建设。

(二) 可行性分析

(1) 政策方面。我国在法律制度、税收政策等方面还存在一些不足，但是经过多年的研究探索，相关监管部门和各个市场主体均出台了多项配套的

---

[1] 陈琼、杨胜刚：《REITs 发展的国际经验与中国的路径选择》，载《金融研究》2009 年第 9 期。

制度设施，为发展 REITs 市场构建了良好的市场环境。

（2）制度层面。经过多年的研究探索，相关监管部门和各个市场主体均出台了多项配套的制度，为发展 REITs 构建了良好的市场环境。

（3）经济层面。随着中国经济的繁荣发展，居民储蓄存款的规模也在日益增长，这意味着会有大量的投资需求，REITs 为普通投资者提供了一个低门槛的投资方式，将充分激发中小投资者的投资潜力；

（4）基础资产层面，REITs 项目成功的关键是能产生稳定现金流的基础资产，从中国目前的市场发展来看，选择位于核心城市的成熟物业作为底层资产，出租率以及租金水平一般都能够得到保障，为 REITs 融资提供支持。

（5）经验层面。REITs 已经拥有了成熟的国际经验，美国、日本、新加坡等地在经历了几十年不同的经济周期和发展模式转变后，对 REITs 进行了不同程度的改进和完善，大量的国际实践为中国发展 REITs 提供了借鉴。

三、中国商业地产发展 REITs 的建议

因 REITs 根据组织形式、投资形式、运作方式、基金募集方式存在多种不同的分类方法。本文不再进行具体论述。仅对中国商业地产发展 REITs 问题，本文提出如下建议：

（一）制定 REITs 专项法律

中国 REITs 领域目前现有的法律文件在具体细节规定上仍不完善，为了 REITs 市场的长期健康发展，应当制定正式的专项法律，对一些关键问题进行明确规定。[1]同时，还应当进一步细化或优化 REITs 现有规定，如投资比例与配售比例要求、防范控制权滥用风险的措施、基础资产转让流程和信息披露要求等。

（二）完善合理的税收制度及税务管理

REITs 的有效运营需要明确、合理的税收制度，建立及完善、合理的针对 REITs 市场的税收制度，确保各环节的征税有法可依。另外设定 REITs 税收优惠的合理条件，确立税收优惠政策。同时加强税务合规，做好税票管理，依法依规缴纳各项税费，避免引起不必要的损失。

---

〔1〕 曹阳：《我国房地产投资信托（REITs）的标准化发展与法律制度建设》，载《法律适用》2019 年第 23 期。

（三）建立完善的信息披露制度

充分的信息披露是吸引投资者、获得投资者信任、保障投资者利益并自觉接受公众监督的重要手段。应建立完善的信息披露制度，设置全面、统一、协同的信息披露义务，并根据各个主体的主要职责确定关键披露内容，以保证每个主体的信息披露内容突出并相互印证。

（四）强化托管人监管机制

为了更好地保障商业地产 REITs 资金的专款专用，可以建立以托管人资格管理为核心的准入制度，加强资格审查和运营期间的定期考核，促使其勤勉尽责，切实维护投资人的合法权益。

结 语

未来，随着 REITs 等金融工具的不断创新和成熟，商业地产 REITs 将会有更加广阔的发展空间，中国的房地产开发企业、商业运营商、基金管理机构、投资机构以及普通投资者等将根据自身的优势和利益诉求发挥各自的作用，通过不同资金来源的搭配和有效融合，商业地产将实现产业和金融的有效结合。

浅析 ChatGPT 引发的法律风险及其防范

王慧丽*

摘　要： 近年来，人工智能 AI 技术迅猛发展，自然语言处理模型如 OpenAI 的 ChatGPT 脱颖而出，成了广泛应用于对话生成领域的重要工具，为人们的工作和学习带来了诸多便利。然而，ChatGPT 作为一个基于深度学习的模型，并且在其开发过程中使用了大量的训练数据，其背后也存在一系列的法律风险。本文旨在探讨 ChatGPT 可能引发的法律风险，并提出风险防范对策。

关键词： ChatGPT　法律风险　防范

引　言

2022 年 11 月 30 日，美国科技初创公司 OpenAI 旗下研发的一款聊天机器人程序 ChatGPT 发布，一经推出，就在全球范围内掀起了一阵"人工智能"热潮。在短短 5 天的时间里，就有了 100 万用户，2 个月之后，其活跃用户数量更是超过 1 亿，[1]成了人类科技领域用户增长速度最快的应用程序之一。ChatGPT 通过用户输入指令，使用深学习技术模拟人类聊天行为，生成用户所需的内容，内容生成式人工智能将显著改变人类的工作方式与交互方式，激发创造力，甚至可能实现以往无法想象的科技变革。

随着 ChatGPT 等自然语言处理模型的普及，ChatGPT 已经在各种场景和

---

* 王慧丽（1988 年—），女，汉族，山东人，中国政法大学同等学力研修班 2022 学员，研究方向为知识产权法学。

〔1〕《上线两月用户破亿，出道即巅峰！ChatGPT 在狂飙》，载 https://new.qq.com/rain/a/20230219A00TRI00，最后访问日期：2023 年 8 月 20 日。

领域中得到了广泛的应用，而且答复质量很高，甚至可代替各专业领域的部分工作，包括客户服务、在线助手等。然而，随着 ChatGPT 的发展和流行，其引发的法律风险以及如何防范法律风险等问题引发了人们的关注。

一、ChatGPT 可能引发的法律风险

在 ChatGPT 给人们工作学习生活带来便利的同时也存在潜在的法律风险。

（一）ChatGPT 的数据来源合法性问题

ChatGPT 的训练是基于大规模的文本数据，这些数据被用于训练模型的语言理解和生成能力。ChatGPT 属于算法黑箱，OpenAI 并未对外公示所使用的数据来源，相关训练数据库是否均获得授权还存在疑问，而且这些数据的选择和收集可能涉及个人信息安全问题。《个人信息保护法》第 25 条明确规定："个人信息处理者不得公开其处理的个人信息，取得个人单独同意的除外。"实践中，OpenAI 公司遵守第 25 条的规定几乎是不可能的。虽然第 27 条规定"个人信息处理者可以在合理的范围内处理个人自行公开或者其他已经合法公开的个人信息"，但如何证明数据源属于"合理的范围内"[1]仍将是需要破解的一道难题。

（二）ChatGPT 的知识产权风险

ChatGPT 作为一个由 OpenAI 开发的模型，是通过训练而得到的，并非直接引用现有文本，另外，ChatGPT 具有信息编排和一定的自主创作能力，所以对于其生成的内容是否满足《著作权法》对文字作品的保护条件、是否拥有原创性、是否可以被认定为独立的作品、是否具有版权等问题，我国法律对此类特殊问题尚未进行明确规定，需要进行合理、适当的法律界定。这意味着在使用 ChatGPT 生成内容的商业性问题时，可能会面临一些生成内容的目的性、合规性和合法性等知识产权法律限制，[2]例如不能被修改、再分发或商业化利用。

（三）ChatGPT 可能导致侵权

由于 ChatGPT 会抓取大量已有作品内容作为数据源投入其数据库，而其

---

〔1〕《〈个人信息保护法〉逐条解读：个人信息处理规则（三）》，载 https：//www. chinayanghe. com/article/115021. html，最后访问日期：2023 年 8 月 20 日。

〔2〕丛立先、李泳霖：《聊天机器人生成内容的版权风险及其治理——以 ChatGPT 的应用场景为视角》，载《中国出版》2023 年第 5 期。

自身技术不完善或将导致生成不良、虚假或违法的内容，因此 ChatGPT 生成的内容很容易侵犯他人的合法权利，如在专利、商标、著作权等方面的侵权。尤其是当数据源来自于版权保护的文本作品时，将触及著作权侵权、挖掘行为授权侵权、二次创作许可侵权等问题，严重的话也会触犯刑法，相应的侵权责任问题也需要一一解决。

（四）其他潜在风险

尽管 ChatGPT 得到了大部分行业专家的高度赞扬，但其广泛应用所带来的其他潜在风险也需要引起高度关注。例如，在社会、政治、法律等敏感领域，ChatGPT 可能会产生不准确或有偏见的回答，从而引发误导性信息的传播，进而可能会损害我们国家的公共利益，也些都是需要我们防范的风险。

二、ChatGPT 引发的法律风险防范

针对前文所述的 ChatGPT 有可能引发的法律风险，本文提出了如下防范对策：

（一）加强数据来源审核与管理

平台运营商为确保数据采集符合相关法律法规和伦理要求，避免使用侵犯版权或非法获取的数据，减少侵权风险，应建立数据采集合规机制和审查机制，在向公众提供 API 接口之前，对 ChatGPT 生成的内容进行审查监控和过滤，确保生成内容的合法性。

强化数据使用授权与合同管理，明确数据的归属和使用范围，减少误导性和有害信息的传播，并对不当或有害的内容进行及时反馈，以确保数据来源合法。

（二）强化对用户隐私的保护

对于收集、使用和存储个人信息，平台运营商必须遵守相关的法律法规，明确告知用户数据的收集目的和方式，获得用户的明确同意授权，并采取相应的安全措施保护用户的个人信息，确保合规性和用户隐私的保护。[1]

平台运营商提供者还要强化用户选择和控制权，用户应该具备选择和控制自己个人信息的权利，提供用户选择不参与数据收集和使用的选项，以及

---

〔1〕 Guangxuan Xiao, Ji Lin and Song Han, "Offsite-Tuning: Transfer Learning without Full Model", *arXiv preprint arXiv*: 2302.04870, 2023.

对自己个人信息的访问、修改和删除权利。同时，积极回应用户的投诉和请求，确保用户的合法权益。

（三）规范平台运营方的行为

ChatGPT 的运营商，作为信息发布的网络内容服务提供者，需要履行信息网络安全管理义务，包括对用户生成内容的审查、尊重和保护用户的合法权益、维护良好的经营秩序等义务。

平台运营商应建立平台使用规则和终端用户协议条款，明确平台运营方和用户之间的权责义务。平台运营商可设立著作权许可、风险提醒、禁止侵犯他人知识产权、禁止传播违法信息等声明条款，并规定相应的违约责任和惩罚措施。比如，在无约定或约定不明的情况下，通过协议规定明确人工智能系统的所有者、运营者与使用者之间的责任义务和权利归属。[1]

（四）采用技术手段防范风险

用户使用 ChatGPT 生成用户所需内容的过程中，会存在受著作权保护的作品。为避免陷入知识产权侵权纠纷，使用者应当提前取得权利人的相关授权，权利人也可以采取一些技术措施保护自己的作品，比如增加水印技术、版权标识、数字签名、加密技术、用户身份验证与访问控制等技术手段。[2]

（五）健全法律规范和加大监管力度

中国已先后颁布《网络安全法》《网络信息内容生态治理规定》《互联网信息服务算法推荐管理规定》等法律法规，针对人工智能技术和算法技术滥用问题规定了详细的法定义务和监管体系。[3]但是，在面对新兴的人工智能技术 ChatGPT 领域时，仍然存在立法上的漏洞，因此健全法律规范和加大监管力度显得尤为重要。

政府部门和行业协会应与时俱进，制定更详尽的法律法规和指导文件。同时，加强我们国家监管机关在检查互联网内容方面的监管力度，多方位监督人工智能的生成内容；根据法律法规和监管要求，为各相关方提供政策指

---

〔1〕 邓建鹏、朱怿成：《ChatGPT 模型的法律风险及应对之策》，载 http://fzzfyjy. cupl. edu. cn/info/1035/15623. htm，最后访问日期：2023 年 8 月 21 日。

〔2〕《数字化时代下的版权保护平台，如何有效管理和保护数字版权？》，载 https://www. sohu. com/a/692403865_ 121674142，最后访问日期：2023 年 8 月 20 日。

〔3〕《ChatGPT 等生成式 AI 监管规定来了，数据来源需合法！》，载 https://roll. sohu. com/a/6658 49790_ 121123754，最后访问日期：2023 年 8 月 22 日。

导和法律依据。

另外，行业协会要依据现行有关法律法规，切实履行好自己的职责、积极宣传国家的法律法规、及时组织技术和法律等方面的培训，使政府、企业和学术界之间有更深入的经验交流与信息共享，共同解决人工智能技术所面临的法律问题。同时，使用 ChatGPT 的企业和个人应当密切关注相关法律法规的更新和演变，并采取积极的风险管理措施。

结 语

通过分析和研究，本文认为，对 ChatGPT 引发的法律风险可以采取相应的对策予以预防，如建立有效的监管机制，对数据来源进行严格的监督和审核；强化对用户隐私的保护；采用技术手段有效应对可能产生的风险；健全法律规范和加大监管力度手段等对策。

以 ChatGPT 为代表的内容生成式人工智能技术正在引发一场技术变革，重塑数字时代的内容生产方式和消费方式，有望演变为新一代操作系统平台与生态，对数字经济将带来难以估计的技术赋能效用，可能极大地丰富人们的数字生活。而面对 ChatGPT 的快速发展和不断更新演变，其法律风险愈演愈烈，我们需要结合市场发展情况和我国国情，从技术和制度层面提出进一步研究的方向和建议，更需要结合相关法律法规的准确引用和解读，避免法律纠纷和侵权行为。

浅析企业合规问题的解决

郗亚男*

摘　要：新时代以来，习近平总书记高度重视依法平等保护各种所有制企业产权和自主经营权，要求企业依法合规经营，强调守法经营是所有企业都必须遵守的一个大原则，企业只有依法合规经营才能行稳致远。目前，企业在合规管理和合规经营等方面还存在诸多问题，导致企业发生经营风险，甚至构成犯罪，阻碍了企业的发展。因此，企业合规问题引起了社会特别是企业的关注。本文旨在探讨企业合规问题的解决。新时期，合规已经成为企业发展的基石。

关键词：企业　合规　问题　解决

引　言

从最高人民法院官方数据统计来看：2023 年上半年，全国法院共办理涉企合规案件 508 件。其中，一审阶段涉企合规案件 495 件，二审阶段涉企合规案件 13 件。在此项改革开展以前，我国检察机关对涉企刑事案件基本上是"构罪即诉"而较少作出相对不起诉的决定，导致不少企业和"企业家"因为一些轻微经济类犯罪而被定罪和处刑，进而给企业的生存带来了"灭顶之灾"。即使对企业例外地裁量"出罪"，检察机关也不会关注其后续经营中的违法犯罪预防问题。而企业如何在如今快速发展变化的社会中，继续保持强大的生命力，就需要企业走合规化之路。

---

* 郗亚男（1990 年—），女，汉族，河北人，中国政法大学同等学力研修班 2022 级学员，研究方向为刑事诉讼法学。

一、企业合规的含义及意义

（一）企业合规的含义

什么是企业合规？对此，理论界和实务界向来有不同的理解，而陈瑞华教授的见解广为业界周知和认可。陈瑞华教授在《企业合规基本理论》一书中通过分析德国西门子股份公司（以下简称"西门子"）建立合规机制的案例，诠释了企业合规的多层含义。

从西门子建立合规机制的案例来看，企业合规有三个层面的基本含义：一是积极的层面，企业合规是指企业在经营过程中要遵守法律和遵循规则，并且督促员工、第三方以及其他商业合作伙伴也要遵守法律和遵循规则，只做合规的业务；二是消极的层面，企业合规是指企业为避免或减轻因违法违规经营而可能受到的行政责任、刑事责任，避免受到更大的经济或其他损失，而"被迫"采取的一种公司治理方式；三是从国家层面，为了激励企业积极建立或者改进合规计划，国家需要制定法律将企业合规作为宽大行政处理和刑事处理的重要依据，使得企业可以通过建立合规计划而受到一定程度的法律讲理。[1]

（二）企业合规对企业的意义

1. 有效防控合规风险

企业内部建立有效的企业合规体系，首要目的与意义便是防控企业在市场经营中会出现的合规风险。通常而言，一个企业，不论它处于哪个行业生产何种产品，它生存无外乎面临四个方面的基本风险：一是战略风险；二是经营风险；三是财务风险；四是法律风险。所谓的合规风险其实是法律风险的一部分，是法律风险中的致命风险。

2. 对企业责任的有效切割

除了预防潜在的合规风险，有效企业合规体系还可以发挥"隔离带""防火墙"的作用。一个制定有效合规计划的企业可以做到在企业与员工、客户、第三方商业伙伴之间建立风险转移和责任切割机制，避免企业因上述关联人员的违法犯罪行为而承担连带责任。

---

〔1〕 陈瑞华：《企业合规基本理论》（第3版），法律出版社2022年版，第6页。

3. 对企业商业信誉的保护

一个具有有效合规计划的企业可以很好地发挥企业合规的"补救"作用。由于企业合规体系可以防范特定合规风险发生，相应风险发生时可以做到责任切割，企业本身作为单位犯罪被追责时可以争取宽大处理，企业会发生违法犯罪行为的次数就会大大减少，可以侧面提升企业的商业声誉，有利于企业获得更大的市场竞争优势，获得积极利益。

二、企业合规问题

（一）企业合规缺乏合规意识

随着我国经济的不断发展，企业对法律合规系统工作越来越重视，并取得了明显的效果，但是与国外发达国家相比，我国企业法律、合规风险管理工作开展还存在许多问题。具体主要表现在以下几个方面：

1. 重视程度不够

目前，部分企业的领导对合规工作的重视程度不够，没有充分认识到合规工作的重要性，合规风险意识淡薄。

2. 缺少完善的合规体系

在合规体系方面，还存在不完备的情况，具体表现在合规体系以点带面，内容缺乏系统性，应当列入管理控制的违规与潜在隐患未列入系统管控，同时制定的合规体系没有充分结合企业发展的实际情况，存在与实际脱节的问题，而且也未设立专门的合规管理机构。这样就导致合规工作受多种因素影响，不能充分发挥其在企业的重要作用，效果趋于形式。

3. 现行法律指引性作用不明显

我国现行法律尚未对企业合规管理有明确的规范要求，仅有国务院国有资产监督管理委员会出台的对中央企业的合规管理指引和办法，《公司法》第5条也仅提到公司从事经营活动要遵纪守法，遵守公德，接受政府和社会的监督，承担社会责任等，未对公司在合规管理方面明确提出要求。

（二）企业合规问题的原因

从企业合规制度的发展不难看出，合规制度经历了行业自律—政府参与监管—刑事激励措施—扩大至全球化、多领域、行政与刑事激励并存的监管模式的发展过程，其内涵也在不断丰富。发展至今，对内，企业合规是企业自身依法依规经营的必然要求，也是企业自我整改、建立良好企业文化的治理方式；对外，企业合规是企业在陷入刑事或行政麻烦时获得宽大处理的激励或保护措施。而其最终目的，于企业而言是防止自身陷入刑事和行政麻烦，促进良好运营；于国家或国际社会而言是能够丰富市场主体多样性，保护企业利益，优化营商环境，激发市场活力的有效手段。[1]

三、企业合规问题的解决

（一）强化企业合规意识

加强对企业人员的法治宣传教育。坚持法律法规、风险防控能力培训与业务培训相结合，教育企业员工树立守法合规意识，推动企业依法规范经营。加强对董事、监事、高管、大股东等"关键少数"的教育警示力度，促进恪守底线意识，提高法治观念，培养法律思维。加强企业合规文化建设，将依法、合规、廉洁、诚信等理念融入企业文化。

（二）建立完善的企业合规管理体系

企业合规管理是指企业为了实现依法、依规经营，防控合规风险，所建立的一种治理机制。构建全流程合规风险监控体系。落实企业内部监督检查制度，对人财物等重点部门、重点环节、重点人员实施财务审核、检查、审计，及时发现和预防管理漏洞和法律风险。加强事前控制，在业务洽谈、产品销售、资金回笼等环节建立制度规范，将合规体系建设与业务流程紧密挂钩。加强事中控制，设立必要的合规管理岗位或聘请专业人员，对生产经营中可能存在的法律风险进行全面掌控。针对企业重大交易、大额费用支出以及可能存在的违规决策风险等事项，坚持集体决策制度，防止"一言堂"。加强事后监督，畅通员工举报渠道，及时调查和纠正不当行为，并对合规体系进行动态调整，强化企业风险防控能力。

（三）加强企业合规文化建设

合规文化作为企业管理的"软文化"，是以企业合规管理的目标和原则为导向，由企业人员逐步形成的共同价值观、共同行为准则、共同价值取向，以及来自高层领导的积极支持与承诺。以合规文化为引领，完善企业内部控制设计，可以有效地促进企业人员形成良好的控制意识，在思想和行为上更易于遵守行业的各项规章制度，从而在企业中形成良好的内部控制环境，并

---

[1] 许亦鸣：《企业合规的渊源与概念问题》，载互联网与社会发展研究中心，2022年4月24日。

最终提高内部控制的运行效率。与此同时，合规文化体系的搭建有利于合理分配职责和有效控制权限，并通过激励与监督机制树立企业整体合规经营理念和体系的形成，在提高全体人员合规思想意识的同时，推动企业内部自我约束机制的形成。总体来说，合规文化的建设是否到位是企业合规管理体系是否能顺利落地和有效运行的决定性因素。[1]

结　语

新时期，合规已经成为企业发展的基石。随着经济的快速发展，企业要想保持强大的生命力，需要走合规化之路。企业要不断增强合规意识，建立健全合规管理体系，以防范企业经营中的各种风险，使企业稳定、快速、健康发展。

---

[1]　单薇：《浅谈企业合规管理体系的架构与基本建设步骤》，载《北大纵横》2023 年 7 月 19 日。

浅析 AIGC 产品训练数据的合规使用

范长乐 *

摘　要：AIGC（指人工智能算法生成的内容）产品服务涉及到大量的训练数据，虽然训练数据内容的收集受到传统法律的规制，但目前数据使用处于野蛮生长阶段，大量数据在权利人不知情的情况下被机械爬取、复制进入数据集，此类行为存在数据使用的风险。本文旨在探讨 AIGC 产品训练数据的合规使用。

关键词：AIGC 产品　训练数据　合规　使用

引　言

ChatGPT[1]让 2023 年开启了人工智能的热潮，被称为最具革命性的科技进步。有能力获得海量的、高质量的数据，被看作未来生成式 AI 大模型的核心竞争力之一。训练数据是 AIGC 产品合法生成的重要前提，合规使用环节需要予以厘清。

一、AIGC 产品的训练数据

ChatGPT 底层是一款通用的自然语言生成模型，创作和生产内容的前提是在互联网规模庞大的文本语料库中进行训练，以不断完善其自然语言模型。

---

* 范长乐（1987 年—），男，汉族，陕西人，中国政法大学同等学力 2018 级学员，研究方向为知识产权法学。

〔1〕ChatGPT（全名：Chat Generative Pre-trained Transformer），是 OpenAI 研发的一款聊天机器人程序，于 2022 年 11 月 30 日发布。ChatGPT 是人工智能技术驱动的自然语言处理工具，它能够基于在预训练阶段所见的模式和统计规律，来生成回答，还能根据聊天的上下文进行互动，真正像人类一样来聊天交流，甚至能完成撰写邮件、视频脚本、文案、翻译、代码、写论文等任务。

据 OpenAI 披露，GPT-3.5 的文本语料多达 45TB，相当于 472 万套中国四大名著。[1]

训练数据是用于模型学习的具体信息的总称，例如用于自然语言处理训练的人类对话语料文本、用于人工智能生成图像训练的画作、照片等。除少数不承载任何个性化信息或智力成果的内容外，绝大多数的数据内容均受到法律保护，涉及著作权、隐私权、肖像权、个人信息权益、数据权益以及其他财产权益。

二、训练数据使用的法律规范

我国现行法律就训练数据的使用要求散落于不同的法律法规中。例如，2023 年，国家互联网信息办公室发布了《生成式人工智能服务管理暂行办法》（以下简称《办法》）。其中，《办法》第 4 条第 3 项要求提供者"尊重知识产权、商业道德，保守商业秘密……"第 7 条要求提供者依法开展预训练、优化训练等训练数据处理活动，遵守以下规定：使用具有合法来源的数据和基础模型；涉及知识产权的，不得侵害他人依法享有的知识产权；涉及个人信息的，应当取得个人同意或者符合法律、行政法规规定的其他情形。

由此可以看出，训练数据使用的合规重点在于遵守知识产权和个人信息等权益保护方面的要求。

三、训练数据使用的合规风险

ChatGPT"创作"内容前提是在互联网规模庞大的文本语料库中进行训练，以不断完善其自然语言模型。文本语料有两个主要来源：一是 ChatGPT 从互联网中收集到的语料（（以下简称"数据集"）；二是用户对 ChatGPT 输入的内容（以下简称"用户交互数据"）。[2]

（一）数据可能侵犯他人著作权

数据集是对数据内容进行归集后形成的用于模型学习的大体量信息集合。

---

〔1〕 郭晓静：《AI 大模型训练背后，一条数据产业链正在形成》，载腾讯科技：https://mp.weixin.qq.com/s/lwTXV7UL_ qy5qpttjxrwrA，最后访问日期：2023 年 9 月 12 日。

〔2〕 王飞、洪妍：《ChatGPT 的著作权规制》，载中伦视界：https://mp.weixin.qq.com/s/ffIpxeVs3i5BvUUkPEuK0A，最后访问日期：2023 年 9 月 12 日。

目前，主流的大模型训练所用的数据集一般包括十亿以上文本单位（Token），少数可达万亿文本单位级别。实践中，大量数据内容在权利人不知情的情况下被机械爬取、复制进入数据集。例如，某些数据集可能完整复制了某作者在某网站上发布的文章、某艺术家发布并禁止转载的画作、某社交软件用户在交谈中透露的个人信息等。这些数据内容的访问和复制往往未经权利人许可，可能会产生侵犯他人著作权的风险。

当然，在未经授权的情形下，并不必然意味着数据挖掘行为侵害他人著作权，可能属于合理使用。《美国版权法》对合理使用的判断遵循"四要素分析法"，即作品新用途的目的和性质，是否对原作品进行转化、受版权保护的原作品性质、新作品中使用原作品数量和实质性，以及作品新用途是否破坏了原作品的价值和市场。[1]实际上，人工智能使用作品作为训练数据是否属于"转换性使用"存在很大争议，且人工智能所生成的内容在很大程度上挤占了被利用作品的原有市场，已经引起了原作品著作权人的强烈不满。

我国《著作权法》关于合理使用的规定，能适用于生成式人工智能的情形主要有三个，即"个人使用""适当引用""科学研究"。由于目前生成式人工智能模型最终系针对不特定主体的商业性服务，不符合"个人使用"之目的；而"适当引用"的适用前提为"介绍、评论某一作品或者说明某一问题"，也与生成式人工智能的商业化应用不相符；"科学研究"要求在"学校课堂教学或者科学研究"范围内使用，且"少量复制"的要求明显与数据训练所需要的海量数据存在矛盾。因此，生成式人工智能使用作品作为数据训练可能难以满足"合理使用"的要求。

（二）数据可能侵犯他人商业秘密或不正当竞争

训练使用的数据大多来自于互联网上公开的网站、信息资源库、数字图书馆、专业数据库、社交媒体平台等。数据收集过程可能涉及利用爬虫协议等底层技术对数据进行搜索、抓取、分析，再用于训练 AIGC。如果抓取的数据属于数据主体采用技术措施加密或未公开的内容，AIGC 的提供方通过绕开数据主体设置的访问限制或绕开部分网站设置的真人审核（例如验证码方式）获取该等数据，那么不仅爬取行为本身可能存在非法获取计算机信息系统数

---

〔1〕 马钦奕、林泓岚：《〈生成式人工智能服务管理暂行办法〉四大亮点解析》，载君合法律评论：https://mp.weixin.qq.com/s/ws0kJn3f8qnGZwQrPD-ahw，最后访问日期：2023 年 9 月 12 日。

据、侵犯个人信息或商业秘密的风险，使用该等训练数据向用户输出内容还存在不正当竞争的风险。

（三）数据可能侵犯个人信息权益

市场主流的 AIGC 产品（如 OpenAI 的 ChatGPT、谷歌的 Bard 和讯飞星火认知大模型）的《隐私政策》涉及处理交互内容的条款均对"收集的用户个人信息用途"给予授权，且对个人信息的使用用途也更多是偏向非公开、非商业。[1]

但在对用户输入的交互内容的收集和使用的规定和具体设置方面，还是有不小的差异。其中，OpenAI 的《隐私政策》在用户数据安全保障的各方面基本都已经考虑周全：①只有直接使用 OpenAI 服务输入的用户数据才会被以一般性同意的方式加入 OpenAI 模型训练库；②即使是默认被用于模型训练的这部分数据，用户也仍然享有随时退出的权利。

四、训练数据的合规使用建议

（一）原创先行

通过生成原创的数据内容训练模型，可以将模型开发中的数据合规风险降低，从根源上把控模型及后续产品合规。尽管以目前的模型体量来看，全原创数据难以满足大模型预训练所需的数据量级，但仍有望用于训练小体量模型或模型微调。

（二）合法授权

首先，模型开发者可以先从权利人处获得合法授权，再将相关信息和内容用于模型训练。拥有互联网类产品的企业可以将授权条款写入用户协议，从而获取相应授权，以便使用其用户在平台上传、发布的信息训练模型。

其次，对于适用于特定场景的定向模型，开发者与拥有庞大的数据库/知识库的经营者达成合作协议，由数据持有人提供数据集并对数据内容作权利无瑕疵保证。

（三）数据清洗

在预训练前清洗并排除了数据集中的个人信息，对文字作品、视听作品

---

〔1〕《用户在大语言模型中的交互内容会被如何处理？——以 OpenAI、谷歌 Bard、讯飞星火为例》，载出海互联网法律观察：https://mp.weixin.qq.com/s/ZHfrcCAAmT0fSWCKa1KQXQ，最后访问日期：2023 年 9 月 12 日。

等著作权客体采取摘要、引用等方式纳入数据集。上述做法既有助于提高数据内容质量，也可有效降低合规风险。

（四）数据分级分类

数据价值的核算，具有更多的可变性和不确定性，应按照数据来源对训练数据进行分类分级，确保对数据价值进行充分挖掘和满足法律法规的数据保护要求。

（五）建立数据市场和公共数据平台

2022 年 12 月出台的《中共中央、国务院关于构建数据基础制度更好发挥数据要素作用的意见》提出了数据的权益和建立数据市场，地方政府应推动公共训练数据资源平台建设，丰富人工智能训练的数据集。

结　语

生成式人工智能已经成为人工领域竞争的新赛道，本文根据国内外法律法规对 AIGC 产品训练数据的合规使用进行了分析，以期更好地助力中国 AI 大模型和生成式人工智能行业的蓬勃发展。

民营企业刑事合规体系构建及运行保障

章 坚*

摘 要: 在国内经济高速发展和世界经济全球化、区域经济一体化进程不断加快的时代背景下,我国企业面临的各类风险加剧,其中以刑事合规风险尤为突出。企业,特别是民营企业应重视和防范刑事合规风险。本文旨在探讨民营企业刑事合规体系的构建及运行保障。

关键词: 民营企业 刑事合规体系 构建 运行保障

引 言

当前,中国与世界各国之间的合作与竞争前所未有,伴随着经济结构调整与政治体制改革的不断深入推进,我国的民营企业和企业家正面临着机遇与挑战、发展与安全的双重考验。党的二十大报告指出:必须更好地发挥法治固根本、稳预期、利长远的保障作用,在法治轨道上全面建设社会主义现代化国家。企业合规是指一种基于风险防控的公司治理方式。[1]民营企业刑事合规是大势所趋,民营企业应注重刑事合规问题。

一、民营企业刑事合规的含义

民营企业刑事合规指民营企业通过建立完善一系列制度机制和一整套风险管控机制使企业、企业相关人员的行为符合有关刑事法律规范及监管规则、行业准则和企业章程、规章制度的要求,以降低、减少或消除企业刑事法律风险和隐患,竭力追求将刑事风险化解在进入刑事程序之前。即使进入刑事

---

* 章坚(1987年—),男,汉族,浙江人,浙江瀛傲律师事务所律师,研究方向为刑法学。
〔1〕 陈瑞华:《有效合规管理的两种模式》,载《法制与社会发展》2022年第1期。

程序，也可以通过相关政策的激励来起到减轻企业刑罚的作用。刑事合规本质上是企业刑事防控机制，同时为刑事程序的企业提供免除刑事处罚和宽大处理的基础。从刑法的角度，运用适当的刑罚激励机制，使企业用刑法标准辨别自身存在的问题，完善合规计划，使企业持续健康发展。

二、民营企业刑事合规体系构建面临的困境

虽然民营企业已经意识到了企业刑事合规管理的重要性，而且有的民营企业已经建立了适应自己发展的刑事合规体系，并取得了显著的效果，但我国部分民营企业的刑事合规风险管理工作还存在许多不足，具体主要表现在以下几个方面：

（一）民营企业的刑事合规意识不强

民营企业中无论企业规模的大小，普遍缺乏刑事合规意识和合规文化，政府和民营企业的法律意识都比较淡薄，刑事合规经验也相对不足，民营企业往往以追求利润最大化为导向，企业内部管理的规范与否，是导致企业腐败犯罪很重要的一个因素。[1]

（二）民营企业刑事合规体系缺失

（1）民营企业的刑事合规体系只是以点带面，缺乏系统性。

（2）民营企业管理控制存在问题，应当列入管理控制系统的违规情形和潜在犯罪隐患未列入。

（3）民营企业已构建的刑事合规体系，没有充分考虑民营企业的发展现状，与实际脱钩。

（4）民营企业未设立专业、独立的刑事合规部门，这样就导致刑事合规工作杂乱无章，无法充分发挥应有的作用，流于形式。

（三）民营企业的合规人员专业水平不高

由于民营企业对刑事合规工作的不重视，导致对合规人员管理培训工作落实不到位，合规管理人员不能及时学习专业的合规管理工具、方法，工作方式较为落后，容易导致工作效果的系统性缺失。

---

〔1〕 李玮玮、孟高正：《论民营企业家腐败犯罪的刑事防控》，载《法制博览》2018 年第 35 期。

三、民营企业刑事合规体系构建的意义

民营企业刑事合规体系构建是民营企业加强自我约束、实现自我管理、走上合规经营的重要途径，其意义体现在如下方面：

（一）可以增强民营企业的刑事合规管理能力

目前，我国进入高质量发展时期，正在加快推动供给侧结构性改革。企业发展全方面的合规并不会导致企业经营运转效率低、流程长。民营企业开展刑事合规管理体系建设，通过合规管理组织架构设计，对合规管理制度进行梳理与完善，可以优化与完善民营企业管理制度，增强合规管理能力，提升企业治理、管理水平，提高管理质量与效率。

（二）可以使民营企业得到更多的商业机会

中央企业落实该指引的核心工作就是建立合规管理体系，建立了合规管理体系的中央企业，在约束自我行为的同时，还会通过"级联效应"，约束产业链上的民营企业。中央企业及分子公司数量多、关联行业多、分布地域广、谈判能力强，它们将带动产业链上不同地区、不同行业的众多民营企业开展合规管理。随着中央企业合规管理建设的推进，合规制度建设将会成为民营企业与央企合作的最低门槛。

（三）可以提高合规风险防范与应对能力

企业合规管理并不只是属于企业管理职能，也不单纯地属于法律部门的职能，开展合规管理是需要二者合作的。合规风险已经成为现代企业经营中的核心风险。民营企业如果涉及严重违规，往往一朝覆亡。企业在投资经营时，应把社会责任风险、环境责任风险、合规风险等结合起来，统筹协调，通过构建合规管理体系，可以帮助民营企业系统性地干预风险，增强风险预判、防范与应对能力。

四、民营企业刑事合规体系的构建

（一）民营企业刑事合规体系的构建举措

1. 建立风险的全面调查和事先预防机制

民营企业应对企业的全部经营管理和业务定期开展全面刑事法律风险体检，使企业内部充分认识到法律风险防控的必要性，使企业内部对企业的法

律风险有全面的认知，并且清楚基于企业自身的业务所具有的特殊法律风险点。在企业经营和管理中，如某项业务具有刑事风险，要把对该刑事法律风险的调查作为企业经营行为的前置条件，建立完善的事先预防机制。

2. 建立完善的刑事合规风险的固定培训机制

民营企业刑事合规的重要内容是实现企业内部规范化、制度化、动态化的刑事犯罪防控机制，而这一目标的最终实现高度依赖企业内部成员主观上的认可和客观上的行为遵循，企业自上而下具有高度的刑事风险意识，使企业成员自觉懂法、守法，工作中审慎处理公司业务，从而降低刑事风险的发生概率。

3. 建立刑事合规参与机制及风险应对机制

民营企业家基于自身的创业和管理经验，对于市场机会的把握、企业的重大机构调整有着敏锐的洞察力，但是囿于专业的限制，民营企业家往往无法对重大法律事务的法律风险进行准确评判。科学合理地制订行之有效的防控和管理计划是企业刑事法律风险管理体系最终的落脚点。[1] 如果刑事风险已经发生，也不能被动地等待其从风险转化为现实损害，企业刑事合规部门应当及时介入，对刑事风险进行分析和预测，提供刑事风险防控措施，从而对刑事风险进行应对和化解。

（二）民营企业刑事合规体系的运行保障

1. 加强合规行政

加强合规行政，为民营企业营造良好的营商环境。国际经验表明，推动企业合规管理和合规体系的运行不仅需要政府行政部门加强管理，还需要政府部门以身作则，形成企业合规经营、政府合规行政的良好环境。政府合规行政的关键是公开行政程序，公正执行法规，促进公平竞争。与此同时，加大惩治官员腐败与不作为的力度。唯有如此，企业合规经营和刑事合规体系运行才能有一个外部的良好环境。

2. 组建专家团队

组建专家团队，为民营企业刑事合规体系运行提供专业保障。专家的战略价值已经成为知识经济时代的重要共识，对民营企业来说，专家更是直接关系到企业的核心竞争力水平，为了更好地迎接新形势带来的挑战与困难，为

---

〔1〕 卞传山：《做好企业刑事法律风险防控点线面》，载《法人》2018 年第 11 期。

了更好地完善企业合规体系并预防法律风险，民营企业必须重视发挥人才的力量。民营企业必须在既有的法律顾问团队上进行结构调整，不断完善用人机制，不仅要聘请民商事专家，更要安排一位刑事法律方面的专家，两者从不同的角度分析，从而更好地发现民营企业存在的法律风险点，以便提前做出防控预案，确保企业的长远发展。

结　语

民营企业是国民经济的重要组成部分，是市场经济活动的重要参与者。民营企业在稳定增长、促进创新、增加就业、改善民生等方面发挥了重要作用，是推动经济社会发展的重要力量，促进民营企业健康有序发展对于整个社会经济发展具有重要意义。对民营企业家而言，应该意识到企业刑事风险防控的重要性和紧迫性，同时也要意识到刑事合规制度构建的价值和必要性。民营企业应尽快聘请专业人员根据企业实际情况建立相适应的刑事合规制度，做好企业刑事法律风险的防控工作，只有注重防控刑事风险的民营企业才具有核心竞争力，才可以实现可持续性的发展。

企业采购云服务的法律要点

余 秀*

摘 要：疫情期间远程办公、视频会议、员工培训、协同研发、电子商务等巨大需求要求企业在短时间内部署云服务，以实现降本增效，业务持续创新发展。实践表明，云服务等信息技术的采用对疫情防控和企业复工复产发挥了关键作用。但是云服务商出现软硬件问题或是管理上的失误，都将引发云上企业的数据安全问题，进而对业务造成不同程度的影响。本文旨在探讨企业上云的优势和风险，并从用户角度就企业采购云服务提供法律建议，以帮助用户尽可能从源头控制上云风险。

关键词：云服务 企业 数据安全

引 言

"云计算"的概念由谷歌的董事长兼首席执行官埃里克·施密特（Eric Schmidt）于2006年世界搜索引擎大会上提出并被舆论熟知。在云环境下，企业的业务运行，数据存储、处理、传输等都与云服务商所提供的服务质量密切相关。

近年来，云服务相关的网络安全事件在国内外层出不穷，例如2020年，某盟公司发布公告称，公司的 SAAS 业务生产环境及数据遭到公司研发中心运维人员人为破坏，导致暂时无法向客户提供 SAAS 产品，近300万客户遭受巨大损失。[1]所以接受云服务的企业，在采购云服务时要谨慎对待。

---

* 余秀（1987年—），女，汉族，浙江人，传化智联股份有限公司，研究方向为知识产权法。
[1] https://www.163.com/dy/article/F695N46M0511A641.html.

一、企业上云的优势

企业上云是企业发展的必经趋势，国内外已经有很多企业相继投入了云的怀抱，所以不用担心云安全。企业上云主要有四个优势：

（1）云服务器成本低，企业上云能够降低企业技术开发成本，传统企业的数据服务中心需要有专人进行运营与维护，云服务可以在管理方面为企业提供高效计划，企业上云可以减少运营开支，并且获得最大的安全与便捷。

（2）"云"带给了更大的灵活性和移动性，使用云，可以让企业在一台机器上开始工作并且在另外一台机器上完成它。

（3）在本地环境下，IT 部门必须处理这种紧急情况。而在云环境下，这是云服务提供商要操心的问题。

（4）企业上云后，企业可以根据自身的发展情况弹性的选择升级自己的云计算套餐。

二、企业上云的风险

下面笔者将介绍一则司法判例，以初步了解云服务与客户之间发生纠纷时，双方各自所需承担的责任。

原告北京亿维视讯网络技术有限公司（以下简称"亿维公司"）是一家互联网服务企业，自 2004 年开始经营"公路铁路建设网"。[1]

2012 年 3 月 1 日，原告与被告北京企商在线数据通信科技有限公司（以下简称"企商公司"）签订《北京企商在线数据通信科技有限公司云主机服务合同》，约定原告租用被告的服务器经营网站，租赁期限为 12 个月。

合作期间，由于被告提供的服务器损坏导致上述网站不能访问。被告就此向原告公司出具书面说明，承诺免费延长半年租赁服务器至 2013 年 9 月 4 日，并承诺更换一台更稳定的服务器。网站恢复访问，但永久丢失了 3.5 个月内网站运营相关的数据。原告要求被告承担经济损失 100 余万元。

法院判决：

（1）企商公司于判决生效之日起 15 日内赔偿亿维公司 4500 元。

（2）驳回亿维公司的其他诉讼请求。

---

〔1〕 北京市海淀区人民法院〔2014〕海民初字第 15264 号民事判决书。

与接受云服务企业的实际损失相比，法院最终判决的金额是微乎其微的，这就提醒企业，在接受云服务前，应对云服务进行全面的了解，对云服务商进行全面考察，以保障自身权益。

三、采购云服务的法律风险提示

在交易过程中，企业与云服务商虽然处于平等法律地位，但双方所掌握的信息量并不对等，掌握丰富资源的云服务商处于优势地位。而对于企业来说，本就缺少协商能力，因此只能选择接受服务提供者所提供的格式条款，由此产生的合同双方实际地位不平等给企业带来了极大风险。

（一）无资质导致合同无效的法律风险

《电信业务分类目录》将电信服务划分为若干具体的服务类别，且每一类别都需要获得相应的服务许可证。但云计算在中国电信行业尚属相对较新的概念，其并未作为特定的服务类别被纳入分类目录。但尽管如此，若某一云计算服务的特征被纳入分类目录项下现有的服务类别，服务提供商即应为运营该等服务获得相应的一项或多项许可证，与云计算业务关联性较大的是 IDC 业务。

若合作的云服务商不具备相应的资质，则可直接导致双方合同无效，企业前期投入的资金和人力也将付之东流。

（二）格式条款的风险

绝大多数云服务合同都是只能选择接受或放弃的格式合同，合同中的大多数条款是统一的，当用户在线签订合同时，在大多数情况下消费者并没有仔细分析这些条款，甚至没有阅读。当用户去阅读电子的格式条款时，很可能会面对很多法律术语。

为降低企业在面对供应商格式合同时知情权无法得到保障的风险，云服务商提供的云计算服务合同，如果不能做到清晰易懂，也没有根据双方的意图进行解释，那么便很难保证企业的合法权益。

（三）数据安全的法律风险

第一，云服务的虚拟化技术结构复杂、内容庞大，很容易出现安全漏洞、引发系统安全风险；第二，云服务商将数据集中储存也存在很高风险，云服务供应商将客户数据储存于世界各地的中心，而企业对数据中心所在地的信息保护水平并不知情，并且无法对数据安全性进行检查。第三，大量用户数据通过网络进行传输的过程也存在极大隐私风险。对于企业而言，需要在云服务合同中重点关注数据安全的法律风险。

四、法律建议

（一）采购云服务前的尽调应当全面

选择云服务商之前的尽职调查应当全面。一方面，核实云服务商的资质是否具备法律要求的相关资质，要求云服务提供商提供相应的资质复印件备案；另一方面，考察云服务商的技术能力和安全保护能力，了解其服务器所处地域，有无既往安全事件发生等。对于有条件的企业，可以结合成本与合规要求、商业秘密保护等，对比私有云、混合云和公有云的差异。

（二）在签订云服务合同中关键条款需重点关注

1. 明晰云服务商的法律地位

由于部署模式和云计算环境的复杂性，云服务模式中的业务运维主体和数据安全责任主体并非全然一致。[1]从责任分配的角度而言，遵循权责一致的原则，在数据收集、处理和利用的过程中，数据控制者承担着首要的数据安全管理责任和风险。为避免潜在争议及风险，在数据处理条款、数据备份和存储条款中，应确定云服务商应在数据处理中的地位，并规定在合同具体条款中。

2. 企业在采购协议中与云服务商明确约定数据的相关权利归属

企业提供给云服务商的数据、设备等资源，云服务平台上企业业务系统运行过程中收集、产生、存储的数据和文档等都应归企业所有，企业对这些资源的访问、利用、支配、迁移等权利不受限制，而云服务商未经授权，不得访问、修改、披露、利用、转让、销毁企业数据。

3. 违约责任的设计应当更有利于保护企业

如前文案例所述，如果在合同中没有安排有利于企业的条款，当云服务商无法正常提供服务时，对于企业来说将面临巨大的损失，即便诉诸法律，最终也难以挽回损失。为了约束云服务商，且在发生风险事件时可以获得相应的赔偿，在云服务合同中企业设计加入一些特定损害责任的条款，如间接

---

〔1〕 潘永健：《企业采购云服务合规要旨》，载 www.linkslaw.com/uploadfile/publication/82_16147 59045.pdf，最后访问日期：2023 年 8 月 25 日。

损失责任，或者对某些损失的赔偿进行数额约定。

(三) 服务终止后应当安排好数据的处理

当与云服务商终止合作时，应当要求云服务商安全、完整地返还数据，配合企业将所有数据迁出，并通过相应条款规定数据迁出期间的数据保护义务和相关费用结算问题。数据迁移完成后，彻底删除平台上的企业数据，并继续承担企业退出服务后的保密义务。

总　结

云计算技术的兴起与应用，改变了互联网市场的结构模式，用云服务供应商对服务器的集中采购解放了企业用户高额的服务器等硬件设施的投入，进而促进了数字经济的发展。尽管法律法规对于企业和云服务商之间的权责划分尚未作出明确规定，但企业仍应根据项目实际情况与云服务商在协议中明确网络安全边界责任，维护企业自身合法权益。

完善数字经济下对垄断行为的法律规制

吴 媛*

摘 要： 数字经济的迅猛发展给全球范围内的市场竞争带来了新的挑战。在数字经济中，一些科技巨头企业垄断市场的情况愈发明显，引发了对于垄断行为法律规制的关注。本文旨在探讨数字经济下对垄断行为的法律规制。

关键词： 数字经济 垄断行为 反垄断 法律规制

引 言

随着数字经济的蓬勃发展，互联网、大数据、人工智能等技术的广泛应用，一些企业特别是一些科技巨头企业通过积累大量的用户信息数据和通过提升市场份额，获取强大的市场地位并形成垄断，而且这种垄断现象日益突出。传统的反垄断法律在数字经济背景下面临新的挑战，需要进行进一步的研究和完善，以适应数字经济下对反垄断行为进行规制的需要，推动数字经济的健康、有序发展。

一、数字经济下垄断行为的产生及表现

（一）数字经济下垄断现象产生的背景及危害

数字经济下垄断行为是伴随着数字经济的发展而产生的。相比于传统企业，数字经济平台更容易损害市场公平竞争，特别是科技头部企业所掌握的数据规模不断扩大、资本快速扩张、市场垄断地位不断加强，成了垄断发生的"重灾区"，这些企业为了获取市场竞争优势和追求更大的利益，存在例如

---

* 吴媛（1993年—），女，汉族，浙江人，嘉兴经济技术开发区建设交通局，研究方向为经济法学。

排他性协议、自我优待、大数据"杀熟"等排他性竞争行为[1]，形成市场垄断地位并从事市场垄断行为。此外，数字经济与技术的深度结合也使得对垄断行为的传统分析方式失灵，由此导致越来越多的垄断行为出现。这些垄断行为对市场公平竞争造成了不利影响，严重威胁数字经济的发展和正常的市场竞争秩序，进而阻碍了我国实现高质量发展的转型。

（二）数字经济下垄断行为的表现及影响

1. 平台型企业兴起与市场集中度增加

随着数据驱动的商业模式崛起，一些企业通过构建数字平台，整合供应链、服务提供者和消费者等各方资源，实现了规模效应和网络效应，进而在市场中取得了巨大的优势地位。例如，2015 年 2 月，滴滴打车与快的打车合并后成功占据了中国出行行业七成以上的市场份额。

2. 数据垄断对市场竞争造成影响

数据垄断[2]是指企业在获取、处理和利用数据方面的先发优势，使得其他竞争对手难以追赶或进入市场的一种现象。其对市场准入、创新竞争、数据共享等方面都造成不同程度的负面影响。由于缺乏足够的数据资源，其他竞争对手很难提供具有竞争力的产品和服务，导致市场竞争的不平等。而拥有数据壁垒的企业往往能够更好地了解市场需求、用户行为和偏好，从而提供更精准、个性化的产品和服务。

3. 创新壁垒对市场进入者带来挑战

创新壁垒是指企业通过研发和创新形成的技术或专利保护等手段，以阻碍其他企业进入市场的一种现象。一些科技公司通过技术专利、独有的技术标准和技术秘密等手段形成技术壁垒，掌握市场的技术标准和关键技术，并将其用于压制竞争对手。

二、我国数字经济下的反垄断法律体系

2021 年 2 月 7 日，国务院反垄断委员会制定发布《国务院反垄断委员会关于平台经济领域的反垄断指南》，重点针对数字平台经济领域的市场竞争和

---

〔1〕 李迎新、王嗣卓：《浅谈数字经济反垄断》，载《北京知识产权法院案件快报》2022 年 12 月 28 日。

〔2〕 陈兵：《"数据垄断"：从表象到本相》，载《社会科学辑刊》2021 年第 2 期。

反垄断问题提供了一些指导性意见。2022 年 6 月 24 日，全国人民代表大会修改了《反垄断法》，将利用数据和算法、技术、资本优势以及平台规则等手段滥用市场支配地位行为首次列入反垄断法，不仅回应工业经济市场的要求，还可以不断适应数字经济发展。[1]此外，国家市场监督管理总局 2023 年 3 月和 9 月分别公布《经营者集中审查规定》及《经营者集中反垄断合规指引》，进一步完善了反垄断法律制度体系。

从地方立法来看，在国家战略规划的指引下，浙江、江苏、广东等多个省份和重要城市出台了《数字经济促进条例》，其中部分地方立法对数字经济市场主体滥用市场支配地位、实施垄断协议垄断行为作出了规定。

三、数字经济下垄断行为产生的原因

(一) 反垄断法律法规的滞后

数字经济下许多经济行为或商业模式具有快速的迭代与创新性，但也同时存在违反传统法律法规的嫌疑。传统反垄断法理论认为，消费者福利是反垄断法的主要目标，在具体判断时则是以价格和产出的变化作为衡量标准。[2]对于新出现的经济行为，由于反垄断法律法规的滞后，很难及时评估创新带来的好处与潜在损害之间的平衡，缺乏对于垄断行为核心问题的判别标准及依据，在一定程度上无法有效解决层出不穷的新问题。

(二) 数据和隐私保护法律不完善

在数字经济中，用户数据是企业开展业务和提高竞争力的重要资源。尽管《数据安全法》于 2021 年 6 月出台，为解决数据安全和权属问题提供了一些重要准则，但是在实施过程中，仍有一些具体问题有待进一步确认。例如，数据的抽象性和数据收集主体的强势地位导致确权成了立法过程中最具挑战的难题之一。由于缺乏对数据收集行为的明确规定和对用户数据的有效保护措施，导致有些企业在收集用户数据时侵犯用户的隐私权和威胁用户个人信息安全。另外，有些企业滥用用户数据，强化其市场垄断地位，破坏市场竞争秩序。

---

〔1〕 张守文：《数字经济发展的经济法促进》，载《经贸法律评论》2023 年第 5 期。

〔2〕 [美] 欧内斯特·盖尔霍恩、威廉姆·科瓦契奇、斯蒂芬·卡尔金斯：《反垄断法与经济学》(第 5 版)，任勇、邓志松、尹建平译，法律出版社 2009 年版，第 19 页。

（三）市场监管难度大

数字经济中的垄断行为涉及复杂的技术、数据和跨境性问题。监管机构在技术资源、取证调查和执法手段上面临许多挑战。例如，随着大数据及人工智能算法的兴起，监管机构与平台之间的信息不对称加大，监管机构对平台垄断行为的反应能力受到削弱。同时，反垄断事前监管缺乏新准则。当面临诸多行为尚未产生反竞争效应之前，难以完成反竞争效果的认定及排除工作，从而导致垄断行为未能被及时发现和打击，得以继续存在甚至继续滋生。

四、数字经济下垄断行为法律规制的完善建议

（一）完善反垄断法律法规

目前有效地规制大数据垄断仍然是一个艰巨的任务。为此，需要从以下几方面完善反垄断法律法规，规制数字经济下的垄断行为：①构建一个动态的法律监管体系，以有效地规范平台企业在大数据技术方面的垄断行为。②细化垄断行为的认定标准以有助于及时识别和解决相关垄断问题。③改进相关认定方法，以应对迅速发展的数字经济所带来的挑战。例如，在"腾讯公司与中国音乐集团经营者集中案"中，市场监管总局即通过调查得到腾讯公司旗下音乐平台的消费者会流向竞争性替代平台中国音乐集团旗下的音乐平台，确定了两家旗下音乐集团构成相关市场上紧密竞争者。④创新监管方式。通过将平台数据垄断的事前监管、事中监管和事后监管相结合的方式，协调推进平台经济的健康发展，以此进一步规制数字经济垄断行为。

（二）加强对集中平台企业审查与管制

集中平台企业作为数字经济领域的重要组成部分，拥有着大量用户和数据，而且在市场上占有相当大的份额。然而，这些平台企业的垄断地位和不当行为可能会损害公平竞争和顾客利益，从而给社会带来负面影响。因此加强对这些企业的审查与管制尤为关键。例如，市场监管总局鉴于虎牙和斗鱼两大公司集中之后很有可能会在游戏直播市场及其上下游产生排除、限制竞争效果以及最终控制者腾讯集团在上下游市场中的影响力，未批准合并。

（三）强化数据收集和隐私保护

首先，要严格数据收集规范，建立健全数据收集规范，明确数据收集的目的、方式、使用范围和安全保障措施。对敏感数据进行分类管理，包括个人身份、银行账户、健康状况等敏感数据的收集和使用必须严格遵守相关法

律、法规等规定，并配备专人进行管理。其次，应当在数据收集前事先告知数据主体，征得其同意，并为其提供数据保护和隐私保护方面的知识和指导，确保数据主体知情权得到落实。另外，优化隐私政策条款，落实隐私策略制度，让用户可以理解隐私条款内容，对数据的出处、用途和安全保障情况等进行了解。

结 语

数字经济是现代市场经济的重要组成部分，需要受到有效的反垄断法律规制。监管者有必要采取宏观和整体的视角，对数字经济领域的垄断行为进行规范，提高反垄断监管的可预测性、精准性和有效性，充分发挥中国整体经济的发展潜力，提高经济发展质量。

论企业对员工个人信息的合规管理

泮美丹*

摘　要：《个人信息保护法》（以下简称《个保法》）正式生效实施，为个人信息处理者合法合规地处理个人信息提供了明确指引，个人信息保护也成为企业合规的重要议题。本文旨在探讨企业对员工个人信息的合规管理问题。

关键词：企业　员工个人信息　合规　管理

引　言

大数据时代背景下，对个人数据收集与使用已渗透到各个方面，加大力度保护个人信息至关重要。企业如未能合规采集和使用员工个人信息可能会导致相关法律风险，因此企业在用工管理中对员工个人信息的采集和使用等合规管理尤为重要。

一、企业用工管理中的个人信息

（一）个人信息的概念

《民法典》第 1034 条第 1、2 款规定："自然人的个人信息受法律保护。个人信息是以电子或者其他方式记录的能够单独或者与其他信息结合识别特定自然人的各种信息，包括自然人的姓名、出生日期、身份证件号码、生物识别信息、住址、电话号码、电子邮箱、健康信息、行踪信息等。"

《个保法》第 28 条第 1 款规定："敏感个人信息是一旦泄露或者非法使

＊　泮美丹（1982 年—），女，汉族，浙江人，中国政法大学同等学力研修班 2020 级学员，研究方向为民商法学。

用，容易导致自然人的人格尊严受到侵害或者人身、财产安全受到危害的个人信息，包括生物识别、宗教信仰、特定身份、医疗健康、金融账户、行踪轨迹等信息，以及不满十四周岁未成年人的个人信息。"

（二）企业用工管理中的个人信息

企业在员工招聘、入职、管理和离职全流程中都会涉及员工个人信息，如简历筛选、背景调查、劳动合同签订、健康体检、社会保险办理、工资发放、考勤管理、离职办理等。上述信息中可能还存在敏感个人信息如医疗健康、银行账户等信息。

二、企业因个人信息处理引发的法律风险

在《个保法》背景下，企业用工中个人信息管理面临新挑战，企业个人信息保护合规义务要求不断提高。企业在处理员工个人信息时应遵循"合法、正当、必要"原则，充分了解相关责任风险并采取有效防范措施，否则将会引发法律风险。

（一）企业违规引发的法律风险

1. 违规进行过度信息收集

《劳动合同法》第 8 条规定："用人单位招用劳动者时……用人单位有权了解劳动者与劳动合同直接相关的基本情况，劳动者应当如实说明。"该规定明确用人单位对劳动者享有合法知情权，但限定"与劳动合同直接相关"，如超出法定范围收集，如与工作无直接关系的婚姻、生育等，则企业可能存在过度收集信息的风险。

2. 个人信息被泄露的风险

《民法典》第 1038 条对个人信息安全与保护作了规定："信息处理者不得泄露或者篡改其收集、存储的个人信息……信息处理者应当采取技术措施和其他必要措施，确保其收集、存储的个人信息安全，防止信息泄露、篡改、丢失……"因此，企业在获取与掌握信息后应充分履行数据安全保障义务，预防企业内部人员窃取、不当使用等导致泄露个人信息事件发生。

3. 信息处理不合规的风险

企业在用工管理过程中涉及对员工个人信息的使用甚至公开，要履行必要告知义务，避免擅自使用与披露，与第三方合作时须做好保密义务约定，防范信息泄露风险。

4. 信息删除不及时的风险

企业对收集与管理的个人信息，应进行动态管理，如员工离职或信息授权使用期限届满，应及时删除相关信息，以免造成不当影响或超出授权范围使用。

（二）企业违规处理个人信息的法律风险

1. 发生纠纷有败诉风险

《个保法》第69条确定了对个人信息侵害案件采用"过错推定责任"。即发生个人信息权益损害时推定企业具有过错，企业需承担自己没有过错的举证责任，即举证责任倒置，因此发生纠纷时企业败诉风险极大。

2. 民事责任承担风险

根据《民法典》的相关规定，如对员工个人信息权益造成侵害，员工可向企业追究侵权责任，企业将承担停止侵害、排除妨碍、消除危险、恢复名誉、赔偿损失、赔礼道歉等民事责任。《个保法》还规定，侵害众多个人权益的，人民检察院、法律规定的消费者组织和由国家网信部门确定的组织可依法向人民法院提起诉讼。如对较多员工信息处理不当致使侵权，企业有可能成为公益诉讼的被告。

3. 行政责任承担风险

《个保法》第66条规定，违反处理个人信息的，可能受到主管部门责令改正，给予警告，没收违法所得；处以罚款；责令停业整顿或吊销营业执照；对直接负责主管人员和直接责任人员处以罚款或禁止限期内担任董、监、高管理人员和个人信息保护负责人等行政责任。企业如因个人信息处理违规受到行政处罚的，将对企业声誉造成不利影响。

4. 刑事责任风险

从刑事责任上来看，企业违反个人信息保护规定，情节严重时将被依法给予治安管理处罚，甚至被依法追究刑事责任。

三、企业合规管理员工个人信息的建议

（一）建立个人信息管理合规体系和制度

1. 建立告知与同意规则

《个保法》的实施使得企业对员工个人信息收集使用等受到严格约束。因此，企业应转变意识，对员工个人信息处理，建立基本的"告知与同意"规

则，履行告知义务并取得员工授权同意，防范企业法律风险。

2. 建立与完善个人信息管理制度

（1）通过管理制度对员工个人信息进行收集、存储、使用、传输、公开、删除等处理行为的原则、方式和范围等作出明确规定；合规制度包括风险识别、合规审查、风险应对、责任追究等；管理制度制定和发布应履行必要的民主程序，并及时做好培训工作。

（2）依法取得相关个人书面同意。如应聘登记表、劳动合同、入职手册、同意声明书、授权书等，在不同情形下依法获取员工书面同意，并注意材料妥善保管。

（3）进行个人信息分级分类动态管理。企业对员工个人信息开展分类分级工作，梳理员工个人信息、敏感个人信息、需向第三方或境外提供的个人信息、需公开的个人信息等，采取相应级别的安全技术措施及操作流程与权限。

（4）明确不同部门（如人事、法务、信息安全部门等）的不同管理职责、权限及使用处理流程。企业完善保密制度保护劳动者个人信息，严控个人信息处理范围为劳动合同所必需范围或授权同意范围内，与可接触、处理员工个人信息的岗位人员（如财务、档案管理、人事等）签署保密协议，做到严格控制访问和使用员工个人信息权限。

（5）加强数据信息安全保密技术措施。通过去标识化处理、权限设置、加密存储等技术手段，提高企业数据信息安全保护水平。加强针对个人信息存储安全、个人信息泄露应急处理的相关管理工作，确保个人信息安全受到严格保护。

3. 开展事前风险评估及争议防范

（1）开展事前风险评估。在处理对员工个人权益有重大影响的个人信息前，应开展个人信息保护影响评估。

（2）重视员工信息反馈及争议预防。为员工设立有效行权途径和员工权益处理应对流程，尊重应聘者与员工作为个人信息主体享有的访问权、更正权、撤回同意权、删除权等个人信息主体权利；提供员工权益保护意见反馈、申诉流程、纠纷调解处置、监管检查应对机制，防止违规损害被任意扩大。

（二）个人信息处理主要环节的合规建议

从招聘、面试、入职，到员工在职管理，到离职、档案转出，企业在日常管理过程中涉及个人信息的收集、存储、使用、传输、提供、公开、删除等数据处理生命周期全流程。

1. 招聘阶段

企业人事部门收集简历、面试及背景调查等可能涉及个人信息及敏感个人信息时，应遵循最小必要、知情同意及目的限制等原则，做好材料保密工作。

2. 入职阶段

企业可能涉及对员工身份证号、家庭住址、家庭信息、社保信息、入职体检、紧急联系人、银行账号、刑事犯罪记录及健康情况等信息的收集和存储。在此阶段企业需遵循个人信息保护，做好个人信息保密的约定。

3. 日常管理阶段

涉及员工日常人脸或指纹考勤信息；在办公场所安装摄像头涉及人脸信息；对办公网络与设备进行监控信息；对外业务经营中使用员工个人信息等，企业均应严格遵守公司规定并履行法定的个人信息保护义务。

4. 离职阶段

员工离职后，企业与员工之间劳动关系不再存在，"实施人力资源管理所必需"原则上不能再作为处理员工个人信息的合法性基础。在此阶段仍应依法依约对员工个人信息进行删除或匿名化处理或采取加密存储、分开存储等安全保障措施。

结　语

企业管理所涉场景纷繁复杂，企业应全面梳理人力资源管理所涉的个人信息，确保各环节员工个人信息处理合规，防范企业法律风险。

浅析企业合规整改效果的证明标准

摘　要： 合规整改效果的证明责任应当科学分摊，涉案企业作为合规整改的主体，应当承担合规有效性的证明责任，检察机关承担伪合规的证明责任。然而，这种证明责任不应该过于严苛，应当区分不同情况设置不同的证明标准。本文旨在探讨企业合规整改效果的证明标准。

关键词： 企业合规　合规整改　效果　证明标准

引　言

企业合规有效性无论是在企业因合规出罪，还是在因合规而减轻或者免予处罚中都是核心的考查要素。企业合规可以使得涉案企业免予起诉，给了起诉权较大的自由裁量空间。如果不对证明责任进行明确，会带来权力寻租的空间。但是，企业合规有效性的证明责任到底分配给谁，对合规有效性的证明都包括哪些方面，要证明到什么程度，都是值得探讨的。

一、企业合规整改效果证明责任的分担

企业因合规而被不起诉，司法的公正面临着严峻的挑战。因此，企业合规不起诉面临的首要问题是如何防止该制度被滥用，压缩权力寻租存在的空间。部分学者十分担心刑法激励企业合规的制度构建以后，会出现大量的"伪合规"，也即装饰性合规，企业通过伪合规而获得刑事法上的宽宥是企业趋利避害追求经济利益的本能，因此在合规的有效性被证明之前，对企业作

---

* 许晗静（1980年—），女，汉族，河南人，河南省周口市人民检察院，研究方向为刑法学。

出实体法或者程序法上的宽宥都是隐藏着危机的。[1]况且,企业的组织管理具有封闭性,外部的力量不容易介入。如果把企业合规的有效性的证明责任分配给检察机关,无论是从取证的便利性还是从取证的有效性方面来讲都是存在问题的。企业是合规计划的建立者,对企业合规是否有效"最有发言权"。因此,把合规计划有效性的证明责任分配给企业是科学合理的。况且,在实体法上企业合规也可作为阻却违法甚至是阻却责任的事由,这些事由应当由被告人予以证明。因此,把该责任分配给企业,在法理上也是正当的。当然,也不能因此给企业苛加更多的证明责任,否则对企业合规激励的效果将大打折扣。但是,如果给企业分配了更多的举证责任,设置了较高的证明标准,基于理性经济人的假设及成本和收益方面考虑,企业可能放弃证明采用合规计划换取刑事法上的宽宥,该制度对企业不再具有吸引力,也意味着涉案企业合规整改的失败。因此,从制度经济学上来讲,控辩双方均衡分配举证责任比较有利于激励企业建立有效的合规计划。

二、企业合规整改效果证明标准

(一)量刑模式下的证明标准

对合规计划证明标准的设置反映出了一个国家对企业合规的政策导向,也即对企业建立合规计划是赞成还是反对,以及对刑法激励企业合规的态度。如果国家将证明企业合规计划有效性的责任全部分配给企业且要求证明程度达到"排除合理怀疑"的标准,那么很多企业是无法完成证明的。证明责任应在量刑模式激励下进行合理分摊。由企业承担合规计划的证明责任,并以优势证据证明合规计划有效,检察机关可以证明该合规计划无效,这样均能起到相应的激励效果,但是如果把合规计划存在且有效的证明责任完全分配给企业,且有着相对较高的证明标准,企业证成合规计划存在且有效就面临着较高的成本,则刑法对企业合规的激励将大打折扣。也即在量刑激励下要么通过证明责任的均衡分配,要么降低证明标准,刑法激励企业合规才能收获理想的效果。[2]

---

〔1〕 林静:《刑事合规的模式及合规计划之证明》,载《法学家》2021 年第 3 期。

〔2〕 徐久生、师晓东:《法教义学视角下刑事合规之适用研究》,载《安徽大学学报(哲学社会科学版)》2021 年第 5 期。

当前，我国刑法并没有把企业合规明确作为企业可以减轻处罚的法定情节。当然，在现有的实体法没有明确之前，企业合规更不能作为加重企业刑罚的情节。我国刑法总体上在量刑中也贯彻的是"存疑有利于被告人"〔1〕的原则，但是仅仅以该原则我们也无法得出刑事法上对证明标准的具体规定。在现有的实体法框架下，可以在诉讼实践中酌情采用。企业存在合规计划且有效的事实，是有利于企业的事实，应当在均衡分配责任的前提下设置科学的证明标准。具体而言：应当由涉案企业证明其存在合规计划，该合规计划是有效的。在证明标准上要基于其犯罪是否涉及重大的公共利益来设置不同的证明标准，对于犯罪不涉及重大的公共利益的可以采取"优势证据"标准，也即只要企业提供的证据超过检察机关的证据即可。〔2〕而对于涉及重大的公共利益犯罪，可以采用"让人信服"标准，也即企业提供的证据不但要超过检察机关的证据，而且应当清晰且能够让人信服，只有这样才能在更大程度上发挥量刑对企业合规的激励作用。当然除此之外也要防止重复评价，不当地运用该标准，造成实质上的不公平。

（二）出罪模式下的证明标准

在刑事诉讼中，一般而言，对定罪事实的证明标准需要区别抗辩理由与犯罪本体事实。〔3〕对于犯罪本体事实通常由指控机关承担相应的举证责任和说服责任。对于抗辩理由通常由辩方承担相应的举证责任和说服责任。然而，在诉讼实践中，犯罪本体事实与抗辩事由的界限有时并不是界限分明的。对犯罪本体要件及抗辩事由的划分也要遵循"程序正当原则"，不能随意把犯罪本体要件归入抗辩事由，进而达到转嫁控方责任的目的。与量刑激励大致类似，证明责任的有效分配能够激励企业建立或者改进有效的合规计划。涉案企业可以证明其建立了合规计划，在没有相反证据的情况下，推定该合规计划是有效的。犯罪的指控方可以证明该合规计划是无效的，从而否定涉案企业提出的"抗辩事由"。如将合规计划有效性的证明责任被全部分配给涉案企业，并设定"排除合理怀疑"的证明标准，那么便会出现企业投入较大的人财物力也难以实现有效企业合规的证成。从逻辑上讲，企业的合规计划既然

---

〔1〕 裴蕾：《存疑有利于被告人原则的法理根基与司法适用》，载《人民检察》2021 年第 2 期。

〔2〕 简乐伟：《量刑的证明对象及证明标准：美国量刑实践的启示》，载《证据科学》2015 年第 4 期。

〔3〕 李昌盛：《积极抗辩事由的证明责任：误解与澄清》，载《法学研究》2016 年第 2 期。

是有效的，为何会出现犯罪？这也是一个无法回避的悖论。因此，改变举证责任在企业和司法机关之间的分配，或者是降低企业证明合规有效性的标准，在激励企业建立合规计划方面才具有有效性。

在企业合规计划出罪模式下，对于企业涉嫌较为轻微的犯罪，在涉案企业和检察机关之间科学分配证明责任，并设置不同的证明标准。[1]具体而言：

（1）对于低风险领域的犯罪，企业以合规计划抗辩出罪的，由企业承担合规计划的证明责任，证明的标准要达到清晰且令人信服的标准，也即是采取强效果激励。

（2）对于高风险领域的企业犯罪，企业以合规计划抗辩出罪的，由企业承担合规计划的证明责任，但要严格进行控制，这时可以由企业承担合规计划存在且有效的责任，证明标准是清晰且令人信服，也即是采取弱效果的激励。

（3）在任何情况下，避免使用"反向效果模式"，[2]也即由企业承担合规计划存在且有效的责任，证明标准是达到排除合理怀疑的程度。

（4）在企业高管管理失灵的情况下，根据犯罪行为人在企业中的地位和作用进行合理的推定。当犯罪行为人是中层或者基层的员工时，企业只需证明存在合规计划，证明标准根据是量刑优惠还是出罪抗辩，分别采用优势证据标准和清晰且令人信服的标准。

如果犯罪行为人是企业的高管，可以推定该合规计划是无效的，此时企业不但要证明存在合规计划，而且要证明该合规计划是有效的，证明标准根据是量刑优惠还是出罪抗辩，分别采用优势证据标准和清晰且令人信服的标准。

结　语

企业合规在刑事法领域的评价是多元的，表现为不同的模式，并且模式与模式之间并没有互斥性，在一个法律框架下，可以有多重选择结果。企业合规整改效果的证明责任应当合理分担，证明标准根据不同模式采用不同的标准。

〔1〕 胡学军：《证明责任制度本质重述》，载《法学研究》2020年第5期。
〔2〕 邢小强、刘晓：《反向创新：概念、特征与关键成功因素》，载《科学学与科学技术管理》2015年第4期。

知识产权惩罚性赔偿适用实务问题探析

王优飞　陶　歆*

摘　要：惩罚性赔偿是在实际损失之外，对侵权人加罚一定数额的赔偿金，具有一定的惩戒性。知识产权惩罚性赔偿制度的建立，系通过加大对侵犯知识产权行为的惩罚力度，进而在一定程度上减少知识产权侵权行为的发生，同时也是支持被侵权人积极维权的一种方式。但该制度之前在实务中的适用较少。本文旨在结合案例对知识产权惩罚性赔偿制度的适用前提和赔偿基数的计算等问题进行详尽的阐述与分析。

关键词：知识产权　惩罚性赔偿　适用问题

引　言

我国在引入惩罚性赔偿制度之前，对于知识产权损害赔偿的计算方式主要以"填平原则"[1]为主，但随着近年来知识产权侵权案件的复杂化以及对知识产权保护的日益重视，2013 年修正的《商标法》规定了惩罚性赔偿制度，2020 年颁布的《民法典》第 1185 条对知识产权惩罚性赔偿作出统领性的规定，随后修改的《专利法》和《著作权法》规定了惩罚性赔偿制度，至此我国的知识产权惩罚性赔偿制度体系已初步建立[2]。最高人民法院《关于审理侵害知识产权民事案件适用惩罚性赔偿的解释》（以下简称《解释》），为各级法院在实务审判中正确适用惩罚性赔偿制度提供了更为清晰的

---

　　* 王优飞（1983 年—）女，汉族，浙江人，北京盈科（台州）律师事务所管委会主任，研究方向为知识产权法学；陶歆（1997 年—）女，汉族，浙江人，北京盈科（台州）律师事务所律师，研究方向为知识产权法学。

　　〔1〕李明德：《关于知识产权损害赔偿的几点思考》，载《知识产权》2016 年第 5 期。
　　〔2〕廖嘉诚：《知识产权惩罚性赔偿制度的适用与完善》，载《桂海论丛》2022 年第 1 期。

裁判标准[1]。

惩罚性赔偿制度的规定虽然日益完善，但大多数知识产权纠纷案件依旧适用法定赔偿，适用惩罚性赔偿的案件数量明显较少，归其原因主要是知识产权惩罚性赔偿制度的适用前提以及赔偿基数的确定存在困难。

一、知识产权惩罚性赔偿的适用前提

知识产权惩罚性赔偿的适用前提具体包括以下几个方面：①时间要件。《解释》明确规定，原告惩罚性赔偿的诉请应当在一审法庭辩论终结前提出。并且，惩罚性赔偿的适用，要求原告在诉请中明确，法院并不会主动援引。②主观要件。故意，即侵权人存在主观故意。③客观要件。情节严重，即侵权行为严重或导致严重后果的。④能够依法确定惩罚性赔偿的计算基数。⑤一倍以上五倍以下的赔偿倍数限制。

在实务中，适用惩罚性赔偿的关键在于"故意""情节严重"的主客观条件的认定，以及赔偿基数的确定。同时，以上几点也是实务中原告举证与裁判适用的难点。本文将结合实务案例对上述适用前提的举证和认定进行梳理与阐述。

（一）对"故意"的举证

1. 原告持有的知识产权权利的知名度及被告攀附声誉的行为

百度在线公司是世界知名的科技企业，知名度及影响力享誉全球，其注册的"百度"商标，经其长期宣传和使用，已经具有极高的知名度和影响力，曾被认定为驰名商标。2012 年创立的京百度餐饮公司未经百度在线公司许可在微信公众号、线上 app 中使用"百度""百度烤肉""百度食糖"等标识，并在企业名称中直接使用"百度"文字作为字号。百度在线公司主张京百度餐饮公司及其分公司侵害其商标权，请求判令侵权公司及其分公司停止侵权、消除影响，并适用惩罚性赔偿。

法院经审理认定百度公司的第 1579950 号"百度"商标，经过多年的宣传推广与广告投入，已经在公众中取得了较高的知名度和较大的影响力，已构成驰名商标。京百度餐饮公司在企业名称中使用"百度"文字；在微信公

---

[1] 邓乐：《知识产权惩罚性赔偿制度的立法沿革与展望》，载《豫章师范学院学报》2021 年第 5 期。

众号、美团、菜单、饮品柜、广告宣传、包装筷、店招门头等多处突出使用带有"百度"字样的标识，属于最高人民法院《关于审理涉及驰名商标保护的民事纠纷案件应用法律若干问题的解释》第 9 条第 2 款规定的"足以使相关公众认为被诉标识与驰名商标具有相当程度的联系，而减弱驰名商标的显著性"和"不正当利用驰名商标的市场声誉"的情形，显然是具有主观恶意的。

2. 被告在原告警示后仍未停止侵权

"百度烤肉案"[1]中，京百度餐饮公司在一审中主张已经对涉案店铺的名称及装潢进行了整改，但经百度在线公司现场核实，被告的整改未彻底，一审诉讼过程中仍有部分店铺的名称和装潢未进行变更与整改。在被警示后仍然不予整改，则可以认定存在故意。

3. 仿冒他人注册商标的使用方式

在平衡身体公司诉永康一恋运动器材有限公司侵害商标权纠纷案中，原告平衡身体公司在中国多个商品和服务类别上注册了"MOTR"商标，在相关公众中具有极高的知名度。而被告永康一恋运动器材有限公司使用的"MOTR"商标与原告的涉案商标标识完全相同，且商品类别与原告涉案商标核定使用的商品相同。被告销售使用并推销"MOTR"商标的健身器材，主观"故意"明显。

（二）"情节严重"的考量因素

1. 侵权行为持续时间及侵权规模等因素

实务中，将侵权行为持续时间长、侵权规模和范围大、获利数额高作为考量"情节严重"的因素之一。

"百度烤肉案"中，京百度餐饮公司于 2012 年注册成立，并随之成立了多家分公司，共同实施案涉侵权行为，遍布北京市各地，且大量使用"百度""百度烤肉"等标识。侵权行为持续时间较长，且截止至一审诉讼期间（2021年），仍未完全停止侵权行为，可以作为诉讼中认定"情节严重"的考量因素之一。法院最终认定的京百度餐饮公司年平均营业利润为 30 万元左右。

2. 毁损他人商业信誉

在平衡身体公司诉永康一恋运动器材有限公司侵害商标权纠纷案中，法

---

〔1〕 北京市高级人民法院［2022］京民终 170 号民事判决书。

院认为被告的侵权行为不仅造成市场混淆，而且侵权产品还存在脱胶等质量问题，会使得消费者误购，从而误认为原告的产品存在质量问题，给原告长久努力积累起来的商业信誉带来负面评价，侵权后果较为严重。

3. 被告在和解或判决后重复侵权

在平衡身体公司诉永康一恋运动器材有限公司侵害商标权纠纷案中[1]，被告早在 2011 年已因出口西班牙的产品涉嫌侵权而被原告发函警告，并最终与原告签署和解协议，被告承诺不再侵权，但时隔几年之后，被告再次侵犯同一商标权，严重违背了诚实信用原则，侵权故意极其严重。

二、惩罚性赔偿基数的计算

知识产权侵权惩罚性赔偿数额主要由赔偿基数和赔偿倍数构成。

关于基数的确定，根据《商标法》规定，惩罚性赔偿基数按照实际损失、因侵权而获得利益的金额、商标许可费依次确定。关于惩罚性赔偿倍数的确定，《商标法》第 63 条规定了惩罚性赔偿的倍数区间，具体案件中要根据客观事实并结合侵权人主观故意程度、侵权严重程度等因素确定。依据依法适用、积极审慎的原则，适用惩罚性赔偿时要注重赔偿基数的相对准确性、倍数的合理性。

司法实践中惩罚性赔偿的计算基数难以确定的原因有如下几点：一是对侵犯知识产权损失计算规则中的一些重要词汇的定义不明而产生的争议；二是侵权人因侵权所获得的利益，被侵权人计算具有一定的难度，举证妨碍规则因适用标准严格、难度大导致适用率低；三是计算惩罚性赔偿基数的顺序不同导致的结果不同。

在"百度烤肉案"中，以被告的获利作为赔偿基数，双方当事人因计算依据的不同造成计算结果的不同，进而产生争议，而计算该互联网搜索引擎公司的损失数额是确定侵权赔偿的关键。原告申请要求被告京百度餐饮公司及其涉案分公司对其经营店铺的"店铺房屋产权信息"或"租赁房屋的租赁合同信息""销售收入账簿""财务报表"及纳税资料进行证据开示。京百度餐饮公司提供了部分财务报表及纳税申报表，法院最终根据计算出的营业利润以及年平均营业利润额确定侵权赔偿的基数。

---

〔1〕 上海市浦东新区人民法院［2018］沪 0115 民初 53351 号民事判决书。

结　语

全面落实惩罚性赔偿对于知识产权司法实践具有重大意义，实务中应当遵循"赔偿为主，惩罚为辅"的裁判规则，准确把握惩罚性赔偿的适用前提，合理确定赔偿数额，避免滥用惩罚权。

实务探究

最大诚信原则在财产保险理赔中的适用研究

陈星辰*

摘　要： 保险人和被保险人之间存在信息双向不对称的客观事实和基本矛盾，引致最大诚信原则成为保险合同中的最重要的原则之一。最大诚信原则在保险领域的研究和司法适用主要集中于投保人的如实告知规则、保险人的明确说明规则、弃权与禁止反言规则。在财产保险中，最大的争议焦点在于对理赔材料举证责任、理赔金额和合理期限的判断，这些在我国现行法律法规的规定中较为模糊，导致上述焦点问题在裁判案例中出现分歧。最大诚信原则可在上述领域弥补立法模糊和适用困难的现状。

关键词： 最大诚信原则　财产保险理赔　适用研究

引　言

保险是社会生产力发展到一定阶段的产物，其本质在于以多数人合理分摊的形式来补偿少数人的经济损失。[1]保险合同具有涉幸性。财产保险的本质目的在于对被保险人财产的保障。我国立法致力于维护被保险人权益和保险人利益之间的平衡，既要防止保险人店大欺客，拖延保险给付，损害被保险人的合法权益，防止被保险人遭受损失的同时因无法顺畅理赔造成双重精神压力，又要保障保险人的合法利益，防止被保险人违反诚实信用原则骗取保险金。为解决上述客观矛盾，保险行业发展出最大诚信原则。最大诚信原

---

　* 陈星辰（1990年—）男，汉族，河南新乡人，清华大学硕士研究生，北京大成律师事务所律师，研究方向为金融法学、民商法法律实务。
　〔1〕 王海明：《论保险要遵循最大诚信原则》，载《中国海商法研究》1999年第1期。

则是保险赖以活动和生存的基础，也是民法中诚实信用原则的延伸。[1]最大诚信原则较好地解决了保险人和被保险人双方信息不对称的问题，后期发展成为从投保到后期履行的全流程的重要原则。

司法实践中，财产保险理赔的举证责任认定、被保财产定损金额认定、理赔合理期限认定成为了涉财产保险案件的核心争议。当前最大诚信原则在保险领域的研究和司法适用主要集中于投保人的如实告知规则、保险人的明确说明规则、弃权与禁止反言规则。而最大诚信原则在保险履行和理赔过程中的适用可以为上述核心争议的解决提供指导性的思路。

一、最大诚信原则的缘起探究

（一）保险的起源和发展

保险的萌芽可追溯至 5000 年前的埃及，当地的石匠为了弥补自然灾害造成的人员伤亡和财产损失，通过签订协议建立互助机构，以预先缴纳的机构会费支付机构成员的相关损失费用。较早以明文形式规定的保险法律为《罗地安海商法》，其中规定：为了保障全体人员的利益，因为减轻船只的重量而遗弃船载的部分财产造成的损失，应由全体人员予以分担。我国同时期也出现了保险思维的萌芽，多个米商通过合作，分别将各自的货物分散在多个船只上进行运输，从而在行驶到危险区域的时候分散风险，即使遇到事故也将导致单个米商的部分货物受损。[2]

现代保险主要起源于海上贸易的快速发展。最早可追溯至 14 世纪作为世界贸易中心的意大利，进行海上贸易的商人们为了最大程度地分散风险并且加快货物的采购和运输流程而购买保险，之后，保险的形式从早期的组织互助逐渐发展为冒险借贷，即资本对共同海损的部分承担。现代保险业在贸易全球化和船业技术发展的推动下快速发展，逐渐规范成为海上保险合约，而又拓展到陆上的火灾财产保险、人寿保险和保险的其他形式。直到近现代，保险业已深入社会的各行各业，保险理论也从保险补偿和风险转移发展成为包括国民经济、社会政策、国家治理在内的综合保险学。

保险出现的社会现实和被保险人投保的根本原因是最大程度地锁定收益

---

[1] 李奋：《最大诚信原则及其变革》，载《学术研究》2001 年第 10 期。
[2] 佚名：《保险的起源》，载《内蒙古保险》1998 年第 1 期。

和风险，从而促进社会交易的进行。但由于保险是对未来不确定性风险所引致损失的补偿机制，即保险合同的涉幸性，在保险合同双方彼此信息高度不对称的背景下，如何确保合同双方的权利义务均得到保护成为了保险行业长久不衰的研究课题。其中最大诚信原则的出现与发展，成为了解决保险合同双方信息不对称性等困难的最重要的原则之一。

（二）最大诚信原则的起源

最大诚信原则最早起源于罗马法，后长期应用于英美法系国家在保险领域的司法实践中，普遍认为 1776 年英国曼斯菲尔德勋爵在 Cater v. Boehm 案[1]的判决正式确立了最大诚信原则在保险领域的具体适用。1906 年《英国海上保险法》首次以立法形式正式确立了保险法中的最大诚信原则。[2]大陆法系对最大诚信原则的研究开始于保险立法的基础性研究，以德国和日本为代表，通过理论带动立法以及后续适用。英美法系的保险法中普遍认可"保险合同为高度诚实信用合同"这一命题。大陆法系国家在立法中也纷纷纳入了诚实信用的原则，并在具体的条款中彰显了超越一般诚信原则的最大诚信原则理念。目前，最大诚信原则已成为世界各国保险合同的基本原则，即基于保险合同标的和风险的特殊性，要求市场参与者必须诚实，并遵守高要求的诚信。该原则中的"最大"不是指其效力位阶最高，而是在保险合同当事人与关系人的义务方面，其要求比其他民商法更为严格。最大诚信原则通过一系列规则发挥规范作用。[3]

我国保险行业立法较为迟滞，第一部《保险法》在 1995 年正式出台，结束了保险行业无法可依的困境。但在首部《保险法》出台后，我国保险行业

---

〔1〕曼斯菲尔德勋爵在该案的判词中表示："保险是基于投机交易的合同，是建立在估计的偶然机会上的特殊事实，通常只有被保险人最清楚；保险人相信他的陈述并继续基于坚信，他未隐瞒他知道的任何情况，误导保险人相信该情况并不存在，并诱使他估计该风险，如同该情形不存在那样。隐瞒此种情形是一种欺诈行为，因此该保险单无效。虽然此种隐瞒行为可能出于错误，而没有任何欺诈意图，保险人仍然已被骗，保险单将无效，因为，面临的风险与订立合同当时所理解和意欲承保的风险大不一样。保险单对保险人同样无效，如果他隐瞒他已知晓的任何情况，例如，假如他按航次承保了一艘船，私下他已知该船已抵达，在此种情况下，他有义务退还已支付的保险费。诚信原则禁止任何一方隐瞒其私下已知事实，引诱他方进行交易，由于他对该事实不知情且相信相反的情况。"

〔2〕1906 年《英国海上保险法》第 17 条规定："海上保险合同是一份建立在最大诚信基础上的合同，如果合同一方没有这种诚意，另一方可宣布合同无效。"

〔3〕《2021 年全国法院十大商事案件》，载 https://www.court.gov.cn/zixun－xiangqing－344441.html，最后访问日期：2023 年 9 月 15 日。

依然存在诸多乱象，尤其是保险理赔困难，骗保情况猖獗。为满足社会发展需要，我国对《保险法》先后进行了三次修正和一次修订。在 2002 年首次修正正式加入了诚实信用原则[1]，并在此后的修正中保留了这一条款。[2]我国虽没有关于最大诚信原则的明文规定，但从法律法规具体条文可以看出我国在保险立法中也遵循了各国的普遍实践和理论，将诚信作为指导保险活动的基本原则，且最大诚信原则也获得我国学界和司法实务中的一致认可，已经成为了我国司法指导保险行业的基本原则。我国《保险法》规定的投保人如实告知义务[3]、保险人的明确说明义务[4]、弃权与禁止反言规则[5]、保证约定[6]、情势变更通知义务[7]等，都体现了最大诚信原则的立法理念。我国近年来诸多司法判例中也多次引用了最大诚信原则作为裁判理由，包括陆某芳诉中国人寿保险股份有限公司太仓支公司保险合同纠纷案[8]、陈某金与新华人寿保险股份有限公司福建分公司人身保险合同纠纷案[9]等。

（三）最大诚信原则的概念和特点

保险合同作为特殊合同，其特殊性和专业性要求投保人和保险人在履行合同权利义务时要尽到最大的善意，不互相欺瞒，故又称为最大诚信原则。

---

〔1〕《保险法》（2002 年修正）第 5 条规定："保险活动当事人行使权利、履行义务应当遵循诚实信用原则。"

〔2〕韩长印、韩永强编著：《保险法新论》，中国政法大学出版社 2010 年版，第 5~132 页。

〔3〕《保险法》（2015 年修正）第 16 条第 1 款规定："订立保险合同，保险人就保险标的或者被保险人的有关情况提出询问的，投保人应当如实告知。"

〔4〕《保险法》（2015 年修正）第 17 条第 1 款规定："订立保险合同，采用保险人提供的格式条款的，保险人向投保人提供的投保单应当附格式条款，保险人应当向投保人说明合同的内容。"

〔5〕《保险法》（2015 年修正）第 16 条第 3 款规定："前款规定的合同解除权，自保险人知道有解除事由之日起，超过三十日不行使而消灭。自合同成立之日起超过二年的，保险人不得解除合同；发生保险事故的，保险人应当承担赔偿或者给付保险金的责任。"第 6 款、第 7 款规定："保险人在合同订立时已经知道投保人未如实告知的情况的，保险人不得解除合同；发生保险事故的，保险人应当承担赔偿或者给付保险金的责任。保险事故是指保险合同约定的保险责任范围内的事故。"

〔6〕《保险法》（2015 年修正）第 51 条第 1 款规定："被保险人应当遵守国家有关消防、安全、生产操作、劳动保护等方面的规定，维护保险标的的安全。"

〔7〕《保险法》（2015 年修正）第 52 条规定："在合同有效期内，保险标的的危险程度显著增加的，被保险人应当按照合同约定及时通知保险人，保险人可以按照合同约定增加保险费或者解除合同。保险人解除合同的，应当将已收取的保险费，按照合同约定扣除自保险责任开始之日起至合同解除之日止应收取的部分后，退还投保人。被保险人未履行前款规定的通知义务的，因保险标的的危险程度显著增加而发生的保险事故，保险人不承担赔偿保险金的责任。"

〔8〕参见《最高人民法院公报》2013 年第 11 期。

〔9〕参见福建省福州市台江区人民法院［2016］闽 0103 民初 2935 号民事判决书。

最大诚信原则不同于民商法中普遍的诚实信用原则和公平原则，是针对保险合同特殊性而适用的原则。

最大诚信原则不同于诚实信用原则。两个原则的价值理念均要求当事方信守承诺、诚实履行各自的责任义务并分享权利结果。但最大诚信原则适用的范围要小于诚实信用原则，义务深度又大于诚实信用原则。最大诚信原则的根本目的在于解决保险合同双方信息的不确定性，其适用范围仅限制在保险行业之中。与此同时，最大诚信原则要求保险人和被保险人基于最大的诚意，除法定义务和合理的合同约定，双方不再履行更多义务，继而填补法定和合同中的空白部分，并决定赔偿与否和金额事宜。

最大诚信原则也不同于公平原则。同样的，最大诚信原则适用范围小于公平原则，仅限制在保险领域。更重要的是，公平原则关注的重点在于交易对价的合理以及各方权利义务的对等，而这在保险合同的签订和履行中具有挑战。保险公司相对于投保人具有巨大的资金、专业知识优势和议价能力，投保人鲜有议价空间和理赔节奏的主动权。被保险人在与保险公司的合作中无法依据公平原则获得真正的公平，故需要最大诚信原则的约束。

由于最大诚信原则在我国法律法规中并无明文规定，因此，在涉保险合同纠纷的司法实践中，出现了以《合同法》或者基本诚信原则对保险纠纷进行司法裁判的情况，甚至在特殊的保险合同纠纷中往往出现无法通过常理进行解释的情况，有损我国司法的公信力。

二、最大诚信原则的具体适用

最大诚信原则主张保险合同属于最大善意合同范畴，建立在双方当事人高度信任的基础上，拥有超越其他民事合同的最大善意。[1]最大诚信原则虽不同于诚实信用原则，但后者对于最大诚信原则的司法适用情形具有参考意义。如学者梁慧星提出适用的三个原则：第一，是具体规则优先适用；第二，漏洞补充方法优先适用；第三，适用诚实信用原则与判例的冲突解决，即适用判例与适用诚实信用原则时，如得出同一结论，则适用判例；如得出相反

---

〔1〕 参见沈晖、时敏：《保险经营中的告知义务——判例·问题·对策》，中国法制出版社 2010年版。

结论，则适用诚实信用原则。[1]

（一）在财产保险理赔证据中的适用

在财产保险事故发生后的理赔过程中，根据《保险法》第 22 条[2]，被保险人在理赔时应当向保险人提供"其所能提供的与确认保险事故的性质、原因、损失程度等有关的证明和资料"。就此出现的争议焦点在于"所能提供的证明和资料"的解释。实践中，保险公司一般情况下均会要求投保人提供行政机关对保险事故的原因作出的官方认定，从而证明该财产保险事故原因并非保险条款中保险理赔的免责事项，相关行政机关的认定包括交通事故理赔中要求提供公安机关交通管理部门出具的《交通事故认定书》[3]和在火灾事故理赔中要求提供消防部门出具的《火灾事故认定书》[4]。但主要的争议焦点为部分财产保险事故并没有或长时间无法出具类似的官方认定书，或官方调查报告目的不在于责任认定，而在于预防未来风险，保险公司以此为由拒赔或延期理赔，例如交通事故和火灾事故的认定材料按行政法法规要求需限时做出并送达，可视为被保险人"可提供的证明、材料"，但涉及民用航空器的损失原因认定，民航局的调查并不是对事故责任的调查，目的仅为防止未来事件的发生，与此同时，规定中并未要求民航局将最终报告或结果告知被保险人。[5]在此情况下，航空器事件调查报告是否应视为被保险人"可提

---

[1] 梁慧星：《诚实信用原则与漏洞补充》，载《法学研究》1994 年第 2 期。

[2] 《保险法》（2015 年修正）第 22 条规定："保险事故发生后，按照保险合同请求保险人赔偿或者给付保险金时，投保人、被保险人或者受益人应当向保险人提供其所能提供的与确认保险事故的性质、原因、损失程度等有关的证明和资料。保险人按照合同的约定，认为有关的证明和资料不完整的，应当及时一次性通知投保人、被保险人或者受益人补充提供。"

[3] 《道路交通事故处理程序规定》（2017 修订）第 24 条规定："交通警察适用简易程序处理道路交通事故时……当场制作道路交通事故认定书。不具备当场制作条件的，交通警察应当在三日内制作道路交通事故认定书。"第 62 条第 1 款规定："公安机关交通管理部门应当自现场调查之日起十日内制作道路交通事故认定书。交通肇事逃逸案件在查获交通肇事车辆和驾驶人后十日内制作道路交通事故认定书。对需要进行检验、鉴定的，应当在检验报告、鉴定意见确定之日起五日内制作道路交通事故认定书。"第 65 条第 1 款规定："道路交通事故认定书应当在制作后三日内分别送达当事人，并告知申请复核、调解和提起民事诉讼的权利、期限。"

[4] 《火灾事故调查规定》（2012 年修订）第 29 条规定："公安机关消防机构应当根据现场勘验、调查询问和有关检验、鉴定意见等调查情况，及时作出起火原因的认定。"第 32 条规定："公安机关消防机构应当制作火灾事故认定书，自作出之日起七日内送达当事人，并告知当事人申请复核的权利……"

[5] 《民用航空器事件调查规定》（2022 年修正）第 5 条规定："按照本规定开展的事件调查的唯一目的是预防类似事件再次发生，不是为了分摊过失或者责任。此调查应当与以追究责任为目的的其他调查分开进行。"

供的证明、材料"。

被保险人提供"证明和材料"的义务可被理解为又一告知义务，即告知保险事故发生及其所了解的被保险财产损失事故原因的真实情况的义务。告知义务的法理依据是最大诚信原则，其客观原因在于被保险人了解比保险人更多的信息。但是最大诚信原则也有其边界，即不能超出被保险人了解的和可以得到的信息。被保险人应提供的"所能提供的证明和资料"，应被限定为被保险人出险时已有的材料以及法规、法规明确行政机关应主动向被保险人提供的用于认定事故责任的资料。如上所述的通用航空器事件导致的财产损失，法律法规未明确要求将行政认定提供给被保险人，且即使出具行政认定也不是用于责任认定之目的，不应被认定为被保险人"可提供"的，也非"证明"。保险人作为保险专业机构，其本身有义务通过其专业能力并根据《保险法》第 23 条[1]，对保险事故原因"作出核定"。与此同时，在最大诚信原则的指导下，如果被保险人所提供的材料被后续证实具有隐瞒、遗漏或者不实的说明，其应承担责任。但是，在未证伪被保险人提供的材料的真实性的背景下，不可以单方面加重被保险人提供证明和材料的义务。

（二）在财产保险理赔定损金额认定中的适用

财产保险是以补偿投保人因保险事故造成的实际经济损失为目的的补偿型保险，补偿的最高限额为保险合同中记载的保险金额。根据《保险法》第 21 条、第 23 条规定，财产保险事故核定义务和定损责任均在保险人一方。实践中，争议焦点主要在于两点：一是被保险人认为保险公司对受损财产的定损金额过低；二是被保险人认为保险公司拖延定损的时间从而自行定损。

如在机动车交通事故导致的财产保险理赔中，对于机动车部件的保险理赔是应以维修为限还是以更换为限，是应以原厂原件为限还是以非原厂原件为限，这均会对定损金额产生较大影响。最大诚信原则的作用在于，在法律法规的要求下，如果保险人积极履行定损义务，并通过具有定损资质的机构

---

[1]《保险法》（2015 修正）第 23 条第 1、2 款规定："保险人收到被保险人或者受益人的赔偿或者给付保险金的请求后，应当及时作出核定；情形复杂的，应当在三十日内作出核定，但合同另有约定的除外。保险人应当将核定结果通知被保险人或者受益人；对属于保险责任的，在与被保险人或者受益人达成赔偿或者给付保险金的协议后十日内，履行赔偿或者给付保险金义务。保险合同对赔偿或者给付保险金的期限有约定的，保险人应当按照约定履行赔偿或者给付保险金义务。保险人未及时履行前款规定义务的，除支付保险金外，应当赔偿被保险人或者受益人因此受到的损失。"

得出的定损金额，应得到法院的认可，除非被保险人提供相反证据证明该定损金额无法完成维修工作。但如因为被保险人提出应更换部件而非维修部件等原因，从而导致定损金额高于保险人定损金额的，不应被认可。但如果保险人未履行积极定损的义务，则被保险人为减少损失，可自行对损失财产进行定损，而且保险人应认可有资质的定损公司出具的定损金额。[1]

（三）在财产保险理赔合理期限中的适用

理赔时间畸长一直是保险行业最被诟病的一个问题。"投保容易理赔难"也成为了对保险行业的普遍负面认知。为限制保险公司的恶意拖延，我国为此专门在立法修订中加入了对保险公司合理理赔期限的指导。我国《保险法》在 1995 年版和 2002 年版中规定了保险人应对被保险人的损失"及时"作出核定并予以赔付，但并未对"及时"的定义作出指导。2009 年修订的《保险法》正式加入了保险人理赔合理时限的限定条件，保险人收到赔偿或者提出给付保险金的请求后，应当及时作出核定。除合同另有约定外，情形复杂的应当在 30 日内作出核定并书面通知被保险人或者受益人。经核定不属于保险责任的，应当在向被保险人或受益人发出的拒赔通知书中说明理由，以便于被保险人或受益人作出是否采用诉讼等方式主张自己索赔权利的判断。与此同时，被保险人补充证明材料的次数被限定为一次，还加入了 60 天内先期理赔的条款。但即使法律规定如此，依然难以较好解决被保险人理赔难的客观现实。

最大诚信原则通过一系列规则发挥规范作用，保险公司的及时理赔义务就是其中之一。[2]上述关于合理期限的相关义务应被理解为保险人的反馈义务，即将保险核定结果及其原因告知的义务，应及时而完整。只有如此，被保险人才可对保险人和核定结果作出同意或不同意的意思表示，并通过协商或诉讼等方式及时维护自身权益。

现实中保险公司往往以被保险人未提供足够证明和资料为由持续让被保险人补充，以此拖延理赔。被保险人提供"可提供的"证明和资料应视为最

---

〔1〕《江苏省高级人民法院关于审理保险合同纠纷案件若干问题的讨论纪要》（苏高法审委〔2011〕1 号）、《浙江省高级人民法院关于审理财产保险合同纠纷案件若干问题的指导意见》（浙高法〔2009〕296 号）、《关于保险合同纠纷案件 94 个法律适用疑难问题解析》（济南市中级人民法院，2018 年）。

〔2〕《2021 年全国法院十大商事案件》，载 https://www.court.gov.cn/zixun-xiangqing-344441.html，最后访问日期：2023 年 9 月 10 日。

大诚信原则中的告知义务，"一次性补充"法定要求实质为保险公司应履行的最大诚信原则中的明确说明义务。如前所述，被保险人的义务是提供"可提供的证明和资料"，而不是提供保险人要求其提供的所有材料，如保险人完成资料提供即应认定履行积极配合义务，保险公司应该"及时"进行核定并赔付。与此同时，财产损失险规范体现被保险人中心主义，格式条款为保险主要条款，更应严格要求保险人核定应有合理期限的法定义务以及合同约定说明义务，保险合同不应减损保险人义务，增加被保险人义务。与此同时，对于短时间内无法确定具体金额的财产损失理赔，保险人则应在 60 日内对可以证明数额的部分进行先行赔付。故保险人均因基于最大诚信原则，对被保险人的理赔进行及时核定和赔付。

三、最大诚信原则适用的完善建议

鉴于保险合同的涉幸性、合同双方的信息不对称性和双方能力的不对等性，最大诚信原则已经成为各国保险行业立法的重要指导性原则，并已通过一系列具体规则予以适用，平衡着保险合同双方的权利义务。但最大诚信原则并未在我国法律法规中被明文规定，尤其在财产保险的理赔过程中，在保险核定、证据分配、理赔金额、理赔期限等方面的适用均不完善，故我国仍要加强适用最大诚信原则这一国际通用原则。

（一）在法律中明确规定最大诚信原则

目前，我国《保险法》等法律中未明文规定最大诚信原则，但在我国的行政规章中已经规定了该原则，包括银保监会 2021 年颁布的《再保险业务管理规定》[1]，上海等地方的行政管理规定《上海市中小企业出口信用保险集约投保实施办法》（2010 年）以及证监会管理下的全国中小企业股份转让系统（新三板）、《公开转让说明书信息披露指引第 4 号——保险公司及保险中介（试行）》（2016 年）。最大诚信原则纳入《保险法》已经具有了客观需要和现实条件，应考虑积极纳入以进一步发挥该原则的作用。

（二）加大最大诚信原则的适用

建议通过指导案例或者类型化裁判指引等方式加大最大诚信原则在财产

---

[1] 《再保险业务管理规定》（2021 年修订）第 5 条规定："保险人、保险联合体和保险经纪人办理再保险业务，应当遵循审慎和最大诚信原则。"

保险理赔中的适用。目前在江苏和浙江等多个地方高级人民法院的裁判指引中均明确引用最大诚信原则[1]，在威科先行法律信息库中可搜索的包含最大诚信原则的裁判文书已超过 5600 篇[2]。在我国法律未明文规定最大诚信原则的背景下，为解决日益增加的保险合同纠纷，司法机关应主动作为，积极适用最大诚信原则，也将会彰显司法理念对于社会发展的积极引导。

（三）发挥最大诚信原则在保险理赔中的作用

最大诚信原则的研究和适用目前主要集中于保险投保环节中被保险人的告知义务、保险人的明确说明义务和禁反言要求，在保险争端较为集中的保险理赔环节的理论和实践研究较为欠缺。根据前文所述，宜将保险理赔中的举证义务推定为最大诚信原则中的被保险人告知义务，将理赔补充材料要求推定为最大诚信原则中的保险人明确说明义务，以此免除法定和合同约定外的理赔责任，并将最大诚信原则中禁发言原则应用在后理赔阶段，由违反该原则方承担责任，从而实现最大诚信原则的适用目标。

（四）强化保险公司的理赔责任

保险理赔是保险的应有之义，也是被保险人挽回损失的最后一道保障。被保险人在遭受保险事故后再受到保险公司的刁难，是对社会主义核心价值观的践踏，严重的还将造成负面社会事件。因此，应在立法中强化保险公司的理赔责任，并对其拖延赔付等行为采取惩罚性措施，以真正压实保险公司的理赔责任，限制理赔期限，给社会以合理预期，维护社会健康发展。

结　语

保险是社会生产力发展到一定阶段的特殊产物。保险的射幸性导致了保险人和被保险人的独特权利义务，故不同于民事上诚实守信原则以及公平原则的最大诚信原则应运而生。最大诚信原则已经成为了国际保险行业的法律法规通用原则之一，我国虽未明文规定，但也在法律适用中逐步接纳。未来我国应进一步加强最大诚信原则的立法和适用，维护保险双方权益义务均衡，缓解现实中的集中纠纷，实现对社会利益最大程度的保障。

---

〔1〕《江苏省高级人民法院保险合同纠纷案件审理指南（2011 年）》《浙江省高级人民法院审理金融纠纷案件若干问题讨论纪要》。

〔2〕查询截止时间 2023 年 8 月 14 日。

应对阿根廷对华反倾销的策略研究

陈惠清*

摘　要：近五年来，在国外对华反倾销调查中，阿根廷发起案件数量排名第三。阿根廷对华反倾销调查迄今为止一国一税、且税率较高的结果对我国涉案企业与阿根廷的出口贸易造成了较大影响。本文旨在通过阿根廷对华反倾销的形势、原因及特点的分析和研究，提出中国应对阿根廷对华反倾销对中国对外贸易影响的对策。

关键词：阿根廷　对华反倾销　应对　策略

引　言

阿根廷是拉美第三大经济体，自然资源丰富，农牧业发达。中国是阿根廷第一大进口来源国、第二大出口目的地和最大的农产品出口市场。阿根廷是我国在拉美的第六大贸易伙伴，也是我国在拉美的第五大进口来源国。2022年双边贸易额约为213.62亿美元，同比增长19.99%。其中我国出口总金额约为128亿，增长了19.56%。[1]中阿经济贸易合作具有很强的互补性。

但阿根廷的经贸环境也存在一些问题：受地理环境影响，阿根廷以农产品为主对外出口，国内产业两极分化，制造业相对落后，国际竞争力不足，长期依赖政府保护。近年，阿根廷宏观的经济环境比较疲软，金融形势严峻，债务重组困难，2023年上半年通货膨胀率达到了47%，短期之内经济环境可能难以改善。

---

* 陈惠清（1978年—）女，汉族，福建人，中国政法大学同等学力研修班2021级学员，研究方向为国际法学。

[1]　数据来源：http://gtf.sinoimex.com/，最后访问日期：2023年9月2日。

基于上述种种原因，阿根廷频频发起贸易救济调查。而我国企业如果不应诉或应诉不利，往往会获得高额反倾销税率，从而失去阿根廷市场，并可能引发其他国家效仿调查，从而对我国涉案产业形成围堵之势，需引起我国企业高度重视。

一、阿根廷对华反倾销调查形势

反倾销措施是世界贸易组织允许并作出明确规定的贸易救济措施，但也易被当成贸易保护主义的手段。

阿根廷是 WTO 成员中第四大反倾销使用国，仅次于印度、美国、巴西。发起的反倾销案件数量占全球总量约 7.82%，其中，中国是最主要的发起对象，占比达到 32%。根据商务部贸易救济信息网统计数据[1]显示，自 1995 年 WTO 成立至 2023 年 7 月，阿根廷对中国发起贸易救济原审立案累计 144 起。

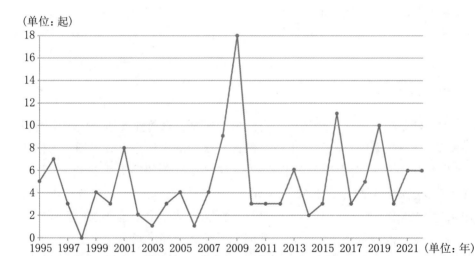

（单位：起）

1995—2022 年阿根廷对华发起反倾销调查趋势图

数据来源：商务部贸易救济信息网

近年来，阿根廷对华反倾销调查涉案产品主要涉及塑料制品、机械器具、金属制品、汽车零部件等产品，尤其是以电器设备为主，比如多功能食品加

---

[1] 参见 http://cacs.mofcom.gov.cn/cacscms/view/statistics/ckajtj，最后访问日期：2023 年 9 月 2 日。

工机、空调、风扇、电热水壶、吸尘器等，范围比较广[1]。

基于上述形势，我方企业、特别是电器设备等企业需关注阿根廷反倾销调查动向，提前做好应对防范。

二、阿根廷对华发起反倾销调查的原因

每起反倾销调查背后都有其潜在的原因，我们需要找准原因、分析原因才能更好地制定应对策略。阿根廷对华发起反倾销调查的原因通常包括：

（1）经济环境影响。反倾销作为一种贸易保护工具，与世界及当地经济发展状况是紧密相连的。当世界经济遇到危机，各国对外经贸政策无疑会趋向保守。

（2）效仿他国连锁反应。受跨国公司布局、贸易转移担忧等多重因素影响，贸易救济调查在全球范围内具有一定传导性，易引发连锁反应。阿根廷在多个产品领域，也效仿他国对中国同类产品进行反倾销调查。

（3）保护国内产业。中国产品进入阿根廷市场，在满足当地需求、提高居民生活质量的同时，也对其本国同类产业造成了直接的冲击或威胁，贸易救济调查和措施则成为限制进口、保护国内产业的有力手段之一。

（4）缺少对公共利益的充分考量。公共利益因素在拉美各国开展反倾销调查中有着不同权重。有的国家建立了专门的公共利益评估程序，如巴西，但更多国家仍以本国产业为首要考量。阿根廷调查机关主要考虑的是产业界的利益和国家的产业安全，而非下游用户的需求或消费者的福祉，更容易采取反倾销措施。

（5）我国部分企业存在低价竞销。我国部分企业发展缺乏长远规划，对国际市场长期发展趋势和产品供需矛盾研究不透，造成生产过剩，竞争行为失范，低价出口导致外国反倾销调查和征税，直接影响商品的出口。

三、阿根廷对华反倾销调查的特点

（一）调查采用双轨制

阿根廷负责反倾销的部门是阿根廷经济部，具体由其下设的贸易秘书处

---

[1] 商务部贸易救济信息网：http://cacs.mofcom.gov.cn/cacscms/view/statistics/ckajtj，最后访问日期：2023 年 9 月 2 日。

的贸易政策和管理副秘书处主要负责倾销部分的调查工作；由隶属于贸易秘书处的全国贸易委员会主要负责产业代表性、损害、因果关系等损害部分调查工作[1]。

（二）未对中国企业采用单独税率

自 2017 年 5 月 19 日起，阿根廷在对华反倾销案件中已承认中国的市场经济地位，在个案中弃用替代国做法，即不再使用替代国数据、而是采用中国应诉企业所提供的国内销售及成本数据来计算倾销幅度。但是在实务中，企业部分应诉材料必须进行公证认证及宣誓翻译，导致材料多、耗时长，加上 2017 年之后真正尝试填写倾销问卷来争取单独税率的企业数量也比较少，到目前为止还没有企业获得自己的单独税率，所有案件都是全国统一税率。

（三）采取孰低原则

阿根廷反倾销调查中，最终反倾销税率采用孰低原则，即取倾销幅度和损害幅度中较低者作为最终的反倾销措施。这对企业来说是比较有利的因素，因为不论是倾销应诉还是损害应诉获得较低的幅度，都可以获得较低的税率，因此两方面应对都需要得到企业的重视。

（四）应诉程序有特殊要求

应诉阿根廷反倾销案件，所有的问卷回答和支持性文件，都应该翻译成西班牙语，其中支持性材料如果不是以西班牙语书写的，则需进行宣誓翻译，授权委托书和相关文件等还需要办理公证和领事认证。

（五）企业可申请价格承诺

在阿根廷反倾销案件中，企业即使不填写倾销问卷，仅进行损害抗辩，仍有可能获得价格承诺。2020 年，在阿根廷对华电焊机反倾销案件中，调查机关第一次接受中国行业组织机电商会代表企业提交的价格承诺，接受了 6 家企业区分 11 个产品型号的价格承诺。此后，在阿根廷对华电热水器反倾销案中，机电商会再次组织三家企业获得价格承诺。

价格承诺是反倾销税的替代方式，是出口商向调查机关主动承诺提高涉案产品的出口价格或停止以倾销价格出口，以避免被征收高额的反倾销税。价格承诺一方面可以保住中国企业一定市场份额，提高其利润，进而有利于产品品质的提升；另一方面，也保住了阿根廷进口商和下游用户的利益，避

---

〔1〕 参见阿根廷于 2008 年 9 月 2 日颁布的第 1393/2008 号法令（可简称"反倾销条例"）。

免因高额反倾销税而使涉案产品价格飙升，使各方利益得到有效平衡，是一种比较有利的结案方式。

综上，阿根廷对华反倾销调查既有有利因素，比如弃用替代国做法、愿意接受价格承诺、没有填答倾销问卷的企业亦可获得价格承诺等，也有不利因素，比如调查要求繁琐、尚无企业获得单独税率等，企业可以充分考量这些因素，制定适合自身的应对策略。

四、阿根廷对华反倾销调查的应对策略

（一）企业需要加强自身管理

企业在推动市场多元化的同时，应提升贸易摩擦应对意识，将应诉反倾销纳入日常管理，对重点市场进行精细化管理，关注当地产业的发展状况，及时做好预警。另外，要规范内部销售及财务记录，重视财务制度建设，加强反倾销培训，提前做好贸易救济合规。

（二）发挥多主体协同应对机制作用

充分发挥应对贸易摩擦案件"多主体协同"机制作用，由商务部、各地方商务主管部门、商协会和涉案企业等各主体各司其职、形成合力，共同应对案件，争取有利结果。其中，企业是应诉的主体，其他各方提供应诉支持与保障，保持密切沟通和联系。

（三）采取多种途径进行积极应对

拉美反倾销案件，政治交涉往往起到比较重要的作用。在案件应对中要法律抗辩、对话磋商与政治交涉多管齐下，并充分发挥当地进口商和下游用户力量进行游说工作，以争取案件有利结果。

（四）制定有针对性的应诉策略

阿根廷反倾销案件应对难度高，案件的程序和实体问题负担重，应诉工作需要根据实际情况制定一个合适的策略，包括从务实的角度出发，推动调查机关在个案上以更加灵活的方式结案及接受企业调查问卷的时候给予一定的延期、材料，公证认证给予一些减免或者豁免等。

结　语

阿根廷对华反倾销一定程度上阻碍了中国涉案产品对阿根廷市场的出口，

对中国的对外贸易带来不利影响，中国应根据阿根廷对华反倾销的形势、原因及特点进行积极应对。在未有案件时，企业应加强预警和自身的贸易救济合规；在遭遇案件后，各方应充分发挥应对贸易摩擦案件"多主体协同"机制作用，采取多种途径进行积极应对，制定有针对性的应诉策略，争取有利结果。

医疗美容行业肖像权侵权问题研究

李　硕*

摘　要：在医疗美容行业，未经许可擅自使用他人肖像的侵权现象时有发生。肖像权侵权不仅侵犯肖像权人的人身权，有损其人格尊严，而且扰乱了行业的市场竞争秩序。因此，对医疗美容行业的肖像权侵权行为有必要予以规制。基于此，本文对医疗美容行业肖像权侵权问题进行研究和探讨。

关键词：医疗美容　肖像权　侵权

引　言

随着人们对"颜值"的极致追求，美容整形早已为广大消费者所接受。原来少数有钱人才能享受的高端医疗美容服务，如今已是"旧时王谢堂前燕，飞入寻常百姓家"[1]。"颜值经济"[2]让医疗美容行业迅速迎来了绚丽的春天。然而，由于初期行业监管缺位，市场混沌无序，在高额利润面前，医疗美容从业者少有自律可言，肖像权侵权案件频发。

肖像权是人身权的重要内容，是私权。在医疗美容行业，未经许可擅自使用他人肖像，不仅侵犯了他人的人格尊严，也扰乱了市场竞争秩序。因此，有必要予以规制。

一、医疗美容行业肖像权侵权现状

随着"颜值时代"的来临，医疗美容行业处于快速发展期。从市场规模

---

* 李硕（1976年—），男，汉族，湖北大悟人，上海源杰律师事务所高级合伙人。

〔1〕（清）彭定求等：《全唐诗》（上），上海古籍出版社1986年版，第912页。

〔2〕谢金萍、阿细：《风口上的颜值经济》，载《21世纪商业评论》2016年第9期。

来看，据 iiMedia Research（艾媒咨询）数据预测，2020 年医疗美容市场规模将超过 3000 亿，达到 3150 亿元。（图 1）

图 1　2015~2020 年中国医疗美容行业市场规模及预测[1]

数据来源：国际美容整形外科学会（ISAPS），iiMedia Research（艾媒咨询）

从市场占有率来看，据 iiMedia Research（艾媒咨询）数据显示，2019 年医疗美容市场规模约 649 亿美元，中国已成为医疗美容第三大市场，占全球的 10%。（图 2）

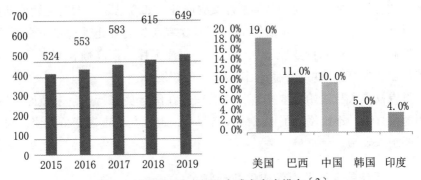

图 2　中国医疗美容行业全球占有率排名[2]

〔1〕《2018-2019 中国医疗美容行业研究与产业链分析报告》，载 https://www.iimedia.cn/c400/63605.html，最后访问日期：2023 年 8 月 25 日。

〔2〕《2018-2019 中国医疗美容行业研究与产业链分析报告》，载：https://www.iimedia.cn/c400/63605.html，最后访问日期：2023 年 8 月 25 日。

在如此庞大的医美市场面前，各种口腔诊所、皮肤护理中心、私密整形会所、医疗门诊部、整形医院等各种医疗美容机构都雨后春笋般地冒了出来，遍布全国大街小巷。

在过分倚重市场营销来获取客源的医美市场，肖像权侵权现象每天都在不同程度的上演，以致很多医美机构对此类案件早已司空见惯，习以为常。

二、医疗美容行业肖像权侵权行为的含义及表现形式

医疗美容行业肖像权侵权，是指未经自然人同意，以各种形式和手段复制、陈列、再现其形象，侵犯其精神利益和财产利益的违法行为。

医美肖像权侵权有以下几种主要表现形式：

（一）网站

肖像权侵权以照片（含局部照片）为主，可识别的表演形象和动漫为辅，涵盖其他形式侵权。医美机构的网站侵权，通常是从百度或其他专业模特网站上找年轻貌美，气质优雅的女明星照片或个人写真，下载后直接挂在网站上，打上公司水印或LOGO，然后配以割双眼皮、隆胸、减肥、私密等医疗整形项目进行宣传。

（二）微博

微博是一种便捷的交流工具，不拘泥于形式，信手写来，及时发布，可实时与粉丝交流互动。微博侵权，一般是指针对某项医美项目或活动发文，配发明星照片从而构成侵权。

（三）微信公众号和小程序

公众号侵权位列第三。医美公众号因为可以编辑发布医美文章、手术案例、艺人照片以及相关视频等内容，让受众了解医美最新动态，达到圈粉的目的。哪里有营销，哪里就有侵权。如北京互联网法院受理的秦岚诉广东某民营门诊部肖像权侵权案，杨颖（Angelababy）向湖南某医学门诊部发律师函要求赔偿案等，均为医美微信公众号侵权。

（四）活页广告、宣传册

各种医美宣传册、活页广告主要用于医美机构对外展示服务内容、项目、特色门诊、举办各种学术峰会或促销。有时为博人眼球，增强宣传效果，明星照片就会被印刷上去，从而构成肖像权侵权。

（五） 直播平台和小视频

网络直播是一种新的营销方式。前几年流行的映客、花椒、斗鱼等直播平台，小视频如抖音、快手、微视、火山小视频、最右、美拍、bilibili、奶糖、MUSE 等。这种类型的营销方式因受众广、传播快，也受到医美机构的青睐。这些平台多以模仿、照片、表演形象或背景嵌入等形式构成肖像权侵权。

三、医疗美容行业肖像权侵权的构成要件

侵权构成要件是认定某一行为是否构成侵权的标准或条件。传统的民事侵权构成要件采四要件说，即违法行为、主观过错、损害后果、因果关系。

王利明教授认为肖像权侵权的构成要件为未经本人同意和实施了利用他人肖像的行为。[1]该观点采用了二要件说，即"未经本人同意"和"实施了利用他人肖像的行为"。

司法实践中则有四种观点，基本采用的都是二要件说，即未经本人同意、以营利为目的的使用；未经本人同意、使用；未经本人同意使用、使人产生误解；未经本人同意、破坏权利人的肖像。[2]

就医疗美容行业而言，我们赞同王利民教授的观点。因为传统的民事侵权构成要件的适用不利于打击和规制医美行业肖像权侵权乱象，也不能有效遏制医美行业肖像权侵权愈演愈烈之歪风。因此，我们将医美行业肖像权侵权的构成要件归纳为"未经肖像权利人同意"及"实施了侵犯他人肖像权的行为"。

四、医疗美容行业肖像权侵权归责原则

侵权归责原则，是对侵权行为所引起的法律责任进行判断、确认、追究及免除过程中所依照的原则。该原则亦是据以确定行为人承担民事责任的理由、标准，也是司法机关处理侵权纠纷应遵循的基本准则。

---

〔1〕 王利明：《人格权重大疑难问题研究》，法律出版社 2019 年版，第 512~513 页。
〔2〕 张宝玲：《肖像权侵权责任构成要件的文本与实践思考》，西南政法大学 2014 年硕士学位论文，第 6 页。

我国学者关于侵权归责原则至少有九种观点，[1]归纳起来，主要为三种学说：[2]一元论、二元论和三元论。一元论认为，过错责任原则在归责原则中处于唯一和绝对的地位；二元论认为，过错责任和无过错责任已经成为两种并存的归责原则；三元论则认为，除了过错和无过错责任外，公平责任也已经成为一种独立的归责原则。

归责原则所指的"责"，仅仅限于侵权损害赔偿这一种责任形式。现以林心如肖像权侵权案为例，来看医美行业肖像权侵权归责原则在司法实践中的具体应用。

2015 年，林心如以某医疗美容医院未经其许可，在网站上发布文章，擅自使用了她 24 张不同照片，侵犯了其肖像权和名誉权为由诉至法院，要求被告在全国发行的报纸上公开赔礼道歉，赔偿经济损失 690 000 元、精神损害抚慰金 100 000 元、维权成本 5000 元。此案经法院开庭审理，在法官主持下达成调解：被告赔偿原告经济损失和精神损害抚慰金 16 万元、维权成本 4400 元。

本案法官参照最高人民法院《关于确定民事侵权精神损害赔偿责任若干问题的解释》，结合案件事实综合评判。该判断标准为：①侵权人的过错；②侵权的手段、方法；③侵权后果；④获利情况；⑤侵权人的经济状况；⑥当地生活水平。这里的六项标准由法官综合权衡，自由裁量。其中第 1~3 项标准为过错责任判断，即通过这三项标准来分析判断侵权人的主观过错和过错程度；第 4~6 项标准主要考虑不同区域及侵权人的经济状况，体现判赔金额的公平性。

因此，我们认为，医美行业肖像权侵权原则一般以过错原则为主，公平原则为补充。

五、医疗美容行业肖像权侵权的违法阻却事由

侵权责任的违法阻却事由，是指减轻或者免除侵权责任的条件。由于继受大陆法系的民法理论，强调侵权行为的违法性，因此将抗辩事由称为违法阻却事由。

---

[1] 刘心稳主编：《中国民法学研究述评》，中国政法大学出版社 1996 年版，第 628~629 页。

[2] 冯建妹：《中国侵权法二十年回顾与展望（上）》，载《南京大学法律评论》2001 年第 2 期。

肖像权虽属排他性的绝对权，任何人未经权利人许可不得随意侵犯，但肖像权的保护也应当有个边界或例外，这个边界或例外即为违法阻却事由或合理使用。

医疗美容行业肖像权侵权的违法阻却事由包括：①为公共卫生、疾病预防需要而使用；②为医学新闻报道而使用；③为正当的舆论监督而使用；④因协助通缉犯罪嫌疑人或报道已判决案件而使用；⑤为求美者的利益而使用；⑥作为证据而使用；⑦为了医学研究和学术交流在一定范围内使用。

结　语

医美行业初期，一些从业人员素质不高，法律意识淡薄，大量公众人物的照片被直接用在官网、微博以及宣传册上。由于信息不对称，公众人物对肖像权侵权亦无从知晓。"法不责众"的盲从心理和"搭便车"的投机心理占据主导地位。所以，在相当长的一段时间内，医美行业肖像权侵权现象野蛮生长。后来，偶有零星的诉讼，但公众人物广告带来的流量收入要远远高于肖像权侵权赔偿。至此，医美机构人员由当初的"法律小白"摇身变成了"搭便车"的投机分子，最后完成了市场"理性经济人"的身份转变。至今，医疗美容行业仍然可以看到肖像权侵权"大片"不断上演。

因此，笔者认为，"搭便车"的投机心理与"理性经济人"的利益权衡是导致医疗美容行业肖像权侵权泛滥的根本内因，根源在于违法成本太低。

涤除法定代表人诉讼理论和实践探析

濮嘉诚*

摘　要：法定代表人制度是我国《公司法》中一个重要的制度。法定代表人在公司对内对外的活动中扮演着重要的角色。在法定代表人不能胜任其职责的情况下，涤除其法定代表人资格对于防范法定代表人面临的各种风险具有重要意义。本文旨在探讨涤除法定代表人登记诉讼的理论和实践争议。

关键词：涤除法定代表人　诉讼理论

引　言

近年来，法定代表人申请涤除登记的案件在全国各地均有发生。该等案件虽并不涉及财产标的，但各地法院针对高度重合的事实情节，却作出了截然不同的判决结果，这反映了裁判标准的不统一以及立法上的些许空白及争议。

一、涤除法定代表人的诉讼概述

（一）涤除法定代表人的含义

法定代表人是法人作为拟制人格在实践中予以具象化的体现。法人通过法定代表人的行为实现其意志。而当该法定代表人无法或不愿实现法人意志时，法人主体应针对该行为授权代表主体进行更替或涤除。

（二）涤除法定代表人的法理依据

首先，根据《公司法》第 13 条规定，法定代表人应依照公司章程的规定，由董事长、执行董事或者经理担任，并依法登记。此处蕴含的法理意义

---

* 濮嘉诚（1996 年—），男，汉族，浙江杭州人，浙江泽大律师事务所律师。

有：其一，法定代表人应依据公司章程形成。其二，法定代表人仅能由董事长、执行董事或者经理担任，与公司存在实质关联。其三，其应依法登记。有学者认为，法定代表人是自然人，而公司则是法人主体，二者存在不同的利益诉求与冲突，"同一人格"是不切实际的假想。[1]

其次，法定代表人对外具备权利外观、对外部主体具备信赖利益。根据《民法典》规定，法定代表人经登记公示产生的权利外观对第三人存在信赖利益；其若与法人主体相互"分离""独立"而不履行忠实义务的，产生的后果往往弊大于利。其次，法定代表人与公司法人间的关系应被认定属于一种意定的、特殊的委托代理关系。[2]而委托代理关系本身最根本的内含即为委托人与代理人之间的互信基础。缺乏互信基础的委托代理关系，将对公司法人、法定代表人本人及外部第三人造成结构上不可避免的损害。

（三）涤除法定代表人诉讼的含义

综上，涤除法定代表人诉讼，指公司法定代表人在其与公司无任何实质利益关联时，因公司不能或不愿启动法定代表人变更程序而使该原人选向公司提起的诉讼。该等诉讼中核心的请求权基础，实为《公司法》关于股东会决议及变更登记的流程与民法上意定委托代理关系的竞合。

二、涤除法定代表人诉讼的理论争议

目前理论界存在两种截然不同的逻辑导向，笔者试分析如下：

（一）支持法定代表人涤除登记请求的价值取向

笔者认为，针对本文所指向的核心问题，支持法定代表人涤除登记的、最具代表性的法理价值取向体现于如下方面：

其一，公司的法定代表人就是法人机关。一个自然人成为公司的法定代表人，其应当与公司之间存在实质性的利益关联，并应当参与公司的经营管理，否则其根本就不具备对外代表法人的基本条件和能力。[3]

其二，法定代表人作为经营核心者，其所负之忠实义务程度应较一般雇员为高。不受忠实义务约束的登记之法定代表人对外进行损害公司利益行为

---

〔1〕 袁碧华：《法定代表人的制度困境与自治理念下的革新》，载《政法论丛》2020 年第 6 期。

〔2〕 上海市闵行区人民法院［2018］沪 0112 民初 37212 号民事判决书。

〔3〕 王志明：《离职法定代表人法律风险及无法变更登记时的救济措施研究》，载《中国律师》2021 年第 8 期。

的可能性很高；而权利义务失衡亦可能损害登记法定代表人的合法权益。

其三，法定代表人属于意定的公司代理人，两者应存在特殊的委托关系。[1]而委托关系的存续应当尊重双方是否具有持续该种委托关系的意思。若该种委托关系无法继续履行，则公司股东理应进行终止与清理。

其四，多数学者主张扩大公司确定法定代表人的自治权[2]，无股东会决议并不能成为阻碍涤除原告作为被告法定代表人的登记事项的合理事由。法院判决涤除原法定代表人后，登记新选任的法定代表人是公司的法定义务，此亦不以意定为前提，故不能以无股东会决议而拒绝。

其五，若公司法人未提出不予变更法定代表人的合理理由，仅强调无法召开股东会作出决议，则应考察其具体成因、实现可能性以及是否基于善意。

（二）不支持法定代表人涤除登记请求的价值取向

目前持该种法理价值取向的审判者，往往基于两个主要理由而作出驳回法定代表人涤除登记诉请：其一为司法介入到公司内部任免事务中是否妥当、必要，二是作出支持法定代表人涤除登记诉请的判项后，执行层面尚无规范依据。

三、涤除法定代表人诉讼的司法实践争议

（一）司法实践争议

1. 现状

经分析类案，在高级人民法院层级，北京市、浙江省高级人民法院不支持法定代表人涤除的诉讼请求，但新疆维吾尔自治区高级人民法院支持该等诉讼请求；在中级人民法院层级，北京市第一中级人民法院、第三中级人民法院、山东省菏泽市、辽宁省鞍山市中级人民法院等不支持法定代表人涤除的诉讼请求，但湖南省益阳市、长沙市、广东省广州市、山东省枣庄市中级人民法院等支持该等诉讼请求；在基层人民法院层级，以杭州市为例，上城区人民法院不支持前述诉讼请求，但萧山、西湖区等人民法院均作出了支持法定代表人涤除的诉讼请求的生效判决。

---

〔1〕 杨汝轩：《论中国公司代表人制度的改革——以两大法系比较研究为视角》，载《河北法学》2012年第11期。

〔2〕 刘斌：《公司治理视域下公司表意机制之检讨》，载《中国政法大学学报》2021年第2期。

综上，同一案情的裁判结果现处于"全国范围内各省同案不同判、同一省内各中院同案不同判、同一市内各区院同案不同判"的局面，显属缺乏明确裁判规则或尚未形成统一裁判规则的案件。

2. 争议焦点归纳

（1）现任法定代表人与公司法人间是否仍具备受忠实义务约束、维持意定委托关系的基础。

从形式层面而言，应着重于通过在案证据及庭审过程中考察认定现任法定代表人是否持续、实际担任并实际持续履行职务。从实质层面而言，则应着重考察作为原告的现任法定代表人是否实际参与公司法人的经营，是否与公司法人存在实质性的利益关联。

（2）公司法人未就法定代表人变更事宜作出股东决议的实际成因。

从逻辑层面而言，公司法人未就法定代表人变更事宜作出股东决议的实际成因有且仅有"不能"及"不愿"两种可能。其中，在"不能"语境下，大多为公司法人已经不再继续经营。若因经营不善而导致送达困难，则可以适用法定送达流程予以送达后正常进入审判流程。而在"不愿"语境下，则公司法人及其股东本身即具备应诉义务。此举本身亦有助于法院在审理中全面查清事实，依法判决。

（二）作者的观点及建议

（1）法院应当通过民事审判参与公司法定代表人的选择。《公司法》虽赋予了公司法人主体一定的自治权利，但应控制私权的范围与边界。法院是否介入法定代表人涤除问题的"临界线"，应界定于该名自认为与公司法人无实质利益关联的自然人是否向法院提起诉讼。若其未发起相关诉讼的，则可视同其本身自认与公司存在实质利益关联，则法院便无介入公司自治事务的必要。

（2）法院可通过要求公司登记机关协助执行，并应据此增补相关法律依据。若法院判决公司应履行涤除义务的，可向公司登记机关公司发出协助执行通知书；登记机关则可将该公司法定代表人登记直接留空。该等执行措施将导致公司主体可能因缺乏必要要素而被吊销营业执照，无法继续经营。然而，基于权利义务一致原则，法人未尽到履行生效判决义务所应承担相应法律后果，亦无不妥。

目前《市场主体登记管理条例》仅规定了公司登记机关对于法定代表人

层面的"负面清单",但目前针对司法判决涤除公司登记信息的配套实践措施仍属法律空白。就此,笔者建议可以通过对现有法律法规进行完善,填补该等立法上的空白,并反向为法院裁判作出坚实的执行依据。

结　语

关于涤除法定代表人登记诉讼,有关问题在理论和司法实践中仍存在较大争议,因此,有关理论争议有待于进一步进行探讨并形成统一的认识,司法实践中存在争议的解决有待于确立统一的裁判规则和裁判标准。只有形成统一认识和确立统一的裁判规则和标准,才能确保法定代表人涤除登记的实现,从而消除其可能面临的风险。

浅析"职工突发疾病视为工伤"条款的适用

徐　晶*

　　摘　要：《工伤保险条例》第 15 条第 1 款规定在工作时间和工作岗位，突发疾病死亡或者在 48 小时之内经抢救无效死亡的视为工伤/亡（以下简称为"视为工伤条款"）。《关于实施工伤保险条例若干问题的意见》明确，上述规定的突发疾病包括各种疾病。而在司法实务中，对于该条款的适用一直存在较大的争议，笔者本文旨在探讨该条款的适用问题。

　　关键词：《工伤保险条例》　职工突发疾病　视为工伤

引　言

　　视为工伤条款的规定，引发了社会各界的广泛关注。由于该条款规定的比较原则，因此，对该条款的理解与适用缺乏统一的认识，特别是对该条款适用的认定标准存在广泛争议。而对该条款的准确、合理适用，对有效解决此类纠纷从而维护职工的合法权益具有重要意义。

一、视同工伤条款的适用现状

　　通过检索涉该条款的判决书，并对涉该条款案件的梳理，本文将涉该条的争议焦点归纳如下：

　　（一）死亡时间的认定争议

　　《关于实施工伤保险条例若干问题的意见》第 3 条规定，48 小时内经抢救无效死亡的起算时间以首诊病例所出具的时间起算。但是对于死亡时间认

---

　　* 徐晶（1992 年—）女，汉族，浙江人，上海正策（杭州）律师事务所律师，研究方向为民商法学。

定并没有明确的适用解释。如一切以数值为标准,如何保证抢救过程不违背公序良俗,确保每一个患者都能得到充分的救助,反之,由谁来判断患者是否有存活的可能性,在医疗技术上是否有更合理的界定方案取缔时间限制等问题都需要予以明确。重庆市高级人民法院[1]作出的判决,当事人石某家属在抢救 46 小时时明确拒绝气管插管、呼吸机辅助治疗,最终其家属的视同工伤认定被驳回。而在另一案件中[2]法官认为当事人已经丧失自主呼吸,仅能通过呼吸机等医疗设备维持生命的情形下,其抢救时间是否应当计入 48 小时的时间限制,也即在认定死亡因素时,是否应当引入"自主呼吸""脑死亡"等医学标准作为"死亡"判断因素。尽管该案为最高人民检察院发布的经典案例,但判决所查明事实显示,其在抢救 17 个小时后转入市医院抢救时已经丧失自主呼吸,始终需要医疗设备来维系生命体征,并在家属放弃治疗之后 5分钟即被宣告死亡。相较而言,该案一审法院认为:"单纯地依靠呼吸机辅助呼吸来继续维持呼吸和心跳,是一种机械性的被动呼吸和心跳。如果简单地以梁某经抢救后在 48 小时之后死亡为由不认定其为工伤,有违立法目的和立法精神及公平原则,不利于保障劳动者的合法权益。"如此时对于死亡的认定,突破时间限制,引入医学概念显然更能全面保障劳动者权益,符合视同工伤条款的立法目的。

(二)突发疾病的认定争议

根据"突发疾病死亡"或者"经 48 小时抢救无效死亡"两个条件描述,字面表示视同工伤应当局限于突发疾病当下死亡或者突发疾病之后径直送医院抢救 48 小时内死亡。但是,人体疾病从发病到死亡的过程可能是渐进、持续的,如疾病存在发病迹象,但死亡时既未在工作时间、工作地点,也未送到医院抢救或者先回家休息之后再送医抢救,是否就不符合上述条件。如果以此认定不符合视同工伤认定标准,是否符合公平原则,这些都是值得思考的问题。在某案中,[3]重庆市高级人民法院在审判过程就充分考虑了死者从发病、恶化至死亡的过程,死者在发病之初请假到就近宿舍休息,在宿舍休息期间因无人照顾,只是其在病情加重的情况下无法寻求帮助,从突发疾病

---

[1] 重庆市高级人民法院[2019]渝行申 255 号行政裁定书。
[2] 广西壮族自治区高级人民法院[2018]桂行申 413 号行政裁定书。
[3] 重庆市高级人民法院[2020]渝行再 1 号行政裁决书。

到猝死时间仅 2 小时，故在作出是否符合"视同工伤"情形时，应当充分考虑生情理元素。

（三）工作时间和工作地点的争议

工作时间、即正常出勤的时间。某案〔1〕中学老师冯某在家中批改作业时突发心肌梗塞经抢救无效死亡；另一相似案例〔2〕刘某在工作时间到健身房更衣室突发疾病死亡。前者最高法在认定时认为冯某突发疾病死亡时间、地点虽然不符合工作时间、工作地点条件，但是冯某在家加班批改作业，是履行作为教师的工作职责，故综合考虑工伤保险的社会价值，应当对职工予以倾斜保护，故对于工作时间和工作地点的扩大适用属于合理范畴，冯某死亡应当作出视同工伤之认定；后者人社局认为刘某在健身房高强度训练时，已经脱离工作状态，但法院在认定过程中认为刘某所在的公司员工手册特别说明员工到单位合作的健身房进行健身运动的时间计入工作时间，基于刘某在公司指定健身房以及公司员工手册的规定认定为视同工伤。

二、域外的相关规定及借鉴

纵观世界范围内工伤保险法律规定的发展，工伤保险赔偿起源于工业革命，19 世纪初逐步形成雇主责任保险，到 1844 年德国首创无过错赔偿原则，之后，发达国家都引入了无过错原则在工伤保险法律中的适用。但是对于疾病本身导致的死亡能否适用工伤保险，各国的判断确存在较大的出入。

（一）德国的相关规定及借鉴

德国《法定事故保险》以"原因关联性标准"即疾病导致的死亡是否与工作本身具备不可分割的原因导向作为能否构成工伤的考虑因素。而在认定上，则以"目的和因果"〔3〕二元的认定方式，即在德国法环境下，只有认定工伤（亡）是符合雇主目的，才会继续认定事故或者疾病致死结果与工作或者某一行为的关联性。

（二）美国的相关规定及借鉴

美国的工伤认定制度一定程度上借鉴了德国，但在具体适用上各个州也

---

〔1〕 最高人民法院［2017］最高法行申 6467 号行政裁定书。
〔2〕 北京市第一中级人民法院［2019］京 01 行终 1194 号行政判决书。
〔3〕 葛本重：《我国"视同工伤"认定规则研究》，中国矿业大学 2021 年硕士学位论文。

有自己的立法，总体而言采取宽严并济的认定制度，即认定以工作原因或者工作关联性为核心因素，在工作过程中受伤的，在排除其他侵权行为之后，均应予以认定工伤。

（三）日本的相关规定及借鉴

日本的《工伤保险法》是为数不多对"过劳死"作出明确规定的国家，但是其对"过劳死"有着非常严格的限制，需要根据劳动时长、工作是否具有规律性、出差频率、伴随精神紧张的工作等因素都需要进行综合评估。

三、视同工伤条款适用的建议

《工伤保险条例》是为了保障因工作遭受事故伤害或者患职业病的职工获得医疗救治和经济补偿，促进工伤预防和职业康复，分散用人单位的工伤风险而制定的。结合《工伤保险条例》与司法实务案例分析，本文对视同工伤条款适用提出如下建议：

（一）工作关联性原则的适用

根据当前的司法解释对于突发疾病条款适用理解，对于疾病本身并无限制，不考虑工作关联性也导致执法部门、司法部门在适用该条款时产生较大的争议，如上述案例中的刘某在健身时被认定为工伤，但所依据的单位员工手册是否能在工伤保险待遇认定中予以适用，笔者认为行政部门应当单纯对工伤保险本身负责，维护工伤保险基金作为社会公共利益的公平适用。刘某所在单位的员工手册虽然充分体现了人道主义，但其责任承担主体不应当是作为社会公共利益的工伤保险，完全不考虑工作关联性原则在工伤保险中的适用这与工伤保险条例立法本旨有一定相悖。无形中必然加重雇主或者工伤保险部门的责任，故建议在立法上完善突发疾病与工作本身的关联性。

（二）因果关系原则的适用

突发疾病死亡以及48小时内经抢救无效死亡的认定重要的考量因素应当是疾病发病时，是否处于工作状态为认定核心因素。并非所有的疾病在发病时都会立即产生死亡结果或者以普通人对于病理学的认知能达到立即送医抢救的认识。上述重庆市高级人民法院的判决就充分考虑普通人基于疾病本身做出的合理行为，对于疾病发生与死亡结果是否存在因果关系[1]予以充分

---

[1] 李文颖：《论工伤争议中"工作原因"的认定规则》，湘潭大学2021年硕士学位论文。

衡量。

（三）引入医学专业进行多元化考量

对于48小时内经抢救无效死亡应当引入医学专业作多元化考量，仅以时间因素来判断是否符合经抢救无效死亡来判断是否应当认定为视同工伤过于武断且掺杂着人性的考验。上述案例中前者家属因急于达成48小时内经抢救无效死亡的法定条件而放弃治疗显然是对生命的漠视，后者家属则是出于对亲情的渴望而作出的决定，但在医学上其抢救并无实际意义。本文认为应当引入医学对于死亡的诊断或者对于一定时间内是否存在生还可能性做出专业性判断作为是否符合48小时内经抢救无效死亡的认定要素。

结　语

保障因工作遭受事故伤害或者患职业病的职工获得医疗救治和经济补偿，促进工伤预防和职业康复，分散用人单位的工伤风险对于处理工伤事故、保障职工合法权益具有重要意义。而视为工伤条款的准确适用对于解决因该问题引发的纠纷，合理处理工伤事故、有效保障职工合法权益的重要环节，需要进一步进行分析和探讨。

房屋租赁交付纠纷实务及建议

苏涛昱*

摘　要：房屋租赁合同签订后，由于当事人未按约履行合同引发的纠纷很多，而且因为违约表现形式的不同导致纠纷类型多样化，司法实践中如何定分止争值得探讨。本文旨在对房屋租赁交付纠纷实务进行分析和探讨。

关键词：房屋租赁　交付纠纷

引　言

租赁关系是长期履行的持续性法律关系，双方是否能依约履行，在合同履约初期便可见端倪。实践中因为一方当事人未按合同约定依法履约导致的纠纷很多，且因情形不同，导致纠纷类型不同，其中因交付引发的纠纷最常见。通过对司法实践中法院审理的因交付引发的纠纷案件的梳理和分析，可以总结出一些经验和做法，以为该类合同的签订和履行提供一定参考。

一、房屋租赁因交付引发的纠纷类型

本文所称房屋租赁因交付引发的纠纷主要是指因租户未交付首期租金和保证金而引发的纠纷。

实践中因交付引发的纠纷可以按照合同是否签订及房屋是否交付等分为不同情形。

---

* 苏涛昱（1992 年—）女，汉族，湖南人，中国政法大学同等学力研修班 2018 级学员，研究方向为知识产权法学。

（一）签订合同后房屋已交付

是指在房屋租赁合同签订后且房屋已经交付，租户不支付首期租金和保证金引发的纠纷。

（二）签订合同后房屋未交付

是指在房屋租赁合同签订后，租户不支付首期租金和保证金、出租方拒绝交付房屋引发的纠纷。

（三）合同未签订房屋已交付

是指在房屋租赁合同签订前，出租方已经交付房屋，而租户不支付首期租金和保证金引发的纠纷。

二、司法实践中的案件审理及分析

由于不同地区因交付引发的房屋租赁纠纷案件类型不同，司法实践中法院的审理及判决不同，本文选取了几个典型的案件进行分析。

（一）典型案件

1. 成都某案分析〔1〕

（1）案情简述：出租方交付租赁房屋后，再签订租赁合同，但租户未支付首期租金、租赁保证金，出租方发函解除合同后采取断电措施，并将租户及其唯一股东一并起诉。

（2）原告（出租方）主要诉请：①判令租赁合同于解除函送达日解除；②判令租户支付拖欠的租金、按日1‰的标准支付滞纳金、支付4个月租金的违约金、按双倍租金标准支付房屋占用费；③判令租户和唯一股东承担连带责任。

（3）法院判决：①解除权：因租户未按约支付租金已达合同约定解除条件，法院支持解除合同。②欠付费用：全额支持欠租日至解除日的租金。③股东责任：因唯一股东未提供财务区分证明，法院支持唯一股东对上述债务承担连带责任。④房屋占用费：合同解除后，出租方已发函催促租户腾退，但租户未履行腾退义务，法院支持解除日至另行存放物品日期间的占用费，但因出租方采取断电措施导致租户在断电期间未实际正常使用房屋，法院将占

---

〔1〕 案号为［2021］川01民终259××号，该案经四川省成都高新技术产业开发区人民法院一审、成都市中级人民法院二审。

用费标准由双倍租金调整为单倍租金。⑤违约金与滞纳金：合同约定滞纳金标准为日 1‰、违约金为 4 个月租金，但租户向法院抗辩违约金过高，法院综合考虑出租方损失及已支付占用费，判决将滞纳金和违约金一并酌定为 2 个月租金。

综上，法院支持了实际发生的租金，但将违约金、滞纳金、占用费标准调低。

2. 山东某案分析[1]

（1）案情简述：租赁双方签订租赁合同后出租方按约交付房屋，但租户未支付首期租金、租赁保证金，出租方在发函解约后起诉租户。

（2）原告（出租方）主要诉请：①判令租赁合同于解除函送达日解除；②判令租户支付拖欠的租金、租赁保证金、按日 1‰ 的标准支付滞纳金、支付 4 个月租金的违约金。

（3）法院判决：①解除权：因租户未按约支付租金已达合同约定解除条件，法院支持解除合同。②欠付费用：全额支持欠租日至解除日的租金。③滞纳金：法院认为合同约定滞纳金过高，将滞纳金标准由日 1‰ 调整为 1.95 倍一年期 LPR。④违约金、租赁保证金：法院认为合同约定违约金、滞纳金均为对被告违约的处罚约定，存在性质重合，约定违约金目的是担保债务履行，不应超过履行合同实际损失，考虑到已支付滞纳金，关于支付保证金、违约金及交还期占用费属于过分加重处罚，法院不予支持。

综上，法院支持了实际发生的租金，将滞纳金标准调低，且认为支付保证金、违约金及交还期占用费属于性质重合，均不予支持。

3. 济南某案分析[2]

（1）案情简述：租赁双方签订租赁合同后，租户未支付首期租金、租赁保证金，出租方未交付房屋，在发函解约后起诉租户。

（2）原告（出租方）主要诉请：①判令租赁合同于解除函送达日解除；②判令租户支付拖欠的租金、租赁保证金、按日 1‰ 的标准支付滞纳金、支付 4 个月租金的违约金。

---

〔1〕 案号为［2021］鲁 0103 民初 11××号，该案经山东省济南市市中区人民法院一审判决生效。

〔2〕 案号为［2022］鲁 01 民终 29××号，案件经山东省济南市市中区人民法院一审、山东省济南市中级人民法院二审。

（3）法院判决：①解除权：因租户未按约支付租金已达合同约定的解除条件，法院支持解除合同。②欠付费用：全额支持欠租日至解除日的租金。③滞纳金：租户在庭审中主张滞纳金过高，故法院将滞纳金标准由日1‰调整为1.95倍一年期LPR。④违约金：因租赁合同签约不满两个月即解约，且租户在庭审中主张违约金过高，法院将违约金标准由4个月租金调整为1个月租金。⑤补交租赁保证金及迟延支付租赁保证金的滞纳金：法院认为保证金作用应为在租户未按合同履行约定时保证出租方应收款项、弥补出租方损失的作用，本案中已判决租户支付违约金及滞纳金，足以弥补出租方损失，故不支持租户支付保证金及其滞纳金。

综上，法院支持了实际发生的租金，但将违约金及滞纳金标准调低，不支持补交租赁保证金及其滞纳金的诉求。

（二）案例对比分析

对比山东某案与济南某案的判决结果，两者均为出租方未收到租赁保证金，但前者已交付房屋，后者未交付房屋，法院对前案的判决仅支持租金、滞纳金，而对后一案的判决不仅支持租金、滞纳金，还支持违约金。由此可见，在租户未支付保证金时，出租方不予交付房屋有可能比已交付房屋得到的赔付金额更高。

关于要求租户补交租赁保证金及其滞纳金，上述山东某案件与济南某案件判决结果均未支持该诉求。因此，在租赁合同纠纷中，若租户未支付租赁保证金，合同解除后法院可能不支持租户补交租赁保证金及其滞纳金。

三、避免因交付引发租赁纠纷的建议

为了避免因交付引发的租赁纠纷，本文提出如下建议：

（一）严格依约履行合同

如前所述，司法实践中，有的法院不支持出租方要求租户补交租赁保证金及滞纳金，由此给出租方带来损失，因此当事人应严格依约履行合同。特别是对于出租方来讲，当合同约定租户付款在先、出租方交付房屋在后时，在租户未按约支付租赁保证金的前提下，出租方可主张先履行抗辩权，按合同履行的先后顺序，拒绝在未收到费用时先行交付房屋，以维护合法权益。

（二）解约后妥善处理腾退房问题

在前文所述成都某案件中，合同解除后出租方发函催促租户腾退房屋，在租户不予配合时，积极主动将涉案房屋内遗留物品进行腾挪置换，使得法院支持全额占用费。以后如出现同类情况，可参考本案的解除清退程序进行。

（三）审慎采用私力救济手段

在成都某案中，原本一审法院判决支持双倍占用费，但因出租方存在断电行为，二审法院认为断电作为一种较为强硬的私力救济手段，导致租户在占有期间无法实际正常使用房屋，因而调低房屋占用费标准（双倍变单倍），使得出租方少收取 1 倍占用费。因此，建议出租方审慎采用私力救济手段。

（四）先签合同后履约

成都某案中，出租方于 4 月初先交付租赁房屋，但直至 5 月初双方才签订租赁合同，导致租户在未支付租金及保证金的情况下已获得了租赁房屋的使用权，租户违约成本大大降低，而出租方却没有相应的保证金作为担保，甚至连首期租金都未收到。万一租户财务状况较差，将有可能导致出租方无法收回判决支持的款项，故应要求严格执行先签订合同后履约的顺序，尽量避免损失。

结　语

由于产生纠纷的原因不同，导致房屋租赁纠纷类型多样，其中很常见的是因为交付问题引发的纠纷，该纠纷发生后会影响当事人正常的生活，特别是有可能会损害出租方的合法权益，因此，应规范签约程序，严格依约履行，避免纠纷，减少诉累。

论涉不同法域刑民交叉案件的审理程序

——以"一起股权转让纠纷"案为视角

梁宏刚 *

摘　要：刑民交叉案件一直是司法实践中的难题，国内讨论刑民交叉这一法律问题，大多基于民事案件与刑事案件都发生于国内同一法域，而我国属于多法域国家，如果基于同一法律事实，而整个案件事件的发生横跨多个法域，而且同时既有民事纠纷，又有刑事案件，在此情况下，案件的审理更为复杂，其中该类案件的审理程序更加值得探讨。本文旨在探讨涉不同法域的刑民交叉案件的审理程序问题。

关键词：刑事民事交叉　审理程序

引　言

对刑民交叉问题的争议包括程序和实体两方面的争议，其中的程序争议是实体争议解决的前提，因此，程序争议问题是刑民交叉案件需要首先解决的问题。涉不同法域刑民交叉案件是指刑民交叉案件由不同法域的司法机关适用不同的法律进行审理的案件。因为审理机关与适用法律的不同而导致该类案件更加复杂，因此有探讨的必要。

一、基本案情简介

北京某科技有限公司，系一家外商投资企业，也是家族企业，股东、董事、监事均为家族成员，其股东成员均为台湾户籍，平常也居住于台湾。公

---

　* 梁宏刚（1982 年—）男，汉族，山东人，中国政法大学同等学力研修班 2019 级学员，研究方向为知识产权法学。

司设立之初，均由父亲出资，由长子担任董事长，次子担任总经理，儿媳妇担任监事，而实际控制人系父亲。2009 年，长子因罹患重病回台湾治疗，在此期间，公司将董事长更换为父亲，法定代表人也更换为父亲，不久，长子股权也变更为父亲名下，次子也回台湾，股权也变更至父亲名下，父亲又将部分股权转让给现任妻子。因拆迁，公司获得上亿元的补偿款，2019 年，父亲因病在台湾去世，未留下书面遗嘱，遂遗产之争演变成股权之争。因公司位于北京，据此，长子将继母、其弟弟及叔叔等人列为被告，以股权转让协议书并非系其本人签字，当年股权转让协议无效为由提起诉讼，并诉请返还目标公司 30% 股权，该案由北京第四中级人民法院立案审理。

诉讼过程中，长子又在台湾省提起刑事控告，指控其弟弟、叔叔等其他股东侵占其股权，由台中地区"检察署"立案调查。

此时，就同一股权纠纷事宜，不同法域刑事案件与民事案件先后启动，如该两案均发生于大陆，可能会遵守先刑后民原则进行审理，并无异议，然而，由于该案中的民事案件与刑事案件分别由大陆和台湾地区的司法机关进行审理，因为审理机关不同，适用法律不同，属于涉不同法域刑民交叉案件，因此，该案如何进行审理产生了争议。

二、涉不同法域民刑交叉案件审理争议

"从程序上看，刑民交叉案件的审理究竟应适用'先刑后民'模式还是'先民后刑'模式抑或'刑民分立'模式？该问题已间或争论超过 20 年，但始终未能达成一致意见。"[1]该案案件争议比较大，结合上述案件，具体分析，在实践中对涉不同法域刑民交叉案件的审理有如下争议：

（一）先刑后民

一种观点认为，该案应当适用先刑后民审判原则，理由如下：

首先，刑法属于公法范畴，而民法属于私法范畴，本民事案件中，原被告同属台湾户籍，根据属人法的国际法原理，他们受其本地区刑事司法管辖范畴，如构成犯罪，则予以追究刑事责任，民事纠纷可以在刑事司法程序中予以处理。

其次，该刑事案件结果会影响民事案件的审判，根据《民事诉讼法》的

---

[1] 夏伟：《刑事交叉的理论构造》，法律出版社 2020 年版，第 12 页。

规定，本案必须以另一案的审理结果为依据，而另一案尚未审结的，应当中止审理。如民事案件的被告被采取刑事措施，并最终刑事判决或附带民事判决返还侵占财产，则境内民事案件实无审理之必要。

（二）民刑并行

一种观点认为不适用先刑后民原则，两个程序可以并行，理由如下：

首先，刑事案件与民事案件在不同法域之下的司法机构审查，而不是同一个法域，同一法域是"先刑后民"司法原则适用的前提。

其次，刑事案件属于台湾"司法机构"立案调查，对于刑事结果是否认可，还需要基于对台的相关"司法政策"来确定，即经过一定的法律程序，才能予以认可或不予认可，而不是当然认涉台"司法机关"的判决。在此情形下，并无法律依据，大陆法院的判决需要待涉外刑事案件的审判结果，因此刑事程序与民事程序可以并行。

本文赞同第二种观点。刑法属于公法范畴[1]，基于国家主权考虑以及司法独立，国外或涉台的刑事判决不会直接予以认定，而是采取消极承认的做法，根据《刑法》第 10 条的规定："凡在中华人民共和国领域外犯罪，依照本法应当负刑事责任的，虽然经过外国审判，仍然可以依照本法追究，但是在外国已经受过刑罚处罚的，可以免除或者减轻处罚。"我国刑法采用消极承认原则，即"指外国确定的刑事判决不制约本国刑罚权的实现，即不管外国确定的是有罪判决还是无罪判决，对同一行为本国仍可行使审判权，但对外国判决及刑罚执行的事实，给予考虑"[2]。就本案而言，虽然台湾属于我国的一个行政区，但因不属于同一个法域，我国大陆的法院并不直接采纳台湾"法院"判决的既判力，因此台湾"司法机构"对于刑事案件的立案受理，不能阻却大陆法院民事案件的审理程序。

三、司法实践涉不同法域刑民交叉的审理

结合上述案件，本文探讨司法实践中此类案件的审理。

在上述案件中，就民事部分，因该案涉及证据复杂，人员较多，又跨境，审判周期较长；在北京法院受理民事案件之后，原告又向台湾"刑事司法机

---

〔1〕 张明楷：《刑法原理》，商务印书馆 2011 年版，第 13 页。

〔2〕 张明楷：《刑法原理》，商务印书馆 2011 年版，第 83 页。

构"提起控告，台湾"司法机构"予以受理，此时刑民案件相互交叉缠绕进行，对此，法院法院进行了如下审理：

（一）北京法院的民事一审审理

一审开庭审理时，台湾"司法机构"已经受理了刑事部分，虽然提及台湾刑事案件，但原告未提交书面证据材料，法官也仅做简单了解，并未中止审理，也未对刑事案件予以评判。台湾刑事案件尚未结案，北京一审法院依法做出判决书。

（二）台湾"司法机构"刑事审查

原告在北京提起民事诉讼，立案之后，又向台中"检察署"提起刑事控告，刑事程序也在正常推进中。但是在北京一审法院判决之后，台中"检察署"作出了不予处分的决定，并且台中"检察署"引用了北京法院民事判决查明的事实以及法院判决内容："有该院民事判决书1份附卷可稽，亦同此认定，益徵明确。告诉人犹陈词认被告2人伪造其签名侵占其股份云云，实有瑕疵所指，委无足采。"

（三）北京法院的民事二审审理

一审原告败诉，提起上诉。二审期间，被上诉人（一审被告）将刑事司法文书作为证据提交二审法院，法院将该证据向诉讼双方进行了交换，并听取了双方的质证意见，最终认定该证据的真实性，但未见法院对其合法性和证明目的阐述及评判，故不清楚二审法院的最终意见。

（四）台湾"司法机构"刑事复查

原告不服台中"检察署"不予处分的决定，提起了复查，经过高一级刑事司法机关的审查，最终全部采纳了原"刑事司法机关"的意见及结论，同时对于原"刑事司法机关"采纳北京法院查明的事实以及认定部分，并无异议。

综上所述，就涉不同法域刑民交叉案件，如刑事案件发生在台湾等非大陆地区，即便基于同一法律事实，存在同样的请求事项，但因涉及不同法域，国内民事审判程序不会中止。但无论大陆法院审理的是刑事案件，还是民事案件，"司法机关"查明的事实以及判决结果，可以作为证据使用，以供大陆法院审判或裁决时作为参考证据，由此可见，两个不同法域的刑民交叉案件可以在司法程序上并行，但在事实认定部分互有交叉，因为"如何有效地保护公私财产，是各种刑民交叉问题的核心所在。"[1]单就程序而言，本文认为，涉不同法域刑民交叉案件应适用刑民并行原则，即刑事和民事程序并行进行。

结　语

刑民交叉案件的审理不仅涉及程序处理问题，还涉及实体方面的问题，本就是司法实践中的难点，涉不同法域的刑民交叉纠纷案件的审理更为复杂，因为该类案件有自身的特点，因此处理该类案件的审理不能遵循一般的先刑后民原则，应该适用民刑并行的原则。

---

[1]　夏伟：《刑事交叉的理论构造》，法律出版社 2020 年版，第 12 页。

论婚外情引发人格权侵权归责问题

孟桂芳*

摘 要： 婚外情是一个很严肃的社会问题。婚外情是违背传统道德观念，违背社会公德的，对个人、家庭及社会都会造成极大的危害。然而，即使婚外情不能得到社会和法律的认可，但因婚外情引发的侵权包括人格权侵权和财产权侵权，是值得重视和探讨的社会问题。本文旨在探讨婚外情引发的人格权侵权的归责和救济问题。

关键词： 婚外情　人格权侵权　归责　损害赔偿

引　言

随着社会的发展，无论是在发达国家还是在发展中国家，婚外情都非常普遍。法律是对人最低的道德要求，道德的底线是法律。谈恋爱是单身男女的自由，谈恋爱本身既不是法律事件也不是法律行为，因此，婚外情本身不是法律规制的对象，但如果因婚外情引发了侵权，则会受到法律的规制。人格权[1]是民事主体享有的生命权、身体权、健康权、名誉权、隐私权等权利。在婚外情中因为情感欺骗等原因造成的人格权侵权问题是值得探讨的。

一、婚外情引发的人格权侵权[2]

婚外情是指已婚者与配偶之外的人发生的恋情。加害人对受害人的身体

---

* 孟桂芳，（1975年—），汉族，浙江杭州人，中国政法大学同等学力研修班2022级学员，研究方向为民商法学。

[1]《民法典》第990条。

[2]《民法典》第991条。

权、健康权、名誉权等身体和精神造成了严重的损害，这种损害和加害人行为具有因果关系，故构成人格权侵权。

典型案例：

已婚 A 男和 19 岁 B 女通过社交软件在网上相识，后来添加为好友。A 男甜言蜜语主动出击，B 女很快沦陷。随着网聊次数、时长不断增加，感情不断升温，双方决定见面。两人见面后一见倾心，对彼此都很满意，双方很快确立了恋爱关系。恋爱期间，B 女多次以女友身份给 A 男购买衣物等生活日用品，并应 A 男请求，多次向其转账，金额不等，后来 A 男要求 B 女辞去工作"安心"在家养胎，并说选个合适日子就结婚。直到有一日 B 女从一朋友口中得知 A 男并未离婚，才知道自己受骗，精神一度崩溃。胎儿已有 24 周，无奈之下 B 女冒着很大的手术风险终止妊娠。该手术对 B 女造成了无法弥补的巨大伤害。B 女认为，A 男在与自己开始交往、相识相恋、计划结婚、协商赔偿的过程中始终带有欺骗意图，始终以不诚信的态度与自己相处，给自己造成了极大的伤害。

手术之后，经过协商一致，二人签署了书面的《赔偿协议书》，双方约定：A 男赔偿 B 女误工费、精神损害抚慰金等共计 10 万元整，并约定了分期付款期限。但是后来 A 男并未履行任何一期付款的合同[1]义务。B 女无奈向当地人民法院提起诉讼，维护自己的合法权益。

本案的主要证据是《赔偿协议书》、微信聊天记录、转账记录等。该协议书的形成原因系因 A 男不诚信的欺瞒行为所引起的，人格权侵权的归责原则在于过错原则：侵害人存在主观故意，其行为严重侵犯了受害人的身体权、健康权、名誉权等具体的人格权，同时侵权人也违背了社会伦理道德、公序良俗原则，其行为和侵害结果具有因果关系。故本案中 A 男严重侵犯了 B 女的人格权。此时涉及侵犯人格权和违约行为两个事实。人格权系以维护人格自主与人格尊严为己任的权利。《赔偿协议书》这个约定是由侵犯人格权这个事实所引起的，故本案适格的法律关系为人格权侵权纠纷。人格权侵害造成严重精神损害的，受损害方选择请求承担违约责任的，不影响损害方请求精

---

〔1〕《民法典》第 143 条。

神损害赔偿。[1]本案感情欺骗、人工流产等都对当事人 B 女造成了巨大的身心伤害，人格权侵权情节严重，故可以在提起误工费损失、健康权等人格权损害等赔偿的同时也可以主张精神损害赔偿。

二、婚外情人格权侵权的原则

归责原则是指归究侵权责任的根本标准。归责原则在损害赔偿理论上具有重要意义，"它所要解决的是侵权责任的伦理和正义性基础问题"。[2]虽然侵权责任法系权利救济法，但对于民事主体受到侵害的权利予以救济的核心在于归责制度。侵权一般分为人格权侵权与财产权侵权，对侵权归责没有区分。因此，本文认为，婚外情人格权侵权归责原则应遵循一般侵权的归责原则。

本文认为，因婚外情引发的人格权侵权归责应采用过错责任原则。因为本文婚外情引发的人格权侵权是因为感情欺骗等原因导致，精神受到了双重打击，身体权、健康权、名誉权都受到了严重的侵害，受侵害人存在主观故意，因而，侵害了受害人身体权、健康权、侵权方主观上是存在明显过错的。

三、婚外情引发人格权侵权的后果

在前述案件中，A 男在和 B 女相识之后，长期隐瞒其已婚的事实，交往并建立恋爱关系，非法同居，导致 B 女怀孕，人工流产等事实发生，使得 B 女在受到隐瞒、欺骗的情况下对其性权利作出处分，并因此造成身体及精神上的严重伤害。[3]A 男的行为明显违背了社会公德及公序良俗，侵害了 B 女的人格权利，A 男具有侵害行为并具有主观故意的过错、行为和结果具有因果关系，因而应当根据过错承担侵权责任。[4]根据《民法典》相关规定[5]，人格权能够作为侵权行为规范的请求权基础，王利明教授对此进行了系统的阐述，他认为，基于人格权，权利人可以对抗第三人，只要权利人对其人格利益的圆满支配状态受到了不法侵害，其都有权提出相关请求，以恢复此种圆满支配状态，而且，权利人在提出此种请求时，不以行为人的行为构成侵权为前提。

〔1〕《民法典》第 996 条。

〔2〕 张新宝：《侵权责任法》，中国人民大学出版社 2016 年版，第 13 页。

〔3〕《民法典》第 1183 条。

〔4〕《民法典》第 995 条。

〔5〕《民法典》第 996 条。

当人格权的行使受到不当妨害时，权利人有权依据人格权请求权请求行为停止侵害、排除妨害、消除危险，以维护人格权的圆满支配状态，总之，人格权和其他绝对权一样，也具有自身独立的请求权。[1]

前述案件中，已婚 A 男根本不具备谈恋爱的前提条件。主动开展追求、撩拨 B 女，建立这场违背社会公德、侵犯他人人格权的恋爱关系，进而人工流产手术给 B 女造成了巨大身心伤害。这一过程自始至终，A 男都具有隐瞒自身已婚的身份，实施了伤害对方感情和身体的行为，具有主观故意，且产生了客观伤害后果。应当依法承担侵害他人的法律责任。[2]本案是侵权纠纷而非合同纠纷，因为《赔偿协议书》是基于侵权行为签订的协议[3]，是对误工费、精神损害赔偿抚慰金的赔偿数额和付款期限进行约定。故 A 男虽然应该按照协议履行赔偿义务，但本案仍属于侵权纠纷而不是合同纠纷。此类案件并非少数，引起诉讼的案件也并非个案。在本案中，B 女具有较强的法律意识，在受到侵害后为维护自身权益及时签署了《赔偿协议书》，在 A 男未按照协议书履行义务的基础上，委托律师提起民事诉讼，通过司法途径维护了自身的合法权益。有些同类型案件，男性并不自愿赔偿，认为即使怀孕并终止妊娠，也是女性对自身性权利的自主处分即自愿行为，因此产生诉讼，但经过法庭审理，也认定为男性侵权，判令男性应当承担侵权责任，倾向于保护女性的人格权。本案最终是在诉前 A 男赔偿了 B 女 10 万元，B 女撤诉。

结 语

随着婚外情引发纠纷案件的增多，因婚外情引发的人格权侵权纠纷案件越来越引起社会的关注。在该类案件中如何判定是否构成人格权侵权以及构成侵权后的救济等问题还有待理论和实务的不断探讨和研究。本文认为，因婚外情引发的人格权侵权的判定采用过错归责原则，对构成侵权的依法承担赔偿损失等责任。

---

[1] 王利明：《论人格权请求权与侵权损害赔偿请求权的分离》，载《中国法学》2019 年第 1 期。
[2] 《民法典》第 1165 条。
[3] 《民法典》第 143 条。

浅析"商标代理机构" 范围的认定

卢亚春*

摘　要：《商标法》第 19 条第 4 款规定，商标代理机构除对其代理服务申请商标注册外，不得申请注册。该条款的主要目的是防止代理机构利用专业优势抢注、囤积他人商标，属于诚实信用条款的细化和延伸。但是对于商标代理机构的认定范围目前在实践中仍存在适用标准不统一的情况，而代理机构也利用成立新的公司或以法定代表人名义申请等方式逃避监管。因此，本文旨在探讨商标代理机构的范围。

关键词：商标 代理机构范围 认定标准

引　言

2013 年新修改的《商标法》增加了第 19 条第 4 款内容，该修改内容生效后，诸多商标代理机构在代理服务之外申请的商标被商标局依法不予受理、驳回，对于已经通过初步审查、已注册的商标，被他人提出异议、无效宣告申请的，也会被不予注册、宣告无效。然而，实践中部分商标代理机构为了谋取不正当利益，利用无商标代理或法律服务的关联公司、以法定代表人个人名义大量抢注或囤积商标，扰乱商标管理秩序，损害了商业主体的利益。因此，如何限定商标代理机构，防止此类现象的发展显得尤为重要。

＊ 卢亚春（1992 年—）女，汉族，河北人，中国政法大学同等学力研修班 2022 级学员，研究方向为知识产权法学。

一、《商标法》关于商标代理机构的规定

（一）《商标法》对代理机构的界定

《商标法实施条例》第 84 条第 1 款规定，商标法所称商标代理机构，包括经工商行政管理部门登记从事商标代理业务的服务机构和从事商标代理业务的律师事务所。

（二）《商标法》对商标代理机构的限制

《商标法》第 19 条第 4 款规定，商标代理机构除对其代理服务申请商标注册外，不得申请注册其他商标。

该条款的目的是限制商标代理机构超范围申请，进而避免代理机构利用优势地位进行商标抢注和囤积。原因在于商标代理机构具有极强的商标注册意识，且在经营业务中可以接触大量的未注册商标，如不对代理机构商标注册范围进行限制，其违反行业要求、职业道德对委托人未注册商标进行抢注，更有甚者，胁迫被抢注人对抢注商标进行巨额交易、受让其抢注商标，将会极大的侵害商标权利人的利益并扰乱商标管理秩序，进一步损害了委托人对于商标代理行业的信任，对于商标代理行业也将产生极大的损害，因此，规制商标代理机构商标注册申请范围对于委托人、代理行业、社会管理秩序均有着重要意义。

二、商标代理机构的认定范围

（一）一般情形

通常，在商标代理机构备案数据库[1]内的代理机构属于商标代理机构是毫无争议的；虽未进行备案，但公司经营范围包含如商标代理、知识产权代理、法律服务等包含商标代理业务范围的公司，也应受到《商标法》第 19 条限制，在近几年中也逐渐形成统一意见，并无争议。

（二）特殊情形

本文所称特殊情形是指公司经营范围中并不包含商标代理服务及相关服

---

[1]　商标代理机构备案数据库，是指按照《商标法实施条例》在商标局备案的机构。参见 https://wssq.sbj.cnipa.gov.cn：9443/tmsve/agentInfo_ getAgentDljg.xhtml，最后访问日期：2023 年 7 月 19 日。

务，但实际控制人为商标代理机构或商标代理机构股东、法定代表人的情形。

特殊情形是否属于《商标法》第 19 条第 4 款规制范围，在实践中存在较大不确定性。下文以同一申请人名下诉争商标申请时是否与商标代理机构存在关联关系而产生不同审理结果为例进行分析和讨论。

案例 1：存在关联关系案[1]

被申请人温州周游记户外拓展有限公司 2017 年 11 月 28 日申请了周游记 JOUYOUR 及图商标，巨室文创（昆山）投资有限公司于 2021 年 03 月 03 日对该商标提出无效宣告申请，依据《商标法》第 19 条等条款请求宣告争议商标无效。

在诉争商标申请时，被申请人温州周游记户外拓展有限公司法定代表人为周彬；诉争商标代理机构杭州周知品牌管理有限公司［后变更名称为中知企业管理咨询（浙江）有限公司］法定代表人为周某，而该公司为在商标局备案的商标代理机构。此外，周某与他人成立温州周知知识产权有限公司，该公司经营范围包括知识产权代理。

基于以上事实，原商标评审委员会审理认定："……综合考虑上述事实，可合理推论被申请人与其商标代理机构中知企业管理咨询（浙江）有限公司存在合谋串通行为，其申请注册争议商标的行为可视为商标代理机构的行为，故本案争议商标的注册违反了 2013 年《中华人民共和国商标法》第 19 条第 4 款之规定。"[2]

案例 2：不存在关联关系案[3]

被申请人温州周游记户外拓展有限公司 2021 年 02 月 18 日申请了周游记 JOUYOURCLUB 商标，北京巨星传奇文化发展有限公司于 2022 年 06 月 29 日对该商标提出无效宣告申请，依据《商标法》第 19 条等条款请求宣告争议商

---

[1] 商评字［2021］第 0000367038 号关于第 27750106 号"周游记 JOUYOUR 及图"商标无效宣告案。

[2] 参见 https://wsgs. sbj. cnipa. gov. cn：9443/tmpu/pingshen/detail. html？appId＝e48b88357e8b5 5b5017ea500b99c773a，最后访问日期：2023 年 8 月 31 日。

[3] 商评字［2023］第 0000170184 号关于第 53715662 号"周游会 JOUYOURCLUB"商标无效宣告案。

标无效。

在诉争商标申请时，周某并非被申请人股东或法定代表人，周某名下另一知识产权公司也删除了知识产权代理服务且周某退股。因此在诉争商标申请时，被申请人与代理机构并无关联关系。

基于以上事实，原商标评审委员会审理认定："……即本案中尚无充分证据证明被申请人申请注册争议商标的行为与代理机构存在何种密切关联。故综合考虑本案证据难以认定争议商标注册违反了《中华人民共和国商标法》第19条第4款规定。"[1]

（三）商标代理机构范围认定存在的问题

我国在加入世界贸易组织后，商标注册需求及商标纠纷成几何倍数增加，《商标法》的滞后性也逐渐体现在各个方面，其中包括商标代理机构范围认定。

由于《商标法》规定的比较原则，导致审查实务中的认定标准不统一、不明确，但是代理机构及其关联主体的抢注、囤积行为愈演愈烈，如不及时打击，将对社会秩序产生极大恶劣影响。因此，在商标审查实务中审查机关不断对商标代理机构进行扩大解释，从"营业范围内容是否包含知识产权代理"到"是否与代理机构串通合谋"再到"诉争商标申请时是否有关联关系"等，这也逐渐突破了《商标法实施条例》中对代理机构的定义。

在未出台相关法律解释对上述特殊情形进行明确的情况下，行政相对人按照现有《商标法》《商标法实施条例》等法律规定实施的法律行为，却获得了法律规定之外的审理结果，如被驳回申请。这并不利于法律主体根据法律规范对自身行为进行判断，进而无法做出符合主体意志并合法的法律行为，同样不利于维护商标管理秩序。

三、商标代理机构范围界定的建议

（一）明确认定标准

《商标法》新一轮修改正在推进中，建议在本次修订中增加对商标代理机构的认定原则，并通过《商标法实施条例》或司法解释明确、细化认定范围、

---

[1] 参见 ttps://wsgs.sbj.cnipa.gov.cn：9443/tmpu/pingshen/detail.html？ appId=e48b88357e2d56 e9017e671635d2206e，最后访问日期：2023年8月31日。

认定对象关系、认定时间以及对应的法律后果。并建议通过发布典型案例对具体案件中商标代理机构违法行为进行说理解释，使审查机构和行政相对人对认定标准有具体、明确的认知。

（二）实务中严格适用认定标准

在实务中，涉及商标审查的机构涉及国家知识产权局商标局、北京知识产权法院、北京市高级人民法院、最高人民法院以及市场监管部门要严格适用法律明确规定商标代理机构认定标准，不得轻易突破，虽可在个案中根据具体案情具体分析并调整、补充，但仍需格外审慎，以尽量避免和减少因法律解释内容过于超前、脱离立法原意而产生的不良影响。

结　语

我国经济发展形势十分迅速，商标注册成为商事主体维护商誉所必需的行为，我国的商标注册量呈百倍增长，而我国目前实行"商标申请在先"的商标保护原则，也给恶意抢注人、商标贩子以牟利的可能性，为了打击商标抢注及囤积行为，维护真正权利人的合法利益，对于可能实施抢注的商标代理机构及其关联主体商标注册行为进行严格限制是必要的，但需要以法律、司法解释等明文规定的方式对法律主体行为加以引导，实务中应统一商标代理机构范围认定的标准，有力维护社会秩序。

论我国退税制度的完善

——以应税行为被撤销为视角

金夏逸*

摘　要： 近年来，因缺少完备的实操条文指引，应税行为被撤销后导致纳税人实际申请退税时受阻。因此，对现有退税体系进行立法完善，以规范性文件和法律原则填补目前的法律漏洞，使实质课税原则不仅适用于征税环节，具有一定的理论和实践基础。

关键词： 合同撤销　退税请求权　实质课税原则

引　言

当应税行为被撤销后，已缴纳税款如何处理，不同的税务机关及司法机关的处理情况并不一致，其直接原因在于现有税法有关退税层面的理论研究尚有欠缺以及缺少直接、明确、具体的实操条文指引。本文将通过案例分析的方式，从可申请退税的主体、可申请退税的条件、申请退税的具体方式多角度展开，探寻完善退税立法、优化税收环境的解决方案。

一、应税行为被撤销后的退税现状

当应税行为被撤销后，若税务机关的处理结果无法令退税申请人满意，还有向司法机关提起行政诉讼的救济途径。该部分从三个典型案例入手，分别阐述税务机关与司法机关的处理方式。

（一）税务机关的处理现状

税务机关对应税行为被撤销后的退税处理现状，本文通过以下案例进行

---

* 金夏逸（1996 年—）女，汉族，浙江人，浙江浙杭律师事务所专职律师，研究方向为民商法学。

阐述。

1. 案例一[1]

2010年10月8日，徐某等三人与耿某的委托人葛仕诚签订一份房地产买卖合同，耿某系房地产出卖人。当日，耿某缴纳了一般营业税、个人所得税与附加税。之后，葛某诚因构成合同诈骗罪导致案涉房地产买卖合同被撤销。徐某等三人便委托律师向当时的浦东新区国税局和地税局分别发函要求退回上述房地产因买卖所缴纳的全部税费并要求支付相应利息。国税局和地税局的答复为：耿某系纳税义务人，且法定退税的申请方式不包括寄送律师函，故无法受理此退税申请。徐某等三人对此结果向上海市浦东新区人民政府申请复议，浦东政府同样作出不予受理的决定。

2. 案例二[2]

2012年9月5日，天长市天琴医药包装有限公司（以下简称"天琴公司"）与北京市金数码投资有限公司（以下简称"金数码公司"）签订了《股权收购协议书》，约定由天琴公司向金数码公司转让其持有的某公司股权，由金数码公司变更其所有的某药品的知识产权至天琴公司名下。天琴公司收到股权转让款后，安徽省天长市地方税务局征收天琴公司相应税款。之后，法院以金数码公司实际并不持有上述药品知识产权为由判决撤销了案涉《股权收购协议书》。天琴公司随后返还股权转让款，并向天长市地税局提出退税申请。地税局的答复为：税务机关无论实施征税行为或退税行为都需要具备充分的法律法规依据。地税局由此作出不能退还企业所得税的批复，并通过复议决定维持了前述批复。

3. 案例三[3]

2011年，刘玉秀将房屋出售给沈恒，沈恒向北京市西城区税务局缴纳契税25 500元。前述房屋交易过程中，刘某秀的前夫与刘某秀就案涉房屋发生系列诉讼，最终法院判决案涉房屋权属归前夫所有，刘与沈的交易失败。沈某故向税务局申请退税，税务局认为：沈某2011年9月5日结算缴纳税款，沈某缴纳税款和申请退税的时间间隔超过了《税收征收管理法》第51条规定

---

[1] 参见上海市浦东新区人民法院［2014］浦行初字第438号行政判决书。

[2] 参见安徽省滁州市琅琊区人民法院［2016］皖1102行初行政判决书。

[3] 参见北京市第二中级人民法院［2019］京02行终964号行政判决书。

的三年的退税申请期，故不予退还税款。

（二）司法机关的处理现状（仅针对本文列举的案例）

案例一中，徐某等人诉至上海市浦东新区人民法院。法院经审理后认为：本案所涉税款的缴款人为耿某，因此耿某才系纳税义务人。故驳回了徐某等人的诉讼请求。

案例二中，天琴公司诉至滁州市琅琊区人民法院。法院经审理后认为：目前税收征收管理法律法规规定的退税情形中没有关于股权转让协议被撤销后，应退回之前所缴纳的企业所得税的规定。故驳回了天琴公司的诉讼请求。

案例三中，沈某诉至北京市西城区人民法院，后北京市第二中级人民法院维持原判。法院经审理后认为：本案情况不符合《税收征收管理法》第51条所列的多缴税款的情况，且系因沈某秀与其前夫的系列诉讼持续时间久，导致沈某申请退税的期限超出三年限制，故本案不应适用前述规定。此时，税务机关应运用行政合理性原则行使自由裁量权，而不能机械化地对纳税人附加过于严格的义务。因此，法院撤销了税务机关的决定。

从上述三个案例可以看出，应税行为被撤销后出现了退税障碍。税务机关在处理退税问题时系从申请主体、申请方式以及是否有明确法律依据等方面判定。而司法机关则可以借助法律原则在合法、合理的范围对税务机关的不当执法予以纠正。不过实践中仍不乏对税务机关的执法逻辑表示支持的司法判例。

二、退税障碍的原因分析

因现有法律法规存在针对应税行为被撤销后可退税的范围不够全面、申请退税的起算时点不够明确等问题，故出现了退税请求权出现障碍。

（一）统一退税体系的缺失

目前，针对合同被撤销后的退税立法主要有《税收征收管理法》第51条、《车辆购置税法》第15条和《契税法》第12条。这些条款仅明确了个别类型的合同被撤销时可退税的情形，实践中还存在大量类似应退税情形未被列出，可理解为缺少一个统一的退税体系。同时，即使《车辆购置税法》和《契税法》中存在退税条款，但仍存在税务机关与司法机关就申请时效如何理解等争议。

（二）实质课税原则落实未到位

实质课税原则作为税法基本原则之一，要求根据经济目的和经济生活的实质来判断课税要素是否满足，征税环节和退税环节均应遵循。但在实践中，该原则并未在退税阶段充分体现。税务机关出于防止税款流失、保障国家税款的角度，对于纳税人申请退税时是否确实可能导致税款流失秉持着"宁错征毋漏征"的理念，这对保护国家税收利益虽有积极作用，但由此可能产生的不利后果便是纳税人合法权益得不到有效保护。

三、退税制度的完善建议

如前文所述，我国现缺少统一的退税体系以及在退税环节未能完全平衡纳税人与国家的税收利益。因此，我国既需要完善立法，亦需要以规范性文件和法律原则对现有法律漏洞进行填补，以达到依法治税的效果。

（一）优化现有法律条款以增加退税可能性

扩充可行使退税请求权的情形。在现有法律条款的基础上，明确针对已根据税收实体法完成税款缴纳的主体，若民事法律关系嗣后消灭的（即造成纳税义务不复存在或课税要素不再具备），已缴税款主体便均可行使退税请求权。

针对性地明确可申请退税的不同情形下的起算时间。现有法律条款仅规定"纳税人自结算缴纳税款之日起三年内发现的"，并不足以覆盖实践当中的其他情形。笔者认为，针对民事法律关系嗣后消灭从而形成退税请求权的，退税请求权的起算时间为"纳税人知道或应当知道其权利被侵害之日起三年内"更为适宜且通用。

（二）以规范性文件与法律原则填补法律漏洞

以规范性文件填补法律漏洞。税务机关在执法过程中应充分发挥"以纳税人为本"的理念，在遵守税法基本原则的前提下创造性地处理退税事务。对现有法律规定的可退税情形以退税规范性文件的形式进一步完善细节，包括申请的提出方式、提出时间、所需材料、税务机关的响应要求等。同时，对其他未规定的应税行为被撤销后的退税情形也可参考前述情况于指引呈现。如此，税务机关在后续处理退税事务过程中，便得以更好的依法、依规执法，达到征退平衡的效果。

以法律原则填补法律漏洞，表现为法官在审判案件时应积极发挥司法能动性（即法官行使自由裁量权）以体现司法机关的救济作用。上文提到的案例三，便是由法官运用行政合法性原则确认了沈某此前缴纳的税款现已不具备税的根本属性，税收依据不再存在，故税务机关拒绝退税的行为有误。同时，法官还运用了行政合理性原则，解释了其认为税务机关就本案严苛实施《税收征管法》中三年诉讼时效条款不当的原因，认为税务机关应更加全面、客观、正确地分析整个涉案交易的实际情况，真正保护纳税人的合法权益，在退税环节体现实质课税原则。

结　语

完善退税层面立法，将现有溢缴税款退税情形的适用范围扩大到应税行为被撤销的全部情形，同时进一步明确享有退税权的主体，并根据不同的退税情形具体确定可申请退税的起算时点。此外，借助法律原则优化法律适用的解决方案，将执法与服务融合得更加到位，以达到让纳税人满意，让群众信服，进一步提升执法公信力的效果。

约定不动产归属后物权变动的法律效力

——以离婚协议为视角

桂宝来*

摘　要：实践中夫妻双方协议离婚并约定不动产归夫或妻一方所有，但是因为各种原因未办理不动产过户登记手续，在未办理不动产过户登记手续的情况下，离婚协议中关于不动产归属的约定是否发生物权变动的法律效力，以及如何处理涉不动产的有关问题等就成为理论和实务界关注的问题。本文旨在探讨这一问题。

关键词：离婚约定　不动产归属　物权变动　法律效力

引　言

夫妻双方通过离婚协议约定不动产的归属后，在没有及时办理不动产过户登记手续的情况下，是否产生物权变动的法律效力，关系到夫妻双方离婚后该不动产能否处置等问题，例如，离婚后取得不动产的一方的债务无法偿还，经财产保全后申请强制执行该不动产后发现，该不动产并未办理不动产登记手续，这种情况下，就会涉及关于不动产归属的约定是否可以发生物权变动法律效力的问题。

一、离婚协议的效力

夫妻双方或一方认为感情破裂，且无和好可能的情况下，基于双方自愿对于解除婚姻、子女抚养、债权债务、财产分割等内容进行约定，协议的内

＊　桂宝来（1986年—）男，汉族，河南固始人，重庆渝潼律师事务所专职律师，研究方向为民商法学。

容不仅涉及身份关系，也涉及财产分割等问题，根据《民法典》第 133 条，民事法律行为是民事主体通过意思表示设立、变更、终止民事法律关系的行为。故关于离婚协议的约定也同样适用该法律规则调整，本质上说，离婚协议系双方真实意思表示，只要协议内容不违反法律强制性规定，协议的内容都是有效。

二、物权变动的法律规定

我国不动产物权实行登记制度，不动产物权的变动须要向国家机关登记宣示物权，否则不发生物权变动，故在中华人民共和国领域内，不动产物权变动需变更登记。《民法典》第 209 条的但书条款规定"法律另有规定的除外"主要是指因法律文书或征收决定导致的物权变动；或者因继承取得的物权等情形，上述规定是权利人取得物权无需登记，但是《民法典》第 232 条规定，处分非因民事法律行为享有的不动产物权，依照法律规定需要办理登记的，未经登记，不发生物权效力。

三、离婚协议约定不动产的物权变动效力

根据上述条款的约定内容得知，不动产物权变动需办理公示登记才能发生物权变动的效力；但实践中存在诸多客观因素导致不能及时办理过户，给权利主体造成损害，比如在离婚协议中关于不动产物权变动效力的问题，针对该种情况又应当如何处理？是否发生物权效力？接下来我们逐一讨论：

第一种情形：以正常途径获取不动产后主动登记发生不动产物权效力。

第二种情形：通过法律规定的其他几种方式获得不动产物权，但处分仍需办理登记才能发生物权变动的效力。

第三种情形：约定不动产归一方所有，未办理登记手续是否发生不动产物权变动的效果，《民法典》中并未规定，从该条款可以推出以下三种情形：

（1）未办理不动产登记的不发生物权变动的效力。

（2）因客观原因权利人无法办理不动产登记，但是在具备办理不动产权登记时可以变更登记。

（3）不动产分割协议约定生效后直接发生物权变动的效力。

针对上述第三种情形分析如下：

（1）未办理不动产登记的不发生物权变动的效力。该种情况与物权变动需登记才能产生物权效力的规定是一致的。即权利人需将其所有的不动产在指定机关通过登记达到向除权利人以外的任何人宣示，该不动产是登记人所有，可防止出现一房多卖等现象，有效降低风险。

（2）因客观原因导致权利人无法变更登记的，但在具备办理不动产登记时可以变更登记。举例说明：

案号［2019］渝 0112 执异 264 号执行裁定书〔1〕，甲（男）与乙（女）协议离婚时，约定甲自愿将婚后按揭购买的登记在甲名下的房屋归乙所有，剩余按揭款由乙负责偿还，待不动产房屋具备过户条件的，甲无条件配合乙办理过户登记手续，离婚后甲又将该套房屋抵押给丙银行借款 60 万元，丙银行办理了抵押登记。一年后乙按揭款还完后要求甲协助办理过户手续，经查询，该房屋被甲抵押给丙银行，无法办理过户手续。丙银行以甲借款到期不还为由，起诉甲并要求依法拍卖抵押房屋，并要求对抵押房屋拍卖价款优先受偿。本案中涉及乙的合法权益如何保护？丙银行的抵押权是否成立，如果成立丙是否可以依法拍卖享有该房屋价款的优先受偿权？

上述两个问题，核心关键就是债权是否可以对抗登记的不动产物权。第一，离婚协议中财产分割部分系双方真实意思表示，且内容不违反法律法规或强制性规定，故协议有效。第二，银行在签订抵押合同时，通过形式审查发现抵押物登记在甲名下，尽到了审查义务，按照法律规定，抵押权人银行对抵押物办理了抵押权登记，故抵押权有效。第三，抵押权与债权发生冲突时应当优先保护谁，又可以分为两种情形：

第一种情形，抵押权人银行的观点，抵押权人在签订借款合同和抵押合同时尽到了形式审查义务，抵押财产登记在甲方名下，且乙也没有直接证据证明抵押权人银行与甲方存在恶意串通损害其合法权益，故抵押权人银行依法拍卖案涉房屋后可以就房屋拍卖款项享有优先受偿的权利。

第二种情形，乙的观点分析，甲和乙签订离婚协议时，双方对案涉房屋的归属作了明确约定，即案涉房屋归乙所有，甲在处分该房产办理抵押属于无权处分，如抵押权人要享有对抵押物价款优先受偿的权利，则抵押权人需属于《民法典》第 311 条规定的善意取得。前述二种情况，前者因乙因未办理

---

〔1〕 重庆市渝北区人民法院［2019］渝 0112 执异 264 号执行裁定书。

登记不发生物权变动效力，甲将房屋抵押给抵押权人银行是有权处分。后者是认为离婚协议中关于不动产物权变动，约定生效时发生物权变动，即乙在离婚协议生效时取得不动产物权，抵押权人因善意取得制度保障其合法权益。

上述两点分析，乙在离婚协议中关于不动产物权，因按揭款未还清等客观原因情况下，无法取得该不动产的过户手续，从而被抵押权人通过办理抵押登记的方式涤除协议约定不动产物权的归属，达到损害乙女的合法权益。则乙唯一的救济途径只能根据离婚协议的约定起诉甲方主要损害赔偿、违约金等损失。

综上意见，在第二种情形下，应当优先保护抵押权人银行的合法权益，乙只能根据离婚协议约定起诉甲方主张损害赔偿、违约金等损失。

（3）协议约定生效后直接发生物权变动的效力。此种情况认为，债权可以在有限范围内对抗物权，即可以对不动产物权归属进行约定，协议生效后无需办理过户登记，直接发生物权变动效力。具体分成两种情况讨论：

第一种情况，如前述案例，甲在协议中约定了不动产物权归乙，甲的债权人丙起诉甲偿还借款 100 万元，判决生效后在执行阶段发现甲名下登记房产可以执行，法院在拍卖评估期间，乙得知该套房屋被法院拍卖，乙根据《民事诉讼法》第 234 条，提出案外人执行异议，乙认为，案涉房屋已约定归自己所有，被执行法院经审查驳回乙执行异议，乙提起执行异议之诉，认为案涉房屋全部归自己所有，该种情况乙可以通过执行异议之诉得到救济。

第二种情况，如前述案例，甲是在离婚协议中约定了不动产物权归乙所有。离婚后乙一直偿还按揭贷款，后被执行法院告知，甲因涉嫌职务侵占罪[1]经法院判决涉及退赃退赔，经查询登记在甲名下的房产被执行法院查封，在案涉房屋评估拍卖阶段，乙得知离婚协议约定归其所有的房屋被法院执行，执行法院根据《民事诉讼法》第 232 条，经执行法院审查驳回执行，乙收到执行法院驳回执行异议文书后，向执行法院上一级法院申请复议，经二审法院复议后驳回复议申请。乙在无法得到有效救济的情况下，执行法院要求乙根据离婚协议起诉法院，要求明确被执行房屋双方的应占份额，经法院审理，认定被执行房屋所有权归乙所有，民事调解书[2]生效后，乙向执

---

[1] 重庆市渝北区人民法院［2018］渝 0112 刑初 252 号刑事判决书。

[2] 重庆市渝北区人民法院［2020］渝 0112 民初 25833 号民事调解书。

行法院申请强制过户，执行法院认为案涉房屋执行查封在前，乙确认房屋归属在后，损害了第三方的合法权益，调解行为无效，无法对抗执行。

故根据《民法典》第229条，本案中法院确认案涉房屋归乙所有是根据协议约定，调解书仅对协议约定内容再次确认，债权人以法院查封在前的行为要求撤销民事调解书，达到继续执行目的。

结 语

在离婚协议中双方约定不动产归一方所有，在没有办理不动产登记手续的情况下，是否发生不动产物权变动的法律效力要根据具体情况确定，不能一概而论，不能机械地适用法律，要结合具体案件作出合理的判定。

论有能力拒不执行的判定及司法实践

徐斌颖*

摘 要： "执行难"是当前我国司法实践中存在的一个"老大难"问题。造成执行难的因素是多方面的，其中一个重要的方面就是被执行人、协助执行义务人、担保人等负有执行义务的人对人民法院的判决、裁定，采取转移、隐藏、故意毁损财产，抗拒执行等手段，有能力执行而拒不执行。如何判断"有能力执行而拒不执行"的起算时间一直是司法实践中争议的问题。本文旨在探讨这一问题。

关键词： 拒不执行判决、裁定 起算时间

引 言

我国《刑法》第 313 条第 1 款规定，对人民法院的判决、裁定有能力执行而拒不执行，情节严重的，构成拒不执行判决、裁定罪。该罪的构成要件之一是对人民法院的判决、裁定有能力执行而拒不执行，而在司法实践中一直对"有能力执行而拒不执行"行为的时间起算点存在争议。一种观点认为应严格按立法解释从判决、裁定生效后起算，另一种观点则认为可突破解释在诉前或者诉中恶意转移财产也可构成拒执罪。本文结合法律规定和实务对该问题进行分析和研究。

一、有能力拒不执行的法律规定

2002 年 8 月 29 日全国人民代表大会常务委员会《关于〈中华人民共和国

---

* 徐斌颖（1988 年—）女，汉族，浙江人，中国政法大学同等学力研修班 2018 级学员，研究方向为经济法学。

刑法〉第三百一十三条的解释》（以下简称《解释》）规定，刑法第 313 条规定的"人民法院的判决、裁定"，是指人民法院依法作出的具有执行内容并已发生法律效力的判决、裁定。人民法院为依法执行支付令、生效的调解书、仲裁裁决、公证债权文书等所作的裁定属于该条规定的裁定。根据该《解释》，拒不执行判决、裁定罪所指的判决、裁定应是生效的判决、裁定。

也就是说，在判决、裁定生效后，被执行人有能力执行而拒不执行，情节严重的，构成该罪，拒执行为的起算时间应为判决、裁定生效后，而不以执行立案时间为起算点。

二、有能力拒不执行的司法实践

（一）严格按照《解释》的规定进行裁判

司法实践中，法院通常会严格按照《解释》的规定进行裁判，追究被执行人拒不执行判决、裁定罪。

1. 案例一[1]：孙某拒不执行判决、裁定罪

2021 年 3 月 24 日，上海市第二中级人民法院作出终审判决，并于 2021 年 3 月 29 日将判决书送达至孙某诉讼代理人马某处后生效。孙某在明知生效判决内容的情况下，仍于 2021 年 3 月 30 日将其证券账户款项提取至浦发银行账户，随即从浦发银行账户取现 635 000 元，并将钱款以消费为名花费殆尽。

2021 年 4 月 14 日，有关权利人向法院申请强制执行。虹口法院立案后，穷尽财产调查措施后未发现被告人孙某有可供执行的财产，作出终结执行的裁定。

对此，法院认为，被告人孙某在明知民事判决已经生效的情况下，隐瞒、转移财产，致生效判决无法执行，构成拒不执行判决、裁定罪。

2. 案例二[2]：陆某拒不执行判决、裁定罪

上海市青浦区人民检察院认为，被告人陆某作为乙公司的法定代表人，在一审判决作出但未生效的上诉期限内，为避免乙公司的未建土地整治补偿款在上述判决生效后被法院执行，遂恶意上诉，同时在上诉期限内将该款项全部转至自己和他人的银行账户，导致判决生效后无法得到执行，被告人陆

---

[1] 上海市虹口区人民法院［2021］沪 0109 刑初 845 号刑事判决书。
[2] 上海市青浦区人民法院［2018］沪 0118 刑初 1579 号刑事判决书。

某构成拒不执行判决、裁定罪。

法院认为："公诉机关指控被告人陆某恶意上诉逃避执行涉某丙公司判决的事实，因现有证据不足以证实被告人陆某在上诉时事先知道某丁综治办会在 2016 年 9 月 12 日向某乙公司支付补偿款的事实，而被告人陆某在 9 月 12 日将补偿款转出时正处于该案的上诉期内，不管某乙公司是否上诉，该案均未生效，更未进入执行阶段。故公诉机关就涉某丙公司指控被告人陆某犯拒不执行判决罪证据不足，本院不予确认。"

（二）突破《解释》的规定进行裁判

一般情况下只有在裁判生效后转移、隐匿财产的行为才能构成拒不履行判决、裁定罪。但是，实践中也有法院突破《解释》的规定进行裁判的情形，如最高人民法院第 1396 号指导案例（详见案例一）。

1. 案例一[1]：杨某等拒不执行判决、裁定罪

2015 年 1 月 17 日，被告人杨某委托他人邀请郑某为杨某、颜某夫妻拆除养殖用房，在工作过程中郑某摔伤，之后在医院治疗。2015 年 2 月期间，杨某、颜某见郑某伤势严重需大额医药费，为了避免其房产在之后的民事诉讼中被法院拍卖执行，杨某、颜某找到朋友被告人姜某，劝说姜某帮忙，欲将莲花镇芝溪路的房产抵押给姜某。姜某在明知双方真实债务只有 30 余万元的情况下，由杨某给其出具了共计 300 万元的借条，同时姜某出具了一张 300 万元的收条给杨某、颜某，以抵消该 300 万元的债务。2015 年 2 月 25 日，杨某、颜某及姜某以虚构的该 300 万元债务办理了房地产抵押登记，姜某为抵押权人，债权数额为 300 万元。2015 年 4 月 15 日，郑某死亡，共花费医药费 20 余万元，杨某、颜某前后共支付郑某家属约 20 万元，其他损失双方未达成协议。

2015 年 5 月 25 日，衢江区人民法院立案受理郑某家属的起诉。2015 年 10 月 8 日，衢江区人民法院判决杨某、颜某赔偿郑某家属因郑某死亡的各项损失共计 375 526.66 元（不包括杨某、颜某已赔偿的部分）。判决生效后，杨某、颜某未按判决履行赔偿义务。执行期间，杨某某、颜某某、姜某某在执行法官调查时，隐瞒双方恶意串通虚构债权债务的事实，三人被立案侦查。

法院认为："被告人考虑到日后可能会面临民事赔偿诉讼，才起意、预谋

---

[1] 浙江省衢州市中级人民法院［2018］浙 08 刑终 33 号刑事判决书。

转移财产，以达到抗拒人民法院执行的目的；在执行立案后按其事先预谋、精心设计的方式转移财产，还指使他人作伪证，妨碍人民法院查明其财产情况，致使人民法院判决无法执行，拒不执行人民法院判决的故意和行为显然，应以拒不执行判决、裁定罪论处；财产转移的时间不能成为二人构罪的阻却因素。"

2. 案例二[1]：被告人刘某海拒不执行判决罪

2017 年 7 月 18 日，被告人刘某海驾驶小型普通客车搭乘欧阳某某等人，在湖南省郴州市桂阳县桂阳大道黄沙坪镇柳塘村路段发生车祸，致欧阳某某等人受伤。经桂阳县公安局交通警察大队认定，刘某海承担此次事故的全部责任。2018 年 1 月 22 日，刘某海与其妻子谭某某在桂阳县民政局婚姻登记处办理离婚手续，并协商将婚姻存续期间的共同财产，即位于荷叶镇政府出门左手边的门面（未办理房产证）及五菱牌宏光车一台归谭某某所有，债务 4 万元归刘某海偿还。

2018 年 3 月 20 日，欧阳某某起诉至湖南省桂阳县人民法院，要求刘某海赔偿损失。2018 年 8 月 6 日，桂阳县人民法院以［2018］湘 1021 民初 384 号民事判决书，判决刘某海赔偿欧阳某某各项损失共计 227 499.30 元。2018 年 10 月 18 日，欧阳某某向桂阳县人民法院申请强制执行。2019 年 4 月 25 日，桂阳县人民法院依法向刘某海发出执行通知书、报告财产令，刘某海收到文书后未履行法院生效判决，亦未申报财产。另，刘某海与谭某某离婚后一直共同居住生活在一起，使用谭某某名下的小型普通客车从事跑租业务，每月收入约 3000 元，具有部分执行桂阳县人民法院［2018］湘 1021 民初 384 号民事判决的能力。

法院认为，被告人刘某海对人民法院的判决有能力执行而拒不执行，情节严重，其行为已构成拒不执行判决、裁定罪。

由上述两案例可见，在诉中甚至诉前就已施行转移、隐匿财产等行为逃避有可能产生的民事清偿责任，致使判决、裁定无法执行的也可能被认定为拒不执行判决、裁定罪。

支持此种裁判的法理依据目前有两种：一种是行为状态持续说，即在判决生效前，行为人为了逃避执行而实施隐藏、转移财产，判决生效后继续隐

––––––––––

[1] 湖南省桂阳县人民法院［2020］湘 1021 刑初 141 号刑事判决书。

匿财产的，可视为隐匿、转移财产的行为处于持续状态。该观点在浙江省于2018年7月发布的《浙江省高级人民法院、浙江省人民检察院、浙江省公安厅关于依法惩处拒执犯罪若干问题的会议纪要》第7条充分体现，"在判决生效前，行为人为了逃避执行而实施隐藏、转移财产，判决生效后继续隐匿财产的，可视为行为处于持续状态"。

另一种观点是执行能力保有说，行为人在裁判生效之前的"转移"财产并不导致其丧失民法上的财产权利，在裁判生效之后被执行人仍然保有执行能力。

结　语

拒不执行判决、裁定行为，特别是为了逃避赔偿，在法院判决后转移、隐匿财产的行为，是对司法权威的挑衅，对此法院应按照行为状态持续说或执行能力保有说进行裁判，以维护司法权威。

浅析虚假印章的认定及风险防范

胡　赛*

摘　要： 随着社会和经济的发展，我国因虚假印章引发的交易风险越来越多。因虚假印章引发的交易风险主要表现为一方利用虚假印章签订的合同被认定无效，使另一方的利益受损，同时，利用虚假印章一方有可能构成刑事犯罪。实践中如何认定虚假印章以及如何认定利用虚假印章签订的合同的效力，特别是如何防范由此引发的风险等问题值得探讨。本文旨在探讨这一问题。

关键词： 虚假印章　认定　风险　防范

引　言

2020年6月腾讯起诉老干妈，请求其支付1624万的广告费并申请冻结了老干妈1624万的财产。一时间，舆论哗然，腾讯说老干妈在腾讯投放了广告不支付费用，而老干妈却回应称此事与自家无关，从未直接或者授权委托他人与腾讯公司进行商业合作，已报案处理。

警方介入后查明，系不法人员伪造了老干妈公司印章，并冒充老干妈市场经营部经理，与腾讯签订了合作协议。案件最后，腾讯因自身未尽到合理的审慎义务，自认吃了一瓶"假辣椒酱"，向法院申请撤回财产保全和诉讼申请；而老干妈与这三个骗子没有一点关系，三个骗子构成无权代理，老干妈不需要承担责任；伪造印章相关人员依法承担刑事责任。

虽然这件事已尘埃落定，但合同中盖了假章是否导致合同无效，如何防范由此带来的风险等诸多问题值得探讨。

---

* 胡赛（1992年—）女，汉族，浙江人，上海正策（杭州）律师事务所律师，研究方向为知识产权法学。

一、虚假印章的认定

"虚假印章"只是俗称，虚假印章往往从是否与备案印章、曾经使用印章一致，是否被他人冒用、私刻、伪造的角度来认定。

（一）印章备案的情形

企业刻制公章时及办理工商登记手续时，均需要在工商备案公章。印章一经备案，即具有公示效力，只要该印章是经过备案的，就不会被认定为虚假印章。

最高人民法院〔2015〕民申字第 1748 号"彭某兵与中十冶集团有限公司、广西川惠皓鼎置业发展有限公司等建设工程施工合同纠纷案"[1]中，尽管工商材料中出现了五种不同印文的中十冶集团印章，且均与中十冶集团提供作为检材的印文不符，但最高人民法院仍认定工商备案印章具有公示效力，当事人有充分理由相信工商备案材料中印章的真实性。

（二）多枚印章的情形

实践中，同一单位使用多枚印章的情况较为普遍。如果能证明该印章曾被使用或正在使用，即使与备案章不一致，也视为该印章能够代表所属单位的真实意思表示，不会被认定为虚假印章。

最高人民法院〔2015〕民申字第 2396 号"山东兴康医疗器械有限公司与薛某盟、陈某旺等民间借贷纠纷案"[2]认定，由于原审法院已查明原审被告在向济南市高新技术产业开发区相关部门提交的文件中及与案外人进行正常的经营活动时均使用过其私刻的"山东兴康医疗器械有限公司"的公章，为上诉人行使相应的权利，上诉人均未提出异议，时任法定代表人也未予以否认，因此，被上诉人作为债权人有理由相信上诉人的担保行为是真实有效的。

（三）印章被他人私刻和冒用等情形

印章确被证明被他人私刻、伪造、冒用的，且排除经备案、曾使用或知晓等情形的，将被认定为虚假印章。就比如上述腾讯马老干妈案中，不法分子伪造的老干妈的印章就属于虚假印章。

---

〔1〕 参见最高人民法院〔2015〕民申字第 1748 号民事裁定书。
〔2〕 参见最高人民法院〔2015〕民申字第 2396 号民事裁定书。

二、虚假印章的举证责任

对于争议印章是否为虚假印章，是否能够代表所属单位的真实意思表示，司法实践中通常按照"谁主张谁举证"的原则分配各方举证责任。

（1）主张合同关系成立并生效的一方当事人对合同订立和生效的事实承担举证责任，即主张印章真实有效的一方应承担争议印章为对方印章或由对方加盖的印章。

（2）如已经证明争议印章与其备案印章或正在使用印章不一致，则主张争议印章真实一方应继续提供其他曾使用过争议印章的证据。

三、虚假印章引发的风险

（一）虚假印章引发合同效力的风险

根据《全国法院民商审判工作会议纪要》第41条有关盖章行为的法律效力条文[1]的主旨思想，在"真人假章"（有代表权或者代理权的人加盖假公章），或者"假人真章"（无代表权或者代理权的人加盖真公章）等"人章不一致"的情况下，应当着重考察盖章之人有无代表权或者代理权来认定合同效力，有代表权或者代理权的人即便加盖的是假印章，也应认定其构成表见代表或者表见代理。具体如下：

（1）企业法定代表人或代理人使用虚假印章，一般应认定合同成立并生效。

企业法定代表人或代理人在合同上加盖法人印章的行为，表明其是以法人名义签订合同，应当由法人承担相应的法律后果，此时印章真实与否已不重要。最高人民法院在（2017）最高法民再176号"范某章、宁夏远洲矿业有限公司合同纠纷"[2]中指出，王某玲在本案中使用的合同专用章、财务专用章即使为私自刻制，基于其法定代表人的身份，也不影响其职务行为的成立和远洲公司对外责任的承担。但若法定代表人或代理人从事明显属于违反法定忠实义务的无权代表、无权代理行为，具有明显的超越代表权、代理权的外观，相对方不构成善意，代表行为、代理行为无效。

---

[1] 参见最高人民法院《关于印发〈全国法院民商事审判工作会议纪要〉的通知》。
[2] 参见最高人民法院［2017］最高法民再176号民事判决书。

（2）无权代理人使用虚假印章，如构成表见代理，亦应认定所涉文件、合同成立有效。

（3）虚假印章与备案印章不一致，且无证据证明虚假印章为法人自己加盖或授意他人加盖，也不能证明明知争议合同文本存在虚假印章、在其他业务中使用过虚假印章、明知他人使用伪造公章而不否认等情形的，不能认定或推定合同为当事人真实意思的表示。如腾讯起诉老干妈案。

（二）虚假印章可能引发刑事犯罪风险

在虚假印章的相关案件中，一般会涉嫌构成伪造印章罪[1]、合同诈骗罪[2]。

在腾讯与老干妈案件中，曹某等三人以非法占有为目的，在签订、履行合同过程中，冒充老干妈公司员工骗取腾讯公司财物，数额特别巨大，构成合同诈骗罪。

四、虚假印章风险防范建议

根据上述对虚假印章的法律分析，结合公司实务，本文提出如下风险防范建议：

（一）确保公司签发的文件不存在虚假印章

（1）对于公司的公章、财务章、合同章、发票专用章而言，虽然使用范围、场景不同，但都属于公章，具备法律效力。都应纳入公司的用印管理范围。

（2）印章必须具备唯一性。不可为了业务使用方便，另行私自刻制公章、合同章、业务章等。

（3）公司应当严禁加盖空白合同、介绍信、授权委托书等。

（4）公司对外公文应确保已通过用印审批流程，及时收回用印却未使用的公文。

---

〔1〕 参见《刑法》（2020 年修正）第 280 条第 2 款规定："伪造公司、企业、事业单位、人民团体的印章的，处三年以下有期徒刑、拘役、管制或者剥夺政治权利，并处罚金。"

〔2〕 参见《刑法》（2020 年修正）第 224 条规定："……以非法占有为目的，在签订、履行合同过程中，骗取对方当事人财物，数额较大的，处三年以下有期徒刑或者拘役，并处或者单处罚金；数额巨大或者有其他严重情节的，处三年以上十年以下有期徒刑，并处罚金；数额特别巨大或者有其他特别严重情节的，处十年以上有期徒刑或者无期徒刑，并处罚金或者没收财产；……"

（5）对法定代表人或分支机构负责人的对外签字行为进行监督，形成由专人保管印章，法定代表人签字的制约机制。

（6）严格规范授权行为，由授权代表签订合同的，应明确具体的授权人员、授权范围及授权期限，并加盖公章。

（7）发现公司公章被冒用、伪造或者私刻，要及时予以报案。尽快通知合同相对方，避免其基于信赖利益而继续履约。如果发现被伪造的印章可能已经多次被使用，或者该被伪造的印章尚未得到有效控制，仍然有可能继续被使用，公司可以向主管部门申请更换印章，并登报声明原印章作废。

（8）建议采用电子签章系统。

（9）员工在签署文件时，必须严格遵守公司用印管理规定等，不得私刻、伪造公司印章。员工违反上述相关制度，一经发现给予惩罚措施，给公司造成损失的，公司予以追偿，情节严重构成犯罪的，移交公权力处理。

（二）预防交易方使用虚假印章

（1）公司应提高警惕，在交易时候做好审查工作，可以通过要求对方提供公司的备案公章或者委托律师调查对方的印章备案情况来检查印章的真伪性，防止交易方在用印时使用虚假印章。

（2）公司在接收交易方出具的文件、合同时，除审查对方是否加盖公章外还需审查是否有法定代表人的签字或者经授权的代理人的签字。并且还应审查该文件的内容，是否明显超越其代表权限，是否违反法定忠实义务。

（3）经办部门应对双方签署过的文件或交易方单方出具的文件应及时归档、妥善保管。如此才能确保当交易方在提出所盖章是虚假印章时，而该印章又与其备案盖公章不一致时，公司能够提供"该印章曾经使用或正在使用"的证据进行抗辩。

（4）对于重大项目的签约，公司可以采取如举办签约仪式或公告等可以广而告之的形式，这样即使对方所盖印章为虚假印章，法律仍会保护当事人的信赖利益，认定文件的有效性。

结　语

实践中，公司因虚假印章引发的法律风险越来越多，主要原因是公司缺乏风险防范意识，对公司印章的管理和审查不严。为保障公司交易的安全，降低风险，公司应加强风险防范意识，采取措施对印章进行严格管理和审查。

个别清偿撤销权行使相关问题探析

翁非凡*

摘　要： 破产撤销权的设置目的是防止债权人的利益受到不正当损害，而债务人进行个别清偿，违反了破产法的立法宗旨，损害了其他多数债权人的利益，应当依法予以撤销。司法实践中对个别清偿行为的认定以及行使撤销权的条件等问题存在不同的认识，导致司法的不统一，本文旨在探讨这一问题。

关键词： 破产撤销权　个别清偿　撤销权　行使

引　言

我国《企业破产法》第 32 条规定："人民法院受理破产申请前六个月内，债务人有本法第二条第一款规定的情形，仍对个别债权人进行清偿的，管理人有权请求人民法院予以撤销。但是，个别清偿使债务人财产受益的除外。"

该条是对管理人行使个别清偿撤销权的规定。由于该条规定的比较原则，因此，实务中相关问题还需要进一步探讨。

一、相关概念

（一）破产撤销权

破产撤销权，指管理人对债务人在破产程序开始前的法定期间内所为的侵害债权人利益的行为，有否认其效力并申请法院撤销该行为的权利。

---

* 翁非凡（1988 年—）男，汉族，浙江人，中国政法大学同等学力研修班 2020 级学员，研究方向为经济法学。

（二）个别清偿

个别清偿是指债务人在对多个债权人承担债务的情况下，只对个别债务人进行债务清偿的行为。

（三）破产抵销

破产抵销是指对债务人享有债权并负有债务的债权人被允许以对债务人的债务抵销其对债务人的债权。

我国《企业破产法》规定了抵销的情形，同时也规定了不得抵销的情形。《企业破产法》第40条规定："债权人在破产申请受理前对债务人负有债务的，可以向管理人主张抵销。但是，有下列情形之一的，不得抵销：（一）债务人的债务人在破产申请受理后取得他人对债务人的债权的；（二）债权人已知债务人有不能清偿到期债务或者破产申请的事实，对债务人负担债务的；但是，债权人因为法律规定或者有破产申请一年前所发生的原因而负担债务的除外；（三）债务人的债务人已知债务人有不能清偿到期债务或者破产申请的事实，对债务人取得债权的；但是，债务人的债务人因为法律规定或者有破产申请一年前所发生的原因而取得债权的除外。"

（四）个别清偿与破产抵销的区别

个别清偿与破产抵销同为消灭债的方式之一，两者既存在相同点又存在本质的区别，实务中两者不能混淆。

比较方向	个别清偿行为	破产抵销行为
本质属性	利用破产之际，偏袒性清偿，主观恶意	互负债务、互有债权的平衡到破产阶段仍不被打破
行为主体	破产债务人	适格的破产债权人
发生时间	破产受理前的一段时间内	一般发生在破产受理后

二、破产撤销权行使的条件

破产撤销权的行使需要满足一定的条件，当债务人财产的管理人在破产申请受理前的法定期间内，从事欺诈性清偿或损害全体债权人公平清偿的行为时，才有权申请法院予以撤销。欺诈性清偿行为是指在法院受理债务人的破产申请前的一年内，债务人实施了无偿转让财产、放弃债权或以明显不合理的价格进行交易的行为。[1]

（一）破产撤销权行使条件

行使破产撤销权，一般需要满足以下条件：

（1）可撤销行为必须发生在破产程序开始前的特定期间内；

（2）须对绝大多数债权人的利益造成损害；

（3）第三人或者是债权人从该被撤销行为中受益。

（二）例外情形

《企业破产法》第 32 条规定："人民法院受理破产申请前六个月内，债务人有本法第二条第一款规定的情形，仍对个别债权人进行清偿的，管理人有权请求人民法院予以撤销。但是，个别清偿使债务人财产受益的除外"。

三、实务中个别清偿撤销权的行使

（一）案例一[2]：甲线缆有限公司管理人诉乙银行案

2013 年 6 月 3 日，甲线缆有限公司（以下简称甲线缆公司）因资不抵债向 A 市法院申请破产重整并经法院受理，管理人接管后发现，甲线缆公司于 2013 年 5 月 6 日至 22 日分别向被告乙银行温州分行分五笔支付共计 5 018 605.91 元，遂于 2015 年 6 月 8 日向法院起诉要求撤销上述行为并返还款项，乙银行认为对涉案的 5 018 605.91 元的划扣属于单方行为，是基于储蓄合同的抵销行为，并且案涉款项存在来源于保证人代偿的可能。A 市法院经审理后认为，上述清偿行为发生在破产重整受理前六个月内，且属于偏颇性的个别清偿，使债务人的资产减损，应予撤销。且基于储蓄合同所产生的债务发生在破产受理前两个月内非一年前，不属于破产抵销权的情形。遂判决撤销甲线缆公司上述清偿行为，乙银行温州分行返还个别清偿债务款 5 018 605.91 元。

该案中，法院首先认定了银行划扣存款的行为属于清偿行为，其次，从划扣的时间上判断，在破产受理前 6 个月内，符合个别清偿可撤销的情形，且金融机构所主张的抵销权，在债权形成时间上不符合可以行使抵销权的例外情形，进而推定金融机构为恶意负担债权。

---

[1] 卢林华、晋华、余婧：《论破产程序中的撤销权》，载《法制与经济》2021 年第 1 期。
[2] 浙江省乐清市人民法院［2015］温乐商初字第 1793 号民事判决书。

（二）案例二[1]：浙江丙特钢管理人诉丁银行某支行案

2013 年 8 月 12 日，B 市人民法院依法受理对丙特钢公司的破产清算申请。管理人在审核丙特钢公司账目过程中，发现丙特钢公司在明显资不抵债的情况下仍于 2013 年 5 月 8 日提前向被告丁银行支付了 110 000 元贷款本金，用于清偿其在被告丁银行处的部分债务，严重损害了其他债权人的合法权益。被告丁银行辩称扣划 110 000 元构成民法上的抵销行为，不属于个别清偿，且该笔款项并不排除系代为偿还借款。B 市人民法院经审理后认为，存款人对于银行存款享有的是债权而非物权，银行的划扣行为应为抵销行为而非清偿行为。且丁银行对丙特钢的负债为被动负债，对丙特钢的债权又发生在破产受理一年之前，也不存在恶意。故也不属于最高人民法院《关于适用〈中华人民共和国企业破产法〉若干问题的规定》（二）第 44 条不得抵销的情形。故判决驳回原告丙特钢管理人的诉请。

该案中，一审法院认为债的消灭原因分为清偿和抵消，存款系债权非物权，故金融机构划扣存款系抵销行为，而金融机构负担债务或取得债权均没有恶意，不属于破产法规定的不得抵销的情形，故不予以撤销。但上级法院经审查最终认定金融机构扣划行为仍属于清偿行为并改判。

四、主观恶意对个别撤销权行使的影响

在《天同码》商事诉讼卷第 319 例破产撤销权案例中[2]，法院认为：该案银行单方宣布借款提前到期和直接划扣服饰公司账户存款行为符合合同约定，故合法有效。尽管服饰公司已经出现财务状况恶化情形，但是不等于出现破产原因。在无证据证明银行主观上存在恶意的情况下，银行依约自行扣划债务人账户存款抵债，并不违反法律禁止性规定，是善意的合法行为。

《天同码》将该裁判规则归纳为"破产撤销权不适用债权人善意受偿个别清偿情形"。

有观点进一步分析认为，在有偿行为中，债务人的恶意是破产撤销权的成立要件，受益人恶意是破产撤销权的行使要件，即对有偿行为必须具有债

---

[1] 浙江省瑞安市人民法院［2015］温瑞商初字第 1253 号民事判决书，该案后经温州市中级人民法院［2015］浙温商终字第 2828 号案件改判。

[2] 江苏南通市港闸区人民法院［2009］港民二初字第 0168 号。

务人和受益人的双重恶意才能被撤销。[1]但横向比较各国立法不尽相同,如美国破产法对撤销权的成立是无需主观要件的[2]。而我国《企业破产法》第 32 条在立法上同样没有直接将主观要件作为撤销权成立条件。

实践中,破产债务人的恶意通常比较明显也较易于判断,而要证明债权人的主观恶意则困难很多,举证责任的分配问题就成为破产撤销权能否行使的关键。破产撤销权诉讼有别于一般的撤销权诉讼,一般的撤销权诉讼,主张撤销权的通常为债权人,其与清偿行为人即债务人的关系不密切,难以了解债务人的相关信息,更难以证明受益人的主观状态,此时如果将举证责任分配到主张撤销权的一方,不具有现实操作性,也难以维护债权人的合法权益。而破产撤销权诉讼通常是由破产管理人发起的诉讼类型,而管理人根据《企业破产法》接管破产企业的财产、财务账册及其他资料文件,掌握了被诉撤销行为各方的内在动因、尤其是破产企业作为债务人实施清偿行为时各方的主观状态。由管理人承担举证责任,更符合“离证据(客观真相)更近者负证明责任”的举证规则。因此,笔者认为证明债权人主观恶意的举证责任应当分配到管理人一方来承担更合理,也更具有实际操作性。

结 语

破产撤销权的设置,是为了维护债权人的整体利益,保证清偿公平。[3]实务中如何认定个别清偿,区分个别清偿与抵消行为的区别等对破产撤销权的行使具有重要意义,有关问题还需要进行深入分析和探讨。

---

〔1〕 汪世虎:《试论破产法上的撤销权》,载《现代法学》1998 年第 3 期。
〔2〕 祝丹萍:《论破产撤销权的实务困境与完善》,载《中国注册会计师》2021 年第 11 期。
〔3〕 储云南:《破产撤销权的制度价值与法律性质研究》,载《法制博览》2020 年第 4 期。

有限公司股权回购条件探析

陈世旷*

摘　要：实务中，有限公司股权回购的法律效力司法观点不一，同案不同判的现象屡见不鲜。而该现象并不能简单归咎于司法裁判观点不一，其根本原因在于我国有限公司股权回购条件规定不一，因此，明确和统一股权回购条件，以统一司法裁判具有重要意义。本文旨在探讨这一问题。

关键词：有限公司　股权　回购　条件

引　言

通过在"中国裁判文书网"检索，有限公司股权回购案件与日俱增，然而不同法院对股权回购行为的法律效力裁判观点不一，甚至同一法院不同案件裁判观点截然相反。可见我国现行法律规定已无法满足司法裁判的要求和市场需求，有限公司股权回购条件应当进一步明确。

一、问题的提出

（一）借款合同纠纷案[1]

德瑞置业公司成立于 2011 年 7 月 29 日，注册资本为 2000 万元。股东李某军共向德瑞置业公司投资 3000 万元，其中实缴的注册资本为 600 万元，占股 30%。2014 年 10 月 29 日，德瑞置业公司股东召开会议并形成会议纪要，

---

　*　陈世旷（1989 年—）男，汉族，浙江人，中国政法大学同等学力研修班 2019 级学员，研究方向为民商学。

〔1〕万会峰：《李某军、河南省德瑞置业有限公司借款合同纠纷再审审查与审判监督民事裁定书》，载 https://wenshu.court.gov.cn/website/wenshu/181107ANFZ0BXSK4/index.html？docId=43JN2gLEV9hRCDGSKxI58GWcg5Qu/SdyH/e0UaEfkVG5g29FYxkuqZ/dgBYosE2gJxL0tCuVn9JPcNxEj1Z8izK8zeBjrEJRCcxcCaN+XCSBrPf4dAwMEkJBAAbENKYH，最后访问日期：2024 年 1 月 20 日。

李某军前期投资的 3000 万元变更为借款，由德瑞置业公司偿还并按借款计息。因德瑞置业公司未能偿还借款，李某军依法向法院提起诉讼要求德瑞置业公司偿还借款本息。

该案历经一审、二审、再审。该案一审、二审人民法院认为，会议纪要名为借款，实际上是将李某军对德瑞置业公司的出资全部抽回，将直接导致德瑞置业公司资本减少，侵害了其他股东及公司债权人的利益，违反了法律的禁止性规定，故该股东会决议内容违反《公司法》第 35 条规定，应为无效。因此，一审、二审人民法院均驳回李某军的诉讼请求。李某军向最高人民法院申请再审，最高人民法院认为，有限公司股权回购是无效的。

（二）股权转让纠纷案[1]

2013 年 11 月，富盈中心与三洲集团公司等签订《股权回购框架协议》，约定三洲集团公司应于收到富盈中心回购通知后立即从富盈中心处回购三洲集团公司 5.20% 的股权。2015 年 7 月 17 日，富盈中心向三洲集团公司发出《关于立即支付股权回购款、迟延履行利息等的通知》。因三洲集团公司未能及时支付股权回购款及利息，富盈中心依法提起诉讼。

该案历经一审、二审。该案一审法院认为，《股权回购框架协议》是各方当事人真实意思表示，且不违反法律、法规强制性规定，各方当事人对合同内容均无异议，《股权回购框架协议》真实、有效，各方当事人均应依约履行。进而判决支持了富盈中心支付股权回购款及利息的诉讼请求。三洲集团公司提起上诉后，二审中，最高人民法院认为，有限公司股权回购是有效的。

二、有限公司股权回购立法现状及存在的问题

我国目前涉及有限公司股权回购的相关法律规定如下：《公司法》第 35 条规定，公司成立后，股东不得抽逃出资；《公司法》第 74 条规定，异议股东在三种情形下可以请求公司按照合理的价格收购其股权；最高人民法院《关于适用〈中华人民共和国公司法〉若干问题的规定（二）》第 5 条规定，人民法院审理解散公司诉讼案件在调解时，当事人协商同意由公司或者股东

---

[1] 王涛：《北京中金国联富盈投资发展中心与甘肃三洲实业集团有限公司、北京金丰科华房地产开发有限公司等股权转让纠纷二审民事判决书》，载 https://alphalawyer.cn/#/app/tool/result/%7B%5B%5D,%7D/detail/cc64cb1898aeeabe443f92e4e4654a2d? focus＝1&relation＝298390663&queryId＝b015bd16b79a11eea885043f72e57cda，最后访问日期：2024 年 1 月 20 日。

收购股份，或者以减资等方式使公司存续，且不违反法律、行政法规强制性规定的，人民法院应予支持；《全国法院民商事审判工作会议纪要》（法〔2019〕254号，本文以下简称《九民纪要》）第5条规定，投资方与目标公司对赌请求回购股权的，人民法院应当审查是否抽逃出资及是否符合股权回购条件确定对赌效力，目标公司未完成减资程序则不予支持。投资方请求目标公司承担金钱补偿义务的，视目标公司利润是否足以补偿投资方判决是否支持投资方诉讼请求，当然今后目标公司有利润时，投资方还可以依据该事实另行提起诉讼。

综上，除特殊情形的异议股东、人民法院审理解散公司诉讼案件的调解以及对赌目标公司有利润三种情形法律明确规定可回购之外，其他股权回购均为无效。可见，我国现行法律对股权回购的规定存在较多问题。（1）我国现行法律对股权回购范围规定过于狭窄。[1]《公司法》只是为了保护异议股东在重大事项与其他股东未能达成一致意见时，将股权回购作为其救济途径。而《关于适用〈中华人民共和国公司法〉若干问题的规定（二）》是人民法院在审理案件时，为了妥善解决纠纷，被动地允许股权回购。《九民纪要》以公司存在利润作为股权回购的条件，虽然在理念上具有一定进步，但是其仅适用于投资方与目标公司对赌该一特定情形。（2）我国现行法律不允许以约定形式进行股权回购。《公司法》系私法，应遵循意思自治原则，而且公司自治也是《公司法》的基本原则之一。故应当允许公司章程、股东会决议以及其他协议对股权回购进行约定。（3）我国现行法律未对股权回购的程序进行规定。股权回购产生的实体权利保护问题，其实可通过对回购程序的设定来解决。

三、放宽公司股权回购条件的建议

公司是以营利为目的的组织，因此鼓励投资系《公司法》首要原则，放宽股权回购条件有利于鼓励投资，因此放宽股权回购条件与《公司法》基本精神相符。[2]之所以限制有限公司股权回购，是因为有限公司股权回购违背了资本维持原则，可能损害公司的偿债能力，不利于保护其他股东和债权人

---

〔1〕 郭博：《有限责任公司股权回购研究》，南昌大学2021年硕士学位论文。
〔2〕 赵旭东主编：《公司法学》，高等教育出版社2015年版。

的合法权益。[1]虽然公司及利益相关者保护也是《公司法》基本原则之一，但是只要紧紧把握限制股权回购的根本原因，有条件地放宽股权回购条件，实际上并不会损害公司利益相关者的合法利益。

本文建议参照《九民纪要》规定，以法律形式规定只要有限公司具有利润，股权回购价款在有限公司利润范围之内，就允许有限公司回购股权。除法定情形之外，允许有限公司以章程、股东会决议方式约定股权回购的情形，只要不损害有限公司债权人利益即可；还应允许有限公司与股东、债权人等所有公司利益相关者以书面形式约定有限公司股权回购。在程序上，以法定方式行使股权回购，由第三方审计机构对有限公司进行审计，审定有限公司利润金额，审计报告出具并符合回购条件后，有限公司方可回购股权。有限公司以约定形式进行股权回购，应以股东、债权人同意为前提。如有限公司股权回购符合法定或者约定条件，则股权回购有效，反之则无效。

结　语

放宽有限公司股权回购条件无疑给有限公司投资者开辟了一条撤回投资的新路径，为投资者降低了投资风险，有利于鼓励投资、促进交易、活跃商业行为，也有助于完善《公司法》有限公司股权回购制度。

---

〔1〕 吴景明等编著：《公司法学》，中国政法大学出版社 2018 年版。